Mao's Great Famine

THE HISTORY OF CHINA'S MOST DEVASTATING CATASTROPHE, 1958–1962

毛澤東的大饑荒

中國浩劫史
1958-1962

★

Frank Dikötter
馮客◎著　蕭葉◎譯

革命不是請客吃飯。

——毛澤東

目次

前言

一九五八至一九六二年，中國變成了人間煉獄。中國共產黨的主席毛澤東在全國掀起一場狂熱的大躍進運動，試圖在十五年內趕超英國。毛認為，只要充分利用中國的物力和人力，就可以帶領這個國家全速前進，超越其競爭對手。他決定拋棄單純強調工業生產的蘇聯模式，轉而採取「兩條腿走路」的方法，動員無數農民參與運動，推動農業和工業的雙重轉型，從而一舉改變中國落後的經濟面貌，使工農業產量同時大幅增加，迅速實現共產主義的理想。為了建成這樣的烏托邦，所有資源都必須實行集體化，第一步就是把農民集中到一起，組成規模龐大的人民公社。結果，無數農民被剝奪了工作、住房、土地和財產，食物也少得可憐，而且只能由公共食堂根據每個人勞動能力的大小進行分配，迫使大家不得不服從黨的指令。與此同時，近半數的農民還得沒日沒夜地幹活，參與修建各類水利工程。許多人為此背井離鄉，卻得不到足夠的食物和休息。最終，毛的這場「大躍進」成為中國歷史上最大的一場浩劫，導致數千萬人死亡。

近代人類歷史上，如波布、希特勒和史達林等獨裁者都曾製造過類似的人為災難。但「大躍進」的獨特之處在於，人們對於這場運動的真實情況至今仍知之甚少。這主要是因為中共的檔案長期不予公開，只有少數受黨絕對信任的歷史學家才有機會接觸相關資料。不過，中國最近新頒布了一部檔案法，向歷史學家開放了大批檔案，從而徹底改變了人們研究毛時代的方法。本書的研究，就是基於筆者在數年內從幾十個中共檔案館所查閱的一千多件檔案材料。筆者曾到訪北京的外交部檔案館，也去過河北、山東、甘肅、湖北、湖南、浙江、四川、貴州、雲南和廣東的省級檔案館，還有不同地區的市級和縣級檔案館——縣級檔案館雖然規模較小，但收藏的資料同樣寶貴。本書運用的檔案資料內容豐富，其中包括公安局的機密報告、黨內高層會議的詳細紀錄、未經修改的重要領導人的原始講話、農村工作的情況調查、集體殺戮案件的調查、對人口大規模死亡負有責任的地方領導人的認罪書、大躍進後期各地工作小組對饑荒情況的調查報告、關於農民抵抗集體化的情況彙報、祕密的民意調查、普通老百姓的檢舉信等等。

這些為數眾多、種類豐富的資料改變了我們對大躍進的認知。例如，關於饑荒造成的死亡人數，目前研究者只能依據官方公布的數字（如一九五三、一九六四和一九八二年的人口統計）進行推測，由此得出的結論是：非正常死亡人口約為一千五百萬至三千二百萬。然而，當時由公安部門匯總的數字以及在大躍進的最後幾個月由各地黨委編寫的祕密報告卻表明，這些推測的數字遠遠低於實際情況。本書的研究表明，一九五八年至一九六二年間，至少有四千五百萬人非正常死亡。

人們常用「饑荒」或「大饑荒」來描述那四、五年的情況，但這些詞並不能反映在那場極端的集體化運動中人們死亡的各種方式，而且還會給人造成一種印象，即人口的死亡是由於基層政府對中央的經濟政策執行不力而無意造成的後果——這種說法事實上流傳甚廣。許多人並未將「大躍進」與大規模的殺戮聯繫在一起，而是將其與柬埔寨和蘇聯的大饑荒相提並論。經此比較，中國的問題反而顯得不那麼嚴重了。然而，本書有新的證據表明，強迫、恐懼和有組織的暴力才是「大躍進」得以實施的基礎。由於共產黨有嚴格的報告制度，我們得以從這些黨內部的報告中發現，一九五八至一九六二年間，大約有百分之六至八的受害者（總數至少達到二百五十萬人）是被折磨至死或被草率處死的，還有許多受害者因被故意剝奪口糧而餓死。此外，更多的人因為年老、體弱或疾病而喪失勞動能力，結果無法掙得維持生存的基本物資。事實證明，無數受害者是出於種種原因被選擇性地殺害的：有的人因為有錢被殺害，有的人因為勞動偷懶被殺害，有的人因為敢於直言被殺害，有些則僅僅因為公共食堂的打飯師傅看他們不順眼而被殺害，諸如此類，不一而足。另外，還有不計其數者因為得不到基本的醫療和照顧而間接地死於饑荒——事實上，迫於完成上級任務的壓力，地方幹部只重視產量的統計數字，根本無視活生生的個體生命。

「大躍進」本是為了追求物質的富足，結果卻導致人類歷史上規模最大的殺戮之一，而且對中國的農業、商業、工業和運輸業造成前所未有的破壞。因為將鋼鐵視為社會進步的一項關鍵指標，各地紛紛把鍋碗瓢盆和金屬製品扔進小高爐裡煉鋼。農村大規模修建豬圈，計畫向每家每戶供應豬肉，結果卻是大批牲畜死於疾病和飢餓，或被屠宰後出口，根本未分到老百姓的碗裡。對原料的集中分配和對產量的盲目追求，反而造成資源的大量浪費。每個人都想抄捷徑，一味追求提高產量，結果卻生產出大量次品，堆積在鐵道兩旁。腐敗滲透進日常生活的方方面面，小到醬油，大到水壩，產品的品質普遍堪憂。運輸系統負荷過重，幾近癱瘓，總值過億的產品積壓在餐廳、宿舍甚至馬路上，任其腐爛生鏽卻無人問津。農民們天天吃草嚥土，田裡的莊稼卻無人收割。還有比這個更低效、更浪費的經濟體制嗎？

本書還展示了向共產主義躍進的努力如何導致人類歷史上對私人財產最大規模的剝奪——其規模甚至超過了二戰中任何一次大轟炸造成的破壞。為了給更美好的未來讓路，或者僅僅為了懲罰房屋的主人，百分之四十的私人住宅被夷為平地。大片土地被徵用來興建化肥廠、公共食堂，或者修建道路、重新安置村民。大自然也在劫難逃。到底有多少森林在「大躍進」中被毀，如今已無從考證，但如此長期而密集地對自然環境的侵害，導致有些省分的林木損失過半。河流和水道也因此遭殃。全國各地動員了數億農民，耗費無數人力物力興修水壩和運河，結果許多地方未受其益，反受其害，出現山體滑坡、河道淤積、土地鹽鹼化甚至洪水氾濫。

由此可見，本書的重點並非局限於饑荒本身。基於大量驚人的細節，本書描繪了一個幾近崩潰的社會經濟體系，而毛澤東曾對這一體系寄予厚望。當災難發生時，為了維護自己在黨內的一尊地位，毛對持批評意見者予以無情的打擊。而當饑荒結束時，黨內出現了強烈反對毛的聲音。為了保住自己的權力，毛不得不發動文革，將整個國家攪得天翻地覆。因此可以說，在中華人民共和國的歷史上，最具轉折意義的關鍵事件就是「大躍進」。任何人想要理解共產中國的歷史，首先必須將「大躍進」視為毛時代最為核心的事件來看待。從更廣泛的意義來說，當現代世界掙扎於自由和控制之間時，「大躍進」的悲劇提醒人們，期待以國家計畫來解決社會失範是一個多麼大的錯誤。

❖

本書還利用最新獲得的資料，揭示了一黨專政體制下的權力運作。對於「大躍進」幕後的中共政治，政治學家們早有研究，但他們依據的大多是中國政府的官方聲明、半官方的文件或者文革中由紅衛兵公布的資料。所有這些資料都是經過審查和篩選的，因此無法揭示歷史的全貌。完整的情況只有等北京的中央檔案館開放之日才可能知道，但這一天的到來也許還要經過漫長的等待。不過，許多重要會議的紀錄目前已經可以在省級檔案館中看到，因為各省領導人經常參加這些會議，同時也會收到北京的最新情況通報。這類會議紀錄通常屬於最高機密，揭示了中共領袖們不為人知的一面，原汁原味地呈現了這個圈子內部的明爭暗鬥。毛澤東在這些文件中的形象讓人難以恭維，與其精心樹立的公眾形象有天壤之別：他開會發言時東拉西扯，沉迷於自己的歷史地位，對往事斤斤計較，很善於透過表現不同的情緒來操控他人，用威脅恫嚇的手段達到個人目的，而且對人命毫不在乎。

眾所周知，毛是「大躍進」的關鍵決策者，對由此造成的災難負有主要責任。[1] 為了推行自己的想法，他對與自己意見不合者要麼討價還價，要麼連哄帶騙，要麼鼓動激勵，有時甚至叱罵指責。與史達林不同的是，他並未將對手們關進地牢或者殺害，而是將他們罷官免職，剝奪與其職務相對應的種種特權。大躍進初期，毛本人發動了趕英超美的運動。幾年後，他不得不允許其他領導人調整經濟計畫，放慢發展的步伐。然而，如果地位僅次於毛的劉少奇和周恩來一開始就提出反對意見，那麼毛絕無可能如此為所欲為。劉和周的態度不僅影響了其他中共高級領導人，而且使從中央到鄉村的各級幹部都被利益和忠誠捆綁在一起，無法制約毛的所作所為。此外，透過不斷的黨內清洗，工作不夠積極的幹部會被心狠手辣的新人代替。這些新人善於見風使舵，北京一有指示便聞風而動，一個比一個激進。本書將利用檔案首次揭示中共內部這種複雜的政治生態。

本書最獨特之處，在於將大饑荒中黨的高層決策與普通百姓的日常生活聯繫在了一起，而此前的研究通常將二者孤立對待。迄今為止，還沒有一本關於毛時代的社會史專著，更毋論關於大饑荒的社會史了，只有少數透過口述對個別村莊進行的個案研究。[2] 本書提供的新證據表明，大饑荒的責任並非全由毛個人承擔。根據中共的規定，百姓生活的方方面面都要留下大量的書面紀錄，從這些資料來看，普通人並非單純都是受害者。雖然中共對國內外的社會秩序有其獨特的設想，但在實施過程中卻遇到重重阻礙，無法變成現實。無論是民眾的消極反抗還是激烈抗拒，其程度甚至遠超任何一個民主國家。在許多人的印象中，中國是一個紀律嚴明的共產主義社會，只要最上層犯錯，整部機器就會停止運轉。然而，本書利用的檔案和訪談卻揭示了另一番景象：這個社會事實上處於瓦解的狀態，老百姓不得不用各種方式自尋生路。集體化造成的破壞如此嚴重，以致每個社會階層都試圖違反或利用官方的規則，踐行另一套生存法則。雖然中共想努力消滅人們對私人利益的追求，但大家仍偷偷摸摸地為自己謀求好處。特別是當饑荒日益嚴重時，普通人想要生存下來，就不得不靠說謊、引誘、隱瞞、偷竊、欺騙、貪汙、掠奪、走私、篡改等伎倆來與政府「鬥智鬥勇」。正如羅伯・塞維斯（Robert Service）所指出的，在蘇聯，這種現象並非阻礙整部機器運轉的砂石，反而是有助於機器運轉的潤滑劑。[3] 事實上，一個「完美的」共產主義國家無法提供足夠的動力驅使民眾與黨合作，如果不能容忍一定程度的利益刺激，這個國家就會自我毀滅。如果不能容忍有人違反黨的路線，任何一個共產主義政權都無法長期執政。

在這種體制下，想生存就不能太聽話。從隱藏糧食的農民到燒毀帳本的幹部，各個階層都發明了各自的生存策略，而這些做法同時也延續了這個政權的生命，成為這個體制的一部分。共產主義的生活方式本身就充滿矛盾，人們不得不靠謊言生存，資訊一層一級地被扭曲，直到毛主席那裡。計劃經濟的實施本依賴於大量準確的資料，可事實上，生產指標層層加碼，資料反覆注水，即使中央的政策傷害了地方利益，也無人敢於指出。與此同時，國家體制對個人形成全方位的合圍，任何個體的主動性和批判性思維都遭到嚴厲壓制。

有些歷史學家也許將這些生存策略視為民眾「反抗」的方式，認為「農民們」正是運用這種「弱者的武器」來反抗「國家」。可事實上，並非只有屬於「弱者」的農民才需要這些生存策略。從底層直到頂層，幾乎每個人都在饑荒中有過偷竊的行為。如果偷竊也可以被視為「反抗」的話，中共政權在建立之初就應當垮臺了。也許我們可以從道德的角度，將普通民眾的生存策略理解為「反抗」，並對其加以讚揚。但事實上，當食物極為匱乏之時，一個人多吃一口就意味著另一個人要少吃一口。舉例來說，如果農民藏起糧食，工人就會餓死；如果工人往麵粉裡摻沙子，買麵粉的人就會吃到石子。因此，將這些出於絕望而採取的生存策略美化為「反抗」，實在過於簡單化，有非黑即白之嫌。事實上，迫於集體化運動，身處其中的每個人在不同的時刻都不得不做出道德上的妥協。最終，日常的墮落導致了大規模的毀滅。普利摩・李維（Primo Levi）在其關於奧斯維辛集中營的回憶錄中寫道，大多數倖存者都稱不上英雄，因為在一個以生存為最高法則的世界裡，任何人只要將自己的生命置於他人之上，都不免要改變自己的道德觀念。在《滅頂與生還》（*The Drowned and the Saved*）一書中，李維描述了處於道德灰色地帶的集中營內，諸多被關押者如何為了獲得額外的口糧而違背道德準則。對這些行為，他不予評判，只加以解釋，試圖一層層剝開集中營運轉的機制。理解人類在災難中的複雜行為，也是本書寫作的目的之一。從中共的檔案館裡，我們得以首次發現，半個世紀前的中國人——無論是決策者還是底層的飢民——面臨著怎樣一個選擇的困境。

❖

本書的前兩個部分解釋了大躍進運動的緣起和發動，重點指出了幾個關鍵的節點，並追述了這個重大決定的決策過程。第三部分考察了「大躍進」對農業、工業、商業、住房和自然環境造成的破壞。第四部分探討的是普遍民眾的生存策略如何影響了宏觀計畫的實施、並由此產生哪些出人意料或為人忽視的後果。例如：城市裡的工人透過偷竊和怠工等方式違反各項指令，而農民則求助於「吃青」和逃荒等傳統的求生手段，還有人搶劫糧庫、哄搶貨車、縱火焚燒政府機構，甚至偶爾組織武裝反抗。儘管如此，身處等級森嚴的社會中，普通民眾的生存能力終究受到極大限制，有些群體更容易受到傷害，所以本書第五部分重點關注了兒童、婦女和老人的命運。最後，第六部分討論了各種死亡的方式，如意外、疾病、虐待、謀殺、自殺、餓死等等。全書的末尾附有一篇文章，專門介紹了本書研究資料的來源，對書中所用檔案資料的性質進行了較詳細的闡釋。

大事記

一九四九年
中國共產黨占領中國大陸，於十月一日宣布成立中華人民共和國。蔣介石率戰敗的國民黨退守臺灣。十二月，毛澤東前往莫斯科，尋求史達林的幫助，希望與蘇聯建立戰略同盟。

一九五〇年十月
中國加入朝鮮戰爭。

一九五三年三月
史達林去世。

一九五五年秋—一九五六年春
毛澤東對經濟發展的緩慢速度不滿。為了迅速提高糧食、棉花、煤炭和鋼鐵的產量，他開始大力推動農業集體化改造，希望藉此實現「社會主義高潮」。這一運動被一些歷史學家稱為「小躍進」，結果造成工業產品短缺，部分地區出現饑荒。一九五六年春，周恩來和其他負責制定經濟計畫的領導人提出，應放緩集體化的步伐。

一九五六年二月
赫魯雪夫在莫斯科的一次祕密報告中譴責對史達林的個人崇拜，隨後蘇聯開始批判史達林式的農業集體化。蘇聯的變化令中共黨內反對農村社會主義高潮運動的聲音成為主流，毛澤東則將去史達林化視為對其權威的挑戰。

一九五六年秋
中共從黨章中刪去「毛澤東思想」的提法，強調實行集體領導，反對個人崇拜。社會主義高潮運動戛然而止。

一九五六年十月
受到蘇聯去史達林化的鼓勵，匈牙利民眾掀起反政府運動，最終蘇聯出兵侵略匈牙利，鎮壓了所有反對派，並成立一個依附於莫斯科的新政府。

一九五六年冬—一九五七年春
毛澤東不顧大多數中共領導人的反對，主張開放言論，提出「百花齊放、百家爭鳴」的口號，試圖贏得科學家和知識分子對其經濟政策的支持，避免出現類似匈牙利事件的社會動盪。

一九五七年夏
「百花運動」的發展出乎毛澤東的意料，出現大量抨擊共產黨的言論。毛澤東一反初衷，將提出批評意見者打成攻擊黨的「右派分子」。他指派鄧小平負責這場「反右運動」，至少五十萬人遭受迫害，許多人被發配到偏遠地區從事重體力勞動，其中包括許多學生和知識分子。全黨再次團結在毛澤東的領導之下。

一九五七年十一月
毛澤東訪問莫斯科。當時，蘇聯剛成功發射了人類首顆人造地球衛星，毛因此聲稱：「東風壓倒了西風。」赫魯雪夫宣布蘇聯將在十五年內超過美國的經濟產量，受此啟發，毛也宣布中國將在十五年內超過英國。

一九五七年冬—一九五八年春

在一系列會議中，毛澤東對周恩來等反對其經濟政策的領導人進行抨擊。他提出要在農村廣泛動員勞動力，加快集體化步伐，大幅提高工農業生產指標，並提出黨的總路線：「鼓足幹勁，力爭上游，多快好省地建設社會主義。」

一九五七年冬—一九五八年夏

黨內掀起一場新的政治運動，對黨的經濟政策持不同意見者遭到打壓，受清算者多達幾十萬人。數名省級領導人被撤職，由緊密追隨毛澤東的幹部取代。黨內的反對意見被完全壓制。

一九五七年冬—一九五八年春

發動大規模水利建設運動，「大躍進」由此拉開序幕，上億農民被迫前往偏遠的水利工地勞動，許多人不得不忍饑挨餓，而且得不到足夠的休息。

一九五八年夏

赫魯雪夫訪問北京後，毛澤東在未事先通告的情況下便下令炮擊金門。中蘇關係由此更為緊張，並引發與美國的國際危機。莫斯科被迫表態支持北京，宣布對中華人民共和國的攻擊等同於攻擊蘇聯。

一九五八年夏

全國開始大舉動員，興修水利。為了管理人數眾多的勞動力和規模浩大的工程，各地開始出現超大規模的人民公社，個別公社的人數甚至多達兩萬戶。人民公社實行軍事化管理，包括土地和勞動力在內的所有資源幾乎全部收歸集體所有。公共食堂取代了各家各戶的廚房，兒童寄宿在幼兒園裡，工分制得到推廣，用於對社員進行獎懲，有些公社甚至取消了貨幣。為了響應中央提高鋼鐵產量的號召，各地紛紛建起小高爐，用來熔化各類金屬製品。許多地方開始出現饑荒的跡象。

一九五八年十一月—一九五九年二月　毛收回立即向共產主義過渡的承諾，對虛報產量的地方幹部不再支持，並試圖制止「大躍進」中出現的極端行為。但他仍繼續推動集體化運動，將黨的成績與錯誤的關係比作「九個指頭和一個指頭」。為了滿足出口及城市供應的需要，農村中糧食徵購的任務大大提高，饑荒蔓延到更廣泛的地區。

一九五九年三月　在上海會議上，毛澤東對黨內高層領導發起猛烈抨擊。他不顧日益嚴重的饑荒，對糧食徵購任務提出更高目標，要求達到糧食總產量的三分之一。

一九五九年七月　在廬山會議上，彭德懷等人因批評「大躍進」被打成「反黨集團」。

一九五九年夏—一九六〇年夏　在「反右傾」運動中，與彭德懷等人持類似觀點、對「大躍進」提出批評的黨員遭到整肅。數千萬農民死於飢餓、疾病或虐待。

一九六〇年七月　赫魯雪夫決定從中國撤出所有蘇聯專家。周恩來和李富春開始對經濟實行結構性調整，由原來的蘇聯模式轉向西方模式。

一九六〇年十月　李富春向毛澤東報告，河南信陽出現大規模餓死人的情況。

一九六〇年十一月　中央發布緊急指示，允許農民保留自留地、從事副業生產、每天休息八小時，並可恢復部分集市，同時還採取其他一系列措施，使公社對農民的控制有所鬆弛。

一九六〇年冬—一九六一年

中央及各省派出調查小組分赴農村，調查大饑荒的情況。中國政府從西方進口了大量食物。

一九六一年春

黨的高層領導人分赴各地視察，隨後中央進一步修正了「大躍進」的各項政策。劉少奇認為黨應當承擔大饑荒的責任，但並未追究毛澤東個人的責任。

一九六一年夏

黨在一系列會議中討論了「大躍進」造成的後果。

一九六二年一月

在北京召開的「七千人大會」上，劉少奇稱這次饑荒是人為的災難。毛澤東的威望下降。饑荒形勢總體好轉，但在部分地區仍繼續造成人口死亡。這種情況一直持續至一九六二年底。

一九六六年

毛澤東發動文化大革命。

第一部

★

追逐烏托邦

The Pursuit of Utopia

1 兩個對手

一九五三年，史達林的去世令毛澤東如釋重負。在過去的三十多年裡，毛一直得向這位共產黨主義世界的領袖請示彙報。二十七歲那年，他從一名蘇聯特工那裡獲得二百元現金，隨後動身前往上海，參加中國共產黨的成立會議。從此以後，在俄國人的資助下，毛的人生被徹底改變了。對於這些錢，他拿得心安理得，並最終領導一群破衣爛衫的游擊戰士奪取了政權。然而，在此過程中，他不得不忍受莫斯科沒完沒了的訓斥和貶謫，還時常與蘇聯顧問就中共的政策進行爭論。史達林一直逼迫毛與其宿敵蔣介石合作，因為他對毛領導的農民軍並無多大信心。史達林一貫公開支持蔣，即使一九二七年國民黨在上海對中共進行血腥屠殺後依然如此。在此後的近十年裡，蔣介石的軍隊對陷入包圍中的毛四處追擊，迫使中共躲進山區，最終不得不跋涉了約一萬二千五百公里（即俗稱二萬五千里長征）向北方撤退。一九三六年，蔣介石在西安遭綁架後，史達林立即致電毛，下令他毫髮無損地將蔣釋放。一年後，就在日本人侵略中國之際，史達林命令毛再次與蔣合作，並向國民黨政府提供飛機、武器和顧問。在第二次世界大戰中，毛從蘇聯得到的唯一援助是用飛機運來的宣傳單。

抗戰中，毛並未與日本人正面對抗。相反，他致力於擴充中共在華北地區的實力。當抗戰於一九四五年即將結束之際，一向秉持絕對實用主義的史達林與國民黨政府簽署了同盟協定。這意味著，一旦內戰爆發，蘇聯將不大可能全力支持中共。果然，日本投降後不久，國共內戰即全面爆發。史達林再次袖手旁觀，甚至警告毛注意：曾與蔣並肩作戰打敗日本的美國，如今可是世界領袖！然而，毛並未聽從史達林的建議，反而指揮中共的軍隊在內戰中逐漸占據上風。當解放軍攻下國民黨的首都南京時，隨蔣介石逃亡的少數外國使節中就有蘇聯大使。

即使當中共已經勝利在望時，史達林仍試圖左右毛的決定。只要和毛有關的事，莫斯科都不放心。例如，當解放軍迫近上海時，毛下令停止進攻，戰事停頓了數週。這令史達林困惑不解：身為共產黨人的毛澤東為什麼害怕工人？難道他不願承擔管理城市的責任？史達林曾讀過譯成俄文的毛的文章，並因此認定毛就是個農民，是窯洞裡走出來的馬克思主義者。他將毛的思想定性為「封建主義」。顯而易見，毛具有反叛精神，而且固執，否則很難解釋他為什麼一定要打敗蔣介石，迫使其最終退到臺灣。但是，毛的個性中還有驕傲與獨立的特點，這令史達林深感頭痛。在史達林看來，誰都可能成為敵人，他擔心毛會成為另一個狄托（Josip Broz Tito）——那個因為反對莫斯科而被逐出共產主義大家庭的南斯拉夫領導人。狄托已經夠壞了，史達林可不想看到在蘇聯旁邊再出現一個不受其控制的龐大政權。史達林對誰都不信任，更何況是毛澤東這樣一個潛在的對手呢？他認定毛對自己早已心懷不滿，只是一直隱忍著罷了。

事實上，毛對史達林確實耿耿於懷，但蘇聯是他唯一的依靠。新中國亟待國際社會的承認，並且需要經濟上的援助來進行戰後重建。毛不得不放低身段，宣布「一邊倒」的外交政策，尋求與蘇聯重歸於好。

然而，毛數次提出要與史達林會面都被拒絕了。直到一九四九年十二月，毛才終於獲得蘇聯的邀請訪問莫斯科。作為一場大革命的領導者，他將世界四分之一的人口帶入了共產黨主義陣營，這樣的功勞理應受到特別的嘉獎。可事實上，毛的待遇卻與前來慶祝史達林七十壽誕的各國代表相同，並未得到額外的照顧。史達林和毛短暫會晤後便把他晾在一邊，安排他住在莫斯科郊外的一棟別墅裡，一連幾個星期不理不睬。毛一直期待與史達林的正式會面，每一天的等待都讓他感覺漫長。史達林不僅是蘇聯的最高獨裁者，還是全世界共產主義政黨和國家的領袖，相形之下，毛越發感覺自己的卑微。最終，毛再次見到了史達林。蘇聯僅僅答應援助中國價值三億美元的軍事物資，費用可分五年支付。可是，為了換取如此微不足道的援助，毛不得不在領土問題上做出重大讓步，同意由蘇聯掌管旅順和滿洲的中東鐵路直到一九五〇年代中期為止，同時允許蘇聯在新疆開採礦石——這些特權正是沙俄從十九世紀以來透過不平等條約攫取的。不過，莫斯科向毛承諾，一旦日本或其他國家（尤其是美國）膽敢進攻中國，蘇聯將為中國提供保護。

在毛和史達林簽署同盟友好條約之前，金日成已經開始謀劃用武力統一朝鮮半島了。一九四八年朝鮮分裂後，他領導共產黨游擊隊占領了北朝鮮。如今，毛將他視為共同抵抗美國的同盟者。一九五〇年六月，朝鮮戰爭爆發，但共產黨的軍隊未能實現統一的目標，反而促使美國出兵支援位於半島南部的韓國。很快，美國的空軍和坦克部隊在戰場上占據了絕對優勢，迫使金日成的軍隊一路撤退到中朝邊境。毛擔心美軍越過鴨綠江進攻中國，決定派遣志願軍入朝參戰，史達林向他承諾提供空中支援。接下來，朝鮮戰場發生了激烈的戰鬥，中國軍隊傷亡巨大，而蘇聯派出的飛機卻數量有限。當戰鬥進入血腥的相持階段後，史達林反覆阻擾交戰雙方舉行停戰談判，因為和平並不符合他的戰略利益。不僅如此，史達林還要求中國為蘇聯提供的軍事物資支付費用。一九五三年三月史達林去世後，交戰雙方迅速達成了停戰協定。

過去的三十年，毛一直忍受著史達林的羞辱，迫於戰略需要而不得不臣服於莫斯科。朝鮮戰爭令他對蘇聯的控制更為不滿，其他中共領導人也深有同感，大家都渴望有朝一日能與莫斯科平等交往。

不過，從另一方面來看，朝鮮戰爭則有助於毛提高其在中共黨內的個人權威。一九四九年，毛率領中共取得了勝利，如今又在朝鮮贏得勝利，這一切都是他個人的榮耀。當初，在討論是否出兵朝鮮時，其他中共領導人大多反對，毛則堅決要參戰。最終雖然付出了慘重的代價，但志願軍畢竟和美國人打了個平手，毛的聲望也由此遠高於其他中共領袖。毛變得同史達林越來越像，將自己凌駕於眾人之上，對自己的歷史功績無比自得，確信自己是天縱奇才，永遠不會失敗。

史達林死後，毛看到了機會：他終於有可能擺脫克里姆林宮的掌控，自封為社會主義陣營的最高領袖了。毛很自然地認為，如今他才有資格領導全世界的共產主義者，並且必將戰勝資本主義，而他自己將占居歷史的中心，讓全世界圍著他轉。他不是帶領中共，在擁有全球四分之一人口的大國取得了第二次「十月革命」的光輝勝利嗎？要知道，就連史達林本人都不能說親自領導了布爾什維克革命，接替他的赫魯雪夫就差得更遠了。

❖

在許多人眼裡，赫魯雪夫能力有限，胸無大志，是個粗俗、乖張、衝動、蠢笨的人。然而，正是這樣的形象讓他得以倖存於史達林時代。史達林對赫魯雪夫寵愛有加，而那些看起來精明的蘇共領導人卻頻頻犯錯。有一次，史達林和赫魯雪夫開玩笑，用手中的菸斗輕敲他的額頭說：「我的小馬克思，這裡面空空如也！」[1] 表面看來，赫魯雪夫就是史達林的弄臣，但事實上，他也像史達林一樣妄想多疑，笨拙的外表下掩藏著狡猾和野心。

赫魯雪夫並不認同史達林對待毛澤東的方式。他上臺後重新制定了對華政策，企圖透過循循善誘的方式，引導這位原農民起義領袖轉變為真正的馬克思主義者。此外，他大開方便之門，批准向中國大規模傳授技術，並資助中國建設了數百座各類工廠。大批蘇聯專家來到中國，涵蓋了從原子能到機械工程等諸多領域。與此同時，中國派出大批學生赴蘇聯留學，僅在史達林去世後的頭一年，中國留學生就達到了約一萬人。然而，中共領導人認為這些都是他們應得的。北京對此不僅沒有表示感謝，還試圖透過討價還價、乞求和哄騙等方式要求蘇聯予以更多的經濟和軍事援助。赫魯雪夫最終還是讓步了。他強迫其他蘇共領導人接受了援助中國的一系列計畫，其規模甚至超過了蘇聯的能力。

赫魯雪夫竭盡全力幫助中國，當然也期待獲得相應的回報。然而，毛對他卻一貫抱以蔑視，將其視為性格粗魯、經驗不足的暴發戶——而這正是赫魯雪夫一直想擺脫的形象。一九五六年是一個重要的轉捩點：赫魯雪夫事先未徵詢毛的意見，在「蘇共二十大」上作了一次祕密報告，揭露和譴責了史達林的罪惡。毛表揚了這次報告，因為他感覺這份報告會削弱莫斯科在共產主義陣營內的權威。但另一方面，毛永遠不會原諒赫魯雪夫，因為在毛看來，去史達林化對自己的個人權威構成了挑戰。事實上，毛跟史達林一樣，都喜歡把自己擺在全世界的中心位置。儘管內心對其不滿，毛一直將自己與史達林相比。如今，對史達林的貶損自然會連帶傷及毛的地位。除此之外，毛認為他比赫魯雪夫更有資格評價史達林的功過，而且攻擊史達林只會對美國人有利。

讓毛更為擔心的是，蘇聯對史達林的批判向中共表明毛也是可以被批評的。毛的權威增長之快，已讓中共部分高層領導警覺，他們希望實行集體領導以限制毛的權力，而赫魯雪夫的祕密報告正好為他們提供了有力的支持。一九五六年九月，在北京召開的「中共八大」從黨章中刪除了「毛澤東思想」的提法，確立了集體領導的原則，並對個人崇拜予以譴責。毛受制於赫魯雪夫的祕密報告，不得不在大會召開前幾個月表示贊同這些決議。[2] 可事實上，毛感覺自己受到了輕視，在私人場合對內心的憤怒絲毫不加掩飾。[3]

不久，毛遭遇了另一個挫敗。一九五六年底，「中共八屆二中全會」叫停了由他發動的社會主義高潮運動。就在一年前，毛對經濟發展的緩慢速度心生不滿，不斷批評那些主張穩健政策的領導人，嘲諷他們是「小腳女人」。他預言，只要加快農業集體化的步伐，就可以帶來農業生產的大躍進。一九五六年一月，毛不切實際地號召增加糧食、棉花、煤炭和鋼鐵的產量，由此掀起一場「社會主義高潮」運動。這場運動也被一些歷史學家稱為「小躍進」，但發動不久便陷入了困境。[4] 在城市，工業增長遭遇瓶頸，生產所需的資金和原料雙雙匱乏；在農村，農民們則透過各種方式抵制集體化，有人殺了自己家的牲畜，有人則把糧食藏起來。一九五六年春，部分地區開始出現饑荒。為了控制這場由毛發動的突擊運動所造成的破壞程度，周恩來和負責制定經濟計畫的陳雲提出反對「冒進」行為，同時限制集體農業的規模，有限度地恢復自由市場，給予農民更多單幹的自由。毛因此深感挫敗，將這些措施視為對其個人權威的挑戰。一九五六年六月，《人民日報》在一篇社論中批評「社會主義高潮」不切實際地「企圖在一個早晨即把一切事情辦好」。當這篇文章轉交給毛傳閱時，他用潦草的筆跡憤怒地寫道：「不看。」他甚至提出質問：「罵我的，我為什麼要看？」[5] 赫魯雪夫的祕密報告進一步打擊了毛的權威。他在報告中著重批判了史達林的農村政策，特別是農業集體化，聽起來就像是不點名地批評毛。最終，中共八大終止了「社會主義高潮」運動。

一九五七年四月，毛不顧其他黨的領導人反對，執意發動「雙百運動」，鼓勵大家對黨提意見，結果卻給他帶來更大的羞辱。毛本來希望透過這個運動讓少數右派分子和反革命分子暴露出來，以防出現像匈牙利事件那樣的動盪——一九五六年十月，受去史達林化的影響，匈牙利暴發了反對共產黨政權的全國性示威活動，最終蘇聯軍隊入侵匈牙利，殘酷鎮壓了示威者，並扶持了一個親莫斯科的新政權。為了確保中國不會出現類似的狀況，毛提出要把反對勢力分化為許多小規模的「匈牙利事件」，對其分別處理。[6] 而且他認為，較為寬鬆的氣氛將有助於黨贏得科學家和知識分子對其經濟政策的支持。然而，事實證明毛的想法大錯特錯，越來越多的批評者不僅對中共政權的合法性提出質疑，更將矛頭指向毛個人的領導地位，毛因此決定將所有批評者打成企圖破壞黨的「壞分子」，並讓鄧小平負責這場「反右運動」。運動來勢洶洶，至少五十多萬人受到打擊，被發配到偏遠地區從事繁重的體力勞動，其中很多是學生和知識分子。毛雖然竭力維護了自己的地位，但整起事件讓他深感難堪。不過，從另一角度來說，這一運動也造成一種有利毛的局面：如今，中共政權正經受各方質疑，面對四面楚歌的圍攻，全黨必須緊密團結在毛主席的領導之下。

一九五七年六月，「雙百運動」的挫敗讓毛確信，黨目前的敵人主要是「右傾保守主義」，正是「右傾」的惰性造成了經濟發展的緩慢。他一心想重新發起「社會主義高潮」運動，卻苦於得不到專業人士的支持，大家都覺得毛的那些政策不切實際。這讓毛不由開始思考，如果如此眾多的知識分子只注重專業技能和科學知識，而忽視對他的忠誠，那麼這個國家的未來就不能指望這些專家了。黨內的二把手劉少奇也同意這一觀點，他站在主席一邊，主張大幅提高農業生產的指標。[7] 一九五七年十月，在劉少奇的支持下，毛提出一個新的口號描繪了他的夢想：「多、快、好、省地建設社會主義」，同時他把聽起來顯得莽撞的「冒進」二字換成了「躍進」。當時，反右運動正進行得如火如荼，黨內沒有人敢提出反對意見。毛胸有成竹，決心用自己的辦法來挑戰赫魯雪夫。

2 競爭開始

一九五七年十月四日，一個像沙灘球那麼大的鋼鐵球體，一邊閃著光一邊衝入雲霄，待進入預定的軌道後，它開始以每小時約兩萬九千公里的速度環繞地球飛行，同時發出無線信號，全世界都可以接收到。這是蘇聯發射的全世界第一顆人造地球衛星，美國對此無比震驚，既羨慕又擔心，太空競賽從此掀開了新的一頁。讓美國擔心的是，蘇聯的火箭必須具有像洲際導彈一樣強勁的動力，才能將重達八十四公斤的衛星送入太空，這意味著俄國人已經具備了向美國本土發射核彈的能力。一個月後，蘇聯又取得了更大的成功：一隻身穿特製宇航服的小狗萊卡（Laika），搭乘「史普尼克二號」（Sputnik II）人造衛星飛向太空，成為第一個進入地球衛星軌道的活體生物。

赫魯雪夫用這樣一個大膽的舉動，開啟了「導彈外交」的新時代。莫斯科開始大張旗鼓地宣傳洲際導彈的實驗取得了成功，而且特意選在十月革命勝利四十周年這一天發射了第二顆人造衛星。數以千計來自世界各國的共產黨領導人們齊聚紅場，共同出席了慶祝活動。

然而，雖然成功發射了人造衛星，赫魯雪夫在蘇共黨內的地位卻並不穩固。就在幾個月前，莫洛托夫（Molotov）、馬林科夫（Malenkov）和岡卡諾維奇（Kaganovich）等堅持史達林主義的強硬派發動了一場政變，幾乎把赫魯雪夫推翻。幸虧曾在二戰中率領紅軍攻占柏林的朱可夫元帥用軍事運輸機將赫魯雪夫的支持者及時送往莫斯科，這才保住了他的位置，發動政變的眾人都被打成了「反黨集團」。但赫魯雪夫仍不放心，他擔心朱可夫隨時有可能掉轉槍口，於是便透過暗中運作，於十一月初罷免了朱可夫的職務。可問題是，把這麼一位功勳卓著的元帥革職，該如何向來自世界各國的共產黨領導人解釋這一決定呢？在此之前，赫魯雪夫的祕密報告和匈牙利的抗議已經令大家無比震驚了，這次慶祝活動絕對不能再出什麼亂子。最令赫魯雪夫擔心的是南斯拉夫的領導人狄托：他一向強調本國的獨立性，拒絕服從蘇聯的命令，這次很可能會突然發難，搞砸慶典。而且他剛在十月中旬否決了一份由俄國人起草的各國共產黨聯合宣言，並拒絕出席莫斯科的慶祝大會。

就在這個關鍵時刻，赫魯雪夫得到了毛的支持。儘管二人在外交和意識形態上有分歧，但毛有足夠的理由支持這個對手：他渴望得到蘇聯的幫助發展核武器。事實上，毛已經好幾次向蘇聯人提出這個要求。自從美國向臺灣提供軍事援助、並於一九五五年三月部署戰略核導彈後，毛就一直想擁有自己的核彈。如今，就在莫斯科召開慶祝十月革命勝利四十周年大會的前夕，赫魯雪夫於十月十五日與中國簽署了一份祕密協定，承諾在一九五九年前向中國提供一枚蘇聯製造的核彈。[1]

毛為此興高采烈。他知道自己的機會到了，赫魯雪夫之所以這麼慷慨，是因為不得不倚靠他的支持。毛隨中國代表團乘坐兩架「圖－一〇四」飛機到達莫斯科，赫魯雪夫在各國共產黨要人的簇擁下到伏努科沃（Vnukovo）機場熱情地迎接毛，並親自護送他前往克里姆林宮——在所有與會的六十四個代表團中，中國代表團是唯一下榻此處的。

毛被安排在裝飾華麗的凱薩琳女王的私人寢室。這座銅頂的建築裝飾考究，立柱高大，牆壁鑲嵌著核桃木，廳室裡懸掛著閃亮的綢緞，隨處可見鍍金的穹頂和厚重的地毯。然而，毛對這些似乎並不稀罕，他只喜歡自己隨身帶去的夜壺。[2]

十一月七日是整個慶典活動的高潮。毛與赫魯雪夫並肩而立，雙雙站在列寧墓上，檢閱穿過紅場的軍隊，前後長達四個小時。蘇聯軍隊驕傲地展示著各種最新的武器，圍觀的人群揮舞著中國的國旗，高喊：「毛主席萬歲！中國萬歲！」

儘管倍享尊榮，毛對主辦的安排仍吹毛求疵。他吃不慣俄國的食物，嘲笑俄羅斯的文化，瞧不起其他國家的共產黨代表團，對赫魯雪夫更是態度冷淡。他語帶嘲諷地對自己的醫生說：「此一時也，彼一時也。看起來，不論中外，不論資本主義社會主義，什麼人都是勢利眼。這裡還是共產黨當權的國家哪！」[3]

不過，赫魯雪夫還是得到了毛的公開支持。十一月十四日，當著各國共產黨代表團的面，毛宣布：「我們這裡這麼多人，這麼多黨，總要有一個首……蘇聯不為首哪一個為首？按照字母？阿爾巴尼亞？越南，胡志明同志？其他國家？我們中國是為不了首的，沒有這個資格。我們經驗少。我們有革命的經驗，沒有建設的經驗。我們在人口上是個大國，在經濟上是個小國。」[4]

然而，儘管毛表面說擁護蘇聯的領導地位，但他的行為卻處處向人們表明，共產主義陣營的真正領袖是他而不是赫魯雪夫。例如，為了表示藐視蘇聯人的權威，他只是有選擇性地出席一些活動，他甚至當面告訴赫魯雪夫自己脾氣不好，容易得罪人。[5] 十一月十八日，毛終於等到了最期待的時刻。他不顧大會議程，要求臨時發表講話。但他又藉口身體不好，拒絕像別人一樣站著發言，而是坐在自己的座位上對各國代表講話。赫魯雪夫後來在回憶錄中說，毛給人高高在上的感覺。[6] 然而，毛的即席發言既冗長又雜亂，他甚至像教訓小學生那樣對赫魯雪夫說：「任何一個人都要有人支持。一個好漢也要三個幫，一個籬笆也要三個樁。這是中國的成語。中國還有一句成語，荷花雖好，也要綠葉扶持。你赫魯雪夫同志這朵荷花雖好，也要綠葉扶持。」似乎嫌這番話說得還不夠明確，毛接著宣稱：一九五七年六月赫魯雪夫與史達林主義分子之間的決鬥是「兩條路線的鬥爭：一條是錯誤的路線，一條是比較正確的路線」。這句話是對赫魯雪夫的隱隱褒獎還是暗中貶損呢？現場的譯員顯然沒有搞明白毛的意圖，只是含糊地翻譯成「兩個不同集團」的鬥爭，其中「由赫魯雪夫領導的一方取得了勝利」。可事實上，根據南斯拉夫大使後來的回憶，毛的原話是說：誰對誰錯，「除了中國人誰都不知道」。這話講完後，全場一片靜默。[7] 讓赫魯雪夫更覺尷尬的是，毛接著又提起六月政變的主角之一莫洛托夫，稱其為「一位老同志，有很長的鬥爭歷史」。[8]

更讓俄國人害怕的是，毛在發言中斷言：「世界上有兩股風：東風、西風。中國有句成語，不是東方壓倒西風，就是西風壓倒東風。我認為目前形勢的特點是東風壓倒西風，也就是說，社會主義的力量對於帝國主義的力量占了壓倒的優勢。」

他接著回顧了兩大陣營之間力量對比的變化。令所有與會代表震驚的是，毛竟然拿世界大戰開玩笑。[9] 他說：「要設想一下，如果爆發戰爭要死多少人。全世界二十七億人口，可能損失三分之一；再多一點，可能損失一半……我說，極而言之，死掉一半人，還有一半人，帝國主義打平了，全世界社會主義化了，再過多少年，又會有二十七億，一定還要多。」[10] 似乎在他看來，美國人不過是「紙老虎」，只要能打敗美國，就算死再多的人他也無所謂。事實上，毛是想利用這樣的場合對美國進行恐嚇，但同時也是為了向全世界表示：是他，而不是赫魯雪夫，才算得上意志堅定的革命家。

當然，毛在發言中除了計算人口的數量，偶然也對赫魯雪夫表示謹慎的讚賞，例如肯定他對計劃經濟的改革以及削弱官僚主義的努力。赫魯雪夫當時正試圖將中央的權力下放給各地新成立的經濟委員會，而這些委員會的掌權者都是赫魯雪夫的自己人。他還到全國各地的農村發表講話，告訴農民如何提高糧食產量：「你們要在正方形的地裡集中種土豆（馬鈴薯），應該像我奶奶那樣種捲心菜。」[11] 他貶低正統的經濟學家只懂「計算」卻不了解蘇聯人民的能力：「讓那些資本主義世界的意識形態家們喋喋不休去吧，讓經濟學家同志們為之汗顏吧！有時候人們必須突然爆發一股力量，超常發揮自己的能力。」[12] 赫魯雪夫相信，只要將農民從史達林主義的嚴密控制下釋放出來，他們就會產生巨大的能量，甚至在經濟上超越連美國。他說：「當人們意識到自己的力量時，就會創造奇蹟。」一九五七年五月，赫魯雪夫志在必得地宣稱，只需要幾年的時間，蘇聯的豬肉、牛奶和奶油的人均產量就會趕上美國的生產水準。[13] 如今，赫魯雪夫在慶祝十月革命勝利四十周年的演講中，向各國共產黨代表團當眾宣告：「同志們，我們的計畫人員經過計算發現，再過十五年，蘇聯各主要產品的產量，將不僅趕上、而且會超越美國。」[14]

聽赫魯雪夫這麼說，毛當即決定接受挑戰，也向各國共產黨代表團宣布，中國將在十五年內超過英國——英國那時還被視為一個主要的工業強國。他說：「我國今年有了五百二十萬噸鋼，再過五年，可以有一千萬到一千五百萬噸鋼；再過五年，可以有二千萬到二千五百萬噸鋼；再過五年，可以有三千萬到四千萬噸鋼。當然，也許我在這裡說了大話，將來國際會議再開會的時候，你們可能批評我是主觀主義。但是我是有相當根據的……赫魯雪夫同志告訴我們，十五年後，蘇聯可以超過美國。我也可以講，十五年後我們可以趕上或者超過英國。」[15] 大躍進運動就這麼開始了。

3 清洗隊伍

毛澤東的這次蘇聯之行，讓他重新振奮起來。他看到經濟相對落後於美國的蘇聯不僅發射了全世界第一顆人造衛星，而且即將開展一場偉大的生產運動，很快就會超越美國。這讓他又想起那場被迫放棄的社會主義高潮運動。

回到北京後不到兩個星期，毛澤東就獲得了副主席劉少奇的支持，決定發動一場經濟大躍進。劉少奇高高的個子，灰白的頭髮，身形略為佝僂，為人樸素，話也不多。他一生追隨黨的路線，勤勤懇懇，經常熬夜工作。作為常年辛勤付出的回報，他自認為有資格成為毛的接班人。幾個月前，當毛表示想卸任國家主席的職務時，很有可能曾私下向劉表態支持他繼任這一職位。[1] 此時，劉對毛的設想表示支持：「在十五年後，蘇聯的工農業在最重要的產品的產量方面可能趕上或者超過美國，我們應當爭取在同一時期內，在鋼鐵和其他主要產品的產量方面趕上或者超過英國。」[2] 一九五七年底，全國各地的報紙刊登了大量文章，呼籲加快水利建設，並大幅提高糧食和鋼鐵的產量。一九五八年元旦，《人民日報》刊登了經劉少奇批准的社論，描繪了毛的願景：「鼓足幹勁，力爭上游」。[3]

另一個支持毛的人是國家計劃委員會主任李富春。李作風謙卑，是知識分子型的幹部。他平時負責向各省定期發布生產計畫——每份計畫都有電話黃頁那麼厚，詳細羅列出各種產品的生產指標。李富春也是湖南人，他與毛自幼相識，共同經歷過長征。這一次，在所有掌管計劃經濟的官員中，他是第一個站出來支持「大躍進」的——其動機不得而知，也許是出於害怕，也可能是發自內心地支持，或者還夾雜了個人的野心。同劉少奇一樣，李富春也對毛的大膽設想大唱讚歌。[4]

除了公開的大肆宣傳，毛還在各種會議或私人場合督促、哄騙各地領導人，令他們承諾提高產量，加快經濟發展的速度。一九五八年一月初，在杭州召開的一次由各省委領導人參加的小型會議上，個頭高大、梳著大背頭的上海市長柯慶施出於對毛的由衷敬畏，充滿激情地提議全國各地發動群眾「乘風破浪」，爭取「社會主義建設的新高潮」。[5] 他的發言得到與會者的一致首肯。毛受現場氣氛的觸動，再也無法遏制壓抑了幾年的憤怒，向負責計劃經濟的主要官員薄一波大發雷霆。薄是一名老革命，但他在工作中一直抵制毛的想法，總是努力想保持預算的平衡。毛衝著他高聲怒斥道：「我不聽你這一套，你講什麼呀？我幾年都不看預算了，橫直你是強迫簽字。」隨後，毛把矛頭轉向周恩來：「《農村社會主義高潮》一書的序言，對全國發生了很大的影響，是『個人崇拜』還是『崇拜偶像』？不管什麼原因，全國各地報紙、大小刊物都登載了，發生了很大的影響。這樣，我就成了『冒進的罪魁禍首』。」[6] 就這樣，主管計劃經濟的官員們別無選擇，被毛逼著趕上了通往烏托邦的道路。

❖

位於中國南方、地處亞熱帶的南寧，素有「綠城」之稱。這裡植被茂盛，四季常青，適宜種植蜜桃、檳榔和棕櫚樹。一月中旬，南寧的氣溫在攝氏二十五度左右，城裡到處盛開著柑橘花。從北京來這裡開會的領導人們本應身心放鬆，但事實上，會場上的氣氛卻異常緊張。甘肅省委第一書記張仲良是擁護毛的積極分子，他在會上發言說：「從頭到尾是批判右傾保守思想！」[7] 毛在會議首日就聲明：「不要提『反冒進』這個名詞好不好？這是政治問題。一反就洩了氣，六億人一洩氣不得了。」[8]

南寧會議開了好幾天，毛不斷抨擊負責制度經濟計畫的官員，批評他們「向群眾的熱情潑冷水」，妨礙了國家的發展，甚至威脅說反冒進的罪行「離右派只差五十米了」。時任《人民日報》總編輯的吳冷西是毛急於召見的人之一。吳曾於一九五六年六月二十日發表「反冒進」的社論，毛對此批評道：「庸俗的馬克思主義，庸俗的辯證法。文章好像既反『左』又反『右』，但實際上並沒有反右，而是專門反『左』，而且尖銳地針對我的。」[9]

毛給與會者施加了巨大壓力，即使那些早習慣於黨內嚴肅氛圍的領導人，這次也感受到了前所未有的高壓。江青的前夫、時任國家技術委員會主任的黃敬，因為受到毛的嚴厲批評而精神崩潰。他躺在床上，眼睛盯著天花板，嘴裡嘟囔著誰也聽不懂的話。面對醫生，他目光渙散，連連乞求：「救救我，救救我！」在被送上飛機前往廣州接受治療時，他竟跪在地上，向陪同他的李富春磕頭。到達廣州後，黃敬住進一所部隊醫院。一九五八年二月，他跳樓身亡，死時年僅四十七歲。[10]

不過，真正令毛惱火的其實是周恩來。一月十六日，毛一邊攥著柯慶施的文章〈乘風破浪，加快建設社會主義的新上海〉一邊對揶揄周說：「恩來同志，你是總理，你看，這篇文章你寫得出來寫不出來？」一面對毛的批評，周神態緊張，只好喃喃地說：「我寫不出來。」毛接著說：「你不是反冒進嗎？我是反反冒進的！」[11] 不僅是毛，許多左派領導人也加入了對周總理的猛烈攻擊，如柯慶施和四川省委第一書記李井泉。[12] 三天後，周恩來被迫作了長篇檢討，完全承擔了一九五六年反冒進的責任，承認當時是受了「右傾保守思想」的影響，偏離了毛主席的指導路線。毛總結說，黨所取得的成績和所犯的錯誤只是「九個指頭與一個指頭的問題」。這句話隨後被奉為經典，而那些曾經批評過躍進的人從此只能靠邊站了。[13]

周恩來溫文爾雅，說話時語調柔和，甚至帶有一絲陰柔的感覺。他擅長面對各種困境，是從事外交工作的理想人選。只要有必要，他可以隨時放低身段，對別人表現得既謙卑又恭順。在共產黨取得勝利之前，國民黨曾諷刺他是「不倒翁」。[14] 其實，早在一九三二年周與毛爆發了一次激烈的衝突後，他就決定從此再也不挑戰毛的權威了。那時，毛的游擊戰術受到許多人的責難，周取代毛成了中共軍隊的最高指揮員。可是幾年後，紅軍被國民黨擊敗，被迫放棄江西的根據地，開始了長征。一九四三年，周意識到毛的聲望無人可及，於是公開發表聲明，表示支持毛：「毛澤東同志的方向就是中國共產黨的方向！毛澤東同志的政治路線就是中國的布爾什維克的路線。」然而，毛可不會這麼輕易地放過他。從此以後，周不得不一次次作自我批評，承認自己所犯的政治錯誤，為自己貼上沒有原則、「政治騙子」等等標籤。周不斷地自我貶低，承受的壓力非常人可以理解，也正是在此過程中，他成了毛最忠實的幫手。從此以後，兩人形成了一種複雜而矛盾的聯盟：毛時刻提防著周，生怕他削弱自己的權力，但另一方面，他又需要周的協助來操縱局勢。毛對日常瑣事和具體事務毫無興趣，經常對人態度粗暴；周則是一流的管理人才，精通組織技巧，擅長維護黨內團結。正如一位傳記作者所說，毛對周「竭力拉攏，軟硬兼施」，時常敲打他，可又離不開他。[15]

❖

南寧會議後，毛的鞭策並未就此停止。兩個月後，黨中央在成都召開了另一次會議，會議的最後幾天全部用於整風。毛一上來就對負責計劃經濟的官員們發洩怒氣，批評他們盲目追隨史達林的經濟路線，過分強調重工業，結果造成官僚體系龐大，農村發展緩慢。其實，毛在一九五六年十一月就已責備一些官員「不加分析，認為蘇聯的一切都好，屁都是香的」。[16] 毛認為中國人需要有創造性的思維，開創一條通往共產主義的中國道路，而不是將蘇聯模式奉為圭臬，對其亦步亦趨。他提出中國應該「兩條腿走路」，即工業與農業同步前進，重工業和輕工業並舉。毛是這條中國道路的領路人，所有人都必須完全效忠於他。「我們必須崇拜，永遠崇拜，不崇拜不得了，真理在他們手裡，為什麼不崇拜呢？我們相信真理，真理是客觀存在的反映。一個班必須崇拜班長，不崇拜不得了。」在毛看來，這叫「正確的個人崇拜」。[17] 柯慶施立即心領神會，熱情地附和道：「相信毛主席要相信到迷信的程度，服從毛主席要服從到盲從的程度。」[18]

在確立了對自己的個人崇拜後，毛將接下來的工作交給他的政治盟友劉少奇。結果每個人都做了自我批評，而周恩來面臨的壓力尤其大。他和劉之間競爭激烈，劉少奇可能把他視為接替主席職務的潛在威脅。[19] 在恭維毛這件事上，劉比周更加賣力：「主席比我們高明得多，不論從思想、觀點、作風、方法哪一方面，我們都比他差一大截。我們的任務是認真向他學習，應當說是可以學到的，不是『高山仰止』，不是高不可攀的。當然，主席有些地方，我們是難以趕上的，像他那樣豐富的歷史知識，那樣豐富的理論知識，那樣豐富的革命經驗，記憶力那樣強，這一切不是誰都可以學到的。」[20] 南寧會議後，毛褫奪了周管理經濟的權力。在成都會議上，周再次做了冗長的自我檢討，但是毛仍不滿意。

五月，在一次有一千三百多人參加的會議上，周恩來和後來被批判為「經濟沙皇」的陳雲都準備再做一次自我檢討。周不清楚怎樣才能讓毛滿意，他花了好幾天時間字斟句酌地準備講稿。其間他與陳雲通了一次電話——陳雲的處境也差不多，一度情緒低落，大腦一片空白。周經常嘴裡念念有詞，然後陷入長久的沉默，目光空洞地瞪著祕書。一天深夜，周的妻子甚至發現他癱坐在辦公桌旁。周的祕書試圖提供幫助，於是起草了一段話，其中提到周和毛「同舟共濟」。誰知周讀了之後情緒激動，甚至眼中含淚，批評這名祕書對黨的歷史太無知。[21] 最終，周還是選擇了匍匐投降，在黨的各級領導人面前大唱毛的讚歌，稱毛是「真理的化身」，只要偏離毛的偉大領導，黨就會犯錯誤。這次發言後幾天，周交給毛一封私人信件，保證認真學習他的著作，服從他的所有指示。這下毛主席終於滿意了，宣布周和其他幾個人都是好同志。周恩來這才保住了自己的位置。

在大躍進運動的最初幾個月裡，周不斷受到羞辱和貶斥，但他從未收回對毛的支持，反而承受了毛的全部怒氣。固然，周沒有能力推翻他的主人，但他背後有主管經濟的官員支持，本可退居次位，無須為毛衝鋒陷陣——當然，這樣做的代價是犧牲自己的職業生涯。周沒有選擇這條路，而是習慣了忍受毛的侮辱，以此保住自己的權力——儘管不得不屈居在其他中共領導人的排名之後。如此看來，周是忠於毛的，他用盡全身解數來取悅自己的主人，並縱容毛為所欲為。[22]毛沉溺於自己的幻想，而周就像毛的「助產士」，將其幻想變為現實。毛對周則判以永遠的緩刑，令他只能在大躍進中鞠躬盡瘁，以證明自己的忠誠。

❖

連周恩來都受到如此羞辱，其他主管經濟的官員自然不敢反對毛的任何主張。國家計劃委員會主任李富春早在一九五七年十二月就曾高呼支持毛的口號，與其他人劃清了界限，因此未被要求作自我批評。陳雲被迫作了幾次自我批評。財政部長李先念和國家經濟委員會主任薄一波都曾在一九五六年反對過「小躍進」，但如今這兩人都意識到，再也無法抵制這股新的「躍進」潮流了。在宣布對毛效忠之後，李富春和李先念雙雙被增選為中央書記處書記，進入黨的核心領導層。

為了給高層施加更大的壓力，毛還力主將中央的權力下放給地方。為此，他臨時召開了一系列會議，其中第一個就是南寧會議。毛不僅嚴格控制參會人員的名單，還親自審查議程，完全主宰了會議的進程，最終連哄帶騙地將其追隨者們推上大躍進的道路。以往中央開會，通常是由正式的官方機構（如國務院）召集各地領導人進京，可如今，毛帶著中央書記處的成員來到各省開會。[23]透過這種方式，他發現不少地方官員對現狀並不滿意，是一股可以利用的潛流。如山西省委第一書記陶魯笳反應說，該省許多基層幹部對農村普遍貧窮的現象非常不滿。[24] 毛將中國描述為「一窮二白」，這一點得到許多理想主義者的認可，他們都相信黨有能力加速中國的發展，並超過其對手。毛認為：「中國又窮又白，窮就要革命，一張白紙好做文章。」[25] 激進的各省領導人對這一觀點欣賞接受。河南省委第一書記吳芝圃喊出「繼續革命」的口號，呼籲粉碎右派反對勢力，全力發起「大躍進」。安徽省委第一書記、「老革命」曾希聖則提出「苦幹三年，基本改變面貌」的口號。不過，在這一系列會議中，令各省領導人印象最為深刻的，莫過於中央各部門負責人所經受的公開羞辱。以此為警示，再加上毛的鼓動，各省紛紛開始了「獵巫行動」，全黨上下吹起一股整肅幹部的風潮。

❖

毛講話通常很隱晦，喜歡讓人猜他的真實意圖。但這一次北京卻施加了巨大壓力，明確表示各級幹部必須統一思想。為了確保對右派分子的整肅能順利進行，毛放出了自己的「獵犬」——鄧小平，帶著他參加了在各地舉行的會議。在甘肅，鄧指示說，必須對副省長孫殿才、陳成義和省委委員梁大均展開嚴厲鬥爭。[26] 甘肅省委第一書記張仲良立即行動，僅僅幾週後他就宣布在省委內部破獲了一個反黨集團，而這個反黨集團為首的正是孫殿才、陳成義和梁大均三人，其罪行包括否認一九五六年社會主義高潮取得的成就、攻擊黨、詆毀社會主義、宣揚資本主義等等。[27]

在北京的支援下，類似的清洗在全黨上下同時展開，許多地方實力人物被打倒，無人再敢反對黨的路線。在甘肅部分地區，任何批評糧食徵購或指標過高的意見都不容存在，當地黨委警告兩名提出類似意見的幹部說：「你倆要考慮，是不是右傾呢？」[28] 在蘭州大學，近一半學生因政治上保守落後而得到「白旗」。有人在後背被貼上紙條：「你爸是白旗。」有學生甚至被打，態度中立者也被斥為「反動派」。[29] 這場清洗運動一直持續到張仲良離開甘肅。至一九六〇年三月，有大約十九萬人在群眾大會上受到批判和羞辱，約四萬名幹部被開除出黨，其中包括一百五十名省級領導人。[30]

不僅甘肅，全國各地都是這樣，激進的領導人趁此機會搞掉自己的對手。自一九五七年十二月開始，雲南全省就開始了緊鑼密鼓的反右運動。一九五八年四月，個子不高、長著雙下巴的雲南省委第一書記謝富治宣布打倒了一個反黨集團，成員包括省委組織部的領導鄭敦和王鏡，其罪行為「地方主義」、「修正主義」、宣揚資本主義、企圖推翻黨的領導、反對社會主義革命等等。[31] 至一九五八年夏，全省有兩千多名黨員被開除出黨，十五分之一的高級領導幹部被撤職，僅雲南省下轄的一個地級行政區，即有一百五十多名村級以上的實權幹部被撤職。隨著運動的繼續，全省又有九千多人被打成右派分子。[32]

在毛的鼓勵下，各地紛紛揪出「反黨集團」。一九五八年三月，毛引述列寧的話說：「與其讓你獨裁，不如我獨裁好……現在各省也有這樣的例子，是江華獨裁，還是沙文漢獨裁？」[33] 當時，浙江省長沙文漢與省委第一書記江華的衝突正日益尖銳。類似的鬥爭還出現在廣東、內蒙古、新疆、甘肅、青海、安徽、遼寧、河北、雲南等省和自治區。[34] 河南是後來大饑荒中情況最嚴重的省分之一。一九五八初，該省第一書記、立場較為溫和的潘復生受到毛的狂熱追隨者、省長吳芝圃的攻擊。對於社會主義高潮運動中的農業集體，潘復生曾冷靜而悲觀地描述道：農民「過去不如牛馬，現在和牛馬一樣……家裡拴著大黃牛，地裡套著剪髮頭……閨女媳婦拉犁拉耙，子宮下垂……合作化成了人力化。」[35] 這種情況似乎退化到了資本主義。結果，所有支持潘復生的人都受到追查，黨和農村的關係出現了分裂。鄉村的道路兩旁出現貼著標語的稻草人，有些寫著「打倒潘復生」，有些寫著「打倒吳芝圃」。大多數基層幹部都能看出風向，紛紛倒向吳芝圃一邊。[36]

然而，無論壓力有多大，總還有選擇的餘地。毛在江蘇巡視期間，詢問當地領導人是否與右派展開了鬥爭。省委第一書記江渭清鼓足勇氣答覆道，如果該省有壞分子的話，為首的就是他自己，黨應該首先把他清洗掉。毛笑道：「那好嘛，你就不要反嘛……渭清啊，你是捨得一身剮，敢把皇帝拉下馬。」[37] 結果，江蘇受到懲處的幹部比其他地方要少。

然而，具有膽識和勇氣、願意逆行的人畢竟是極少數。這場政治清洗把全黨從上到下過濾了一遍。毛將自己的意志強加給中央，各省領導人也像他一樣，趁機擴張自己的權勢，將任何反對自己的人都斥為「右傾保守主義」。結果，各省受到個別領導人的絕對控制，而縣級幹部也開始用同樣的手段消滅各自的對手，省領導對此卻熟視無睹。就這樣，紙上描繪的烏托邦在現實操作中開始走樣。

一九五八年夏，值得警惕的現象開始出現了。高層傳閱的一份報告顯示，在位於上海南部的奉賢縣，反右鬥爭已經變得非常暴力，自殺者達到一百人，而更多的人則在田裡勞動時因勞累過度而死。縣委書記王文忠信奉暴力，竟將群眾比作狗，稱他們只怕幹部手裡的棍子。一連幾個月，天天舉行鬥爭大會，上千村民被打成「地主」或「反革命」，許多人遭到毆打、捆綁和折磨，甚至有人被關進縣裡自己開設的勞改營。[38]

奉賢的情況預示了即將發生的大恐怖。然而，與民眾生活完全脫節的黨內高層，此刻仍夢想著驅使群眾去改天換日。一九五七年十二月，深受毛信任的中央農村工作部副部長陳正人，抨擊右派保守主義阻礙了群眾的生產熱情。他號召在農村大興水利，由此吹響了「大躍進」的戰鬥號角。[39]

4 衝鋒號

黃河全長約五千五百公里，發源於荒涼的青海高原，流經中國的心臟地帶，在北京附近形成一個海灣後，最終匯入渤海。黃河的上游河水清澈，但在流經一連串的峭壁峽谷、蜿蜒於塵土飛揚的黃土高原後，因為裹挾了大量鬆軟易沉澱的泥沙，河水變成了髒兮兮的褐色。泥沙隨河水而下，在地勢平緩的地方逐漸淤積，導致河床不斷升高。當黃河到達開封這座古城時，河床已經比周邊的陸地高出十公尺，一旦河堤破裂，平坦的華北平原就會被河水淹沒。黃河氾濫因此成為中國歷史上最危險的自然災害之一，僅開封城就被淹、被廢棄、又被重建過好幾次。自古以來，人們一般透過挖溝渠和築堤壩的方式來治水，但成效並不明顯，因為河水中的泥沙含量實在太高，每年增加約十六億噸。在中文裡，人們常說「等到黃河變清」，意思是「除非豬會飛」。

另一句與黃河有關的古話說：「黃河清，聖人出。」意思是誰能治理好黃河，誰就是創造奇蹟的偉大領袖。那麼，毛主席能夠馴服這條因頻繁氾濫而被稱為「中國之患」的黃河嗎？建國初期曾有一張廣為傳播的照片：毛主席坐在一塊大石頭上，一邊俯瞰黃河一邊沉思，也許他正在思考如何使黃河變清。[1] 這張照片拍攝於一九五二年，當時毛已經視察了黃河，並說了一句簡單卻意味深長的話：「要把黃河的事情辦好。」[2] 毛發話後，工程師們就治理黃河的策略展開了熱烈討論，最終決定在黃河上興建一座大壩。醉心於宏大工程的蘇聯專家支援這一主張，他們對黃河下游的地質條件進行考察後，認為河南的三門峽是最佳地點。一九五六年四月，大壩的設計方案獲得通過，計畫蓄水量達到三百六十公尺。這意味著需要搬遷近一百萬名居民，約二十二萬公頃的土地將會被淹沒。一九五七年四月，工程正式動工。不過，也有幾位水利專家提出反對意見。從美國畢業的地質學家黃萬里就是其中之一，他曾考察過美國所有主要的大壩。他指出，用大壩擋住泥沙不僅會縮短大壩的使用壽命，而且最終將導致災難性的後果。這時，毛出面干預了。一九五七年六月，《人民日報》刊登了一篇社論，標題充滿怒氣：〈什麼話？〉文章列舉了好幾條針對黃萬里的批評意見，其中最主要的一條是斥責他攻擊毛主席，傷害了黨，宣揚資產階級民主，崇拜外國文化。[3] 結果，所有反對興建三門峽大壩的意見都被否決。

一九五八年底，黃河遭到截流。這項規模浩大的工程動用了上萬民工，挖掘了約六百萬立方公尺的土，最終在一年後完工。河水確實變清了。然而，為了趕工期，大壩的品質並不符合設計的要求。僅僅過了一年，大壩內的沉積物就因排放管道被水泥堵塞而無法排出，並開始向上游轉移，導致水平面不斷上升，對工業中心城市西安構成威脅。為了清理沉積物，大壩不得不進行了大規模重建，結果蓄水量下降，原來斥鉅資安裝的十五萬千瓦的發電機徹底作廢，只好拆下運往別處，河水很快又變得渾濁了。一九六一年，周恩來承認黃河攜帶的泥沙量較之前翻了一倍，鄭州以西百分之九十五的河段積滿了淤泥。[4] 幾年後，因泥沙淤積過於嚴重，中國政府開始禁止外國人參觀三門峽大壩。[5]

❖

一九五七年底，中國興起一股水利建設的熱潮，「大躍進」一詞正是在這時開始出現的。為了加速工業化的進程，實現十五年內趕超英國的目標，毛提出關鍵是投入大量人力以彌補資金的不足，畢竟人口是中國最大的財富。毛認為不應該讓農民在冬季閒著，而應該動員他們參與水利建設，以改變農村的面貌。華北平原氣候乾燥，許多貧困的鄉村缺少灌溉用水，如果能解決這些地區的用水問題，同時用堤壩和水庫控制住南方的洪水，那麼全國的糧食產量就會飛躍性地增長。在毛的號召下，全國動員了數千萬農民參與水利灌溉工程的建設。官方宣傳說，透過集體勞動，過去要用數千年才能完成的任務，如今僅需幾個月就可以實現。一九五七年十月，大約有三千萬農民被投入水利建設。至次年一月，全國六分之一的人口都在工地上勞動。到一九五八年底，挖掘的土石方總量超過五億八千萬立方公尺。[6] 三門峽大壩所在的河南省自然首當其衝。省委第一書記吳芝圃積極回應北京的號召，對大型水利工程充滿熱情。一九五七至一九五九年間，該省興建了一百多座大壩和水庫，而位於河南和安徽相鄰地區的治淮工程，則前後持續了數十年之久。[7]

雖然中央的初衷是推動西北地方的水利建設，但實際上全國各地都在開始進行大規模的水利項目。批評的聲音很少，因為數十萬敢言者已在一九五七年夏受到迫害，而且正如本書之前所述，一九五七年末黨內領導層也經過了反右運動的清洗，所有反對大躍進的聲音都被有效地遏制了。

例如，甘肅的高級幹部孫殿才和梁大均受到批判，被打成「反黨集團」的頭目，於一九五八年二月被開除出黨。他們的罪行之一就是質疑水利工程建設的速度和規模。他們聲稱，每灌溉五萬公頃土地，就有一百個農民要付出生命的代價。將這兩人清洗後，甘肅省委第一書記張仲良帶頭響應北京的號召，動員了約三百四十萬農民投入水利建設，占到全省總勞動力的百分之七十。甘肅是中國最荒涼的省分之一，此時卻開始修建各種小型的水壩和水庫。但張仲良對此並不滿意，他提出一個大膽的構想，要建設一條大型的水上高速公路穿過雪山，越過深谷，為甘肅的中部和西部地區提供灌溉資源。具體計畫是引導洮河從九甸峽翻越高山峻嶺，最終到達慶陽，全程長達九百公里。[8] 在他的設想中，這項工程一旦完成，這個缺水的省分將可以為全體農民提供乾淨的飲用水，甘肅將變成一座巨大的公園，就像北京的頤和園那樣鬱鬱蔥蔥。[9]

引洮工程得到中央政府的批准，於一九五八年六月開始動工。一九五八年九月，朱德特地為此題字：「引洮上山是甘肅人民改造自然的偉大創舉。」[10] 然而，這項工程從一開始就困難重重。土壤侵蝕導致頻繁的山體滑坡，水庫充滿淤泥，河水變得渾濁。[11] 工地上的農民工不得不在山裡挖洞以躲避冬天的嚴寒，而且因為缺少口糧，農民們不得不四處尋找野菜充飢。[12] 一九六一年夏，工程陷入停頓。一九六二年三月，工程被完全廢棄。該項工程灌溉的土地面積為：零公頃。造價：一億五千萬元。施工天數：六十萬天。老百姓的損失：無法估算。在工程的高潮階段，工地上的工人多達十六萬人，其中大多數是被迫放棄農業生產前來勞動的農民。結果，至少有兩千四百人死亡——有些是因為事故，但更多是因為被迫日以繼夜地幹活勞累致死。[13] 通渭位於這項工程的中心地帶，本是大山裡一個偏僻的貧困縣，此地的農民工因為長期遭受飢餓和體罰，死亡率竟達到全國最高。

❖

各地水利建設的指標節節攀高，這些神奇的數字其實並沒有多少實際意義，主要是為了與別的地方競賽，看誰的政治熱情更高。為了領導這場運動，各地都成立了水利建設辦公室。劉德潤是中央水利部的一名副局長，他回憶說每天的工作就是給各省打電話，詢問工程項目的相關數字，諸如投入多少人力、挖了多少土石方等等。他承認，事後看來，有些數字顯然是誇大了，但當時沒有人有精力去核實。[14]

這場運動是由北京直接指揮的，毛首先要確保首都的每個人都參與其中。他看中了距北京城以北約三十公里的十三陵。那裡人煙稀少，山峰擋住了從北方刮來的風，明朝的幾個皇帝和他們的妻子就安葬在這裡，石刻的大象、駱駝、馬、麒麟等神獸以及文臣武將護衛著他們的陵寢。如今，這些皇家陵墓被斥為占用了太多的土地，而且從山上沖下的洪水使老百姓深受其苦。一九五八年一月，人民解放軍開始在陵墓附近興建水庫。士兵們組成突擊隊爭分奪秒地施工，首都的工廠和機關也紛紛派人參加勞動，報紙和廣播對此進行了密集報導。

十三陵水庫成了「大躍進」的一面旗幟，全國各地都開始效仿。不久，來自首都各界的成千上萬名「志願者」也加入了勞動大軍，其中有學生和幹部，甚至還有外國的外交官。大家風雨無阻，夜裡也不休息，在火把、燈籠和煤氣燈的照明下加班加點。因為機械很少，所以只能用鋤頭和鏟子挖掘石頭，再用筐和扁擔挑上火車，然後運到工地上砸碎。體積較大的石頭則用木棍和滑車來搬運。一九五八年五月二十五日，毛出現在人群中。他參加了勞動，並有攝影師為他拍了照片。[15] 這張照片刊登在所有報紙的頭版，激勵了全國人民。

羅文斯基（Jan Rowinski）是一名來自波蘭的留學生。他也來到十三陵水庫的工地，同其他志願者一起，頭戴遮陽的草帽，肩上扛著扁擔，扁擔兩頭掛著筐子，在小路上來來回回地搬運土石。工人們每十人分成一個小隊，每一百人組成一個大隊。小隊長須每天向大隊長報告工作進度，大隊長再向上級彙報。有人住在軍用帳篷裡，有人住在農民的草棚裡，草棚外還貼著標語，上面寫著：「苦幹三年，造福萬代」。此情此景令羅文斯基不禁聯想到中國古代，那些如今被斥為剝削者的皇帝，也許正是用相似的方法驅使成千上萬的民工，組成一支溫順而高效的勞動大軍，靠肩挑背扛建造了長城、大運河和明十三陵吧！[16]

米哈伊爾．克洛奇科（Mikhail Klochko）是自願來到十三陵工地參加勞動的一名外國專家。他覺得自己挖的那麼一點土根本不值一提，可是卻遭到成百上千名中國勞工的圍觀。他發現工地上組織混亂，效率低下。其實，只需要數百人開著挖掘機和卡車，其效率就會高出許多倍，何必強迫數千人參加勞動，而且還得提供食宿呢？[17]

為了搶進度，工程出現了許多重大失誤。一九五八年四月，尚未完工的水庫即出現開裂，當局不得不請一名波蘭的土壤固化專家從格但斯克（Gdansk）前來解決問題。經過一番折騰，水庫終於落成。在盛大的慶祝儀式上，政府高官們熱情地歌頌毛主席，並向參加過勞動的志願者致敬。[18] 然而，由於選址錯誤，沒過幾年十三陵水庫便日漸乾涸，最終廢棄了。

❖

對部分外國學生來說，短期參加十三陵水庫的建設也許令他們感覺興奮，但對大多數中國人來說，勞動的強度之大、生活條件之艱苦實在是巨大的考驗。毛自己在太陽下勞動了半個小時就開始流汗，臉變得通紅。他說：「稍微動一下，出這麼多汗。」然後他走進指揮部的帳篷休息。[19] 毛要求自己的祕書、警衛員和保健醫生等也去參加勞動，並對他們說：「總之，是要疲勞不堪，真的要到嗚呼哀哉的程度，就隨時給我報個信。」這些具有特殊背景的人員被編入「第一組」，受到各種特殊照顧，例如只須上夜班，從而躲過了烈日的曝曬，並且可以睡在教室的地上，還有被子和鋪蓋；而普通勞工只能睡在戶外的草席上。毛的私人醫生李志綏也參加了勞動。他時年三十八歲，身體健康，但挖土和挑擔子的勞動仍讓他深感吃力。兩週後他累垮了，全身痠痛，夜裡冷得發抖，一絲力氣都沒有。第一組裡沒有人想繼續幹下去了，連身強力壯的警衛員也受不了如此艱辛的勞動。但為了避免被當作落後分子，大家只有苦苦支撐。幸好，他們被即時召回了中南海。[20]

然而，在首都以外的地方，農民工的勞動強度遠比這個大得多。他們不可能在幹了兩週的活後，還可以回到只有高級幹部才能享受的舒適生活裡。這些農民工遠離家人，被成群結隊地驅趕到工地上從事高強度的勞動，一幹就是幾個月，夜裡經常加班，得不到足夠的休息，吃不飽，穿不暖，還得忍受雨雪和酷暑。

雲南就是一個典型的例子。一九五七底和五八年初的冬天，當地的農民開始修建水庫，但是黨委領導並不滿意。一九五八年一月初，謝富治指責太多的農民在農閒季節偷懶，未盡到對集體的責任。他規定每個成年人每天必須幹活八小時，而且應該降低勞工的糧食供應標準——幾個月後，正是這個謝富治在反右運動中殘酷地剷除了自己的同事。[21] 一月十五日，雲南被《人民日報》點名為水利建設運動中表現最差的省分之一。[22] 次日，謝富治召開緊急會議，下令全省至少一半的勞動力必須參加勞動，農民們每天需工作十個小時，如有必要，晚上還得加班，幹部們誰不服從命令就撤誰的職。[23] 當時正值反右運動，數千名當地幹部已經被撤職，因此謝富治的話產生了立竿見影的效果：一月十九日，《人民日報》再次提到雲南，稱如今全省有三分之一的勞動力參加水利建設，總人數達到二百五十萬人。[24] 謝富治大受鼓舞，宣布只要三年時間，灌溉系統將可覆蓋雲南全省。[25]

然而，成功的代價是巨大的。在楚雄，有一處像海一樣大的高原湖泊，農民們為了興修灌溉工程，普遍遭到幹部的打罵。有些人因為偷了一點蔬菜就被捆起來，還有人因為幹活不夠賣力，被幹部用刀子捅傷，膽敢反抗者則被關進臨時搭建的勞改營。對於這些虐待行為，各級領導幹部都心知肚明。一九五八年四月，雲南省委派出一個小組到楚雄調查，有人斗膽反映吃不飽飯和勞動時間太長等問題，結果被打成反革命破壞分子，受到謝富治的懲罰。[26]

距雲南省會昆明以東約一百三十公里處的陸良縣，以其形態各異的沙林著稱。一九五八年，陸良縣受到雲南省委的猛烈批評，指責縣委一九五七年在糧食問題上向農民中的「右派分子」投降。新任縣委書記陳盛年嚴格執行黨的路線，部署民兵帶著皮鞭在村裡巡邏，規定每個人都必須參與勞動，即使生病也不許請假。[27]

在一九五八年二月，雲南首次出現餓死人的情況。至六月，浮腫病普遍發作，上千名村民餓死，其中大多數參加了西沖水庫的修建。浮腫病的發作是由於細胞組織液聚集在腳、腳踝、腿或其他部位的皮下而造成身體肥大的症狀。在發達國家，這個病可能因為某些行為（如攝入太多鹽分，或在高溫下站立時間太久）而引發。但在貧窮地區，這個病是因為缺乏蛋白質等營養物質而導致的，因此也被稱為饑荒浮腫。儘管陸良縣派了醫療人員進行調查，但沒有人敢說這一病症是因飢餓導致的，有些醫生甚至提出可能是傳染病。他們給病人使用抗生素，而不是給予適當的休息和食物。[28] 一開始，死者的屍體被裝在棺材裡下葬，幾個月後，隨著死亡人數增加，屍體就用草蓆一裹，扔在工地附近的水溝裡，或沉到池塘裡。[29]

事實上，雲南並非特例，當時全中國的農民都已被逼到了飢餓的邊緣。幹部們害怕被打成右派，到處逼迫農民大興水利。毛曾在十三陵挖過半個小時的土，因此完全了解這種勞動的強度有多大。一九五八年三月，他聽取了江蘇省委第一書記江渭清的報告後沉思道：「吳芝圃講搞三百億方，我看得死亡三萬人；曾希聖講搞二百億方，我看得死亡兩萬人；渭清講三億方，可以一個人不死。」[30] 大規模的水利工程持續了好幾年，導致本就忍饑挨餓的農民勞累至死者多達數十萬人。甘肅清水縣的農民把當地的水利建設工地稱為「殺人的戰場」，這個詞令人不禁想起日後赤棉統治下的柬埔寨。[31]

5 放衛星

生產指標越定越高，用彩筆畫出的漂亮圖表，與一片肅殺的田野形成鮮明的反差。無論是糧食還是鋼鐵，每種產品的生產指標都在狂飆突進，甚至連農村裡挖井的數量也節節攀升。然而，口號裡的圖景和現實的世界相距甚遠。造成這種巨大反差的根本原因，正是因為毛澤東給各地主政者施加了巨大壓力，迫使他們不斷提高生產指標。

湖南省委第一書記周小舟為人謹慎。一九五七年十一月，他是最早被毛約談的地方領導人之一。毛在視察湖南省會長沙時問他：「湖南的農業就是上不去，為什麼湖南只種一季稻？」周解釋說，當地的氣候只允許種單季稻。但毛指出與湖南同一緯度的浙江種的卻是雙季稻：「我看，就是不吸取人家的好經驗。」

周小舟卑躬屈膝地說：「我們回去再研究研究。」

毛命令道：「什麼研究？我看研究不出什麼名堂來的。」說完，他讓周離開，逕自拿起一本書讀起來。

受到羞辱的周小舟當即保證：「主席，我們回去就改種兩季試試。」但毛根本未理睬他。[1]

數月後，周小舟的代表在北京見到毛。毛先是對河南大加讚賞，說河南出產了全國一半的麥子，並問他：「你覺得怎麼樣？」隨後，毛表達了對湖南的失望。他說，盧森堡只有三十萬人口，卻一年生產三百萬噸鋼，現在湖南有多少人口？[2]

毛還派了親近的盟友到湖南轉達嚴厲的批評。正如在反右運動中重用鄧小平一樣，這次毛重用的是譚震林。譚個頭不高，頭髮濃密，厚嘴唇，戴一副厚厚的近視眼鏡。他與冉冉晉升的上海市委書記柯慶施關係很好，對毛一向緊跟。有熟悉譚的人稱他喜歡諷刺人，批評下屬毫不留情，一心只想完成任務。[3] 對於那些被毛召見的地方領導人，譚建議他們不管自己有沒有錯，立即進行自我批評。[4] 譚震林花了幾個月時間視察全國各地，給各省領導施加壓力，督促其開展大躍進運動。他對湖南的情況很不滿意，認為政治上太落後。[5] 周小舟不得已，只好開始虛報糧食產量。[6]

除了開會外，毛還透過打電話給地方領導人一對一地施加壓力。在中國這樣一個地域遼闊的國家，電話顯得尤其重要，可以讓領導人克服地理上的距離，與下屬保持聯繫。例如，在大煉鋼鐵的狂熱中，謝富治正是透過電話給雲南各地的縣委書記們施壓，恐嚇他們如果在運動中落後於廣西和貴州，將會面臨嚴重的後果。[7] 而各地的黨委書記們則透過電話，定期從冶金部得到最新指示。以一九五八年九月為例，先是九月四日這一天，北京透過電話向各地通報了最新指示。[8] 九月六日，毛發表講話，透過電話會議傳達到各地。九月八日，薄一波在電話會議中談了鋼鐵指標的問題，九月十一日，彭真召開電話會議也談了相關問題，九月十六日，王鶴壽再次召開電話會議談論這個問題。與此同時，關於農業、工業和集體化的諸多指示都是透過電話從北京下達各地的。[9] 我們無從統計電話使用的頻率有多高，但據一名廣東的公社幹部估計，在大躍進高潮期的一九六〇年，僅一個季度內就召開了約九十個電話會議，而且內容都是為了布置密植工作——所謂密植，就是把秧苗栽種得很密集，以為這樣可以提高糧食產量。[10]

有時候，毛還會召開特別會議來維持政治高壓，督促各地執行他的最新指示，並不斷提高生產指標。[11] 薄一波曾因反對提高產量而受到毛的斥責，如今他也加入了「大躍進」的狂熱。在一九五八年一月召開的南寧會議上，他提出用雙重計畫取代之前的單一計畫，毛在此基礎上加以修改，最終形成三套計畫體系：中央先制定一套生產計畫，這是必須要完成的最低指標，同時制定第二套計畫，提出希望達成的目標。這個第二套計畫會傳達給各省，成為全省必須不惜代價完成的目標。與此同時，各省則被要求再制定一套計畫，作為希望達到的更高目標，這樣從中央到各省就有了三套指標。但事實上，各個縣還會制定第四套指標。透過這種計畫體系，全國性的生產計畫不斷修正，從上到下層層加碼，最終導致生產指標的大躍進。[12]

這種競爭導致政治氣氛進一步緊張。行事謹慎的幹部遭到毛的無情貶斥，追隨毛的激進分子則得到表揚。不僅如此，毛還喜歡把各種人和事進行比較，以激發大家的競爭意識。例如，在鋼鐵產量上，他把湖南同盧森堡比；在工業總產量上，他把中國同英國比；在水利建設上，則把甘肅和河南做對比。在南寧會議上，毛發出指示：為了鼓勵競爭，全國都應該開展競賽。於是，各級黨政機構開始沒完沒了地開會，將三套指標下達給各省、市、縣、公社、工廠，直至每個人。先進分子獲頒「紅旗」作為獎勵，不夠積極的得到「灰旗」，落後分子則得到「白旗」。每個單位完成生產指標的情況經常被公布在黑板上，在一個稍微缺乏一點政治熱情都可能被打成右派的社會裡，這種做法無疑會給落後分子帶來巨大的羞恥感。全國上下充斥著各種標準、配額和指標，幾乎無人可以置身事外。高音喇叭裡成天播放宣傳口號，幹部們則忙於各種檢查和評估，各類委員會不停地排名和比較，把每個人的表現予以分類——這些分類與每個人的生活待遇直接掛鉤，甚至可以決定每天可以得到多少食物。毛的目的很明確：「如何比？所謂比，就是逼。」[13] 一名縣級幹部回憶道：

那一年，我們把所有成年勞動力都放在一起挖井，沒管春耕。區黨委開了個評比會，我們的挖井得到一面「紅旗」，春耕得到一面「白旗」。我回去後向縣委報告了這件事，縣委書記發火說：「你怎麼回事，去的時候拿了一面紅旗，回來卻得了面白旗！」我這才意識到這個問題的嚴重性：我本人可能被評為「白旗」，這樣我就不得不回到山裡去工作，丟下即將臨盆的哭哭啼啼的老婆，還有得了破傷風快死的妹妹。[14]

❖

很快，全國掀起了狂熱的競賽，各地的農業和工業產量節節攀升，一個比一個報得高。這些虛報的數字在各級黨的會議上拋出，隨後由強大的宣傳機器予以公布，產量報得越高，領導的臉上就越光彩。報紙將這些虛報的高產量稱為「放衛星」，這麼叫是為了紀念一年前由蘇聯發射的第一顆人造衛星。於是，各地開始爭相「放衛星」、「火線入黨」、「只爭朝夕」，只有這樣才能得到代表先進的紅旗。不久，在河南省嵖岈山這個地方成立了全國第一個人民公社——衛星人民公社。一九五八年二月，這個公社將麥子的產量訂為每公頃四千二百公斤。六千名積極分子投入田間勞動，各種旗幟、標語和宣傳畫隨處可見。至一九五八年底，當地宣稱麥子的產量高達每公頃三萬七千五百公斤。[15]

許多高產紀錄出自實驗性質的「衛星田」，各地幹部對這些實驗田寄予厚望。通常，一個公社只有一小塊實驗田，但這塊田卻是展示最新農業技術的櫥窗。幹部們認為，為了增加產量就得多施肥。於是，實驗田裡堆滿了各式肥料，如海藻、垃圾和煤灰等，還有大量人和動物的糞便。農民們為了拉肥，有時候得幹到深夜。在許多邊疆少數民族地區，糞便一向被視為骯髒物和汙染源。可是在「大躍進」中，幹部們無視當地居民的習俗，開始興建室外廁所，並且把拾糞作為懲罰落後小組的方式。[16]人的頭髮也被視為肥料。在廣東某些地區，婦女們被迫剪去頭髮為積肥做貢獻，否則不許到食堂吃飯。[17]

不過，大多數時候是把土房和草屋推倒，作為肥料的來源。此外，馬廄豬圈之類的圍牆、特別是牲畜撒過尿的地方，據信也可作為肥料使用。一開始只是拆些老牆和廢棄的棚子，但隨著運動的發展，成排成排的房屋被有組織地推倒，土磚扔得田裡到處都是。在位於湖北大別山南麓的麻城，當局為了收集肥料，竟拆毀了數千座房屋。一九五八年一月，這座模範縣宣稱糧食產量高達每公頃六噸，湖北省委第一書記王任重表揚了麻城，《人民日報》興奮地發出號召：「向麻城學習！」甚至毛澤東本人也讚揚了麻城的實驗田。麻城一下子變成了「聖地」，在接下來的幾個月裡，全國各地約有五十萬幹部前來參觀，其中包括周恩來、李先念和外交部長陳毅等高層領導。一九五八年八月，麻城再次刷新紀錄，宣稱糧食畝產達到了每公頃二百七十七噸，黨的宣傳機器為此歡呼這是一個「創造奇蹟的時代」。[18]

迫於壓力，或者為了引起關注，各地紛紛展開競賽。在麻城的一個公社，婦聯主任帶頭拆了自家的房子，將其用作肥料。結果兩天之內，全公社有三百座房屋、五十個牛棚和數百個雞舍被拆毀。至一九五八年底，該公社共有五萬多座建築遭到毀壞。[19] 其他公社也競相效仿，在全國形成一陣風潮。例如，廣東的大石公社設立了「五萬斤大學」和「萬斤圍」，成功地引起全國的關注，但代價是拆毀了當地一半的房屋。[20] 還有些地方把有機物也用作肥料，如江蘇有些地區竟在田裡撒滿白糖。[21]

除了多積肥，當局還開始推廣「深耕」。據稱這項種植技術的革命可以使農民們擺脫土壤品質的束縛，其理由是：種播得越深，植物的根就長得越壯，植株就會長得更高。毛發出號召：「用人海戰術，把耕地全部翻一遍。」[22] 如果說在水利工地上勞動很艱苦的話，那麼深耕簡直就是耗盡了農民的體力。為了把種子播種到地下四十公分至一公尺多深（有時甚至深達三公尺），缺少工具的農民只能用手來挖土，常常得點著火把勞動通宵。急於得到紅旗獎勵的幹部，經常指揮農民一直挖到土壤下面的岩層，導致土壤表層遭到破壞。至一九五八年九月，約有八百萬公頃的土地被挖掘到三十公分深，但是領導仍嫌不夠，命令至少要挖到六十公分深。[23]

深挖之後，接下來就是密植，據稱這樣做可以提高產量。起初，這些不成熟的做法只在小塊的實驗田裡進行，但在接下來的一年中，這些做法得到迅速推廣。一九六〇年，正處於饑荒中的廣東刁坊，春耕時竟在每公頃田裡播撒了六百公斤穀種。[24] 同樣是廣東，還有些地方要求每公頃田播種超過二百五十公斤的花生種子，結果當季的花生產量每公頃僅有五百二十五公斤。[25]

當局稱密植是一種創新性的耕種方式。種子似乎也象徵了革命精神：一個挨一個，同屬一個階級，共用陽光和養分，大家共同成長。毛主席對此解釋說：它們彼此作伴，更容易生長，而且共同成長會讓它們感覺更舒服。[26] 而更普遍的做法是，幹部們指示農民把附近田裡的莊稼全部集中到試驗田裡去，讓植株緊緊挨在一起。農民們祖祖輩輩耕田種地，積累了許多實踐經驗。對於密植這種前所未有的做法，許多人當然會產生質疑。有些人向幹部指出，莊稼種得太密，不透風會「悶死」，但是幹部根本無視這些意見，反而回覆說：「這是新技術，你們不懂！」[27]

因為目睹了一九五七年以來的反右運動，村民們對上級的指令不敢公然反對。筆者採訪過的每個人說的話都很類似：「我們了解情況，但是沒人敢講。要是你說了什麼話，他們就會打你。我們能怎麼辦？」[28] 另一個人說：「不管政府說什麼，我們都得聽。要是我說了什麼錯話，比如說反對總路線的話，我就會被打成右派。沒人敢講話。」[29] 在浙江衢縣有一個典型的例子：幹部們在田裡放了幾大鍋粥，把回家的路全部堵死，逼迫村民們連夜幹活，除非是老人、孕婦或者要餵奶的，其他人誰都不准離開。要是有人反對密植，就會遭到積極分子的毆打。有個倔強的老頭，幹活時因為沒有表現出足夠的熱情，被拽著頭髮臉朝下猛地摔到溝裡。然後，幹部命令所有人拔掉秧苗，重新再插一遍。[30]

每逢有人參觀，公社都會精心準備。在麻城，幹部們警告農民，不許對參觀者說任何關於大躍進的壞話。省領導王任重前去視察時，發現農民們早已擺好姿勢，一邊大口大口地吃飯一邊等候他的到來。[31] 在徐水，縣委第一書記張國忠在參觀者到來前，會把那些讓幹部不放心的村民全部集中起來，從事繁重的體力勞動。為了「促生產」，他還下令把偷懶的人遊街示眾，然後抓起來。一九五八至一九六〇年間，全縣有七千多人因此被捕。[32] 在廣東羅定，檢查組於一九五八年底視察了連灘公社。歡迎他們的是一群噴了昂貴香水的年輕姑娘。檢查組享用了乾淨的白毛巾，吃飯時上了十六道菜。幹部還命令幾十名農民花了好幾天時間，在山坡上摳出讚揚人民公社的標語。[33] 李志綏醫生曾陪同毛一起外出視察，他聽說幹部們命令農民把莊稼運到毛經過的道路兩邊，以塑造豐收的假象。李醫生評論說：「全中國都成了一個大舞臺，所有人都為毛一個人表演。」[34] 然而事實上，一個獨裁政權絕不僅有獨裁者一個人，而是有許多人爭權奪利。當時的中國，小獨裁者遍布全國各地，每個人都欺上瞞下，用虛假的成績哄騙上級。

各地紛分向北京報告棉花、稻米、麥子和花生的產量創下新高。毛對此很高興，他開始考慮如何處理這麼多糧食的問題。一九五八年八月四日，毛來到徐水。在記者們的包圍下，他頭戴草帽，腳穿布鞋，來到田裡視察。毛微笑著說：「怎麼吃得完那麼多糧食啊？你們糧食多了怎麼辦啊？」張國忠想了想說：「糧食多了換機器。」

毛和藹地說：「又不光是你們糧食多，哪一個縣糧食都多！你換機器，人家不要你的糧食呀！」

另一名幹部建議說：「我們拿山藥造酒精。」

毛沉思道：「那就得每一個縣都造酒精！哪裡用得了這麼多酒精啊！……糧食多了，以後就少種一些，一天做半天活兒，另半天搞文化，學科學，鬧文化娛樂，辦大學中學，你們看好麼？……農業社員們自己多吃嘛！一天吃五頓也行嘛！」[35]

在毛的領導下，中國終於解決了飢餓的問題，並找到了戰勝貧窮的辦法，糧食的產量多到吃不完。各地紛紛報告糧食取得了大豐收，比上一年多收了兩倍。更多的高層領導人加入了支持毛的行列。負責農業的譚震林在各省視察時，也像毛一樣督促地方領導人不斷提高糧食產量。他也覺得中國將很快實現無比富足的共產主義，到那時，就連農民也可以吃上燕窩、穿上綾羅綢緞和毛皮衣裳、住上高樓大廈，家裡裝上自來水和電話，甚至每個縣都要建一座機場。[36] 譚震林認為中國正迅速超越蘇聯，對此他解釋道：「同志們會問，為什麼我們這麼快，蘇聯到現在還搞社會主義而不是共產主義？這裡不同的一點就是我們有一個『不斷革命論』。蘇聯沒有抓這一條，或者抓得不緊。我們是一個革命接著一個革命……人民公社化就是共產主義革命。」[37] 外交部長陳毅則提出，這麼多的糧食可以囤起來吃好幾年，農民們應該停種兩季，把時間用來建造現代化的別墅。[38] 地方領導人同樣熱情高漲、各地的公社紛紛向北京派人、寄信或者寄禮物，報告農業增產的喜訊，以致一九五九年一月，國務院不得不對此加以限制。此時的毛主席，正沉浸在一個接一個的喜訊之中。[39]

6 炮擊金門

小狗萊卡在十月革命前幾天被發射上天。然而，一九五八年四月，它所搭乘的「史普尼克二號」人造衛星在返回大氣層時解體，萊卡的屍體也隨之毀滅。衛星的殘骸繼續圍繞著地球旋轉，而中蘇之間正在醞釀一場新的危機。為了應對蘇聯的遠端導彈，美國總統艾森豪將美國的導彈部署到了英國、義大利和土耳其。作為回應，赫魯雪夫決定派出核潛艇。為了使這一舉動具有真正的威嚇力，蘇聯需要在太平洋上建立一個潛艇基地，同時需要建立一個電臺。於是，莫斯科向北京提議，在中國沿海建立一個長波電臺，為中蘇聯合艦隊提供通訊服務。

七月二十二日，蘇聯駐華大使尤金向毛主席提出這一建議，毛極為震怒。他在會談中斥罵倒楣的尤金說：「你們就是不相信中國人，只相信俄國人。俄國人是上等人，中國人是下等人，毛手毛腳的，所以才產生了合營的問題。要合營，一切都合營，陸海空軍、工業、農業、文化、教育都合營，可以不可以？或者把一萬多公里長的海岸線都交給你們，我們只搞游擊隊。你們只搞了一點原子能，就要控制，就要租借權。」毛接著說，赫魯雪夫對待中國，就像貓對老鼠一樣隨意戲弄。[1]

毛的態度完全出乎蘇聯人的意料，他認為建聯合艦隊的建議是赫魯雪夫的陰謀，其實只是想違背一年前向中國提供一枚核彈的承諾。毛對此深信不疑，無論蘇聯人怎麼解釋都沒用。[2]

七月三十一日，赫魯雪夫親自飛往北京，試圖緩解危機。七個月前，他曾在莫斯科為毛舉行過隆重的歡迎儀式，可如今他在北京的機場只受到冷冰冰的接待。翻譯李越然回憶說：「沒有紅地毯，沒有儀仗隊，也沒有擁抱。」迎接赫魯雪夫的只有一排板著臉的中共領導人，其中包括毛澤東、劉少奇、周恩來和鄧小平。[3] 赫魯雪夫被安排住在遠離北京的一座山上。房間裡沒有空調，夜裡酷熱難當，他只好把床搬到陽臺上，卻又不得不忍受成群的蚊子攻擊。[4]

赫魯雪夫到達北京的當天，即與中共領導人在中南海舉行了會談。會談不僅冗長，而且頗帶羞辱感。這位蘇聯領導人不得不長篇大論地解釋尤金的意思，極力安撫怒氣沖沖的毛澤東。毛卻缺乏耐心，一度從坐位上站起來，用手指著赫魯雪夫斥問：「你講的這一大堆毫不切題。我問你，什麼叫聯合艦隊！」

赫魯雪夫紅著臉，努力保持克制。[5] 他惱怒地問：「您真的認為我們是紅色帝國主義？」毛反駁，「有一個名叫史達林的人」拿走了旅順港，把新疆和滿州變成了半殖民地。於是，雙方又圍繞誰輕侮誰爭吵了一番，最終放棄了組建聯合艦隊的想法。[6]

第二天，赫魯雪夫經歷了更大的羞辱。這一次，毛穿著浴袍和拖鞋，在中南海的私人游泳池接見了他。毛這樣做是有意為之，因為他知道赫魯雪夫不會游泳。赫魯雪夫只好站在淺水區，腰上套著笨重的救生圈，後來笨拙地爬上岸，雙腿耷拉在水裡，望著毛靈活地游來游去。毛還仰面浮在水上，向赫魯雪夫炫耀自己的泳技。[7] 在兩人會談的過程中，翻譯不得不隨著毛從泳池這頭跑到那頭，努力捕捉主席每句話的政治含義。毛後來對他的醫生說，他這麼做是為了讓了赫魯雪夫「如坐針氈」。[8]

早在半年前，毛在莫斯科就已經同赫魯雪夫展開了一場競爭。如今，他的客人坐在泳池邊垂頭喪氣，而他卻一邊戲水一邊談論「大躍進」的成功。毛誇耀說糧食太多了，不知道怎麼辦。劉少奇在機場向赫魯雪夫介紹中國的經濟狀況時也這麼說過：「我們現在發愁的不是糧食不夠吃，而是糧食多了怎麼辦。」[9] 赫魯雪夫對此將信將疑，禮貌性地回覆說他也愛莫能助，但內心暗自疑惑：「我們很努力地工作，但從來沒有儲備足夠的糧食，而中國一直鬧饑荒，現在卻告訴我糧食太多！」[10]

幾年來，毛一直估量著赫魯雪夫的能量。如今，他終於覺得自己可以稱老大了，所以無視蘇聯對潛艇基地的需求，拒絕了建立長波電臺的提議，蘇聯代表團只能空手而歸。但事情並未就此結束，毛決心乘此機會在國際事務上占據主動。幾週後的八月二十三日，毛在事先未通知蘇聯的情況下，下令炮擊仍在蔣介石控制下的金門和馬祖，由此引發了一場國際危機。美國立即向臺灣海峽增派艦隊，並為一百架國民黨的戰鬥機配備了空對空導彈。九月八日，莫斯科被迫表態支持北京，聲稱任何對中華人民共和國的攻擊都等同於進攻蘇聯。[11] 毛為此洋洋得意。他迫使赫魯雪夫承諾為中國提供核保護，破壞了莫斯科想與美國改善關係的努力。毛對自己的醫生說：「金門、馬祖就是我們的兩隻手，用來拉住臺灣，不讓它跑掉。這兩個小島，又是個指揮棒，你看怪不怪，可以用它指揮赫魯雪夫和艾森豪團團轉。」[12]

然而，毛下令炮擊馬祖和金門的真實用意，與國際局勢並無關係。他只是想製造一個極度緊張的局面，以推動國內的集體化運動：「可以調動人馬，調動落後階層，調動中間派起來奮鬥……因此，我們現搞民兵，人民公社裡頭搞民兵，全民皆兵。」[13] 臺灣海峽的危機為毛提供了一個完美的理由，開始在全國推行軍事化管理。一名當時在中國留學的東德學生稱其為「Kasernenkommunismus」，即軍事共產主義，而人民公社正是軍事共產主義的一種表現形式。[14]

7　人民公社

毛在游泳池會見赫魯雪夫的次日，凌晨三點，他把李志綏醫生叫去，說是要跟他學英文。後來，兩人在吃早飯時，神情輕鬆的毛遞給李醫生一份關於河南省建立人民公社的報告。對於把小型的農業合作社合併成規模龐大的人民公社的做法，毛完全贊成。他興奮地說：「這是了不起的一件大事，『人民公社』這個名字好。」[1]「人民公社」真的會成為史達林未曾發現的通往共產主義的橋梁嗎？

一九五七年秋，全國範圍的大興水利運動開始後不久，有些地區（特別是投入了大量勞動力的地區）就出現了合併農業合作社的趨勢。最大的一個合作社出現在河南省嵖岈山，全社有九千四百多戶成員。不過，人民公社的最初原型還要追溯到徐水縣。

徐水位於北京以南數百公里的地方，處於乾燥多塵的華北平原，冬天氣候寒冷，春天常發洪水，土壤鹽鹼化嚴重，無法生產足夠的糧食。然而，這個僅有三十萬居民的小縣卻很快引起了毛主席的注意。縣委領導張國忠像指揮作戰一樣對待灌溉工程：他組織了十萬勞工，把他們按軍隊的編制劃分為一個個營、連、排，而且迫使所有人駐紮在野外，睡在臨時搭起來的兵營裡，在集體食堂吃飯，不許和原來的村莊有任何聯繫。

一九五七年九月，張國忠這種高效的組織方法引起了北京高層的注意。[2]一九五八年二月，譚震林驚歎道：「徐水縣創造了蓄水的新經驗。」透過把農民們組織起來，用軍事化的方式進行管理並從事集體勞動，張國忠同時解決了勞動力和資金雙重匱乏的難題。在沒有實行這種辦法的地區，勞動力缺乏的問題通常很嚴重，因為村民都被派去興修水利，村裡沒有人種田了。張國忠則要求他的「部隊」不斷革命，不停地完成一個接一個的任務。這一做法的關鍵在於「軍事化」、「戰鬥化」和「紀律化」。除了興修水利外，每個大隊都分配了七公頃農田，必須完成年產量五十噸的任務。張國忠動員農民說：「苦幹二年三年，是為了改變我們的自然面貌。」譚震林興奮地說：「他們只是一冬一春，就來了一個大躍進。」[3] 毛讀了相關報告後批示道：「徐水縣的經驗普遍推廣。」[4]

幾週後，《人民日報》發表文章，讚揚了徐水的做法，聲稱勞動力的軍事化是致勝的法寶。[5] 隨後，《紅旗》雜誌於一九五八年七月一日發表了陳伯達的文章（陳伯達是毛主席的捉刀手），設想將全體農民變成武裝民兵，全部加入規模龐大的人民公社：「應該逐步地有次序地把工（工業）、農（農業）、商（交換）、學（文化教育）、兵（民兵，即全民武裝）組織一個大公社，從而構成我國社會的基本單位。」[6] 與此同時，毛前往河北、山東和河南視察，表揚了把農民組織成營和排的做法，並支持成立公共食堂、幼兒園和老人院，稱這樣可以將婦女從家務中解放出來，同男性一樣參加一線的勞動。毛宣布：「還是辦人民公社好。」於是，全國開始了總動員，各地幹部爭相在一九五八年夏季將農民組織進人民公社，有些公社的規模竟達到兩萬戶。至一九五八年底，全國共組建了兩萬六千多個人民公社。

❖

每年夏天，中共高層都會在北戴河召開會議。在一九五八年的北戴河會議上，毛提出中國即將邁入一個新時代。八月二十三日，就在他下令炮擊金門之前，毛對史達林實行的透過物質獎勵調動勞動者積極性的做法提出批評。毛提出中國將實行供給制：「糧食多了，可以搞供給制……我們現在搞社會主義也有共產主義的萌芽。」毛認為，人民公社就是通往共產主義的金橋，將來可以為每個人提供免費的食物：「如果做到吃飯不要錢，這是一個變化，大概十年左右，可能產品非常豐富，道德非常高尚，我們就可以從吃飯、穿衣、住房上實行共產主義。公共食堂、吃飯不要錢，就是共產主義。」[7]

一九五八年夏，張國忠在北京參加黨代會時受到熱烈追捧，他充滿自信地預言中國將在一九六三年實現共產主義。[8] 九月一日，《人民日報》宣稱，在不久的將來，徐水公社將率領全體社員邁入天堂，每個人都可以按需分配。[9] 這個消息令全國上下沉浸在巨大的幸福感中。一週後，劉少奇參觀了徐水。他比其他人顯得更為樂觀。在參觀一家發電廠時，他對工人說：「中國進入共產主義，不要好久，你們大多數人可以看到共產主義。」他還說：超過英國無需等十年，兩、三年就夠了。[10] 在劉看來，共產主義的曙光已經顯現。將來，全體社員的吃飯、穿衣、住房、醫療等全部可以免費。[11] 九月底，山東範縣召開了一次有數千名積極分子參加的大會，宣布該縣將在一九六〇年透過人民公社這座「金橋」到達共產主義的彼岸。毛知道後欣喜無比：「此件很有意思，是一首詩，似乎也是可行的。」[12]

❖

「大躍進」期間，基層幹部不得不完成一項又一項繁重的任務，因此經常面臨人手不夠的問題，而人民公社的建立似乎可以解決這一難題。但事實上，農民的幹勁並未因此提高。人民公社對農民實行軍事化管理，農民就像士兵一樣組成一個個「營」和「排」，被派往「前線」參加「戰鬥」，此外還有「突擊隊」隨時待命，工作稱為「崗位」，勞動者則稱為「大軍」。[13]

軍事術語和軍事組織被廣泛運用於人民公社。毛聲稱「每個人都是戰士」，同時號召成立民兵，將更多人口納入人民公社：「過去搞軍隊沒有薪水，沒有星期天，沒有八小時工作制，上下一致，官兵一致，軍民成千上萬的人調動起來，這種共產主義精神很好……這一回要恢復軍事傳統。」毛解釋說：「蘇聯的軍事共產主義是餘糧徵集制，我們有二十二年軍事傳統，搞供給制是軍事共產主義。」[14]

《人民日報》在炮擊金門後發表社論說，「什麼導彈、原子彈都嚇不倒中國人民，」因為兩億五千萬中華兒女將匯成戰士的海洋，與敵人作鬥爭。[15] 至一九五八年十月，四川有三千萬民兵每晚參加兩個小時的軍事訓練。山東則組織了兩千五百萬鋼鐵「戰線」的「主力軍」參加民兵，僅莒南一縣即有七萬民兵負責監督五十萬農民進行深耕作戰。黑龍江組織了六百萬民兵，絕大多數年輕男性接受了軍訓。[16] 譚震林對民兵大加讚賞，聲稱每個成年人都應該學習如何開槍，每年要打三十發子彈。[17] 不過，事實上民兵很少配有槍，許多人只是出於應付的需要，在工作之餘用舊槍擺擺姿勢而已。但有少數人確實經過實彈訓練，這些人往往被編入「突擊隊」。[18] 無論是在成立公社的狂潮中，還是在之後的饑荒時期，「突擊隊」在維持秩序方面都發揮了很大作用。

透過這些民兵和少數經過訓練的戰士，軍事化管理普及到了每一個公社。農民的日常生活必須服從指揮：第天清晨在軍號聲中起床，然後到公共食堂吃早飯。吃飯的動作要快，哨聲一響就需全體集合，邁著整齊劃一的步伐、扛著標語和旗幟、在進行曲中走向田地。在田裡幹活時，高音喇叭會不停呼喊口號，或者播放革命歌曲。黨員中的積極分子、公社幹部和民兵負責維持秩序，幹活不賣力的人有時會遭到打罵。一天的勞動結束後，農民們返回住地，每個人根據不同的班次分配了不同的宿舍。晚上還要開會，評估每個人的表現，並制定下一步的戰術。

所有勞動力都歸公社調配，社員們由生產隊長負責管理，經常得不到足夠的報酬。麻城縣委書記張先利說：「現在成立公社，一把夜壺是私人的以外，連人都是公家的。」貧農林生其對「集體」的理解是：「幹部要你怎麼做，你就得怎麼做。」[19] 不僅如此，工資制度實際上不復存在，社員們只能透過勞動掙取所謂「工分」。工分的計算很複雜，需考慮生產隊的總體表現以及每個人的工種、年齡、性別等諸多因素。年底分配收入時，先是根據「按需分配」的原則在各生產隊內部進行分配，而剩餘的部分再根據每個人的工分多少二次分配。事實上，可供農民們分配的收入所剩無幾，因為大頭都被國家拿走了，而且大躍進期間工分貶值得很快。例如，在南京郊區的江寧縣，一九五七年時一個工作日等於一．〇五元，五八年貶值到〇．二八元，五九年只值〇．一六元。當地人把工分制稱作「用黃瓜敲鑼，越敲越少」，結果所有人都失去了工作的動力。[20]

事實上，許多人根本分不到任何錢。陳玉泉是湖南省湘潭縣一名壯實的小夥子，他在一九六一年接受採訪時說，一九五八年他總共掙了四．五元，他用這些錢買了一條褲子。第二年，他被派到煤礦勞動，沒有掙工分，所以年底時一分錢都沒分到。[21] 有些公社甚至完全拋棄了貨幣。在廣東省龍川縣，農民們把豬賣給國家後只得到白條而不是現金，結果許多人乾脆把豬殺了自己吃。[22] 還有不少農民因為向公社借錢，結果成了公社的免費勞動力。李爺爺就是其中之一。為了贍養長期生病的妻子和五個孩子，他不得不整天挑糞，卻依然掙不到錢：「像我們這樣的人沒有錢，我們總是欠債，不得不向公社還債。」[23] 馮大伯是四川北部的一名理髮師，在大饑荒期間為了養活一家九口，不得不向公社借糧，結果過了五十年還沒還清欠款。[24]

❖

在最激進的公社裡，私人所有的小塊土地、大型工具和牲畜都必須上繳給集體。許多農戶除了最基本的生活必需品外，家裡什麼都不剩了。四川省委第一書記李井泉說：「生活集體化，連屙屎也要集體化！」[25] 為了盡可能減少損失，有些農民開始屠宰牲畜，藏匿糧食，或者變賣值錢的東西。胡永明是廣東省東北部的一個農民。在運動剛開始的時候，他先殺了家裡養的四隻雞，第二天殺了三隻鴨、三條母狗和幾隻小狗，最後連貓也殺死吃掉。[26] 這種做法相當普遍，雞和鴨是最先被吃的，隨後是豬和牛。據當地幹部統計，在成立公社初期，豬肉和蔬菜的消耗比平時上漲了約百分之六十，其中大多數都是被農民突擊吃掉的。[27] 村民中流行一句話：「吃落肚子才是自己的，留在肚外不知是誰的。」[28]

類似的情況也出現在城市裡——與農村不同的是，城市人民公社的計畫實行了幾年後就中止了。

一九五八年十月初，廣東一個區的銀行就被提款五十多萬元。[29] 在武漢，東方紅人民公社成立後僅兩天之內，銀行即兌現了五分之一的居民存款。[30] 有些小型企業的工人甚至賣掉了賴以為生的縫紉機，還有人拆掉工廠的地板當作木材或者柴火出售。[31] 因為害怕存款被沒收，就連平時節儉的人也開始大手大腳地花錢。普通工人也開始買昂貴的香菸和其他奢侈品，或者到飯店大吃大喝。[32] 民眾當中流傳著各種消息，據說在某些農村地區每個人只允許保留一條毯子，其他所有東西都收為公有，「連衣服也要編號」。[33]

許多地方把農民的房子也沒收了，因為公社需要磚頭蓋食堂、宿舍、幼兒園和老人院。在上文提到的麻城，一開始只有部分農民的房子被推倒當作肥料。隨著公社的興起，此風越演越烈，全縣農民的房子都變為集體所有，有些家庭只能搬進臨時搭起來的棚子裡。若有人膽敢反抗，就會受到威脅：「不搬不發給口糧。」還有些地方把老房子拆掉，為的是建設更現代化的農村。例如在龜山公社，幹部們計畫鋪設平坦的大道和高樓大廈，因此將三十戶人家的房子夷為平地，但最終一座新房子也沒建成。有些家庭不得不住在泥和草搭成的豬圈或破廟裡，頂上漏雨，四壁透風。有農民哭訴道：「拆我的房子比挖我的祖宗的墳頭還壞些。」儘管如此，沒有人敢抱怨，大多數人只是含著眼淚默默旁觀。幹部們看到這樣的情景漠不關心，他們只考慮接下來拆誰家的房子。[34] 四川省墊江縣高安區高安公社組織了一個十一個人的小分隊，一個晚上就燒了數百間茅草房。公社領導提出的口號是：「一晚消滅茅草房，三天內實現居民點，一百天實現『共產主義』。」有些村子整個被拆光，但接下來該怎麼辦誰都不知道。[35] 此外還有些地區，拆房子是為了把男女分開，以實行軍事化管理。例如甘肅，在省委第一書記張仲良的命令下，僅靜寧一個縣即拆毀約一萬座房屋。然而，設想中的集體宿舍並未建成，大多數無家可歸者只好流落街頭，風餐露宿。[36]

❖

除了那些被剝奪得一無所有的農民，大多數人都不喜歡公共食堂，因為龐大的食堂物資有限，無法滿足每個人不同的要求、口味和飲食習慣，而且有些人不得不步行很遠才能到達食堂。湖南省委第一書記周小舟說，當地超過三分之二的農民反對建立公共食堂。[37] 為了強迫農民到公共食堂吃飯，各地的基層幹部使出了各種招數。麻城的辦法最簡單有效，索性不給村民發糧。但那些家中還有存糧的人依然不肯去食堂，幹部就把他們打成企圖「破壞公共食堂」的「富農」，隨後派出民兵巡邏，看見誰家的煙筒冒煙就罰款。最後一招是挨家挨戶地搜查，沒收所有食物和炊具。[38]

一旦被迫進了公共食堂，農民們便開始報復性地大吃大喝，因為建食堂所需的資金、食物和家具都是從每家每戶拿來的。在麻城的一個公社裡，農民們被迫提供了約一萬件家具、三千頭豬和五萬七千公斤糧食，此外還從私人的田裡砍了無計其數的樹木當作柴火。[39] 為了實現領導想像中的美好願景，農民們只好聽任自己的勞動被剝削，財物被沒收，房子被拆毀。他們被告知，實現共產主義主義後，一切都將由國家「按需分配」，只要他們肚子裝得下，能吃多少就可以吃多少。毛在徐水指示說：「你們應該多吃點，一天五頓也可以！」於是，在公共食堂剛成立的頭兩個月裡，許多地方都鼓勵農民敞開肚皮吃。在那些以棉花等經濟作物為主的地區，因為所有糧食都是由國家供應的，所以食堂對每個人的飯量根本不加控制。與此同時，工人們也必須吃到撐為止，吃得少會受到批評，吃不完的飯則被一桶一桶地倒進廁所。有些小隊還舉行了吃飯比賽，看誰最能吃，有些小孩因為跟不上大人吃飯的速度而哭起來。許多人信奉毛的話，認為一天吃五頓就是「放衛星」。如此一來，本來足夠全村吃半個星期的糧食，結果一天就吃光了。[40]在江蘇省江寧縣，有些農民一頓就吃了一公斤飯。城市裡的情況更誇張。一九五八年底在南京的一個工廠裡，一天就有五十公斤米飯被倒進陰溝裡，扔掉的包子堵塞了廁所，餿水桶裡的米飯堆了有三十公分厚。還有些工廠的工人一天吞下二十碗飯，剩飯則用來餵豬。[41]然而，這樣的狂歡並未持續多久。

8 大煉鋼鐵

為了資助工業發展，史達林犧牲了農業，對農民實施懲罰性的徵收政策，榨乾了他們的財富。毛則試圖尋找一種新的方式替代蘇聯模式。他設想把工業引入農村，透過廉價的技術發明和農民的土辦法，在不需要投入大量資金的前提下，迅速提高農村的工業產量，而工業產量的提高又會激勵農民爭取完成更高的經濟指標。如此一來，無需外國資本，中國就可以從一個落後的農業社會變為現代化的工業國家。毛對資產階級專家提出嚴厲批評，稱他們是右傾保守主義者。與專家的建議相比，他更推崇普通農民的日常經驗。毛的態度得到各地領導的回應。雲南省委第一書記謝富治即公開嘲笑蘇聯的地質學專家，他提倡在興修水利工程時多依靠群眾的智慧，而不是聽取專家的意見。[1] 中國的領導人相信，他們無需外國專家的幫忙，僅憑農民自己的直覺和土辦法，以及一些廉價而有效的發明，就可以實現農業機械化，並最終超越蘇聯。在閱讀了一份關於工人如何自己想辦法製造了一臺拖拉機的報告後，毛批示道：「卑賤者最聰明，高貴者最愚蠢。」[2] 謝富治曾引用毛的話說：「我們算不算神仙？我們是神仙，可能算第一種神仙，也可能算第二種神仙，別的星球可能有人，他比我們高明，我們就算第二種，我們比他高明，就是第一種。」[3]

黨在宣傳中開始一個接一個地推出模範工人。何定（音譯名）是河南的一名貧農，從未上過學，但是據說他發明了一種用於水利工地的木製運輸工具，可以透過懸掛在高處的纜繩自動完成運土和倒土的工作，從而將勞動效率提高八倍。[4] 此外，還有木製輸送皮帶、木製脫粒機、木製播種機等等發明，這些都被黨的報紙稱讚為由普通群眾創造的奇蹟。陝西甚至有農民琢磨怎麼用木頭製作汽車和火車頭。[5] 事實上，這類發明大多毫無價值，反而造成資源的大量浪費。在廣東省刁坊公社，為了實現農業機械化，一夜之間從農民家中拆毀了大約兩萬兩千根房梁、柱子和木頭地板，結果造出來的車子根本不結實，一推就散了架。[6]

然而，工業化程度的標誌並非這些木製器具，而是鋼鐵——這種堅硬閃亮的金屬被視為社會主義的象徵，代表著工業化、現代化和工人階級。在共產黨的宣傳中，「史達林」就曾被形容為具有鋼鐵般的意志，可以把一切革命的敵人砸碎。而社會主義現代化的偉大景象，經常被描繪成一座座冒煙的煙囪、轟轟作響的機器、工廠汽笛的鳴叫、以及高大的熔爐裡通紅的火焰。工人出身的詩人加斯切夫（Alexel Gastev）寫道：「我們在鋼鐵中成長。」人與鋼的結合宣告了一個新時代的到來：機器變成人，人就是機器，鋼鐵成了催生社會主義奇蹟最重要的原料。正因為此，社會主義國家對鋼鐵產量的執著達到了迷信的程度，而鋼鐵生產又把所有人類複雜的行為簡化成了一個個數字，作為一個國家文明進化程度的標誌。毛也許不算是工業方面的專家，但他似乎對每個國家的鋼鐵產量爛熟於胸。他如此迷戀於鋼鐵產量，以致趕超英國的目標逐漸簡化為在鋼鐵產量上超過英國。在毛的督促下，全國的鋼鐵生產指標不斷增長。一九五七年是五百三十五萬噸，一九五八年二月，全年的鋼鐵產量被訂為六百二十萬噸，到五月提高至八百五十萬噸，到六月毛親自訂為一千零七十萬噸，九月又變為一千兩百萬噸。這些數字的增長令毛充滿自信。一九六〇年底，他確信中國將會趕上蘇聯，而且他認為到一九六二年時，中國的鋼產量將達到一億噸，比美國還多，幾年之後還將增長到每年一億五千萬噸，至一九七五年達到幾億噸，把英國遠遠甩在後面。[7]

緊緊追隨毛的一些領導人也開始信口開河，在他們的蠱惑下，毛的膽子變得更大了。例如，李富春宣稱，因為具有社會主義制度的優越性，中國的發展速度會達到人類歷史上前所未有之快，只需七年就可以超越英國。他甚至制定了一個誇張的計畫，預備用不到三年的時間，在鋼鐵和其他工業產品的產量上超過英國。[8]一九五八年六月初的一天，毛斜靠在游泳池邊，向冶金工業部長王鶴壽詢問鋼產量是否可以翻倍。王部長回答說：「沒有問題！」[9]柯慶施也吹噓說，光是華東地區每年就可以生產八百萬噸鋼。[10]其他地方領導人如王任重、謝富治、吳芝圃和李井泉等也紛紛誇下海口，保證完成鋼鐵增產的任務。這一切令毛更深地陷入個人的臆想之中。

為了完成鋼鐵生產的任務，各地開始建造小高爐。這些小高爐用沙子、石頭、耐火磚或者普通的磚頭堆砌而成，結構相對簡單，每個農民都被動員起來，參與到大煉鋼鐵的運動中。小高爐通常有三至四公尺高，頂部有一個木頭的平臺，下面用柱子支撐，平臺旁邊斜搭一塊木板。農民們在斜坡上跑上跑下，有些用扁擔挑，有些用背揹，將礦石投入小高爐，再將煤炭、助溶劑和空氣從底部送進去，融化的鐵水和礦渣則從洞口排出。有些小高爐確實可以正常運轉，但許多都是在狂熱的公社幹部強迫下建起來的，根本無法投入生產。

一九五八年夏末，大煉鋼鐵的運動達到了高潮。負責這一運動的正是五八年初受到毛批評的陳雲。如今，為了將功贖罪，他幹得非常賣力。八月二十一日，陳雲傳達毛的指示，要求所有生產指標都必須不折不扣地完成，不能完成指標的幹部將會受到警告、開除出黨等黨紀懲罰。[11] 九月，毛來到武漢，為武漢鋼鐵廠剪綵——這家巨型的鋼鐵廠是在蘇聯人的幫助下建成的。毛參觀了車間，親眼看著熔化的鐵水從爐子裡流出來。就在同一天，北京派出一支有一千五百名黨員積極分子組成的小組分赴全國各地，推動大煉鋼鐵運動。[12] 九月二十九日，為了迎接國慶，中央又設定了一個更高的鋼鐵生產指標。在國慶前兩週舉行的一次電話會議上，冶金部部長王鶴壽要求各省領導人勇於迎接挑戰。次日，各省領導人又是透過電話會議，將壓力傳遞給下屬各市縣的代表。[13]

在雲南，謝富治命令每個人都要在這場運動中成為戰士，他還宣布要用兩週的時間日夜奮戰，突擊提高鋼鐵產量。[14] 每天凌晨天還未亮，黨員積極分子們便會出發前往偏遠的村莊。德宏縣動員了二十萬農民投入到運動中，幾千座小高爐的爐火映紅了天空，村民們分散到樹林裡尋找燃料，有時不得不用鋤頭、鏟子甚至雙手挖掘煤炭。事故時常發生。有時倒下的樹木會砸到人，有時工人在使用炸彈開礦時會因為缺乏經驗被炸死。[15] 謝富治經常打電話詢問運動的進展情況。[16] 他的上級薄一波也不斷給他施壓，並向他下達了一千二百萬噸鋼的最新指標。薄還得意地誇耀全國各地建起了五十萬座小高爐，有四千萬人奮戰在大煉鋼鐵的前線。[17] 國慶日那天，薄一波宣布十月將是鋼鐵生產大躍進的一個月，於是各地又掀起了一股高潮。雲南省投入運動的人數從三百萬猛增至四百萬，同時宣布開展「高產週」的突擊生產運動。謝富治宣稱：全世界的目光都盯著中國，我們必須完成公布的指標，否則就會顏面掃地。[18]

農民們別無選擇，只有被動捲入。在雲南省曲靖地區，許多人家的地板被拆掉扔進小高爐，連雞也被殺掉，把羽毛當作燃料。積極分子們挨家挨戶地上門收集鐵製品，各種日常用品和農具全被沒收。對運動表現得不夠熱情者，會受到積極分子的口頭批評或者推搡，有些甚至被綁起來遊街。上級檢查組撰寫的調查報告中，經常提到這些恐嚇農民的手段。對農民來說，一九五八年是無比疲憊的一年，從興修水利到深耕和密植，再到人民公社，運動一個接一個，以致有人一聽到「放衛星」就害怕，因為這意味著又要犧牲睡眠，連續熬夜和苦幹。想偷懶的人會溜進寒冷潮濕的樹林裡睡上幾個小時，小高爐的火光在遠處閃爍，就像夜空中的煙火。公社幹部們不顧農民忍饑挨餓，拚命降低成本、吹噓產量。在公共食堂成立後，幹部還普遍利用手中的權力，任意剋扣農民的口糧。[19]

無數個小高爐徹夜燃燒，把全中國映得一片通紅，而在每個村子裡，卻上演著不同的人間悲劇。在雲南，有被迫參加勞動的農民因為得不到足夠的食物和休息而累死在小高爐旁。[20] 有些人實在受不了，隨身帶個罐子或者鍋就逃跑了。與之前的政治運動相比，這次大煉鋼鐵運動中出現了兩個新的暴力現象，足以把任何不服從指揮的人消滅在萌芽狀態。首先，每個公社都成立了民兵，用來強迫農民執行各項命令。在麻城，公社派民兵到村子裡驅趕農民參加煉鋼，一去就是好幾天。有個男人未經允許便提前離開工地，結果被抓住遊街，頭上戴著紙糊的高帽，上面寫道：「我是逃兵，大家不要學我。」[21] 其次，因為所有的食物都掌握在公社的手裡，幹部們可以將糧食作為獎勵或懲罰農民的手段，任何人只要拒絕接受指派的任務或者勞動時態度消極，都會被剋扣甚至剝奪口糧。在麻城，有婦女因為晚上留在家裡照顧小孩而未參加勞動，結果被禁止到公共食堂吃飯。[22] 在安徽，一位名叫張愛華的農民說：「叫你幹什麼就得幹什麼，否則幹部就不給你飯吃，他的手裡掌握著飯勺……」[23] 到後來，許多地方甚至沒收了農民家中的炊具，每個人的生存權都掌握在幹部手裡。

大煉鋼鐵運動對城市居民的影響也很大。在南京，每個小高爐每天的生產指標高達八．八噸。為了防止爐火熄滅，需要有人日夜看守，有些人實在太餓，結果暈倒在工地上。也有人頂著巨大的壓力表示抗議。王滿孝拒絕每天工作八小時以上，因此受到所在單位黨委書記的批評，但他質問道：「我就幹八小時你怎樣？」還有人對靠小高爐趕超英國的做法提出質疑，甚至有些小組近一半的工人因為逃避艱苦的工作而被上級批評為「落後分子」。[24]

不管怎樣，中央制定的鋼鐵產量的目標最終還是實現了，或者說僅僅是從數字上實現了，因為用小高爐生產出來的產品大多都是礦渣，那些又小又硬的鐵塊根本無法用於工業加工，只好扔得到處都是。冶金部的一份報告顯示，許多省煉出來的「鋼」三分之二以上都是廢品，而為此付出的代價卻很高昂。用小高爐煉一噸鋼，需花費成本三百至三百五十元，是鋼鐵廠的兩倍，此外還需額外投入四噸煤、三噸鐵礦石和三十至五十個工作日。[25] 據國家統計局的估算，大煉鋼鐵運動的直接損失高達五十億元，這還不包含對建築、樹木、礦產和人力資源造成的巨大破壞。[26]

❖

一九五八年，來自烏克蘭的專家米哈伊爾．克洛奇科來到華南，被眼前的情景驚呆了：滿目光禿禿的田野一片枯黃，傳說中的稻田被分成一小塊一小塊，田裡卻見不到一個人。[27]

農民都去哪裡了？許多人被民兵強迫去參加大煉鋼鐵，有些則被派去興修水利，還有人離開農村到工廠裡謀生。一九五八年，全國共有一千五百萬農民為了尋找更好的生活來到城市。[28]雲南省產業工人的人數，從一九五七年的十二萬四千人增加到七十七萬五千人，這意味著超過五十萬人在這一年離開了農村。[29]此外，全省在一九五八年參加興修水利的人口，占到全省勞動力總數的三分之一。[30]以晉寧縣為例，當地農村地區有七萬成年勞動力，其中兩萬人被派去興修水利，一萬人修建鐵路，還有一萬人在當地的工廠工作，真正務農的只有三萬人。[31]然而，這些統計數字未能反映另一種人口結構的改變：離開農村的大多為男性，留在家中的女性不得不從事農業生產，其中許多人根本沒有種田的經驗，插的秧苗歪歪倒倒，也不懂如何除草，結果造成糧食的減產。例如在永仁縣，有五分之一的莊稼因照料不當最終爛在了田裡。[32]

一九五八年，因為各種運動接踵而至，致使本應用於耕種的時間少了近三分之一，[33]但毛和其他黨的領導人相信，由此造成的損失可以透過深耕和密植來挽回。與此同時，中共領袖們呼籲農民繼續革命，把他們用軍事化的方式組織起來，在農閒季節從事工業生產，在農忙季節從事農業生產。用謝富治的話來說，不斷革命的意思就是不停地接受新的任務。[34]然而，就算把所有勞動力都調動起來，讓機關職員、學生、教師、工人和市民全部加入勞動大軍，最終也只會造成糟糕的局面。無數勞動工具在大煉鋼鐵的運動中遭到破壞，公社糧倉的管理一片混亂。就在那個把「大躍進」的口號鑿在山上迎接檢查團的連縣，秋收時竟組織了幾千名農民深耕了七公頃土地，聽任數噸糧食被拋棄在田裡。[35]

然而，國家在徵收糧食時，依據的卻是各地幹部虛報的產量。一九五八年，真實的糧食產量僅有兩億多噸，但根據各地上報的數量，中央卻認為達到了四億一千萬噸。基於虛假產量的糧食徵收，自然會造成農民的恐慌和憤怒。一場針對人民的戰爭即將打響，中國的農民將陷入人類有史以來最殘酷的一場大饑荒。一九五八年十月，譚震林向華南地區的領導幹部們直率地表示：「我看強迫命令一萬年以後還有，沒有一點強迫命令行嗎？這就是先進思想跟落後思想作鬥爭，方法好的人他就不強迫命令，方法不好的如今非搞強迫命令不行。說是怕強迫命令，那種觀念是不行的。」[36]

第二部

★

通向死亡

Through the Valley of Death

9 危險信號

在人民公社成立之前，就開始餓死人了。一九五八年三月，在一次討論糧食問題的黨內會議上，許多代表提到了糧食短缺的問題。大家反映，農民都被趕到了水利工地上，村裡無人種田，許多人流落他鄉靠乞討為生，再這樣下去就會出現饑荒。然而，財政部長李先念對這些意見充耳不聞，繼續推行原定的糧食徵購計畫。[1]

到四月底，饑荒開始在全國出現。廣西有六分之一的人口缺錢缺糧，有的地方開始餓死人。山東大約有六十七萬人忍饑挨餓。安徽有一百三十萬人生活極端貧困。湖南全省有十分之一的農民已經一個多月吃不飽飯。就連地處亞熱帶的廣東也有近一百萬人挨餓，其中惠陽和湛江的情況最為糟糕，飢餓的農民甚至開始出售自己的孩子。河北有數萬人糧食短缺，每天只能在田野裡尋找食物，滄縣、保定和邯鄲都出現了賣小孩的情況。天津湧入了一萬四千多名乞丐，許多人住進了臨時收容所。甘肅的許多農民開始吃樹皮，餓死了數百人。[2]

這種情況在中國被稱作「春荒」，通常發生於青黃不接的春季，持續的時間並不長。然而，一九五八年的春荒在有些地區一直持續到夏天，而且有越演越烈之勢。例如，在之前提到過的雲南省陸良縣，早在一九五八年二月就因興修水利導致了饑荒。但是，挨餓的並不僅僅局限於那些從事水利工程的農民。一九五八年一月至八月間，茶花鄉即有六分之一的農民死亡，人數多達一千六百一十人，其中大多數死於飢餓和疾病，有些則是被打死的。[3] 這種情況出現在新任縣委第一書記陳盛年上任後——他的前任因在一九五七年徵糧時對農民過於「軟弱」而被上級撤換。陳鼓勵手下的幹部對農民使用暴力，致使茶花鄉有三分之二的幹部經常毆打農民，甚至在有人因身體虛弱無法勞動時剝奪其吃飯的權利。[4]

陸良的情況並非個例。雲南曲靖地區也有許多人餓死。在陸良，有大約一萬三千例死亡報告，路南、羅平、富源、師宗等縣也有數千例。[5] 在瀘西縣，當地黨委於一九五七年初宣稱，每個農民一年可以分得約三百公斤糧食，可實際上最多只分到一百五十公斤。一九五八年五月後，該縣餓死了約一萬二千人，占到全縣總人口的十四分之一，某些偏遠地區的死亡率甚至高達五分之一。[6]

曲靖地區到底死了多少人？確切的數字無從統計。不過，檔案裡的人口統計表明，一九五八年，曲靖死亡八萬二千人，占全縣總人口的百分之三．一。與此同時，出生人數急劇下降，從一九五七年的十萬六千人減少到一九五八年的五萬九千人。一九五七年，全國的平均死亡率是百分之一，而雲南卻多出一倍，達到百分之二．二。[7] 一九五八年十一月，雲南省委第一書記謝富治思前想後，最終決定把陸良的情況向毛彙報。毛表揚謝富治報告了真實情況，值得信任。一年後，謝得到晉升調往北京，被任命為公安部長。至於陸良大量死人的情況，毛認為是「一個教訓」。[8]

另一個「教訓」來自「大躍進」的聖地——徐水。毛曾向那裡的農民提議一天吃五頓，以解決餘糧太多的問題。事實上，在徐水縣的風光外表下，縣委書記張國忠把當地百分之一．五的人口關進了勞改營，其中包括敢於抗爭的農民和不願服從命令的黨員幹部。集中營裡的懲罰很嚴酷，有人受到鞭打，有人在冬天被迫光著身子站在室外，結果造成一百二十四人死亡，更多的人留下終身致殘。而在勞改營外也有約七千人遭受諸如捆綁、毆打、抽耳光、遊街、下跪、被剝奪食物等暴力對待，最終導致二百一十二人死亡。[9] 李江生是大寺各莊生產隊的隊長，他表面和藹可親，曾接待過毛和其他領導人參觀他的模範生產隊。但實際上，此人經常毆打農民，喜歡把人捆吊起來，有人因此在冬天被凍死。[10] 儘管使用了這麼多暴力，糧食產量卻遠未達到張國忠所誇耀的數字。一九五八年十二月，周恩來路過河北時，張國忠恭恭敬敬地去見他，坦承該縣的糧食產量只有每公頃三千七百五十公斤，遠遠低於他在夏季誇耀的每公頃十五噸，徐水的老百姓實際上在挨餓。周聽後答應提供幫助。[11]

一九五八年十月，毛命令中共中央辦公廳機要室保密局撰寫了一份報告，揭露了徐水縣的大部分真實情況。毛將報告轉發給其他中央委員，並在文件底部批示道：「此種情況，可能不只一個社有。」[12] 然而，張國忠失寵後，毛又轉而將徐水以南八十公里的安國縣捧為模範。他聽說該縣人均糧食產量高達每年二千三百公斤，便由此推算出河北全省的糧食產量將從一九五七年的一千萬噸躍升到一九五九年的五千萬噸。[13] 河北省委第一書記劉志厚提出這些數字可能有些誇大了，毛卻不以為然，輕描淡寫地說錯誤是難免的。[14]

❖

事實上，對於農村中存在的饑荒、疾病和濫用權力等問題，毛完全可以從各類彙報材料中了解情況。這些材料有些是大膽的農民寫給他的信，也有基層幹部的抱怨，還有毛的警衛員和私人祕書提交的調查報告。除了徐水和陸良兩個縣，本書還會提到其他地方的例子，但還有更多地方的材料被埋沒在北京的中央檔案館裡，除了少數黨史研究人員，沒有人可以查閱。

一九五八年底，毛擺弄了一些姿態。針對各地廣泛存在的濫用職權的情況，他下發了陸良地區的報告，並在批示中承認當地為了提高糧食產量而忽視了改善農民的生活。然而，對毛來說，陸良只是一個反面教材，可以用來提醒其他地區避免發生同樣的錯誤。至於徐水，毛很快便將注意力轉向了鄰近的一個縣，因為這個縣的產量比其他縣報的都高，本書第十一章將對此予以詳述。總的來說，一九五八年十一月到一九五九年六月，毛確實放緩了「大躍進」的速度，但他對烏托邦的追求並未動搖。在毛看來，「大躍進」是為了實現共產主義天堂而發動的戰鬥，等到物質極大富足後，現階段農民所經歷的痛苦都會得到補償。戰鬥難免有傷亡，有時還會打敗仗，甚至付出慘重的代價，但無論怎樣，戰鬥必須堅持下去。一九五八年十一月，外交部長陳毅說：「勞動中即使有些傷亡事故，也不足以阻止我們前進。這一點代價應該付出，不值得大驚小怪。在戰場上監獄裡不知犧牲了多少人，現在有點疾病，傷亡算不了什麼。」[15] 其他領導人對饑荒完全熟視無睹。一九五八年至一九五九年冬天，四川出現了嚴重的饑荒，但激進的省委第一書記李井泉仍然大肆鼓吹公社化。他看到有些農民吃的肉比毛澤東還多，體重長了幾公斤，因此反問道：「你說公社化好不好呀？吃得胖胖的還不好呀？」[16]

共產黨曾堅持了幾十年的游擊戰爭。一九三五年，在經歷了五次戰役之後幾乎被國民黨消滅，透過長征才得以倖存。在第二次世界大戰中，共產黨不斷受到日軍的侵擾，之後又在激烈的內戰中付出巨大傷亡的代價。在黨的領導人看來，建設共產主義就像打仗，人員的死傷在所難免，只有長期堅持才會取得最終勝利。一九五八年算是一次突擊戰，而且同時開闢了好幾條戰線，如今需要給戰士們一些時間休整，但大躍進的整體目標不會改變，一九五九年將會迎來一場常規的游擊戰。

❖

一九五九年初，中央對各地的經濟高壓在繼續。毛雖然考慮讓集體化的狂潮稍微降降溫，但他從未懷疑糧食產量在迅速提高。負責計劃經濟的領導人李先念、李富春和薄一波曾聯名給毛提交過一份報告，確認「在糧食、棉花和油脂方面，由於去年農業生產的躍進，產量比過去大為增加，只要把工作做好，只要認真解決工作中的問題，日子是完全可以過得去的。」[17]

這份報告指出，當前最大的問題是農村沒有為城市提供足夠的食物。當時，中國的城市人口大約為一億一千萬人。一九五八年下半年，城市的糧食供應增長了四分之一，達到一千五百萬噸，但是依然不能滿足需求。[18] 十二月，精力充沛、性格直率的北京市長彭真提出糧食供應出現危機，隨後李富春也發表了類似的講話。他在南寧和武漢視察時發現，兩地的糧食儲備只夠維持數週的供應。而北京、上海、天津和遼寧的糧食儲備也只能夠維持兩個月。至一九五八年，中央本計畫儲備七十二萬五千噸糧食，但至該年底只完成了四分之一。湖北、山西等諸多省分的糧食儲備出現了巨大缺口。中央不得不對北京、上海、天津和遼寧的糧食供應提供額外照顧，同時要求宣稱糧食過剩的地區（如四川、河南、安徽、山東和甘肅等省）再額外提供四十一萬五千噸糧食。然而，糧食儲備不夠並非城市面臨的唯一問題，許多地方的豬肉儲備只夠維持一、兩天的供應，而甘肅和湖南等省的豬肉徵購計畫只完成了一小部分，此外蔬菜、魚和糖的供應也很緊張。[19]

除了保證城市的糧食供應，中央還將糧食出口視為頭等大事。本書後面會提到，一九五八年中國花了大量資金購買外國的設備。特別是在秋收季節，由於對糧食產量深感樂觀，中國政府又為一九五九年下了更多的訂單。能否及時支付這些帳單，事關中國的國際聲譽。為了保證城市的糧食供應，同時如期支付外貿貨款，一九五八年底，周恩來得到毛的批准和其他中共領導人的支持，決定向農民徵收更多的糧食，而且要求各地必須貫徹這一決定。

10 大採購

雖然說動員群眾是通往共產主義的金光大道，但要把中國這麼大一個農業國家轉變成工業強國，必然少不了大量的工業設備和先進的技術。毛澤東在莫斯科吹噓中國只要十五年就可以趕上英國後，北京開始從國外大量採購，包括鋼鐵廠、水泥廠、玻璃廠、發電廠、煉油廠所需的全套設備，以及吊車、卡車、發電機、發動機、水泵、壓縮機、收割機等各種機器，採購數量之大，前所未有。一九五八年，中國進口的金屬切割機的數量從一九五七年的一百八十七臺增加到七百七十二臺，播種機和耕種機從四百二十九臺增加到二千二百四十一臺，拖拉機從六十七輛增加到二千六百五十七輛，卡車從二百一十二輛增加到一萬九千八百六十輛。[1] 軋鐵、鋁和其他原材料的供應飛速增長，運輸和交通設備也成倍增加。

這些設備大多是從蘇聯進口的。從一九五一年五月開始，因為聯合國對中國實施戰略物資禁運，中國不得不依靠蘇聯提供經濟和軍事援助。在此之前，美國將中國視為朝鮮戰爭的侵略者，早已對其實行了經濟制裁。一九五〇年代，中國和莫斯科簽署了一系列條約，蘇聯承諾幫助中國建設一百五十多個重點專案，全部建成後將交給中國人營運。一九五八年一月，為了推動大躍進運動，中國又和蘇聯簽訂了一個條約，以擴大蘇聯對中國的經濟和軍事援助。一九五八年八月，蘇聯答應再向中國提供四十七座工廠所需的全部設備，包括相關的技術援助。在此之前，蘇聯已承諾援建二百餘座工廠。一九五九年二月，中蘇又簽訂了一項條約，擴大兩國在經濟和科學領域的合作，包括新建三十一座大型工廠。如此算來，蘇聯將要幫助中國建設的企業和工廠的總數達到了約三百座。[2]

北京還要求莫斯科及早兌現承諾。一九五八年三月，朱德催促俄國人加快建設包頭和武漢的兩座鋼鐵廠。[3] 七月，周恩來又派代表向蘇聯駐北京的臨時代辦安東諾夫（Antonov）提出類似的要求。[4] 整個蘇聯的工業體系都不得不重新調整生產結構，以滿足中國因「大躍進」而產生的巨大需求，而且中國人很著急，經常要求提前交貨。[5] 如圖表一所示，一九五八年和一九五九年，中國從蘇聯進口的商品總量竟然激增了百分之六十。一九五七年的進口貨物總值是五億五千六百萬盧布，一九五九年則達到了八億八千一百萬盧布，其中三分之二是各種機器和工業設備。此外，中國還從蘇聯進口了大量鋼鐵和石油。中國進口的物資有一半來自蘇聯，其他還有許多來自別的社會主義國家，其中最主要的是東德。一九五八年，烏布利希（Walter Ulbricht）同意幫助中國建設製糖廠、水泥廠、發電廠和玻璃廠，同時增加對中國的出口。[6] 一九五八年，東德對中國的出口貿易額達到一億二千萬盧布。一九五九年，中國又從該國進口了一億盧布的商品。[7]

在大躍進期間，中國的進口貿易不僅急速增長，而且外貿結構也出現了戲劇性的轉變。為了獲得更好的設備，中國開始與西歐接近。這得益於由美國主導的對華貿易禁運開始逐步瓦解，華盛頓無法繼續對其盟友施壓。例如英國就非常渴望進入中國的巨大市場，從一九五六年開始便不斷謀求解除對中國的出口限制。英國出口到中國的商品，從一九五七年的一千二百萬英鎊增加到一九五八年的二千

圖表一：從蘇聯進口的主要商品大類和品種（單位：百萬盧布）

	1957	1958	1959	1960	1961	1962
中國從蘇聯進口商品（總量）	556	576	881	761	262	190
貿易	183	292	370	301	183	140
石油和石油製品	(80)	(81)	(104)	(99)	(107)	(71)
工廠設備	245	174	310	283	55	9
軍事設備	121	78	79	72	12	11
新技術	7	31	122	104	12	30

資源來源：外交部，北京，1963年9月6日，109-3321-2，pp.66-7、88-9。儘管匯率一直在變化，1盧布大約值2.22元人民幣或1.1美元。以上數字是湊整後的約數。

七百萬英鎊，一九五九年則為二千四百萬英鎊。與此同時，西德也增加對中國的貿易出口，一九五七年的出口額為兩億馬克，一九五八年激增到六億八千二百萬馬克，一九五九年則為五億四千萬馬克。[8]

當然，所有進口商品都與工業有關，但毛也想獲得一些先進的軍事設備。一九五七年，中共高層即向蘇聯提出希望，想得到盡量多的軍事裝備和「新技術」。一九五八年六月，周恩來寫信給赫魯雪夫，要求蘇聯幫助中國建設一支現代化的海軍。兩個月後，就在北京炮擊金門和馬祖期間，周又提出從蘇聯進口最新式的偵察機。一九五九年五月，中國向蘇聯訂購了一批戰略物資和空軍設備。一九五九年九月，周恩來告訴蘇聯，北京計畫在一九六〇年向蘇聯購買一億六千五百萬盧布的軍事設備。[9] 北京到底花了多少錢購買軍事物資依然是個謎，因為從公開的資料中我們查不到這類商品的具體內容。然而，北京外交部公布的檔案清楚地表明，中國從莫斯科進口的物資包括所謂的「特殊商品」，即軍事裝備和「新技術」。如圖表一所示，一九五九年，中國從蘇聯進口的這兩類「特殊商品」的價值超過了兩億盧布，接近當年蘇聯對華出口總值的四分之一。

在從蘇聯進口商品的同時，中國還得償還欠蘇聯的債務。一九五〇年至一九六二年，北京向莫斯科舉債高達十四億零七百萬盧布。[10] 在此期間，中國每年向蘇聯償還兩億多盧布。一九六〇年夏，由於中蘇分裂，中國一下子支付了大量欠款。然而，由於中國的外匯儲備和黃金儲備有限，所以不得不依靠出口商品抵債，導致國內資源被進一步掏空。交易的基本模式是中國透過出口稀有金屬、工業產品和食品換取貸款、資本貨物和原材料。例如，中國出口豬肉換取蘇聯的電纜，出口大豆換取鋁，出口糧食換取鋼軋棍等等。其實，中國的某些貴金屬（如銻、錫和鎢）儲量也有限。因此，為了滿足不斷迅速增長的外貿需求，北京不得不大量徵收農產品以供出口（見圖表二）。中國向蘇聯出口的商品有一半以上是農產品，包括各類穀物、菸草、糧食、大豆、新鮮水果、食用油和肉罐頭，向莫斯科出口的大米總值從一九五七年到一九五九年翻了三倍（見圖表二和三）。出口量如此巨大，壓力自然落到了農民的頭上。

❖

到底是誰掌管著中國的外貿呢？在計劃經濟中，政府每年透過與其他國家簽署貿易協定來控制商

圖表二：中國對蘇聯出口主要商品種類(單位：百萬盧布)

	1957	1958	1959	1960	1961	1962
中國對蘇聯出口商品總量	672	809	1006	737	483	441
工業和礦業	223	234	218	183	140	116
農副加工產品	227	346	460	386	304	296
農副初產品	223	229	328	168	40	30

資料來源：外交部，北京，1963年9月6日，109-3321-2，pp.66-8。以上數字為湊整後的約數。

圖表三：中國對蘇聯出口糧食和食用油（單位：千噸、百萬盧布）

	1957		1958		1959		1960		1961	
	價值	重量	價值	重量	價值	重量	價值	重量	價值	重量
糧食	77	806	100	934	147	1418	66	640	1.2	12
大米	(25)	(201)	(54)	(437)	(88)	(784)	(33)	(285)	(0.2)	(1.8)
大豆	(49)	(570)	(45)	(489)	(59)	(634)	(33)	(355)	(0.9)	(10.4)
食用油	24	57	23	72	28	78	15	41	0.4	0.4

資料來源：外交部，北京，1963年9月6日，109-3321-2，pp.70-1。本表只選擇了部分商品，數字為湊整後的約數。

品的進出口，對外貿易的增長必須符合預定的經濟計畫，資本投資率、外貿總量都與國內的糧食產量直接掛鉤。每年的全國經濟計畫都必須由中央領導層批准，其中也包括進口商品的數量和種類。農業和工業產品的進口計畫通常由外交部負責制定，隨後下發給相關的進出口公司執行。[11]

在共產中國的複雜官僚機構中，總理周恩來負責掌握對外貿易。他主張中國不僅應該同蘇聯發展貿易，也應該增強與非共產主義國家的經濟聯繫，因為只有透過進口，中國才能獲得發展經濟所必需的資本、技術和經驗。與周關係親近的對外貿易部部長葉季壯也認為，為了支付進口的機械和工業設備，中國應該迅速增加商品的出口量。然而，一九五七年，周恩來克制了自己的想法，並未積極推動外貿增長。一九五七年十月，葉季壯對一個外國的貿易代表團說，中國因為出口了太多的食品，造成國內老百姓生活困難，特別是食用油的供應非常緊張。周恩來因此決定，一九五八年中國將全面壓縮商品出口。[12]

然而，周的謹慎態度並不符合毛的設想。如前文所述，在一九五八年一月召開的南寧會議上，毛憤怒地否決了總理的意見。與此同時，毛轉而拉攏朱德。朱德在軍中享有很高的聲望，早在一九二八年就同毛一起領導紅軍。兩人相互依賴，朱擅長軍事，而毛則擅長黨務和政治。朱德熟諳黨內政治，當然知道如何表達對毛的支持。早在一九五七年十月，他就提出「我們必須通過鬥爭來擴大出口和進口，這樣我們才能逐步成為進出口的大國。」數週後，他又說：「如果我們想建設社會主義，就需要進口技術、設備、鋼鐵和其他必需的物資。」[13]

於是，最大限度地出口食物和其他物資，將中國變成一個進出口大國，成了一九五八年大躍進運動的一個主要內容。毛對此完成贊成，因為這樣他就可以在國際舞臺上炫耀自己的成功了。此時，毛已經設法讓所有批評「大躍進」的人閉嘴，從而確立了自己在黨內的絕對權威地位，再也沒有人膽敢用經濟學的知識和他辯論了。工業和農業的各項生產指標不斷提高，出口額也隨之不斷增長。在毛意識到「大躍進」失敗之前，外貿一直處於這種失控狀態。大躍進運動中，一切都以政治掛帥，進口商品完全不顧預算的限制，進口得越多，越證明發動群眾發展經濟的決心。進口這麼多物資的目的，就是為了極大地提高本國機器製造和商品生產的能力，從而迅速提升國家的工業化程度，使中國最終擺脫對蘇聯的經濟依賴。

雖然毛在國內沒有什麼反對者，但在那些支持蘇聯的共產主義國家，中國的「大躍進」引發了許多質疑。然而，隨著中國出口到這些國家的食品不斷增加，各國領導人也就無話可說了。此時，赫魯雪夫已將蘇聯經濟的重心從重工業轉向輕工業，以滿足國內民眾的日常所需。他承諾，蘇聯在肉、奶和奶油的人均產量上將超過美國。在東德，烏布利希正試圖極力阻止人民用腳投票逃往西德。在一九五八年舉行的第五次黨代會上，他吹噓東德正在建成社會主義，並宣布到一九六一年時，東德的人均消費水準將「趕上和超過」西德。[14] 與此同時，東德的農村因推行集體化而導致食物嚴重短缺，因此更加依賴從中國進口糧食。對於中國宣布的糧食產量，烏布利希也許並不完全相信，但他仍決定從中國進口更多的食品。[15] 在「大躍進」期間，大米不僅成為東德人的主食，就連人造奶油的生產也不得不依靠從中國進口的食用油。此外，東德還要求中國向其出口更多的動物飼料、菸草和花生。[16] 隨著東德對中國食品的需求量不斷增加，中國已無法完全滿足其要求。一九五九年六月，一名中國的貿易代表解釋說，出口到東德的豬飼料需要留在國內供人食用。[17]

在增加對蘇聯等共產主義國家出口的同時，中國也開始向亞洲和非洲傾銷其商品。赫魯雪夫曾在紀念十月革命四十周年的大會上宣布，蘇聯要在農產品的產量上超過美國，同時將在外貿領域與美國展開和平競賽，增強發展中國家與蘇聯的貿易關係。為了擊敗美國，蘇聯不僅以低廉的價格出口錫、鋅和大豆製品，同時以低於成本的價格在中東傾銷卡車、轎車和機器，還向各國政府提供低息貸款或其他金融援助。[18] 在計劃經濟體系中，經濟必須服從於政治，因此蘇聯可以無視市場規律，不惜血本地擴張其全球影響。

中國也在開展自己的貿易戰，似乎國內供應已經過剩，需要向國外傾銷自己的產品。自行車、縫紉機、熱水瓶、豬肉罐頭、自來水筆等各種商品，都以低於成本的價格賣往國外，似乎要以此來證明中國在建設共產主義的競賽中領先於蘇聯。在英國殖民統治下的香港，中國生產的雨衣比廣州賣的還要便宜百分之四十。[19] 皮鞋每雙售價僅為一．五美元，冷凍鵪鶉每隻八分錢，小提琴每把只要五美元。[20]

不過，在針對帝國主義的貿易戰爭中，日本才是中國的頭號勁敵。為了同日本競爭，中國將大豆油、水泥、建築鋼材和玻璃的價格壓到了最低。在所有商品中，服裝是共產主義國家占最大優勢的商品。中國以虧本的價格出口各種服裝和布料，這對一個依然處於貧困中的國家來說，當然要付出極大的代價。一九五七年，中國出口了大約八百七十萬匹布，賺取了五千多萬美元。在一九五八年的頭九個月裡，雖然又出口了九百二十萬匹布，卻只賺取了四千七百萬美元，利潤減少了百分之十二。一九五八年底，國內的許多農民連棉衣也穿不上，可是中國又以低於成本的價格出口了一千四百萬匹布。[21]之所以這麼做，就是為了向全世界宣告，中國的棉布出口量從世界第五躍升到了世界第三。一九五八年底，葉季壯在一次外貿工作會議上承認，以低於成本價向國外市場傾銷商品是一場災難，因為產品的銷售量雖然增加了，可利潤卻大大降低了。「真是傷害了自己，嚇到了朋友，警醒了敵人。」[22]

周恩來試圖撇清自己的責任，故意質問道：「我聽說外貿部有些人簽合同很隨意，誰讓你們進口這麼多的？」[23]

來自外貿部的馬一民解釋道：「我們以為棉花大豐收，不會遇到什麼問題，就沒有請示。」事實上，在「大躍進」期間，中國的棉花和糧食產量根本沒有公開宣布的那麼高，因此無法履行出口合同，出現了巨額的貿易赤字。例如，一九五八年，中國承諾向東德出口兩千噸冷凍豬肉，但實際出口量只有三分之一，以致烏布利希不得不要求中國人在聖誕節前交付剩下的貨物。因未能履行合同，中國欠東德約五百萬至七百萬盧布，欠匈牙利一百三十萬盧布，欠捷克斯洛伐克一百一十萬盧布。這些國家提出要中國用大米、花生和動物皮毛來補償。周恩來同意向匈牙利和捷克斯洛伐克額外出口一萬五千噸大米和兩千噸花生，但同時又否決了朱德提出的「大進大出」的建議。周恩來注意到，一九五八年中國對社會主義國家的出口減少了四億元，因此他聲稱「我們反對大進大出」，主張外貿必須要有所控制。[24]

如何應付出口商品的短缺呢？周恩來在一九五八年十一月，周恩來率先表態：「寧可自己不吃或少吃，不用或少用，也要履行對外已簽的合同。」[25]幾週後，他又說：「拿了人家的東西，而不給人家東西，就是沒有社會主義的風格。」[26]鄧小平則建議道，如果每個人都能省幾個雞蛋、幾斤肉、幾斤油和十幾斤糧食，那麼外貿問題就會很容易解決。[27]李先念、李富春和薄一波等人都表示同意：「為了滿足社會主義建設，為了將來美好的前景，只要把道理說清楚，人們是願意少吃一點的。」[28]

為了完成出口訂單，一九五九年中國的出口額從六十五億元猛增到七十九億元，而進口額為六十三億元，只增加了百分之三。[29]其中，糧食出口去上一年翻了一倍，達到四百萬噸。[30]有些人可能會認為出口的糧食只占到全國糧食總產量的一小部分，但對於一個窮國來說，幾百萬噸糧食就會決定無數人的生死。一九六一年，當中國正努力爬出饑荒的深淵時，王任重曾痛苦地提到：一九五九年中央給湖北撥了二十萬噸糧以應對大饑荒，但就在同一年，中國出口的糧食卻達到了四百萬噸。[31]

為了完成商品出口的任務，從中央到各省再到各市縣層層施壓，每個地區都分配了生產指標。然而，一九五八至五九年的冬天，每個省都面臨糧食短缺的問題。一九五九年一月，全國只徵收到八萬噸糧食供應出口。四月，湖北拒絕上繳兩萬三千噸糧食，而全省被分配的糧食徵購總計畫是四萬八千噸。四川省委第一書記李井泉表示，只能完成分配指標的三分之二，餘下的不得不用雜糧補齊。安徽省分配的指標是兩萬三千五百噸，可曾希聖僅上繳了五千噸。至於福建，則完全沒有上繳糧食。[32]其他出口商品的情況也是如此，大多數省分只完成了分配指標的一半，有些地區（如貴州、甘肅和青海）最多只完成了三分之一。[33]

中國無法如期交付商品，致使各國紛紛抱怨，如列寧格勒的醫院和幼兒園，在冬天裡因此沒有米吃。[34] 一九五九年三月至四月，中央在上海召開了一次關於外貿工作的會議，毛提出要用吃素的方法來解決出口商品產能不足的問題。他說：「我們要節衣素食，保證出口，否則六億五千萬人口多吃一點就吃掉了。馬、牛、羊、雞、犬、豬都不吃肉的，六畜中有四畜不吃肉，牠不是也活了嗎？人也有不吃肉的，徐老不吃肉，也活到八十歲。據說黃炎培也不吃肉，也活到八十；可否作一決議，人一律不吃肉，都拿來出口？」[35] 北京市長彭真的主張比毛更極端，他建議減少糧食消費以保證出口。聽了毛的講話，周恩來的膽子也大了，他建議說：我們應該三個月不吃，以保證出口。[36] 除了肉，國內食用油的消費也需要減少。一九五九年五月二十四日，中央頒布指令，為了滿足出口和建設社會主義農村的需要，各地一律不准出售食用油。[37]

然而，出口壓力的增加又導致另一個問題：各類出口商品偷工減料，品質下降。蘇聯人幾次三番抱怨說從中國進口的肉製品品質太差，經常被細菌汙染，而且多達三分之一的豬肉罐頭已經生鏽。[38] 其他商品也出現同樣的問題，例如銷往蘇聯的四萬六千雙鞋有瑕疵，銷往香港的紙無法使用，銷往伊拉克的電池漏電，銷往瑞士的煤摻雜了五分之一的石頭，銷往西德的五百噸雞蛋裡檢測出沙門氏菌，銷往摩洛哥的南瓜子有三分之一被蟲子汙染。[39] 一九五九年，為了更換劣質出口商品，中國又額外損失了二至三億元，而且國際聲譽也受到了損害。[40]

一九五九年十月，北京不得不採取緊急措施應對不斷增長的貿易赤字。國務院指示，所有供出口的商品，只要有可能，就應盡量壓縮或停止在國內的供應，而無法如期交付的出口商品，則一律用其他種類的商品來代替。[41] 為了施行這一政策調整，中央特地成立了「對外貿易工作領導小組」，負責監管所有出口商品的品質和數量。[42]北京做出這一決定時已接近一九五九年底。為了完成當年的出口任務，全國掀起了一場突擊運動，僅十一月即額外徵收了九百萬頭豬以供出口。[43]

一九五九年底，根據周恩來提出的目標，全國加大了各類出口商品的徵購力度，最終出口商品總值達到七十九億元，其中十七億元是糧食和食用油。在一九五九年出口的四百二十萬噸糧食中，有一百四十二萬噸運往蘇聯，一百萬噸運往東歐，近一百六十萬噸運往「資本主義國家」。[44]然而，儘管已經竭盡全力，中國的貿易赤字仍居高不下。僅一九五八年與東歐、一九五九年與蘇聯的貿易赤字，兩項相加就多達三億元。[45]但最壞的情況還未出現，要到一九六〇年的夏季才會到來。

11 被勝利沖昏頭腦

在毛澤東的推動、哄騙和威脅下，大躍進運動得到中共領導層的全力支持。為了迅速實現工業化和農業集體化，在經濟上趕上發達國家，全中國都變成了一個巨大的競賽場。那些對經濟發展的速度持懷疑態度的領導人，無一例外地受到公開批評和羞辱，而基層的異議者則立即遭到清洗。然而，隨著產量指標的節節攀升，運動很快便失去控制，對各地造成的破壞越來越多。面對這種狀況，毛開始轉變論調，指責他人破壞了這場運動。毛是個精明的政治家，幾十年來歷經無數政治鬥爭，深諳自保之道。他不僅把造成混亂的責任推給地方幹部和其他高層領導，而且把自己塑造成關心臣民福祉的仁君。從一九五八年十一月至一九五九年六月，來自中央的壓力暫時緩和了，但好景並未持續多久。

毛所建立的這套政策體制，從上到下充滿了不準確的資訊。毛不是傻子，他當然清楚一黨制會產生錯誤的報告和注水的數量。事實上，所有共產主義國家都建立了嚴密的監管機制，以避免出現官僚主義，而位居最高位的領導人為了提防政變，非常在意下級官員是否對其有所隱瞞。監管機構負責監督政府機關和黨的領導人，對其財務狀況、職務任命、行為規範和工作報告予以審核。而國家的安全部門除了防止一般犯罪、管理監獄系統外，還擔負著監管民間輿論、評估民眾不滿程度的職責。因此對毛來說，公安局的作用非常重要。一九五九年，他之所以任命謝富治擔任公安部長，就是出於對謝的信任，希望透過他了解真實的情況。當然，黨內各級機構經常會發布內部報告，但這些報告有時也不盡準確，所以毛時常派自己信任的官員到下面親自調查真相，例如一九五八年十月他就是這麼做的。毛甚至還親赴各地，和當地幹部談話，了解人民公社存在的問題。當大量證據表明各地上報的產量遠遠脫離了實際，毛開始越來越擔心。此外，深受毛信任的湖北省第一書記王任重還向毛遞交了一份報告，坦承湖北省的糧食產量最多只有一千一百萬噸，而不是公開宣稱的三千萬噸。毛的信心遭到重大打擊，深感沮喪。[1]

就在這時，時任廣東省委第三書記的趙紫陽為毛提供了一條出路。一九五九年一月，趙紫陽在給上級陶鑄的彙報中說，他發現許多公社都隱藏了糧食，並且私分了現金，其中有一個縣隱藏的糧食多達三萬五千噸。[2] 透過這條線索，趙紫陽發動了一次反對隱產的運動，結果搜出來的糧食超過了一百萬噸。[3] 陶鑄表揚了趙紫陽，並把這份報告送給毛。[4] 隨後，激進的安徽省委第一書記曾希聖也向毛報告：「目前農村的所謂糧食問題，不是缺糧問題，也不是國家徵購任務過重的問題，而是思想問題，特別是基層幹部的思想問題。」這份報告還說，生產隊的領導人有四種心態：一、公社不能給他們提供足夠的糧食；二、其他生產隊也可能刻意瞞報產量；三、一旦出現春荒，餘糧就會被沒收；四、如果上報了真實產量，糧食徵購的指標就會更高。[5] 毛立即轉發了這幾份報告，並評論說：「公社大隊長小隊長瞞產私分糧食一事，情況嚴重，造成人心不安，影響廣大基層幹部的共產主義品德，影響春耕和一九五九年大躍進的積極性，影響人民公社的鞏固，在全國是一個普遍存在的問題，必須立即解決。」[6]

此時，毛試圖扮演仁君的角色。他指責地方幹部對集體化的熱情過高，以致各地刮起「共產風」，以人民公社的名義任意分配集體財務和勞動力，逼得農民不得不私藏糧食。一九五九年三月，毛甚至在講話中對農民採取逃避徵糧的策略表示讚賞，並威脅說要是黨的幹部不改變做事的方法，他也會與這些農民站在一邊。[7] 毛說：「我現在代表五億農民和一千多萬基層幹部說話，搞『右傾機會主義』，堅持『右傾機會主義』，非貫徹不可。如果你們不一起同我『右傾』，那麼我一個人『右傾』到底，一直到開除黨籍。」[8] 當然，只有毛才可以如此隨意地給自己貼「右派」的標籤，換了別人政治生命早就結束了。毛把自己塑造成一個敢於向當權者說出真相的孤膽英雄，聲稱那些過分徵收糧食的地方幹部有百分之五應該被清洗掉，但「不一定每個人都槍斃」。[9] 幾個月後，毛把這一比例提高到了百分之十。[10]

除了地方幹部，毛認為黨的高層領導人也應該承擔責任，似乎他自己是個明君，但被身邊的人誤導了；至於糧食產量，確實是增收了，但不像運動初期聲稱得那麼高。毛不斷批評各級領導人，指責他們誇大其辭，要求他們把經濟指標下調到真實的水準。一九五九年三月，由於薄一波沒有下調工業生產的指標，毛斥責道：「這是什麼人辦工業，是大少爺！現在工業要出『秦始皇』，我看你們搞工業的人不狠，老是講仁義道德，搞那麼多仁義道德，結果一事無成。」[11]

那些緊跟著主席、最忠實地執行其命令的人，如今受到的批評也更嚴厲。四月，在上海召開的一次高層會議上，毛回憶說：「但是八月在北戴河開會，沒有人提議在我那個地方召集個小會，討論一下一九五九年的指標。那時我的主要精力是搞金門打炮，人民公社的問題不是主要的，那是譚老闆掛帥，我只寫了一段。」在討論如何解決人民公社存在的問題時，他表示：「別人寫的意見，不是我的意見。我看了這個東西，我不懂，中介一個模模糊糊的印象：公社好。至於內部情況，我不懂。你們寫了，我覺得好。」關於導致虛報產量的原因，毛認為是因為中央文件造成的：「凡是看不懂的文件，一定要制止拿出來，你們是大學生、大學教授、孔夫子、韓愈、唐宋八大家；我是小學生，要寫通俗文章。」毛還對試圖質疑其負有領導責任的人提出警告：「我這個人是許多人恨的，特別是彭德懷同志，他是恨死了我的……我跟彭德懷同志的政策是這樣的：人不犯我，我不犯人；人若犯我，我必犯人。」毛的講話長篇大論，散亂無章，把過去同他有過齟齬的領導人通通批評了一遍，包括劉少奇、周恩來、陳雲、朱德、林彪、彭德懷、劉伯承等人，甚至連早已去世的任弼時也未放過。除了鄧小平，每個出席會議的領導人都被毛點了名。[12] 毛這次發火的目的，就是為了證明自己一貫正確，而反對他的人任何時候都是錯的，歷史永遠站在他的一邊。

毛不允許任何人質疑他的正確和勝利，他也從不放過任何機會對大躍進大唱讚歌：「不管我們有多少缺點，歸根到底，不過是九個指頭與一個指頭的問題。」[13] 毛向全黨明確表明了他的態度：用微不足道的錯誤否定整個運動是錯誤的——事實上，那種以為如此廣泛的運動不會犯任何錯誤的想法本身就是錯的；質疑「大躍進」是錯的，袖手旁觀也是錯的；[14] 毛的總體戰略絕不會發生動搖。

❖

一九五九年上半年，農民們不得不繼續深耕和密植，同時繼續興修水利、推行農業集體化。蘇聯在全面推行農業集體化後，糧食產量曾一度出現減產，為此，史達林於一九三〇年發表了一篇題為〈勝利沖昏頭腦〉的文章，提出可以允許農民退出集體農莊。然而，當中國也出現這種情況，毛的態度卻與史達林不同。毛對人民公社制度並未做什麼調整，只是表示可以把生產隊而不是公社作為基本的核算單位。歷史學家們說，這一時期中國的農業集體化運動處於「倒退」或「降溫」階段，但事實並非如此。一九五九年二月，鄧小平對基層幹部明確表示：「要熱不要冷，要有與去年一樣的幹勁。」[15]

就在糧食減產期間，為了供應城市人口和國際市場，國家卻加大了糧食徵購的力度。三月二十五日，中央在上海的錦江飯店召開了一次會議。這次會議的內容屬於最高機密，會議記錄只供與會人員傳閱。毛在會議中下令將糧食徵購的比率提高到三分之一：「糧食收購不超過三分之一，農民造不了反。」他還提出，那些未能完成徵購指標的地區應該予以公布：「把完成和沒有完成的刊出來，這是實事求是，不是什麼狠。」毛指出「全國都是豐收的」，各省應該「趁熱打鐵，抓緊收購」，「學河南的辦法，先下手為強，後下手遭殃」。為了運輸更多的糧食，毛額外增派了一萬六千輛卡車來執行任務。此外，毛還表揚了河北和山東的做法，禁止農民食用肉類食品三個月，他問道：「這個好，為什麼全國不能如此辦？」他還指示食用油的徵購也必須達到最大化。有人建議國家應該保證每年人均供應八公尺布，但毛否決了這個建議，他反問道：「這是誰叫宣傳的？」正如上章所示，毛認為對外貿易比國內消費更重要。為了確保出口商品的供應，「自己少吃一點」。他說，在戰爭年代對付現實困難的辦法是「抓緊」和「抓狠」：「大家吃不飽，大家死；不如死一半，給一半人吃飽。」[16]

毛的話就是法，但是他的話常常意思含糊，讓人難以理解，例如「誰先動手誰就贏，誰後出手誰就輸」。一九五九年六月，中央書記處負責掌管農業的譚震林在一次關於徵糧工作的電話會議上，特意對這句話作了解釋。他說毛主席的意思是農民和幹部都搶著要糧食，所以速度是關鍵，必須在農民吃掉之前就把糧食拿走，這就是所謂「先下手為強」。但是，譚震林又補充說，這個辦法只適用於地區和縣一級，如果縣級以下的幹部也這麼做，很容易導致誤會。[17] 曾向毛報告基層幹部虛報產量的王任重如今表示：「先禮後兵。經過教育，還是不服從國家統一計畫和調配的，就要給以必要的處理，從警告、撤職，直到開除黨籍。」[18]

事實上，一九五八年已經出現了饑荒的預兆。到了一九五九年上半年，由於國家提高了對糧食徵購的指標，饑荒開始普遍出現。即便像譚震林這樣熱情支持「大躍進」的高層領導也不得不坦承說，五九年一月因飢餓引發浮腫病的人口可能多達五百萬，而餓死者已有七萬人，周恩來則說死者的人數達到十二萬之多。其實，周和譚兩個人估計的數量都太低，但誰也不想作進一步的調查。[19] 毛知道出現了饑荒，但並未重視，只是下發了幾份文件，表明在模範省河南，即使貧困地區的農民每天也有半公斤的糧食，足夠吃飽了。[20] 而此時，基層的農村幹部們不知該如何應對饑荒，北京發出的信號自相矛盾，令他們不知所措。至於最高決策層，大家都被上海會議上毛的怒火嚇住了——這一切都預示了接下來即將發生的更大的悲劇。

12 真相的終結

江西北部橫亙著崇山峻嶺，最高處達到海拔一千五百公尺。廬山就坐落在這裡。這裡有沉積岩和石灰石形成的溪谷和溶洞，經過水和風的塑造，山石千姿百態，深受遊客的喜歡。山上林木蔥郁，懸崖峭壁和石縫間生長著樅木、松樹、樟腦和絲柏，其間流淌著瀑布，還點綴著寺廟和佛塔。從山上可以遠眺長江，甚至能望見鄱陽湖邊的山丘。這裡氣候溫和，是夏季的避暑勝地。在革命之前，歐洲人也喜歡冬天到這裡滑雪和玩雪橇。一八九五年，一名英國的傳教士在廬山建造了第一座別墅，命名為「牯嶺別墅」。在之後的幾十年裡，這裡建起了幾百座各式各樣的別墅，把整座山變成了療養和避暑的天堂。蔣介石在廬山也擁有一座漂亮的別墅，一九三〇年代，他和妻子在這裡度過了好幾個夏天。這棟別墅後來被毛澤東占用，但別墅門口的石頭上保留了蔣介石題寫的「美廬」兩個字。

一九五九年七月二日，毛在廬山召開了一次會議。毛一開始把這次會議稱作「神仙會」，意思是要大家暢所欲言，就像住在雲端的神仙一樣，來去無蹤，不受人間的束縛。他本來打算討論十八個問題，但後來聽說國防部長彭德懷批評他，就臨時增加了一個議題：黨的團結。[1] 毛為這次會議調下的基調是：稱讚大躍進取得的成就，讚揚中國人民的熱情和幹勁。

毛讓與會者根據地區分成小組，希望透過小組討論了解大家對「大躍進」的真實想法。小組討論預定持續一週時間，每個小組都需討論一個和本地區有關的具體問題，討論的內容則每天向毛報告。毛雖然懷疑彭德懷可能要對其發難，但會議剛開始時，他的興致顯得很高，準備遊覽一番廬山的景點。晚上，當地領導人在之前的天主教堂準備了音樂和舞蹈表演。表演結束後還有舞會，毛的身邊總是圍繞著年輕的護士。舞廳旁邊有一個房間，供毛尋歡作樂，門外則有警衛站崗。[2]

毛沒有參與各小組的討論，但每個省的領導人都會向他彙報各自討論的情況。許多與會者都以為廬山會議會推出一系列新政策，以改變當前經濟失控的局面，因為之前中央已經召開會議，討論了「大躍進」造成的種種問題。然而，隨著時間一天天過去，毛卻毫無動靜。各小組成員間的互動開始增多，有些人甚至公開談論起饑荒、虛報產量和農村幹部濫用職權等問題，其中最敢講的是分在西北組的彭德懷。他指責毛要為「大躍進」的方向性錯誤承擔責任：「人人有責任，人人有一份，包括毛澤東同志在內。一〇七〇（即一千零七十萬噸鋼）是毛澤東決定的，難道他沒有責任？」[3] 毛對彭的抨擊雖不認同，但一直保持著沉默。與此同時，他察覺小組討論開始突破限制，有些人不僅指出農業集體化的失敗之處，甚至提出應該追究毛個人的責任。這讓毛越來越感到不安。

七月十日，毛澤東再次召集各地區領導人集中開會，並發表了一番講話，指出過去一年所取得的成就超過了錯誤。他再次使用了一九五八年一月在南寧會議上的那個比喻，認為成績和問題「從總的形勢來說，還是九個指頭和一個指頭」。毛指出黨可以解決任何問題，但前提是必須保持黨的團結和意識形態的統一，總路線是完全正確的。劉少奇接著說，目前存在的少數問題是由於缺乏經驗導致的。他反問道：為了獲得有益的經驗，難道不需要付出學費嗎？周恩來則補充說，黨會很快發現問題，而且很善於解決問題。毛主席最後總結說：「成績是偉大的，問題是不少的，前途是光明的。」[4]

毛發言結束後，會場上一片安靜。並非每個人都贊成他的結論，素有「硬骨頭」之稱的彭德懷就是其中之一。彭和毛一樣，都是湖南湘潭人。他在「大躍進」期間回到家鄉，發現普遍存在幹部濫用職權、農民飽受痛苦的情況。農民們被迫深耕密植，幹部們則在大煉鋼鐵時任意推倒農民的住房。彭還目睹了老人院和托兒所的悲慘景象：孩子們穿得破破爛爛，老人們在寒冷的冬天蜷縮在蓆子上。考察結束回到北京後，他仍不斷收到從家鄉寄來的信，向他報告饑荒的情況。[5] 這一切令彭心潮澎湃，他抱著強烈的願望來到廬山，希望這次會議能指出「大躍進」的失敗。然而，這麼多天下來，他越來越擔心大家會再次臣服於毛，最終一致贊成毛的主張，把大饑荒的問題擱置一邊。[6] 彭知道，中央領導裡沒人有膽量說出真相：劉少奇剛成為國家主席，周恩來和陳雲一年前就不說話了，朱德身體不好，對現實問題不了解，從來不發表反對意見，鄧小平也不願意批評毛。[7] 鑒於此，彭決定自己給毛寫信。七月十四日，彭帶著寫好的長信來到毛的下榻處。毛還在睡覺，彭留下信就離開了。

彭德懷身強力壯，剃著光頭，面部頗似鬥牛犬。大家都知道，他對毛一向直來直去。[8] 兩人早在井岡山時便已相識，而且發生過好幾次衝突。朝鮮戰爭期間，有一次彭德懷在盛怒之下，不顧警衛的阻攔，衝進毛的臥室，當面指責毛指揮不當。毛因此非常討厭他。

彭德懷的那封信，開頭像一段請願書：「我這個簡單人類似張飛，確有其粗，而無其細。因此，是否有參考價值請斟酌。不妥之處，煩請指示。」接著，彭德懷小心翼翼地讚揚了「大躍進」的成就，例如工業生產飛躍增長，小高爐把新技術帶給了農民等等。他甚至預言，中國只要四年就可以趕超英國。他還表示，不管出現什麼問題，都是因為沒有認真理解毛主席的想法。在這封信的第二部分，彭則提出可以從「大躍進」的錯誤中學習經驗和教訓，這些錯誤包括：自然資源和人力資源的大量浪費，虛報產量，以及「左」的作風等等。

這封信措辭謹慎，既提出批評，也讚美了成就，但還是激怒了毛。特別是彭說的「小資產階級的狂熱性」導致了「左的錯誤」一下子刺激了毛敏感的神經。彭似乎在諷刺毛「處理經濟建設中的問題時，總還沒有像處理炮擊金門、平定西藏叛亂等政治問題那樣得心應手。」[9]

根據毛的醫生回憶，毛讀了這封信後，一宿沒有睡著。兩天後，毛穿著浴袍和拖鞋，在自己下榻的別墅召開了一次政治局常委會。[10] 毛說，黨外的右派分子攻擊「大躍進」，現在黨內也開始有人詆毀這個運動了，竟然聲稱「大躍進」的壞處比好處多。彭德懷就是這樣一個人。他的信應該發給所有參加廬山會議的一百五十名代表，然後分組展開討論。隨後，毛要劉少奇和周恩來從北京搬援兵，命令彭真、陳毅、黃克誠等人儘快趕來參加會議。[11]

大多數高級領導人已經意識到情況的嚴重性，因此在發言中紛紛指責彭。甘肅省委第一書書記張仲良聲稱，甘肅取得的巨大成就說明「大躍進」是正確的，陶鑄、王任重和陳正人等人表示贊成。[12] 也有少數人不同意。例如，身為解放軍總參謀長的黃克誠，在從北京趕到廬山的次日發言，竟然出人意料地表示支持彭德懷。在接下來的幾週裡，黃克誠坦言，當他了解到大饑荒的嚴重性後，徹夜不能入睡。[13] 一直受毛信任的譚震林厲聲質問黃：「你是不是吃了狗肉，發熱了，這樣來勁！你要知道，我們讓你上山，是搬救兵，想你支持我們的。」[14] 除了黃，還有人舉棋不定，如湖南省第一書記周小舟對彭德懷的信表示贊同，但他同時又說彭有些話確實說得有點過火了。令人想不到的是，七月二十一日，張聞天在發言中猛烈批評了毛和「大躍進」，會議由此出現了重大轉折。

早在一九三〇年代初，張聞天就曾批評過毛，那時他們分屬對立的兩個派系。但後來，張與毛結成了聯盟。一九四九年後，張聞天被任命為外交部副部長，在高層領導中具有相當的分量。這一次，張聞天對彭德懷表示支持，被毛說成是國防部和外交部的聯盟。[15] 七月二十一日這天，張聞天的發言持續了好幾個小時，中途不斷被毛的支持者打斷。與其他人的發言不同，張聞天開頭只簡短提了幾句「大躍進」的成就，隨後便直奔主題，詳細剖析了「大躍進」造成的各種問題。他指出生產指標訂得太高，產量層層虛報，致使老百姓死於飢餓；用小高爐大煉鋼鐵造成五十億元的損失，而且由於農民都忙著煉鋼，沒人收割莊稼；他還譴責「全民煉鋼」之類的口號荒唐至極，導致正常的生產被頻繁打斷，影響了出口產品的品質，損害了國家的聲譽。最重要的是，「大躍進」並沒有能夠促進農村的發展，用張聞天的話說：「我國是一窮二白，社會制度給我們很快轉變的條件，但目前仍是一窮二白。」他還說，雖然毛主席鼓勵大家要敢於把皇帝拉下馬，但事實上沒人敢說真話，因為都害怕受到懲罰。最後，張聞天把毛的比喻反過來，認為「大躍進的成績與缺點問題」是「九比一」。[16]

張聞天的發言一定讓毛懷疑這是一場針對他的計畫好的進攻：彭德懷指揮軍隊，周小舟掌握著一個省，張聞天則負責外交，是不是還有更多的反對者隱身幕後呢？廬山會議前幾個月，彭德懷曾視察過甘肅，因此這次會議上他被分到西北組，介紹了他在甘肅了解到的情況，而彭德懷和張聞天提到的那些問題，也大多發生在甘肅。[17] 就在廬山會議期間，甘肅發生了一次政變：甘肅省委副書記霍維德趁第一書記張仲良前往廬山開會之機，奪走了黨委的領導權。七月十五日，新的省委班子發了一份緊急郵件給中央，報告甘肅已有數千人死於饑荒，分布在六、七個縣的一百五十多萬農民正在挨餓。對饑荒負有主要責任的就是張仲良：他作為全省的最高領導，親自批准了虛報的產量，提高了糧食徵收的指標，縱容基層幹部濫用權力，當大饑荒於一九五九年四月出現時，也沒有採取任何措施。這個受到甘肅省委指責的張仲良，正是廬山會議上毛最狂熱的擁護者之一。[18]

對毛來說，還有更壞的消息。四月，彭德懷出訪東歐各國期間，曾同赫魯雪夫在阿爾巴尼亞短暫會晤。回國後不久，彭在同毛的一次簡短會談中說了一些不得體的話，讓毛非常難堪。彭德懷說，他注意到與狄托關係密切的幾十個南斯拉夫領導人都逃到了阿爾巴尼亞。狄托在南斯拉夫實行鐵腕統治，同時公然反對史達林，所以許多之前支持過他的共產黨領導人都逐漸與他疏遠了。彭的話一定讓毛感覺是在諷刺自己。[19] 六月二十日，就在彭德懷與赫魯雪夫會面後幾週，蘇聯領導人撤回了說明中國發展核武器的協議。

七月十八日，赫魯雪夫在訪問波蘭的波茲南（Poznań）時，公開譴責了中國的人民公社。他控訴一九二〇年代史達林強迫俄國農民參加集體農莊的行為，批評中共的領導人根本不懂共產主義理論，也不知道怎麼建設共產主義。他的講話最初在波蘭的廣播上發表時，並沒有提到人民公社，但幾天後《真理報》發表了講話的全文，明確提到了中國的人民公社，這讓許多觀察人士認為這是一場針對毛的計畫好的進攻。幾天後，赫魯雪夫的講話被譯成中文，發表在專供中共高層領導閱讀的內參上。[20]其實，早在七月十九日，毛澤東就轉發過一份由中國駐莫斯科大使館編發的文件，表明蘇聯領導人曾公開談論「大躍進」致使大量農民死於饑荒。[21] 毛一定會懷疑，這是否說明中共黨內的敵人和外國的修正主義分子勾結在了一起呢？赫魯雪夫的發言，以及彭德懷和張聞天對「大躍進」的抨擊，幾乎是同時發生的，難道僅僅是巧合嗎？

上海市委第一書記柯慶施對張聞天的發言深感氣憤。他找到毛，敦促主席對敵人予以反擊。李井泉也去找了毛。七月二十二日晚，劉少奇和周恩來見了毛主席，但談話的內容不得而知。[22] 幾週後，毛表態說，他很奇怪為什麼有些同志想要更多的言論自由。毛說的當然不是真心話，因為劉少奇已經告訴他，反對「大躍進」的聲音並非個別現象，而是針對黨的總路線發動的有組織的進攻。[23]

七月二十三日，毛發表了一次漫無邊際的講話。他一連講了三個小時，打了很多比方，對反對他的人提出赤裸裸的威脅。他開頭是這麼講的：「你們講了那麼多，允許我講個把鐘頭，可不可以？」接著他反駁了彭德懷的信，回顧了共產黨自成立以來歷次的路線鬥爭，警告各位領導人在關鍵時刻不能動搖，並指出有些領導人距離成為右派「還有三十公里」。毛不斷重複三個月前在一次會議上說過的話：「人不犯我，我不犯人，人若犯我，我必犯人，人先犯我，我後犯人。」他說，要是每個生產隊的每個小問題都要在《人民日報》上公開報導，那至少要一年的時間才能發表完，那結果會怎樣呢？全國都會完蛋，政權將推翻。「一定滅亡，而且應當滅亡，我贊成滅亡，那我就走，到農村去，推翻政府。你解放軍不跟我走，我另外組織。我看解放軍會跟我們走。」毛承認自己對「大躍進」負有總體上的責任，但他同時暗示一大群領導人全都難辭其咎，其中包括最早提出大煉鋼鐵的柯慶施、主管計劃經濟的李富春、主管農業的譚震林和廖魯言，以及被他稱為「左派」的各省（特別是雲南、河南、四川和湖北等省）領導人。毛對所有人發出了最後通牒：他們必須在他和彭德懷之間作出選擇，而錯誤的選擇將給黨造成極其嚴重的政治後果。[24]

毛的發言令所有人深受震動。會議結束後，毛的醫生陪同主席步出會場時，恰好碰上彭德懷。毛提議說：「彭部長，讓我們談談吧！」

彭氣呼呼地回答說：「沒什麼好談的，不要談了。」他邊說邊用右手在空中一揮，做了一個砍下的動作。[25]

❖

八月二日，毛在中央全會上發表了一個簡短而嚴厲的講話，為為期兩週的會議定下了基調：「初上廬山有一種空氣，說沒有民主不自由，不敢講話，有壓力。當時不知道有什麼事情，摸不著頭腦，不知所說的不民主是為什麼？前半月是神仙會議味道，沒有什麼緊張局勢。後來才緊張起來，他們要言論自由。緊張局勢就是要批評總路線的言論自由，破壞總路線的言論自由。以批評去年為主，也批評今年的工作。說去年的工作都做壞了，基本做壞了。」毛要求黨的領導人們必須做出明確的選擇，是想要黨的團結，還是要黨的分裂。[26]

接下來的一週裡，中央成立了一個小型工作組，對彭德懷、張聞天、黃克誠和周小舟等人展開調查，要他們詳細交代反黨陰謀。經過一系列激烈的交鋒和交叉質問，這些所謂的反黨集團成員不得不最終妥協，作了深刻的自我批評，詳細交待了個人的歷史、彼此間的交往情況和談話內容。受到他們抨擊的李井泉、曾希聖、王任重和張仲良等人，立即對這個「反黨集團」發動反擊。此外，加入反擊者行列的還有林彪。國共內戰期間，就是這個平素光頭、面容憔悴的林彪在東北消滅了國民黨最精銳的部隊。幾個月前，毛澤東剛把林彪悄悄提拔為黨的副主席之一。林彪的身體狀況一直很差，他怕水、怕風、怕冷，平時像鼴鼠一樣躲在屋子裡。但是在廬山，為了捍衛毛主席，他激動地控訴彭德懷是「野心家」、「陰謀家」和「偽君子」。在發言中，林彪用尖銳的聲音喊道：「只有毛主席能當大英雄，你我離得遠得很，不要打這個主意。」[27]

劉少奇和周恩來也積極加入批判彭德懷的鬥爭，因為如果毛被迫改變政策，他們兩人也要承擔各自的責任。劉少奇曾經熱情地支持「大躍進」，並因此得到獎賞，在四月分被提拔為國家主席。他把自己視為毛的接班人，因此並不想打翻整條船。毛的怒火令劉少奇很緊張，不得不加重了安眠藥的用量，甚至一度因為用藥過量倒在廁所裡。[28] 不過他還是振作精神，在八月十七日廬山會議的最後一天發表講話，對毛大肆吹捧，極盡奉承之能事。[29]

周恩來作為總理，負責管理政府的日常運作，如果彭德懷得勢，他當然也要為「大躍進」造成的災難承擔責任。此外，周恩來感覺彭德懷對他個人構成了威脅。據黃克誠交待，幾年前彭德懷曾說過，周恩來作為政治家太軟弱，應當從所有重要的位置上退下來。[30] 不過，周批彭一個最重要的原因是：周恩來堅定地支持毛澤東。事實上，周恩來很早之前就決定絕不和毛澤東作對了，因為經過幾十年激烈的黨內鬥爭，他發現只有效忠毛才不會被打倒。在一年前的南寧會議上，毛嚴厲批評了周。

周的地位已經被削弱了，如今他自然再也不敢惹毛生氣。於是，這些各懷心事的領導人們共同感覺彭德懷是個威脅，毛因此成了他們的領導核心。沒有這些人的支持，毛絕不會在黨內有如此大的權勢。

廬山會議繼續進行，批判不斷升級。那些敢於批評毛的人被逐個擊破，最終不得不公開懺悔。彭德懷承認他的信和之前的小組發言並非個人行為，而是「反黨、反人民、反社會主義性質的右傾機會主義的錯誤」。[31]

八月十一日，毛再次發言，把彭德懷挑出來進行批判：「你說華北會議操了四十天娘，你在這操二十天不行，還倒欠二十天帳，現在滿足你的要求，四十天我還加五天，盡你罵，滿足你這個操娘的願望，不然欠了你的帳。」在公開發表時，毛則運用正式的社會主義詞彙宣稱，彭德懷及支持他的人屬於資產階級民主派，而絕不是社會主義無產階級革命家。這些人的職務被免去，從此被打入資產階級的行列。[32]

五天之後，在廬山會議的總結大會上，黨中央達成一個決議，宣判反對毛主席的人犯有陰謀反黨、反國家和反人民罪。[33] 接下來的幾個月裡，全國將掀起一場反對右派分子的獵巫運動。

13 壓制異議

軍隊經歷了一番清洗。林彪因其在廬山會議上的表現得到獎勵，毛決定依靠他剷除軍中的異議者。林彪知道，像彭德懷那樣公開談論農村的真相不僅太天真，而且注定會招致厄運。所以，雖然他私下對「大躍進」的批判比彭還嚴厲，但表面上卻對毛極盡奉承。林彪把自己的真實想法寫在了日記裡，文革中被紅衛兵發現。他說「大躍進」建立在空想的基礎之上，造成了極度混亂。[1] 像林彪這樣的高層領導，其內心想法與公開表態反差如此巨大，實屬罕見。但當時的中國正面臨一場新的政治清洗，黨員幹部無不爭相表態，展示自己對毛主席的忠誠和對「大躍進」的支持。

這場政治清洗運動由中央直接指揮。敲響運動戰鼓的是彭真。他用後來在文革中常見的語言說：「批判要深刻，無非是戰友、同事、夫婦關係，要按原則辦事。」掌管農業的副總理譚震林對這場運動同樣充滿熱情。他指出敵人已經滲透到了最高層：「他們敢於搞，就是他們有地位，這次鬥爭要同老戰友分家。」[2] 一九五九年底，僅北京一地即有數千名高級幹部成為鬥爭的對象，其中包括近三百名中央委員，占到了整個高級領導層的十分之一，六十餘人被打成「右派」。被清洗的幹部中有許多人是老革命，但是中央認為必須堅決打倒這些人，否則社會主義建設就會陷入危險的境地。[3]

任何人只要曾經對「大躍進」發表過保留意見，如今都會被清算。甘肅省委第一書記張仲良一回到蘭州，就開始著手清算其政治對手。霍維德、宋良成和其他一些人因為「向廬山送子彈、發毒箭」被打成「反黨集團」，全省有一萬多名幹部受到牽連和懲罰。[4] 反對張仲良的人曾向北京寫信，揭發甘肅的大饑荒，如今張仲良直接向毛報告說：「我省各項工作飛速發展，變化很大，糧食問題也是如此。目前全省夏田普遍豐收，絕大部分地區已經收割完畢；秋田生長很好，豐收在望。」[5] 然而，一九六〇年甘肅成了人間地獄，張再次向毛寫信，將大饑荒的責任歸罪到反黨集團頭目霍維德的身上。與此同時，張仲良極力掩蓋饑荒的嚴重程度，將大規模的人口死亡說成只是「十個指頭中的一個」。[6]

所有曾經反對「大躍進」或者阻礙「大躍進」的幹部都被撤了職。在雲南省，有一名商業局的副局長被撤職，因為他不僅批評人民公社、食品短缺等問題，而且竟然在收聽毛主席的講話錄音時打呼嚕。[7] 在河北，一名水利局的副局長被撤職，因為他在大煉鋼鐵時曾對拆除集中供暖系統的做法提出質疑。[8] 有些地區已經關閉了公共食堂，如今做出這一決定的縣委領導都受到了懲罰，因為他們拋棄了社會主義制度，允許農民回到單幹的老路。[9] 安徽省委書記張愷帆和支持他的人也受到了懲罰，因為毛指責說「這些人是混入黨內的投機分子」，並指責他們「蓄謀破壞無產階級專政，分裂共產黨，在黨內組織派別」。[10] 此外，福建、青海、黑龍江和遼寧等省的高層領導也受到了清洗。

那些曾經設法緩和「大躍進」衝擊的各省領導人，如今也遭到撤職。湖南省委第一書記周小舟行事謹慎，對「大躍進」並不熱心，因此一直受到毛及其追隨者的批評。一九五八年，周也虛報過糧食產量，但在下鄉視察時，他始終注意給頭腦過熱的基層幹部降溫。例如在常德，他就曾對當地幹部虛報的產量嗤之以鼻。有一名婦女找到他，向他抱怨公共食堂不好，他便建議這名婦女回家自己做飯。

對於用深耕、密植、多施肥等方法種「衛星田」，他認為干擾了正常的農業生產，會導致危險的結果，因此拒絕讓全省學習麻城的經驗。在寧鄉，他發現只有女人在田裡工作，便下令把男人從大煉鋼鐵的工地上都調回來種田。至於讓小學生勤工儉學，他認可簡直是「狗屁」。[11] 然而，雖然周小舟盡了最大努力，湖南當地的許多幹部依然對推動「大躍進」樂此不疲。他們半是出於對毛的盲從，半是被個人的政治野心驅使，致使湖南像其他地方一樣，也普遍發生幹部濫用權力的現象。

但是總的來說，湖南比鄰近的湖北要好得多。湖北省委第一書記王任重是毛的馬屁精。一九五九年五月，毛在參加廬山會議之前，乘坐專列來到武昌。當時武昌的情況很糟糕，甚至在毛下榻的地方也吃不到肉，沒有香菸供應，蔬菜也很少。而湖南的省會長沙則不同，街上還能看見小吃攤。周小舟注意到這種反差，故意揶揄陪同毛到長沙的王任重說：「去年湖北不是一直受表揚嗎？說他們的工作做得好，說湖南就是不行，沒有熱火朝天的幹勁。現在看吧，湖北到底怎麼樣？恐怕連有霉味的菸、茶都沒有。他們去年就把庫底挖空了。我們湖南再差，還存了點庫底。」[12] 在殘酷的一黨專政的政治環境裡，周小舟的後見之明也許讓他樹立了許多敵人。廬山會議後，他即作為反黨集團的骨幹分子受到懲罰，取而代之的是對毛亦步亦趨的張平化，湖南的老百姓也因此遭了殃。

經過這番政治清洗，再也沒有任何力量可以稍微抵制一下「大躍進」的狂熱了，農民變得更加無助，赤手空拳地暴露在赤裸裸的強權面前。從省、縣、公社到大隊，各層各級都在展開了無情的政治清洗，撤掉缺乏工作熱情的幹部，由心狠手辣者取而代之。這些新上任的幹部大多為所欲為，見風使舵，渴望從這場激進的運動中謀取個人利益。一九五九年至一九六一年間，全國黨員的總人數從一千三百九十六萬增加到一千七百三十八萬，但一九五九至一九六〇年，被打成「右派」或遭到清洗的黨員即多達三百六十萬人。[13] 在一個只看結果、不論手段的環境裡，許多人喪失了是非觀，渴望成為被毛利用的工具。如果在一九五九年的廬山會議上中央能夠改變政策，那麼這場饑荒造成的死亡人數也許是幾百萬。可是毛卻一意孤行，令這個國家陷入萬劫不復的深淵，致命數千萬條生命死於疲勞、疾病、折磨和飢餓。一場針對人民的戰爭即將打響，而此時中央決策層卻將關注的焦點放在中蘇分裂上，並以此為藉口對農村發生的一切視而不見。

14 中蘇分裂

一九六〇年七月十六日，正在中國工作的米哈伊爾・克洛奇科收到一份電報，要求他返回蘇聯。收到同樣指示的，還有大約一千五百名蘇聯顧問及兩千五百名隨行家屬。克洛奇科奉命打點行裝，離開設於北京的蘇聯大使館。直到最後一時刻，中國人對他依然彬彬有禮，為他提供任何需要的說明，當然，同時也試圖用一切辦法獲得還未從蘇聯專家那裡取得的技術資料。[1] 在為離職的蘇聯顧問舉行的歡送宴會上，外交部長陳毅發表了熱情的講話，感謝他們為中國提供的巨大幫助，並祝他們身體健康。可是一名蘇聯專家卻抱怨說：「我們為你們做了這麼多事，可你們還是不滿意。」[2]

兩年前，在毛下令炮擊金門和馬祖、製造了一場國際危機之後，赫魯雪夫開始重新考慮向中國提供一顆原子彈的承諾。與此同時，蘇聯與美國舉行了削減核武器的談判，美國也敦促赫魯雪夫不要支助中國的核計畫。到了一九五九年六月，他終於完全背棄了他的諾言。[3] 一九五九年九月底，在美國和蘇聯的一次高峰會談中，為了進一步緩和與美國的關係，赫魯雪夫同意削減一百萬蘇聯軍隊。幾個月後，赫魯雪夫訪問北京，參加中華人民共和國成立十周年的慶祝活動。訪問期間，蘇聯代表團和中國人就一系列問題發生衝突，特別是針對當時中國與印度的邊境衝突，莫斯科並未完全支援北京，而是試圖調停兩國之間的矛盾，中蘇關係由此進一步惡化。一九六〇年春，北京開始公開挑戰莫斯科在社會主義陣營的領導地位，不斷叱罵赫魯雪夫是向帝國主義妥協的修正主義分子。[4] 這一舉動激怒了赫魯雪夫。為了報復，他決定從中國撤回所有蘇聯專家。[5]

中蘇兩國的經濟合作由此走向破裂，許多大型建設專案戛然而止，軍事科技的轉讓也立即凍結。對毛來說，這當然是巨大的打擊，但正如張戎和喬．哈利戴（Jon Halliday）在《毛澤東：鮮為人知的故事》（*Mao: The Unknown Story*）一書中指出，中國的老百姓本可以因禍得福，因為這樣一來，中國就無須向蘇聯出口更多的食物來購買昂貴的技術和設備了。[6] 然而，事實並非如此。根據中蘇雙方的約定，中國可以在十六年內還清所有欠款，可是毛卻堅持一定要提前還清。他說：「延安時期那麼困難，我們吃辣椒也不死人，現在比那個時候好得多了，要勒緊腰帶，爭取五年內把債務還清。」[7] 甚至早在一九六〇年八月五日，蘇聯專家還未全部撤出中國之前，中央就打電話給各省領導人，提醒他們因為要還二十億元的債務，財政出現了巨額虧空，因此必須增加出口商品的數量。中央同時指示，必須採取一切辦法，包括增加糧食、棉花和食用油的出口，爭取在兩年內還清欠蘇聯的債務。[8]

至於當時到底向蘇聯提前還了多少錢，只有等中國外交部的檔案開放後才知道。檔案裡保存了大量原始資料，包括匯率的變換、盧布含金量的變化、雙方屢次談判的內容以及利率的計算等等。有資料顯示，一九五〇年至一九五五年間，莫斯科總共借給北京九億六千八百六十萬盧布（不包括利息）。至蘇聯撤回專家時，中國還欠蘇聯約四億三千零三十萬盧布。[9] 但在之後的幾年裡，因為貿易赤字的增長，中國的債務持續增加。至一九六二年底，北京欠莫斯科的總額為十四億零七百萬盧布（其中本金十二億七千五百萬盧布，利息約一億三千二百萬盧布）[10]，其中十二億六千九百萬盧布已經償還。也就是說，雖然中國的總負債額從九億六千八百萬盧布增加到十四億零七百萬盧布，但在一九六〇至一九六二年間提前償還了約五億盧布；與此同時，中國有上千萬人死於大饑荒。真實的數字可能更高，因為一九六〇年的債務統計並不包括利息。但即使算上百分之十的誤差，中國向蘇聯提前償還的債務數額仍是巨大的：一九六〇年大約是一億六千萬盧布；一九六二年約一億七千二百萬盧布。一九六一年的數字缺失，估計與這兩年差不多。[11] 此外，中國還透過增加出口來分期償還債務。經過種種努力，至一九六二年底，中國欠蘇聯的債務僅剩一億三千八百萬盧布。毛計畫於一九六三年再付給蘇聯九千七百萬盧布，然後在一九六五年還清所有債務。[12]

然而，蘇聯人從來沒要求中國提前還清債務。相反，他們在一九六一年四月提出，可以將尚未償還的兩億八千八百萬盧布算作新的貸款，並給予中國四年的償還期限。如此一來，一九六二年中國只須償還不到八百萬盧布。[13] 透過延期支付的方法，蘇聯等於給中國額外提供了一筆新的貸款，其數額之大，超過了以往任何一年對任何國家的資助。[14]

事實上，撤回蘇聯專家對中國經濟造成的損失十分有限，因為大多數專家並非從事農業研究，而那些被迫中斷或延期的工業項目，早在蘇聯專家撤出之前已深陷困境。但是毛就勢將中國經濟的崩潰歸咎於蘇聯，從而造成長期以來關於大饑荒的一個虛假說辭，即因為蘇聯逼債才導致饑荒的出現。一九六〇年十一月，中國無法按期向東德出口食品，便以自然災害和蘇聯逼債為由搪塞。[15] 一九六四年，當時蘇聯負責外交政策的主要理論家米哈伊爾·蘇斯洛夫（Mikhail Suslov）就注意到，中國指責蘇聯是導致大饑荒的罪魁禍首。[16] 直到今天，許多倖存於大饑荒的中國人仍認為是蘇聯導致了這場饑荒。一位來自與香港接壤的沙井的農民在最近的一次採訪中說：「中國欠蘇聯很多錢，需要還債，數目相當大，所以全國的農產品都要上繳，所有的牲畜和糧食都要給政府，政府要收去還債，全部都要交給蘇聯，是蘇聯逼我們中國還債嘛！」[17]

那麼，是否因為蘇聯撤回專家，中國政府才更早地採取措施應對饑荒呢？這個觀點無論是當時還是現在，支持的人都不多。在蘇聯國內，赫魯雪夫受到嚴厲批評，因為他下令撤回專家，關閉了與中國交涉的所有管道，損害了蘇聯自身的利益。對他尤其不滿的是蘇聯駐華外交官，例如斯捷潘·契爾沃年科（Stepan Chervonenko）和列夫·德留辛（Lev Deliusin）——他們都認為蘇聯同中國具有「特殊的關係」，並樂於促進兩國之間的溝通。[18] 赫魯雪夫當然不這麼想，他大概希望中國能以謙卑的姿態回到談判桌上，答應蘇聯提出的各項要求。不管赫魯雪夫的意圖如何，中蘇分裂對毛來說不啻為雪上加霜，因為當時全國各地正紛紛向中央報告大饑荒的消息。事實上，毛在一九六〇年夏已頗為沮喪，以致一度臥床不起，似乎無法承受這麼多的壞消息。[19] 他正在退卻，試圖尋找擺脫困境的辦法。

15 資本主義的糧食

一九六〇年七月，就在蘇聯專家撤出中國後，周恩來、李富春和李先念立即組成了一個三人小組，專門負責對外貿易。[1] 為了應對新的局面，他們決定將中國對外貿易的對象從蘇聯轉向西方。八月底，外貿部長葉季莊向各駐外代表發出指示，要求減少從社會主義陣營進口商品的數量，同時以價格過高由為，不再簽署新的貿易合同——少數戰略物資除外，如當時為了建造南京大橋，不得不從蘇聯進口鋼材。[2] 有些外國觀察家據此認為，以蘇聯為首的社會主義陣營對中國實行了經濟封鎖。[3] 但事實是，北京主動疏離了與蘇聯及其盟友的經濟聯繫。

可是，如果要和之前的交易夥伴分道揚鑣，光靠含糊其詞的說法是不夠的，必須要有個冠冕堂皇的理由才行。一九六〇年十二月，中國政府終於提供了一個更加可靠的解釋：中國正經歷前所未有的自然災害，農業遭到了巨大破壞，沒有更多的食物可供出口，所以不得不縮減與社會主義陣營（阿爾巴尼亞除外）的貿易規模。[4] 以自然災害為藉口，除了掩蓋大饑荒的人為因素外，還有更多的考慮：貿易合同通常都包含一個免責條款（即第三十三條），規定如果遭遇不可預見的非人力可控因素，可以中止部分或全部合同內容。[5] 如今，北京正是利用第三十三條來減少與社會主義陣營的貿易額，甚至中止兩者的貿易關係。[6]

從第十章討論過的數據可知，從一九六〇年至一九六一年，中國對蘇聯的出口額從七億三千七百萬盧布下降到了四億八千三百萬盧布，與此同時，從東歐進口的商品數量也出現了下滑。葉季莊向東德解釋說，一九六一年的貿易合同無法如期完成，因為中國需要先付清欠其他國家的貨款。[7] 這讓已經習慣了吃大米、主要從中國進口食用油的東德不知所措。一九六一年八月，為了彌補市場供應的巨大缺口，東德領導人烏布利希不得不向赫魯雪夫尋求幫助。

中國之所以和社會主義陣營疏遠，並非是為了懲罰蘇聯撤出專家，而是因為本國的金融體系已經面臨破產。衡量當時中國經濟最好的一個指標，是看人民幣在黑市上的價格。一九六〇年，人民幣開始大幅貶值。一九六一年一月，當全世界都得知中國出現糧食危機後，人民幣的價值跌到了最低點，面值縮水了六分之五，十元人民幣大約僅能兌換七角五分美元。至一九六一年六月，與上一年同期相比，人民幣的跌幅竟高達百分之五十。[8]

人民幣貶值的部分原因是因為中國政府需要大量貨幣到國際市場上購買糧食。為了應對饑荒，政府曾從尚有餘糧的地區調運糧食支援饑荒地區。可是，到了一九六〇年秋天，大範圍的糧食歉收致使饑荒加劇，這一辦法幾乎起不到什麼作用。最終還是周恩來和陳雲設法說服了毛，讓他相信必須從資本主義國家進口糧食。至於他們如何說服毛的，目前還不清楚，但很有可能他們把進口糧食說成是為了賺取外匯而增加出口。一九六〇年底，中國政府在香港簽署了第一份進口糧食的合同。[9] 一九六〇至一九六一年，中國進口了近六百萬噸糧食，花費近三億六千七百萬美元（見圖表四）。各國對中國提出的支付條件各不相同，加拿大要求中國用純銀充當百分之二十五的貨款，澳大利亞則同意給

圖表四：一九六一年中國的糧食進口

出口國	百萬噸
阿根廷	0.045
澳大利亞	2.74
緬甸	0.3
加拿大	2.34
法國	0.285
德國	0.250
總計	5.96

資料來源：BArch, Berlin, 1962, DL2-VAN-175, p.15；另見Allan J. Barry, 'The Chinese Food Purchases', *China Quarterly*, no. 8 (Oct.-Dec. 1961), p. 21。

予貨款總數百分之十的先期授信。但不管怎樣，一九六一年中國必須支付所有進口糧食費用的一半。[10]

為了滿足這些要求，中國必須儲備更多的外匯，唯一的辦法就是減少資本貨物的進口，同時增加對非共產主義國家的商品出口。饑荒發生以來，周恩來一直都確保大陸每天向香港輸送雞蛋和肉類製品。[11] 一九六〇年秋，中國減少了對蘇聯的食品出口，引致赫魯雪夫的不滿，但與此同時，周恩來決定繼續向香港提供食物，極大地增加了與這個英國殖民地的貿易規模。[12] 除食品外，大陸還向香港提供棉花和紡織品，其貿易額從一九五九年的兩億一千七百三十萬港幣躍升到一九六〇年的兩億八千七百萬港幣。[13] 在整個大饑荒期間，香港是中國賺取外匯的最主要來源，每年向大陸輸送約三億兩千萬美元。[14] 一九五八年，中國不顧國內市場的供應短缺，向亞洲各國傾銷了大批廉價商品，令紡織品等商品的價格大跌，印度和日本根本無法與其競爭。

北京還傾其所有，將庫存的銀條全部賣給英國。中國向國外出口金銀始於一九六〇年底，一九六一年共出售了大約五千萬至六千萬金盎司，其中有四千六百萬金盎司銷往英國，價值一千五百五十萬英鎊。[15] 如果周恩來的報告是準確的，那麼至一九六一年底，中國透過出售金銀，大約賺取了一億五千萬美元。[16] 為了獲得更多外匯，中國還開始向海外發行一種特殊的商品供應券，華僑可以用現金向香港的銀行購買，然後把這些供應券寄給中國境內挨餓的親戚，用來購買糧食或者毛毯。[17]

❖

為什麼中國不從社會主義國家進口糧食？最主要的原因是驕傲和擔心。正如前文提到，中共領導人向來都把國家的形象置於人民的需求之上，透過掠奪農村以滿足出口的需要，可是如今「大躍進」的失敗有目共睹，中共再也無法維持自己的面子了。一九六一年三月，周恩來不得不厚著臉向交易夥伴解釋說，中國再也無法履行食品出口的長期合同，一些大型工廠也無法完成國外的訂單了。一九六〇年，中國需要向蘇聯出口的糧食和食用油即多達一百多萬噸，根本無法在短期內再向其他國家出口糧食了。周恩來婉轉地說，中國已經讓社會主義盟友們如此失望，怎麼好意思再向他們要糧食呢？[18]

除此之外，北京還擔心蘇聯會拒絕提供援助，因為毛當初發動「大躍進」就是為了向蘇聯炫耀自己的本事。這種擔心也許是對的，但莫斯科還是向北京表達了善意，主動提出可以向中國提供一百萬噸糧食和五十萬噸糖，中國可以在未來幾年支付貨款，而且不計利息。北京沒有要蘇聯人的糧食，但是接受了糖。[19]一九六一年四月，赫魯雪夫和葉季莊在克里姆林宮會見時，再次表示可以向中國提供糧食。他告訴中國的外貿部長，他非常同情中國的情況，因為烏克蘭在一九四六年也經歷過可怕的饑荒，甚至出現吃人肉的現象——在中國人看來，赫魯雪夫這麼說當然顯得粗魯無禮，甚至是一種冒犯。隨後，赫魯雪夫轉移話題，不經意地提到蘇聯將在鋼鐵產量上超過美國。葉季莊禮貌地拒絕了蘇聯的幫助。[20]

幾個月後，夏季到來了，但饑荒仍然沒有緩解，周恩來不得不再次向蘇聯求助。一九六一年八月，他會見了一個來自莫斯科的代表團，向他們解釋了為什麼中國要前所未有地向帝國主義國家購買糧食。隨後，周恩來婉轉地詢問蘇聯是否願意向中國出售二百萬噸糧食，以換取中國的大豆、豬鬃和錫——甚至可能是大米。他說中國只能支付三分之一的貨款，餘款將在兩年內還清。然而，周提出這一要求的時機不對，因為這個蘇聯代表團剛剛抱怨蘇聯對華貿易的赤字高達七千萬盧布。「你們有外匯嗎？」蘇聯人直率地問道。周不得不承認中國沒有外匯儲備，但可以出售銀子。[21]蘇聯代表團對中國的請求未置可否，直到幾個月後才有人向鄧小平暗示，蘇聯自己也面臨著困難，無法幫助中國。這件事肯定令中國的領導人感覺特別沒面子。[22]

一九六一年七月，周恩來又向蘇聯提出額外進口兩萬噸石油。對此莫斯科依舊採取拖延策略，直到四個月後蘇共二十二大結束，赫魯雪夫才答應北京的要求。[23]此外，蘇聯還利用其他機會彰顯自己對中共的影響。例如，一九六一年六月，中國曾用實物向加拿大交換了一批小麥。可是莫斯科卻設法將這批小麥中的二十八萬噸先運往蘇聯，隨後再由蘇聯轉手運往中國。如果有人去查一九六一年蘇聯公開發布的外貿數字，這兩筆交易一進一出看似毫無聯繫，而且還會讓人產生錯覺，以為中國人是靠蘇聯出口的糧食養活的。[24]

❖

然而，中國進口糧食並不全是為了給中國人吃的。例如，中國從緬甸進口的大米便被直接運往斯里蘭卡，以兌現中國出口的承諾。還有約十六萬噸的進口糧食運往東德，以彌補其貿易赤字。中國雖然處於饑荒中，但對朋友們依然慷慨大方。中國政府向加拿大購買了六萬噸大麥作為禮物，直接從加拿大的港口發往阿爾巴尼亞的首都地拉那。阿爾巴尼亞的人口約為一百四十萬，這些麥子可以滿足國內五分之一人口的需求。[25] 希地（Pupo Shyti）是阿爾巴尼亞同北京進行貿易談判的負責人。他後來回憶說，他在北京時已經注意到饑荒的跡象，但是「中國人什麼都給我們……我們想要什麼，就跟中國人要……我感到很羞恥。」[26] 除了阿爾巴尼亞，還有一些國家也在中國的饑荒最嚴重的時候，從中國得到過免費的大米。例如幾內亞，在一九六一年就得到了一萬噸。[27]

為了塑造國際形象，中國從未間斷向亞洲和非洲的發展中國家提供慷慨援助和低息貸款。在「大躍進」期間，北京之所以增加對外援助，部分原因是為了證明自己已經發現了通往社會主義的橋梁，但最主要的考慮是和莫斯科競爭。當時世界的趨勢是去殖民化，為了與美國競爭，蘇聯向發展中國家提供了大量援助，特別是幫助其修建水壩和體育館等工程。毛澤東則試圖在亞洲和非洲挑戰赫魯雪夫。他不贊同克里姆林宮提出的對資本主義國家實施和平演變的計畫，主張支持阿爾及利亞、喀麥隆、肯亞和烏干達等國家的共產主義革命派進行武裝鬥爭。

那麼，中國在大饑荒期間到底提供了多少對外援助？從一九五〇年到一九六〇年七月，中國對外援助的金額共達四十億元，其中二十八億元是無償經濟援助，十二億元是無息或低息貸款。[28] 而絕大多數援助都是從一九五八年開始的。一九六〇年，中國對外援助的金額達到了四億兩千萬元，北京特地成立了一個新的部級機關，叫「對外經濟聯絡總局」，專門負責不斷增加的對外經濟援助。[29] 次年，全世界都得知中國的經濟出現困難後，有些社會主義國家表示願意向中國提供新的貸款，有些則允許中國延期支付外貿合同，但北京不僅拒絕了這些好意，反而將對外援助的數額提高到六億六千萬元。[30] 受益的國家包括緬甸（獲得八千四百萬美元）、柬埔寨（獲得一千一百二十萬美元）、越南（獲得一億四千二百萬盧布）、阿爾巴尼亞（獲得一億一千二百五十萬盧布）。[31] 然而，就在同一年，中國的財政收入僅有三百五十億元，比上一年縮水了百分之四十五。為了湊出對外援助的數額，政府不得不縮減開支，光是醫療和教育領域的撥款就因此減少了十四億元。[32]

正因為中國政府如此慷慨，就在無數中國農民忍饑挨餓的同時，大量的糧食在一九六〇年出口到了國外，而且一部分還是無償捐助。事實上，在「出口第一」的政策導向下，一九六〇年，幾乎每個省的出口貿易額都有所增長。例如湖南省就得到指示，必須出口價值四億二千三百萬元的商品，其中包括三十萬噸大米和二十七萬頭豬，占到全省生產總值的百分之三．四。[33]

一九六〇年八月，周恩來決定減少向社會主義國家出口糧食。在之後的五個月裡，廣東省徵收了上萬噸糧食，運往古巴、印尼、波蘭和越南。當年廣東全省徵收的糧食總量是四十七萬噸，對外援助就占了其中的約四分之一。一九六〇年九月，廣東省委第一書記陶鑄對此解釋說，中國剛與菲德爾·卡斯楚的政權建立外交關係，因此向被美帝國主義包圍的古巴人民輸送糧食，事關中國的「國際聲譽」。[34] 然而，廣州的工人們對這種無私的援助並不熱心。他們本來就缺少棉花——棉花都出口到了香港，現在他們公開質問：為什麼我們沒有足夠吃的，卻要向古巴出口糧食？[35] 甚至遠在甘肅的農民也抗議說，因為毛主席把糧食運到了古巴，所以他們不得不忍饑挨餓。[36] 一個月後，在北戴河召開的一次會議上，中共領導層決定，向卡斯楚繼續提供價值兩千六百萬元的十萬噸大米，以換取古巴的蔗糖。[37]

❖

中國當時是否有可能獲得外國的無償援助呢？時任美國總統的甘迺迪注意到，中國在饑荒期間仍向非洲和古巴出口食物，他說：「中國共產黨沒有向我們傳遞任何消息，表示歡迎我們向其提供食物。」[38] 國際紅十字會曾試圖提供幫助，但它們與北京接觸的方式太過直接。他們首先向北京詢問西藏是否出現饑荒，因為那裡剛剛發生過一場大規模的反抗，最終被人民解放軍鎮壓。中國政府迅速回答說絕對沒有饑荒，所有關於饑荒的謠言都是對中國的惡意中傷，而且可以預見一九六〇年將獲得前所未有的大豐收。令事態火上澆油的是，紅十字會的祕書長比爾（Henrik Beer）隨後又從日內瓦給北京發了第二封電報，詢問中國的情況是不是也跟西藏一樣。北京憤怒地回覆道，西藏是中國不可分割的一部分，兩者是一個整體，中國政府正倚靠全國各地的人民公社，來克服前兩年由於自然災害造成的困難。[39]

不過，即便紅十字會用更為策略的方式詢問這件事，北京也很可能會拒絕國際援助。日本外長就曾向中國外長陳毅私下表示，可以在不被外界關注的情況下向中國悄悄提供十萬噸麥子，但仍遭中國嚴詞拒絕。[40] 甚至一九五九年廣東遭遇颱風襲擊後，東德的學生向中國捐贈衣服也被北京視作丟臉，下令中國大使館不要再接受此類捐贈。[41] 中國願意援助發展中國家，但不會接受任何人的幫助。

16 尋找出路

一九六〇年八月，面對國民經濟破產的局面，負責外貿的周恩來、李富春和李先念三人開始著手調整中國的對外貿易結構，試圖逐步脫離蘇聯、轉向西方。在之後的幾個月裡，周恩來和陳雲不斷對毛說，因為自然災害使農業蒙受了重大損失，所以現在有必要從國外進口糧食，以穩定國內的經濟，毛最終同意了他們的建議。與此同時，負責經濟工作的領導人開始小心翼翼地轉變政策的方向。一九六〇年八月，李富春提出今後在工作中要注重「調整」而非「大躍進」——這在六個月前是不可想像的，因為在一個一黨專制的國家裡，黨的政策就體現在這些口號的用詞上。除了「調整」，周恩來又特地加上「鞏固」二字，為的是聽起來讓毛更容易接受。[1] 不過，因為毛很善變，所以李富春在執行新政策時不得不分外謹慎。

一九六〇年十月二十一日，李富春收到一份來自監察委員會的報告，內容是關於信陽地區大饑荒的情況。信陽位於吳芝圃管理的模範省河南。之前的一項調查提到，在該地區的正陽縣餓死了一萬八千人，最近的報告則顯示死亡人數上升到了八萬。在查岈山公社所在的遂平縣，餓死了十分之一的農民。[2]

三天後，李富春把這份報告交給毛。毛顯然深受震撼。他認定信陽肯定被反革命分子控制了，所謂的饑荒是階級敵人發動的殘酷報復。毛召集劉少奇和周恩來召開了一次緊急會議，隨後中央派出調查小組奔赴河南。這個小組由李先念領導，後來又加入陶鑄和王任重。

調查人員到達信陽後，目睹了可怕的景象。在饑荒最嚴重的光山縣，他們看到饑荒的倖存者在寒風中瑟瑟發抖、默默哭泣。無數房屋被夷為平地，只剩下一片廢墟。田野荒蕪，墳墓遍地。家家戶戶爐灶冰冷，門窗和屋頂的稻草全被當作燃料燒掉。廬山會議後，當地的民兵挨戶搜查，把所有能吃的全部沒收，以彌補糧食產量的不足。在一個原本熱鬧的村子，如今只有兩個餓得皮包骨頭的小孩倖存。形容枯槁的祖母就躲在他倆身邊[3] 光山縣原來有五十萬人，如今死了四分之一，許多人合葬在一起。[4] 在成關，調查人員發現十個還有呼吸的嬰兒被扔在冷冰冰的地上。[5] 調查顯示，一九六〇年，信陽地區總共死了一百多萬人，其中有六萬七千人是被棍棒打死的。[6] 李先念看了調查報導後哭道：「西路軍失敗那麼慘，我沒流一滴淚，到光山看到這個情況，我再也忍不住了！」[7]

毛再也無法否認這場災難的嚴重性，但他總是用陰謀論的眼光看待問題，把所有責任都歸咎為階級敵人的破壞：「壞人當權，打人死人，糧食減產，吃不飽飯，民主革命尚未完成，封建勢力大大作怪，對社會主義更加仇視，破壞社會主義的生產關係和生產力。」[8] 毛認為富農和反革命分子利用反右鬥爭奪取權力，對農民進行打擊報復，但他從未承認，各層各級所實行的恐怖專制，其實正是效仿他在北京所建立的中央政權。

毛下令要把權力從階級敵人的手裡奪回來。於是，一場新的政治運動開始了，北京派出權力極大的工作組分赴各地，清理基層的階級敵人。在李先念和王任重負責的河南省，許多縣領導被打倒，數千名幹部接受調查，有些被當場逮捕。[9] 北京還派出一個四十人的小組，由一名將軍負責，對各地的民兵組織進行清洗。[10] 甘肅省監察委員會派出一個小組，在錢英的帶領下展開了一場大規模的清洗運動，結果張仲良被降級為省委第三書記。其他地區也如法炮製，紛紛下達緊急命令，要打倒濫用職權的人民公社幹部。一九六〇年十一月三日，中央頒布了一系列緊急措施，如允許農民保留私人的土地並從事副業勞動、每天可以休息八小時、恢復農村集市等等，從而削弱了人民公社對農民的人身控制。[11]

這一系列政策的轉變標誌著大饑荒進入了結束階段。一九六一年，李富春開始推動經濟政策的調整。他做事盡可能小心翼翼，希望不引起毛的警覺。[12] 當初他是第一個支持毛澤東發動「大躍進」的經濟領域的領導人，如今他也是第一個轉變態度的。

在政策調整的最初階段，劉少奇還未成為主角。他贊同毛主席的觀點，認為農村出現了大量反革命分子。在廬山會議之後，他與其他中共領導人一樣，對農村發生的一切視而不見，反而投入大量精力譴責蘇聯的修正主義。當然，劉並非沒有注意到大饑荒，因為就連中共領導人居住的中南海也出現了營養不良的跡象，不僅肉、蛋和食用油的供應緊張，而且浮腫和肝炎也成了常見病。[13] 然而，為了政治安全，中共把所有這些現象都說成是自然災害造成的。在毛轉變態度後，劉的口風也隨之轉變。一九六一年一月二十日，劉少奇在會見來自甘肅的代表時，談到封建主義是導致信陽災難的直接原因：「這是個革命，關鍵在於發動群眾，把群眾發動起來，讓群眾翻身。」[14]

就在這次會見前幾天，毛剛剛對農村資產階級的反擊之猛烈表示了震驚。他說：「沒有料到現在農村有這樣多的反革命。反革命篡奪農村基層政權，進行殘酷的階級報復，是沒有料到的。」[15]毛聲稱他過於相信來自基層的報告，因此被誤導了。這一回，他決定派出幾個高級別的小組前往農村，調查當地的實際情況。鄧小平、周恩來和彭真被派往北京附近的人民公社，毛自己也前往湖南調查了幾週。劉少奇則回到老家——湖南花明樓，希望從當地農民的口中聽到實話。這次調查令他產生了許多想法，對中國的歷史產生了深遠的影響。

❖

高級領導人下來視察，通常都有大批警衛員和當地幹部陪同。但這一次，劉少奇輕車簡從，隨行的只有他的妻子和少數幾名親近的助手。一行人自帶碗筷，分乘兩輛吉普車，於一九六一年四月二日從長沙出發，計畫前往湖南最貧窮的農村視察。半路上，他們看到一個大型養豬場的招牌，便前往參觀，結果只看到十幾頭骨瘦嶙峋的豬在泥地裡尋找食物。劉決定晚上就住在飼料倉庫裡，可隨行人員竟找不到可以用來鋪床的稻草。劉甚至觀察了當作肥料的乾糞堆：這些人的糞便裡除了粗纖維其他什麼都沒有——這是食物短缺的另一個標誌。在豬場附近，劉還看到幾個破衣爛衫的小孩在挖野菜。[16]

在之後的幾個星期裡，劉少奇找了許多農民談話。要讓戒心很重的農民說真話並非易事，但經過一番了解，劉的擔心還是被證實了。有一次在歸途中，他路過一個村莊，發現當地的幹部隱瞞了死亡的真實人數。官方文件中關於老百姓日常生活的描述與劉親眼所見完全不同。他找到一名叫段樹成的幹部。此人在一九五九年被打成右派，並遭到撤職。段樹成向劉少奇揭露了生產隊的幹部為了在「大躍進」中掙得紅旗和保持先進位置，如何系統地迫害敢於提出不同意見的人。一九六〇年，段樹成所在的生產隊糧食產量只有每公頃三百六十噸，幹部們卻虛報到六百噸。結果農民們上繳糧食後，每人每年只剩下一百八十公斤原糧，其中還包括種子和飼料，如此一來，每天的口糧最多只有一把米。17

在劉少奇的老家炭子沖，親戚朋友們都不願開口。他們否認上一年發生了乾旱，認為造成食物短缺的主要原因是幹部：主要原因是人禍，而不是天災。在公共食堂裡，劉看到炊具和髒碗筷全部堆在地上，唯一的蔬菜只有蘆筍葉子，食用油則根本沒有。劉為此深感震驚。幾天後，他在一次群眾大會上向鄉親們道歉：「我將近四十年沒有回家鄉了，很想回來看看。回來了，看到鄉親們的生活很苦。我們工作做得不好，對不起你們。」當天晚上，劉少奇即下令解散了當地的公共食堂。18

劉少奇是一名堅定的共產黨員，家鄉的災難令他深受震動。過去的幾十年裡，他全身心地投入黨的事業，號稱要「為人民服務」，可如今卻發現到處都是濫用職權的幹部，老百姓仍然掙扎在貧窮和饑荒之中。此外，他還發現黨和人民是如此隔閡，基層幹部刻意隱瞞農村的真實情況，他此前竟對災情毫不知情——至少他自己是這麼說的。

劉少奇回家鄉視察的細節已經公開很多，但他與地方幹部發生衝突的情況卻並不廣為人知。劉少奇首先責備了繼周小舟後接任湖南省委第一書記的張平化：「我的家鄉搞成這個樣子，沒有人報告過，連寫信的、告狀的也沒有；過去有些人給我寫信，後來就沒有了。我想不是他們不想寫，不願意寫，恐怕是有人不叫他們寫，或者寫了被扣了，被查了。」隨後，劉嚴厲批評了湖南省公安廳，指責當地的公安機關「全爛了」：警察不僅檢查和扣押私人的信件，而且對於試圖揭露真相的人，一經發現便對其進行調查和毆打。劉回到北京後，曾當面質問因深受毛信任而權傾一時的公安部長謝富治：為什麼湖南的員警濫用職權卻不受到任何的限制？劉少奇的耐心被磨光了，之前的信念也發生了動搖。這一次，他決心要為自己的鄉親們發聲。[19]

❖

回到北京後，劉少奇繼續據實直言。一九六一年五月三十一日，在一次中央舉行的會議上，他發表了一番動情的講話，坦言黨應該承擔這次饑荒的責任：「這幾年發生的問題，到底是由於天災呢？還是由於我們工作中的缺點錯誤呢？湖南農民有一句話，他們說是『三分天災，七分人禍』。」至於有人說黨的政策總的來說是好的，取得了巨大成就。劉對此完全反對，認為這種說法掩飾了災荒的嚴重程度。他甚至駁斥了毛常用的一個比喻，觸動了毛敏感的神經：「有的同志講，這還是一個指頭和九個指頭的問題。現在看來恐怕不只是一個指頭的問題。總是九個指頭、一個指頭，這個比例關係不變，也不完全符合實際情況。我們在這個地方要實事求是……」關於黨的路線，他講的非常直接：「我們在執行總路線、組織人民公社、組織躍進的工作中間，有很多的缺點錯誤，有嚴重的缺點錯誤……說到責任，中央負主要責任，我們大家負責，不把責任放在哪一個部門或者哪一個人身上。」[20]

劉少奇與毛澤東就此分道揚鑣。饑荒如此普遍，如此嚴重，劉少奇再也無法視而不見。在此後的文化大革命中，他將為自己嚴厲批評「大躍進」的言行付出慘重代價，但此時許多領導人都對劉少奇表示謹慎的支持，從而使權力的天秤微微傾向劉的一邊。一向見機行事的周恩來，此時也承認廬山會議以來黨犯了錯誤，但為了挽回毛的面子，他公開承擔了所有責任。[21]

劉少奇利用這個機會，繼續推進對「大躍進」的批評，但真正致力於政策調整的是李富春。李富春文質彬彬，行事低調，與中央一貫保持一致，但現在他也轉變了自己的態度。一九六一年七月，在北戴河的一次經濟工作會議上，他對當前的經濟政策提出異常尖銳的批評。就在幾個月前，為了迎合毛，他還試圖為普遍的食物短缺辯護，說社會主義經濟從來不是直線發展的，就連蘇聯也出現過糧食產量的下降。[22] 然而，當劉少奇對「大躍進」予以嚴厲批評後，李富春便不再那麼顧忌發表真實看法了。在山東、河南和甘肅，他發現上千萬農民每天只靠有限的口糧維持生存，饑荒和自然災害並無任何關係，完全是由黨的錯誤政策造成的。他用了七個詞來描述「大躍進」：太高、太大、太平（即平均主義）、太散、太亂、太快、太急。李富春還對此做了深入分析，並建議降低所有產品的生產指標，恢復正常的經濟生產秩序。不過，作為毛的追隨者，精明的李富春當然要設法為毛開脫：「黨的路線、方針、毛主席的指示完全正確，總是我們包括中央機關在內執行中發生了缺點錯誤。」[23]

次月，中央在廬山召開高層會議。在毛的支持下，李富春發表了上述看法，並再次為毛開脫責任。這次會議是大饑荒的一個轉捩點。與彭德懷不同，李富春態度溫和，對毛絕對忠誠，因此可以在不激怒毛的情況下說出實情。毛對任何人都抱著戒心，誰的意見與他稍有不同，便可能被其視為背叛。但這一次，毛卻表揚了李富春。

李富春發言之後，中央對當前的情況進行了一系列深刻的評估。李一清是一名中共高級官員。他報告說，一九五八年，在樹為模範的河南省，有十四萬多噸農具被扔進了小高爐。鐵道部副部長武競天則稱，全國有五分之一的火車頭因為發動機損壞而無法工作。交通部副部長彭德宣布，在他指揮下的車輛中，仍在營運的不足三分之二。治金部副部長徐馳說，因為沒有煤，鞍鋼已經在夏天停產了幾個星期。[24]

毛本人很少參加這類會議，但通常會在晚上閱讀當天的會議簡報。他此時已經退居幕後，戰略性地保持沉默，暗中觀察每個人的表現。會議期間，毛的心情並不好，他向自己的私人醫生李志綏抱怨道：「中國共產黨裡，好人早都死完了，現在剩下的都是些行屍走肉。」[25]但是毛並未採取任何行動發洩心中的不滿。在會議的最後階段，黨的領導人們就集體化強制實施三年來的效果展開了討論。結果發現，集體化造成的破壞程度遠遠超出了人們的想像。

第三部

★

破壞

Destruction

17 農業

「命令經濟」這個詞來自德文「Befehlswirtschaft」，最初是指納粹的經濟形態，但後來也被用於蘇聯。這種經濟體制不允許分散的買方和賣方根據供求關係來決定各自的經濟行為，而規定必須由更高的權威來制定宏觀的經濟規劃，並透過命令的方式指揮經濟的總體發展方向。命令經濟的原則是由國家集中決定一切經濟行為，包括應該生產什麼、生產多少、誰來生產、在哪裡生產、如何分配資源、每樣商品和服務的價格如何確定等等。換言之，即用中央政府的計畫取代市場的作用。

一九四九年後，中國的經濟被計畫制定者所掌控，農民失去了對糧食的控制。一九五三年，國家開始實施糧食壟斷政策，要求農民必須把所有餘糧賣給國家，並由政府決定收購價格。如此做的目的是為了穩定糧食價格，在全國範圍內消滅投機分子，以確保對城市人口的糧食供應，同時幫助發展工業。可是，許多農民連基本的口糧都無法保證，哪裡還有餘糧可賣呢？根據國際救援組織的標準，人均每天至少需要一千七百至一千九百卡路里的熱量，為此每月需消耗二十三到二十六公斤的原糧，這是生存的最低需求。[1] 然而，為了從農村攫取糧食，中國政府降低了口糧標準，將其設定為人均每月大約十三至十五公斤，並規定除了種子、飼料和口糧以外的糧食統統算作「餘糧」。結果，農民被迫將糧食賣給國家，不僅自身的需求無法滿足，而且變得更加依賴於集體化，因為只有透過集體勞動掙取工分，農民才能從國家那裡分配到額外的糧食。從此以後，農民失去的不僅是自己的土地和莊稼，同時還被剝奪了勞動的自主權。從拾糞到放牛，做什麼、誰來做、掙多少工分，全由基層幹部決定。與此同時，隨著市場被取締，錢失去了購買力，糧食本身變成了可交換的貨幣，而絕大部分糧食恰恰控制在國家手裡。

徵購餘糧導致的另一個問題更具危害性：地方幹部從此面臨巨大的壓力，每年都必須向農民徵收更多的糧食。糧食徵購的指標是在一系列會議上決定的。先是召開小隊會議，將餘糧的數量上報給大隊，大隊對數字進行調整後上報給公社，而公社透過一番討論再上報給縣委。就這樣經過層層加碼，一直報到地區和省委。最終到達負責制定全國經濟計畫的李富春手上時，這些數字已經遠遠脫離實際了。隨後，李富春會根據領導人的最新指示，再次將指標提高，並透過命令的方式將最新的糧食徵購計畫下發給各地。

「大躍進」期間，各地為了追求轟動效應，紛紛虛報糧食產量，由此展開了瘋狂的競賽。從最基層一直到省一級，大家都渴望在產量上超越他人。糧食畝產不斷刷新，宣傳機器也開足馬力加以報導，許多謹慎的幹部也迫於壓力加入虛報的行列。一九五九年初，為了緩和運動的勢頭，中央曾一度試圖遏制這種過分的誇張，但即便如此，不虛報產量依然被各地視為「右傾保守主義」的表現。廬山會議後對基層幹部的清洗，更令所有人膽顫心驚。沒有人敢跟上級爭論，只有老老實實地服從命令。許多時候，黨的書記或者公社的負責人跑到田裡隨便看看，便可決定生產指標的多少。一名生產隊的小隊長回憶道：「一九六〇年，我們分配的指標是五十二萬斤（二百六十噸），幾天之後增加了一點一萬斤（五．五噸），後來公社開了個會，又增加了五萬斤（二十五噸）。兩天後，公社打電話通知我們，指標升到了六十三萬斤（三百一十五噸）。到底怎麼回事，我也搞不懂。」[2]

級別越高權力就越大，可以隨意增加生產指標，而下級也會想出種種辦法來應付。謝富治主政雲南期間，從北京得到消息，全國的糧食生產指標設定為三億噸。他立即召開各縣領導的電話會議，預測這個數字最終會提高到三億五千萬至四億噸。他還算出雲南需要完成其中三十分之一的產量，即一千萬噸。然而，為了不至於落後於其他省分，謝富治把全省的指標提高到二百五十億斤，即大約一千二百五十萬噸。[3] 全省每個縣，從公社、大隊到小隊，全都要對原來的生產指標作出相應的調整。

糧食產量不斷虛報，糧食徵收的指標也隨之迅速增加，並最終導致糧食供應緊張和大饑荒的發生。然而，如果各地上報的糧食產量都是假的，那麼我們如何知道真實的產量是多少，又如何計算國家糧食徵收的比例達到多高呢？倫敦大學的農業經濟學家沃爾克（Kenneth Walker）花了十年時間，收集和研究了各地的報紙、公開出版的統計資料和政策文件等。經過艱苦的梳理，他從這些資料中尋找出一系列相關資料，表明中國的農業稅在一九五九年至一九六二年達到最高，而同一時期，中國的人均糧食產量則處於最低水準。[4]

沃爾克於一九八四年發表了他的研究成果。就在同一年，中國國家統計局出版的統計年鑑中，公開了大饑荒期間的一組歷史資料。這些官方公布的資料成了大多數研究者的資料來源。然而，中共一向對自己的歷史加以隱瞞，這些由其主動公開的資料可信度到底有多高呢？一名叫楊繼繩的前新華社記者發現了其中的問題。他依據檔案資料撰寫了一本關於大饑荒的書，其中運用了一九六二年由國家糧食局編撰的資料，與上述統計局公布的資料並不一致。然而，新的問題又出現了：楊繼繩從檔案館找到的資料也並非百分之百真實可信。事實上，每個檔案館都可以找到不同機構在不同時期透過不同方式編撰出來的資料，而這些資料通常是相互矛盾的。迫於政治的壓力，國家糧食局在一九五八年至一九六二年的統計資料都被銷毀了，以至於連中國政府自己都無法得知那幾年糧食的真實產量。虛假的報告和浮誇的數字層層累積，一直到達最頂層，因此越往上統計數字越不可靠，而黨的領導人通常就迷失在這些混亂和虛假的數字中。所以，我們不能指望透過一份或幾份檔案就找出真實的資料。毛澤東、劉少奇、鄧小平和其他黨的領導人對此心知肚明。他們知道自己看到的世界是經過種種扭曲的，因此需要花費大量時間到田間做實地調查。

不過，一九六二至一九六五年間，各個地方統計局為了重建其可信度，經常回溯到大饑荒的年分，試圖揭示當地的真實情況。從這些地方統計局的資料來看，國家對糧食的徵購水準遠遠高於國家糧食局公布的數字。圖表五以湖南為例進行了比較，一組資料是國家糧食局在一九六二年公布的數字，另一組是湖南省統計局在一九六五年根據全省各地的數字計算出來的結果。這兩組資料對糧食產量的估計差別不大，但對糧食徵購率，湖南省統計局的估計遠高於國家糧食局，達到百分之二十八至三十五，兩組數字相差了百分之四至十。為什麼會出現這麼大的差異呢？這是由統計數字的性質決定的。仔細研究這些資料可以發現，國家糧食局的數字是在大饑荒之後得出的，而且並未經過詳細調查，只是簡單移植了之前幾年糧食局下發的徵購計畫。每個計畫都有兩組數字，一組表明當年徵收的實際數字，另一組表明次年計畫徵購的數字。例如，一九五八年糧食徵購的數字其實是一九五九年計

圖表五：湖南省糧食產量和糧食徵購的估算資料（單位：百萬噸）

	估算的糧食總產量		估算的糧食徵購量	
	糧食局的數據	統計局的資料	糧食局的數據	統計局的資料
1956	-	10.36	-	2.39 (23.1%)
1957	11.3	11.32	2.29 (20.2%)	2.74 (24.2%)
1958	12.27	12.25	2.66 (21.7%)	3.50 (28.5%)
1959	11.09	11.09	2.99 (26.9%)	3.89 (35.1%)
1960	8	8.02	1.75 (21.9%)	2.50 (31.2%)
1961	8	8	1.55 (19.4%)	2.21 (27.6%)

資料來源：湖南，1965年5月，187-1-1432，pp.3-8；農作物的資料來自湖南，1961年6月30日，194-1-701，pp.3-4，該份檔案中的資料與1965年的估計略有不同；糧食局的資料來自楊繼繩《墓碑》，p.540。

畫徵購的數字，而這個數字只是一個粗略的估計而已。[5] 之所以這麼做，是因為一九六二年國家糧食局面臨著巨大的壓力，他們需要證明饑荒的產生並非源於糧食徵購的數量過多，因此他們採用了一組較低的數字。此外還需要考慮到，從生產隊直到省，每一級都存在隱瞞產量的現象，因此最終的資料不可能準確。與國家糧食局的資料不同，一九六五年由湖南省統計局編纂的數字，是在饑荒後經過仔細研究得出來的。省統計局可以透過查找各個公社和縣委的統計數字，從而計算出糧食徵購的真實數量，而這個數量並不等同於省委報給中央的數字，兩者的差異反映了在國家監管之外糧食徵收的數額。

還有更多的例子表明糧食徵收的實際數量遠遠高於國家糧食局發布的數字。在浙江，一名省委的高級領導人曾紹文於一九六一年承認，該省一九五八年徵收了大約二百九十萬噸糧食，占全省糧食總產量的百分之四十・九，一九五九年則提高到百分之四十三・二，而國家糧食局給出的資料分別是百分之三十・四和百分之三十四・四，遠低於真實的比率。[6] 貴州的情況也是如此。在貴州省檔案館（楊繼繩未能查閱到該省的檔案），筆者發現一份省委的文件，表明從一九五八年至一九六〇年，該省年均糧食徵收的數量是一百八十萬噸，占全省糧食總產量的百分之四十四・四，其中以一九五九年為最高，達到二百三十四萬噸，相當於總產量的百分之五十六・五。然而，同樣是這三年，國家糧食局對貴州省糧食徵購的統計為年均一百四十萬噸，比貴州省委的數字少了四分之一。[7]

這些資料看上去可能太抽象，但實際上很重要。在命令經濟下，糧食不僅可以充當貨幣用來交換其他商品，而且可以在饑荒時保命。在「大躍進」中，湖南和浙江把糧食徵購率提高了百分之八至十，從而多攫取了七十五萬噸糧食，結果被迫餓死的人數也成比例地增加。我們知道，人均每天消耗一公斤糧食才可以維持足夠的熱量。照此計算，一個三口之家一年至少需要一噸糧食。按照這個標準，許多農民其實是有機會倖存下來的。如果他們的口糧稍微增加一點，每天多攝入四百至五百卡路里的熱量——差不多相當於晚上吃一大碗飯，他們的命就會保住。可事實上，許多地方在糧食收成下降的情況下，反而提高了糧食徵收的比例，從而導致了致命的後果。因此，為了解釋為什麼饑荒會造成如此眾多的人口死亡，弄清楚糧食徵收的真實數字至關重要。

那麼，到底有多少糧食被國家徵購了呢？圖表六列出了三組資料，前兩組分別是一九八三年沃爾克根據公開的資料得出的研究結果，以及楊繼繩從糧食局得到的數字。如上所述，糧食局的數字並不

圖表六：關於糧食徵購的不同估算（單位：百萬噸）

	總產量	總徵購量		
		官方統計	糧食局	統計局
1958	200	51	56.27	66.32
1959	170	67.49	60.71	72.23
1960	143.50	51.09	39.04	50.35
1961	147.47	54.52	33.96	-

資料來源：Walker, *Food Grain Procurement*, p.162；楊繼繩《墓碑，p. 539；雲南，1962，81-7-86，p.13；此處的糧食總產量指的是未經去殼的原糧，而糧食徵購量指的是經過加工後的糧食，糧食經過加工後，通常會減少五分之一的重量。

可靠，因為它既不具備專業水準，也缺乏政治上的動力來收集準確的數字。第三組則是雲南省統計局的有關人員在一九六二年前往北京、參加由國家統計局定期召開的會議時所作的紀錄。事實上，我們從檔案中無法找到任何一組準確的數字，因為每個數字的公布都充滿了政治和權宜的考慮，而不是以專業意見為準。但就圖表六中的三組資料而言，糧食局的數字最為偏低。如果把不同來源的資料進行綜合，我們發現「大躍進」期間全國糧食徵購率約為百分之三十至三十七，比一九五八年前的百分之二十至二十五高出許多。這個比例符合一九五九年三月二十五日毛在一次內部會議的講話。毛提出：只要糧食徵購不超過總產量的三分之一，人民就不會造反。當時，他已經知道各地上報的糧食產量有浮誇的成分，但仍主張提高糧食的徵購率。[8] 長期以來有一種說法，認為政府之所以徵收了過多的糧食，是因為確實相信糧食獲得了大豐收。可事實證明，這樣的托詞是不成立的，或者最多只能部分解釋一九五八年秋季的情況。

一九五八年秋之後，提高糧食徵購率完全是政府有意為之。

政府將糧食徵收上來之後，會將其中一部分再返銷給農民。但是，糧食反銷的價格不僅很高，而且在供應序列中，農民處於最末端。正如本書第十章和第十五章提到，在中共建立的一整套政治等級制度中，農民的需求完全被忽視了。一九六〇年，出口成為中國政府的首要任務，因為中共領導層決定必須增加糧食出口，以兌現外貿訂單和維護其國際聲譽。結果，中國將大量糧食無償贈送給阿爾巴尼亞等國家。在國內，政府則將糧食優先供應給北京、天津、上海等大城市以及重工業中心遼寧，排在這些重點地區之後的是其他城市的居民。這種糧食政策不僅導致糧食徵購率的提高，而且也增加了上繳給中央政府的糧食總量。例如，一九五八年至一九六一年，浙江省年均上繳一百六十八萬噸糧食，而此前三年僅為一百二十萬噸。一九五八年，在本省城市居民的口糧尚未能保證供應的情況下，浙江就不得不將一半以上徵收來的糧食上繳給了北京。[9] 中央政府則用各地上繳的糧食供應給北京、上海、天津、遼寧，並出口到國外。然而，中央對糧食的需求每個季度都在增長，一九五六年第三季度為一百六十萬噸，一九五七年第三季度增加到一百八十萬噸，一九五八年為二百三十萬噸，一九五九年為二百五十萬噸，一九六〇年僅三個月就高達三百萬噸。[10]

正是這種糧食供應的等級制度造成了許多農民死亡。一九六一年八月，王任重在西南地區領導人會議上發言，指出非常時期需要採取特別的辦法。他說糧食只能供應給城市，而處在飢餓中的農民只能自己照顧自己。王任重的意思很清楚，為了保住整體，不得不犧牲局部。[11]

王任重的觀點並非代表他個人。為了確保有足夠的糧食供應城市和賺取外匯，周恩來也主張提高糧食徵收的數量。他透過打電話、發加緊電報、派遣下屬等方式，不斷敦促各省領導人上繳更多的糧食。對於糧食供應的等級制度，周完全支援。他認為農民的需要應該讓步於國家的利益，而他本人代表的正是國家利益。當積極追隨毛的四川省委第一書記李井泉將大批糧食上繳中央時，周當然清楚這樣做會導致四川的饑荒更加嚴重，但他並未採取任何措施加以補救。不僅是周，其他領導人的想法也一樣，都認為老百姓的飢餓不如國家利益重要。例如鄧小平就提出，在命令經濟下，必須像戰爭年代一樣實行無情的糧食徵購，不管各省領導人提出何種藉口，黨的底線必須要守住，否則政權就會瓦解。一九六一年底，中共領導人對饑荒的嚴重程度都已明瞭，鄧小平得知過度徵收糧食造成數百萬四川人口死亡後，如此評論道：「過去有的地方也有徵購過了頭的，如四川，好幾年確實過了頭，今年也過了頭，但是不得已。我贊成四川的風格，從來沒有叫苦，大家要向他們學習，並不是我是四川人才說四川。」[12] 上文提到，毛也說過同樣的話：「大家吃不飽，大家死；不如死一半，給一半人吃飽。」[13]

❖

政府徵購糧食的價格，每個省都不一樣。以玉米為例，一九六一年初，廣西的收購價是每噸一百二十四元，與其相鄰的廣東則是一百五十二元。而大米收購的差價有時竟高達百分之五十：同樣品質的大米，在廣西是每噸一百二十四元，上海則是一百八十元。[14] 國家以每噸四百元的價格出口大米，獲得了可觀的利潤。[15] 雖然徵購價格會定期調整，但一直保持在較低的水準，致使種植糧食的農民通常處於虧本的狀態。事實上，一直到一九七六年，種植大米的收入始終非常有限，而種植小麥、大麥、玉米和高粱根本不賺錢。[16] 但是在命令經濟中，農民自己無權決定種什麼，必須服從地方幹部的命令，地方幹部則不得不服從黨的指揮，而制定經濟計畫的人只盯住糧食產量，因此越來越多的農民不得不從事糧食生產，從而破壞了整體的農業經濟結構。一九五九年，中共的經濟政策將糧食生產放在首要位置，許多省都擴大了糧食種植面積，全國範圍擴增了百分之十。[17] 農民們不得不放棄更賺錢的經濟植物，轉而種植玉米、大米或者小麥，結果全部虧本。如浙江的一些地區，要求農民改種糧食，放棄傳統種植的瓜類、甘蔗和菸草，致使農民的收入直線下降。[18]

命令經濟的另一個問題是，基層幹部通常只是執行上級的命令，並不清楚自己在幹什麼，可結果卻可能是災難性的。如上文提到，在「大躍進」的高潮期，各地是如何強制推行密植和深耕的。其實，許多地方幹部對農業知之甚少。例如，一九五九年，羅坑人民公社的一個領導決定，把一半的田都用來改種馬鈴薯，但後來改變主意，欲把馬鈴薯換成花生，最終決定全部改種稻米。就在前一年，這個公社剛剛耗費無數人力進行了深耕，社員在小塊土地上挖了很深的溝，而且大多是用手挖出來的，然後往裡面傾倒了大量化肥，有些地塊一公頃就倒了三十噸化肥，可結果什麼都沒有種出來。[19] 再如，一九五九年初春，廣東開平縣的數千農民被迫在寒冷的天氣裡播種，結果許多種子凍死了，最終產量僅有每公頃四百五十公斤。[20]

與上述問題比起來，更具災難性的命令是要求農民少種糧食。毛確信農村的糧食太多了，因此建議三分之一的土地實行休耕：「中國每人平均三畝地，我看有兩畝就夠了，可以拿三分之一種樹，三分之一種糧，三分之一讓地休息，地也輪班。」[21] 再加上許多農民前往城市，導致人均耕地面積迅速下降。一九五八年，湖南全省大約有五百七十八萬公頃土地用於種植莊稼，一九六二年卻只剩四百九十二萬公頃，減少了百分之十五。[22] 浙江每年大約有六萬五千公頃耕地消失，至一九六一年減少了大約十分之一的耕地面積。[23] 此外，各省的平均值還掩蓋了巨大的地區差異。例如，在武漢地區的三萬七千公頃土地中，用於耕種農作物的只有一半多一點。[24] 一九五九年，掌管農業的譚震林發現，全國範圍大約有七百三十萬公頃的土地處於休耕狀態。[25] 一九六一年初，彭真在一次講話中提到，全國總的耕地面積大約是一億七百萬公頃。如果這個數字準確的話，那就意味著，自一九五八年以來被荒廢的耕地多達二千三百萬公頃。[26]

令事態雪上加霜的是各類糧食種植的比例也發生了變化。一般來說，城市居民比較喜歡細糧，如大米、小麥和大豆等，而華北地區吃的比較多的是粗糧，如高粱、玉米和小米。馬鈴薯則被認為是農民才吃的，因此沒有成為中國人的主食。[27] 而且，馬鈴薯比較容易變質，所以國家不願意收購太多，大多數徵收的糧食都是細糧。然而，在饑荒年月，為了應付糧食增產的要求，各地的幹部開始要求農民多種植塊莖植物，因為這類植物比較容易生長。結果，馬鈴薯的種植比例空前高漲，到最後田裡只剩下了馬鈴薯。

❖

對糧食交易的壟斷，極大地增加了政府工作人員的工作量：先是要從農村收購糧食，隨後將其運輸到各地，再儲存起來，最後根據配額分發。決定這一切的不是市場，而是由國家制定的計畫。如此宏大而複雜的工程，即使在一個富裕的國家實施起來都將困難重重，更何況是在幅員遼闊且經濟落後的中國呢？政府不允許個體生產者、經銷商和消費者保存糧食，所有糧食都必須由國家統一儲存，結果卻導致糧食的大量損耗，特別是被糧庫裡的蟲子和老鼠破壞。廣東省人大做過一次詳細的調查，結果在南雄縣的二千八百三十二座糧倉中，竟有二千五百三十三座發現老鼠；潮安縣的一百二十三座國家糧庫中，三分之一滋生了大量蟲子，七百二十八個公社的糧庫中，蟲害的比例則更高。[28] 在雲南，一九六一年上半年，大約有二十四萬噸糧食被蟲子蛀食。[29] 在山東省諸城縣，每公斤糧食中發現的蟲子多達幾百條。[30]

除了被蟲蛀食，糧食還經常發霉。這不僅是因為儲存條件差，還因為糧食裡被偷偷摻了水以增加分量——檢查人員並非總能發現這種造假。例如，存放在廣東省國家糧庫的一百五十萬噸糧食，有近三分之一含水量過高，結果造成整座糧庫發生霉變。[31] 在長沙，糧庫裡有一半的糧食變質。[32] 糧庫的溫度和濕度通常太高，從而加速了糧食的腐敗，還滋生了大量蟲子。在雲南，有一些糧庫的溫度竟高達攝氏三十九至四十三度。[33] 就連遠離亞熱帶的華北地區，即使在寒冷的冬天，糧庫裡的糧食也普遍發生霉變。例如，在饑荒最嚴重的時期，距北京不遠的延慶縣有十幾個村子儲存的五十多噸馬鈴薯腐敗變質，北京海澱區也有六噸馬鈴薯發生霉變。[34]

火災也會造成糧食的重大損失。有些火災是人為的，有些則是事故。一九六一年，雲南省平均每個月有七十噸糧食被燒毀。一九六〇年至一九六一年，全省每個月平均有三百多噸糧食毀於變質、蟲害或火災。據公安局計算，僅一九六〇年，雲南省被燒毀的糧食就足夠一百五十萬人吃一個月。[35] 雲南的情況還不是最壞的。在遼寧鞍山，一九六〇年因偷竊或幹部腐敗而損失的糧食，每個月即多達四百噸——關於偷竊和腐敗的問題，後面會有詳細論述。[36]

運輸系統也因「大躍進」受到災難性的破壞。一九五九年初，因為根據計畫需要調運的物資實在太多，鐵路系統全面癱瘓，卡車也因為缺油而停運了，致使大量糧食堆積在鐵道兩邊。在昆明，每個月約有十五噸糧食損耗在運輸途中。[37] 然而，跟農村收割之後的情景比起來，這點損耗根本不算什麼。一九五九年夏，湖南調動了全省的運力，仍然不足以滿足運輸的需要，每天缺少數百節車廂來運輸糧食。卡車也不夠用，只有一半的糧食能從農村運往主要的鐵路站。道路兩邊堆積了約二十萬噸糧食，可每個月只有六萬噸可以裝車運走。[38]

最終，農民們甚至沒有足夠的種子來播種。一九六二年初春，乘火車從北京前往上海的外國遊客發現，鐵路兩邊是大片大片荒置的農田，田裡播種的農民寥寥無幾。[39] 因為沒有種子，原先精耕細作的土地，如今都荒廢了。通常，農民會將大量種子儲存起來，以供來年播種，但現在種子都被飢餓的農民吃掉了。就連甚少出現饑荒的浙江，也有五分之一的村莊缺少種子。[40] 在亞熱帶的廣東，春天的時候本應到處是綠油油的稻田，可如今卻有百分之十的秧苗爛在田地，長出來的新苗也因缺乏養分而柔弱稀疏。在鐘山縣的一些公社，有一半耕田地力枯竭，剛長出的幼苗很快便發黃，然後慢慢變成褐色，最後爛在地裡。[41]

❖

由於政府強制農民把更多的農田用於種植糧食，經濟作物和食用油的產量出現急劇下降。然而，與糧食作物不同的是，國家並未規定經濟作物和食用油的產量低於一定標準就免於徵收。相反，「大躍進」期間，國家對經濟作物和食用油的徵收比例卻迅速提高。

以棉花為例。前文提到，中國曾在一九五八年將紡織品傾銷到國際市場。當時中國實施了一項貿易計畫，欲以低於成本價的價格傾銷商品，結果這一戰略得不償失。不過，儘管虧本，紡織品的出口量依然有所增加。例如，為了支付貿易訂單，中國在一九五七年向蘇聯出口了一百萬公尺的棉布，一九五九年為二百萬公尺，一九六〇年陡增到一億四千九百萬公尺。[42] 為了生產這麼多布，需要大量的棉花，而當時進口一萬噸棉花的價格是八百萬美元。據此計算，財政部長李先念在一九六一年十一月宣布，當年從農村額外徵購了五萬噸棉花，因此為國家節省了四千萬美元。[43]

美元的誘惑是無法抵制的。一九五七年，全國徵購了一百六十四萬噸棉花，次年增加到二百一十萬噸。一九六〇年雖然只徵收了這個數字的一半，但那一年棉花產量大跌，因此徵收率仍高達百分之八十二至九十。[44] 以湖南為例（見圖表七），從一九五九年開始，棉花的產量急劇下跌，但國家徵購的比例卻在一九六〇年飛躍到百分之九十五。一九六一年，湖南的官員想盡辦法，甚至把各生產隊和公社之前儲存的棉花也搜羅殆盡，結果徵收的棉花總量竟然比當年的產量還多。一九五九年，河北就採取過這種辦法，並因此得到中央的表揚和推廣。一九五九年二月，國務院在向各地推廣河北經驗時

圖表七：湖南省棉花產量和棉花徵購量（單位：噸）

	產量	徵購量
1957	21,557	17,235 (80%)
1958	23,681	15,330 (64.7%)
1959	32,500	28,410 (87.4%)
1960	21,000	19,950 (95%)
1961	15,130	15,530 (102.6%)

資源來源：湖南，1962年，187-1-1021，p.33；1964年3月，187-1-1154，pp.80-97。

介紹說，透過沒收集體儲存的棉花，以及把仍然掌握在農民手裡的棉花拿走，河北省設法將棉花的徵購量提高了三分之一。[45]

這樣做的結果是許多老百姓沒有衣服可穿。就和糧食分配的等級制度一樣，棉花分配也遵循出口第一的原則，大部分棉花首先供應給紡織廠，製成棉布後銷往國際市場，少量剩餘的才會讓老百姓憑票購買，而且還須按照等級的高低，優先供應給黨員和軍人，其次是城市居民，而作為棉花生產者的農民則被排除在供應體系之外。一九六一年，全國生產了三百五十萬件棉布，其中約有一半專門用作生產黨員和軍隊的制服，另有一百萬件供應出口，只留下八十萬件供應給六億群眾。[46] 在廣州，凡是毛巾、襪子、襯衫、背心和雨衣等商品都必須憑票購買，棉布人均每年只有一公尺，郊區居民的供應量比城市居民還要少三分之一。而在「大躍進」前，每年人均可以購買七公尺以上的棉布。[47]

到了一九六〇年，農村的情況變得越發令人絕望，許多農民不得不開始吃棉花種子。在浙江省慈溪縣，一個月內約有兩千名農民因為吃了棉籽餅而中毒。浙江本是全中國最富庶的省分之一，如今發生這樣的事情，說明當地的情況已經惡化到了何種程度。在河南省信陽地區，約有十多萬人食物中毒，其中一百五十餘人死亡。[48] 絕望的飢民遍布全國各地，他們把一切能找到的東西——皮帶、屋頂的稻草、墊子裡的棉花等等——全部用來充飢。一九六一年九月，胡耀邦花了一個月的時間，沿淮河視察了一些重災區。他報告說，親眼看到婦女和兒童赤身裸體，許多人家五、六口人只有一床被單，「這種情況不親身目睹難以想像。看來，有些地方必須盡可能照顧一點，以免凍死人」。[49] 全國各地有許多人是光著身子餓死的，甚至在冬天也沒有衣服穿。

❖

一九五八年的「大躍進」中，成批成批的豬、牛和家禽被宰殺，剩下的則長年無人照料，不得不忍饑挨餓，許多都生了病，其嚴重程度，可以從數字上看出來。一九五八年，湖南省大約有一千二百七十萬頭豬出生，但是存活到一九六一年的只剩三百四十萬頭，而且大多瘦骨嶙峋（見圖表八）。一九六一年，河北省有三百八十萬頭豬，比五年前減少了一半，牛則減少了一百萬隻。[50] 山東省在饑荒中損失了一半的牛。[51]

因為所有牲畜都歸人民公社集體所有，所以沒有人願意去照料牠們。在廣州城外的華縣，豬圈裡的糞便堆得有三十多公分厚，有些村子把豬棚拆掉當作肥料，豬只能生活在露天。[52] 日常的檢疫也

圖表八：湖南省豬隻存欄量（單位：百萬頭）

1957	1958	1959	1960	1961
10.9	12.7	7.95	4.4	3.4

資料來源：湖南，1962年，187-1-1021，p.59。

廢棄了，沒有獸醫提供服務，致使牛瘟豬瘟廣泛傳播，禽流感也很常見。[53] 冬天的死亡率特別高。在浙江慈溪，僅一個月就餓死了上萬頭豬。[54] 一九六〇年十二月，湖南省死了六十萬頭豬。[55]

牲畜的得病率高得驚人。在廣東東莞，豬的死亡率在一九五六年只有百分之九多一點，三年後竟達到四分之一，一九六〇年則達到一半。幾年前全縣還有四百二十多萬頭豬，到一九六〇年只剩下一百萬頭。[56] 在浙江的一些縣，豬的死亡率甚至達到百分之六百，也就是說，每出生一頭豬就有六頭豬死掉，很快所有的豬都死光了。[57] 在河南省，根據周恩來的說法，一九六一年的牲畜飼養狀況甚至比不上抗戰時期的一九四〇年。[58]

豬在餓死前會互相攻擊。因為通常不是按體重分開飼養，所以小豬常會被大豬擠到一邊、踩在腳下，甚至吃掉。在江蘇省江陰縣，許多豬是凍死的，但也有不少是被同類吃掉的。[59] 在惡劣生存環境中，每頭豬都把別的豬當成敵人，當然沒有什麼秩序可言。在北京的紅星人民公社，豬不分大小全部關在一起，自然也出現以大吃小的現象，該公社飼養的牲畜死亡率高達百分之四十五。[60]

還有少量的牲畜死於飼養方法上的創新。就像深耕和密植一樣，為了贏得與其他縣的競賽，許多地方發明了各種實驗性的做法，試圖提高豬的體重，其中有一些是受到蘇聯科學家列申科（Trofim Lysenko）錯誤理論的誤導——列申科深得史達林的欣賞，反對基因學說，認為遺傳是由環境決定的，此人曾在一九五八年公開發表蔑視「大躍進」的言論，令中共領導人非常生氣。[61] 當時的創新之一就是動物雜交。有鑒於植物雜交可以產生抗病能力更強的新品種，許多高級領導人對動物雜交抱以很高的期待。浙江省委第一書記江華就指示各縣領導人要主動地改造大自然，他建議讓母豬和公牛雜交，希望這樣能生出體重更重的小豬。[62] 有些基層幹部急於完成豬肉產量的高額指標，則想透過讓未成年動物人工授精來提高繁殖率，甚至迫使只有十五公斤的小豬受孕（一隻健康的成年豬通常重達一百至一百二十公斤），許多動物因此致殘。[63]

雖然牲畜數量急劇下降，國家的徵購卻沒有絲毫鬆動。在一九五九年的頭三個月裡，河北和山東禁止農民宰殺牲畜。毛支持這樣的禁令，甚至建議不許吃肉，將所有的肉都用來出口。[64] 毛的建議並未實行，但城市中豬肉的供應減少了好多倍。一九五三年，上海人均豬肉消費是二十多公斤，一九六〇年的供應計畫卻減少到四．五公斤，而實際供應量比計畫更少。[65] 雖然供應緊張，黨員依然可以分配到肉。一九六一年，廣東在完成國家徵購的任務之外，又向北京額外運送了兩千五百頭豬，專供政府的宴會和外賓食用。[66]

集體化對捕魚業也造成了巨大破壞，因為所有設備不是被沒收，就是得不到很好的維護。吳興位於太湖南岸，是因絲業而繁榮的湖州市下屬的一個區，當地有五分之一的漁船因缺少修補裂縫的桐油和防水的鋼釘而無法下水，[67] 捕魚量因此大幅下跌。在安徽省巢湖市，一九五八年一個漁民小組的捕魚量大約是二百一十五噸，兩年後因大量漁船和漁網破爛不堪，捕魚量僅有九噸。許多漁民缺乏動力，最終放棄了這一行業。[68]

❖

集體化將犁、耙、鐮刀、鋤頭、鏟子、木桶、籃子、蓆子和手推車等等工具全部收歸集體所有，可是到底誰可以使用這些工具呢？各個小隊、大隊和公社之間展開了激烈的競爭，彼此互相指責，爭吵不斷，大家都爭著使用工具，可誰都不願意維修，有些農民幹完活直接就把犁和耙子扔在地裡。集體化之前，一件維護得當的農具可以使用十年，有些犁甚至使用了六十年，可現在一、兩年就報廢了。用來晾晒小米的蓆子，如果保護得當可以十年不用修，可在人民公社裡一個季度就用壞了。上海的調查報告說，有些鏟子僅用了一天就需要修理。[69]

除此以外，在一九五八年大煉鋼鐵運動時，還有大量的生產工具被扔進了小高爐熔化掉。在一九六一年夏舉行的廬山會議上，中南局第一書記李一清報告說，河南省有十四萬噸農具被扔進了火裡。[70]這些損失再加上因維護不當而損壞的，全國範圍內農具的毀壞率達到三分之一至二分之一。僅一九五八年一年，山東就報廢了三分之一的農具。[71]一九六一年，廣東韶關損壞的農具達到百分之四十，多達三千四百萬件，剩下的當中有三分之一也有殘缺。[72]在河北省，水車和手推車的數量都減少了一半。[73]在浙江，半數的水泵、一半以上的播種機和三分之一以上的脫粒機全部毀壞，而且無法修復。[74]

大量工具損壞無人修理，一方面是因為無人在乎集體財產，另一方面是因為用於修理的各類材料（尤其是木材）普遍缺乏，而且價格昂貴——計劃經濟對此根本無能為力。在浙江，竹子的價格比「大躍進」之前漲了百分之四十，而分配給農村用來製造農具的鐵，品質也非常之差。[75] 大煉鋼鐵時，農民的炊具和生產工具都被投進了小高爐，如今得到的回報卻是毫無用處的鐵疙瘩和又薄又脆的鐵片。一九六一年，分配給廣東農村的金屬有一半品質不合格。[76] 而國營工廠生產出的工具，品質也好不到哪裡去。

18 工業

「大躍進」期間，全中國每個企業都分配了高額的生產指標，是否完成這些指標，往往能決定一個單位的興衰榮辱。就像人民公社的幹部一樣，工廠的幹部們也紛紛虛報產量。生產指標、工作進度以及完成的數量每天都會公開，有些寫在黑板上，有些貼在牆上。工廠的櫥窗裡張貼著各類資料和圖表，顯示產量節節攀升，還有寫著模範工人和生產標兵名字的光榮榜。每個車間的牆上都貼著各種大字報，還有用五角星和彩帶裝飾的標語口號。在全廠職工大會上，產量低的工人會被點名批評，超額完成任務的則得到表揚，甚至有機會進京參加大會，受到毛主席的親自接見。車間裡每天幹勁沖天，到處是金屬熔化的嗞嗞聲、熔爐發出的轟鳴聲和蒸汽發出的鳴叫聲，大喇叭裡永不休止地播放著各種宣傳節目，以鼓舞工人的士氣。[1]

然而，工廠一心只想著提高產量，卻無視成本的高低。從中央的各部委到工廠的各個行政部門，雖然官僚機構無比龐大，卻無力對進口機械實施追蹤管理，就連周恩來——這個要求從農村無情地攫取大量糧食以供出口的人，似乎也無法做到對進口設備進行有效管理。除了進口機器，企業還向銀行大舉借債，用來不斷擴張規模、興建廠房，以及購買更多的設備。例如，洛陽礦山機器廠每個月應付的貸款利息，就相當於全廠的工資支出。[2]

許多進口的設備安裝之後卻得不到應有的維護。一九六一年，一個東德的代表團訪問了上海的碼頭。他們對中國本抱著同情之心，但看到進口設備的現狀後都深感震驚，因為新設備就放置在露天，導致金屬片、管道和異形鋼鑄件全都生鏽了。[3] 一九五八年九月，武漢鋼鐵廠在「大躍進」的高潮中曾得到毛的高度讚賞，但外國參觀者卻發現，該廠對設備的維護顯然漫不經心。武鋼曾從東德進口了六個「西門子—馬丁爐」，至一九六二年，只剩兩個還能全力運作。[4] 各種詳細的調查報告也顯示，許多工廠的工具和機器得不到養護，甚至被故意毀壞，例如石家莊鋼鐵公司有一半的發動機經常故障。[5] 浪費成了一種普遍現象，僅洛陽的三家工廠就累積了二千五百多噸廢棄金屬無法處置。[6] 在瀋陽，一堆堆廢棄金屬無人過問，地上還淌著熔化成液體的銅和鎳。[7]

造成浪費的原因不僅是因為各種原料和資源的分配不合理，還因為工廠的負責人無視生產規律，一味追求產量的提高。例如，調查報告顯示，濟南一家新建的國營鋼鐵廠在投入生產的頭兩年裡，往數百噸錳礦石裡摻沙子，導致所有的產品都不得不廢棄，由此造成的損失高達一千二百四十萬元，占總投資的五分之一。[8]

表面看起來，所有人都熱情高漲地為提高產量而工作，可事實上，大量不合格的產品卻堆積如山。許多工廠想方設法地提高產量，卻因為偷工減料生產出大批次品，例如搖搖欲墜的房屋、搖搖晃晃的公車、放不穩的家具、有缺陷的電線和薄薄的窗玻璃等等。國家計劃委員會調查發現，全北京生產的鋼鐵中，一級品只有五分之一，其餘大多為二級和三級品，廢品率高達百分之二十以上。全國各地規模龐大的鋼鐵廠生產出來的鋼鐵，一半以上是三級品或者更差，導致與此相關的一系列工業產品的品質嚴重下滑。一九五七年，鞍山鋼鐵廠生產的鐵軌大多是一級品，可是一九六〇年一級品卻只占三分之一。鐵軌品質的下降，導致部分鐵路運輸線路不得不關閉，以免鐵軌被壓壞，而有些路段則已經被壓毀。[9]

不僅次品的數量大幅增加，而且大量次品流入了市場。一九五七年，河南省不合格的水泥只占市場總量的百分之〇·二五，一九六〇年卻超過了百分之五，以致許多建築工地都使用了不合格的水泥。在開封，對整個工業部門的調查顯示，竟然有超過百分之七十的產品不合格。[10]

就像不合格的鐵軌一樣，歪斜的橫梁和劣質的水泥極大地損害了建築物的安全，品質低劣的消費品成為社會主義文化的一部分。在上海，鬧鐘會隨意響起來，琺瑯臉盆買回來就有裂縫，一放水就會冒氣泡，而一半的毛衣和棉織品被檢驗為不合格。[11] 在武漢，衣服的拉鍊經常會卡住，新買的刀是彎的，農具的把手也會脫落。[12] 有時為了節約成本，工廠會偷工減料，而且也不加以說明，例如北京銷售的肉罐頭有五分之一就是這樣。有時候，商品的標籤竟然是錯的，例如用水果代替豬肉，結果導致大量食品腐爛。[13] 更讓人擔心的是往食品裡摻入化學添加劑。僅一年時間，北京的一家染料廠就售出一百二十噸有害色素，被用作食品添加劑，其中有許多化學藥品是被禁止使用的，例如用於生產墨水的蘇丹黃。可是，由於政府對產品品質的管控很鬆懈，大批被汙染的食品和藥品得以進入市場。例如，有一批七千八百萬瓶變質的盤尼西林在發現之前已經流入市場，其中有三分之一是由上海的一家工廠生產的。[14] 對於廢品的大量出現，毛澤東卻滿不在乎。他說：「世界上沒有廢品，甲的廢品就是乙的糧食。」[15]

雖然毛無所謂產品品質，但是「廢品文化」卻毀壞了中國在國際市場上的聲譽。如前所述，一九五九年，中國生產了大批劣質產品，如漏電的電池、汙染的雞蛋、腐敗的肉、假的煤等等，浪費的成本高達二至三億元。軍工企業也不例外。賀龍元帥的一份報告顯示，中國生產的步槍無法發射，瀋陽生產的十九輛噴氣式戰鬥機不合格，九〇八廠生產的十多萬件毒氣面罩無法使用。負責核工業計畫的聶榮臻也抱怨說，用於無線通訊和測量的設備品質太差，常因內部進入灰塵而影響使用，甚至在最高等級的機密工廠裡，垃圾也隨處可見，一陣微風就能吹起浮塵，讓牆上的宣傳口號顯得格外諷刺。聶榮臻因此提到：「美國人懷疑我們會搞導彈，因為中國人太髒，搞不出來精密儀表。」16

❖

「大躍進」期間，有數百萬農民加入工人的行列，可是他們的生活條件差得驚人。雖然國家花了大量資金從蘇聯和東歐進口機械設備，並興建了許多鋼鐵廠、水泥廠和煉油廠，但用作改善工人飲食起居的投入卻少之又少。

例如，建於一九五八年的山東省濟寧鋼鐵廠，擁有當時中國最先進的技術設備，理應為新雇用的工人提供優質的生活條件。可事實卻截然相反，宿舍裡沒有足夠的衛生設備，工人只好在地上大小便，致使環境骯髒汙穢，蝨子和疥瘡變得很常見。工廠的管理也是混亂不堪，鬥毆事件頻發，門窗也經常被打壞。工人中恃強凌弱的現象很普遍，最好的床位大多被身強力壯者霸占，婦女經常在幹部辦公室和宿舍裡遭到調戲，有時甚至在車間裡公然被羞辱。晚上沒有人敢獨自睡覺或外出。[17]

同樣的情況也出現在南京。一九六〇年，該市總工會對鋼鐵和煤礦工人的生活狀況進行了一次調查，結果發現工人食堂的衛生條件普遍很差，蟲子和老鼠隨處可見。在靈山煤礦，食堂開門只有一個小時，一到吃飯時間就變得擁擠不堪，每個窗口前面排隊的多達上千人，經常發生打架鬥毆。在官塘煤礦，遲到的礦工不許吃飯，不得不空著肚子在井下幹滿十個小時。宿舍擁擠不堪，平均每個工人只有一至一．五平方公尺的空間，有些人不得不把床板擱在兩張床之間，或者靠著柱子睡覺。許多人睡在臨時搭起來的棚子裡，幾個人擠一張床，棚頂鋪的稻草還會漏雨，迫使工人不停地搬床，甚至有人睡在傘下面。工作場所的保護設備要麼不足，要麼完全沒有。許多礦工沒有鞋子，只好光腳下井。在露天煤礦挖煤的工人，一到雨天就被淋得渾身濕透。宿舍裡沒有毛毯，濕度很高，衣服永遠乾不了。有些鋼鐵工人不得不在火花四濺的爐子前工作，結果因為沒有鞋而燙傷了腳。[18]

在南方的廣州，工廠宿舍一樣擁擠不堪，每張床平均只有半平方公尺。宿舍的建築品質很差，房間裡潮濕悶熱，雨季一到四處發霉，連衣服和床上都是，有些地方水從牆上滴下來，甚至在地上形成了「水塘」。[19] 在韶關附近的曲仁煤礦，工人們把支撐礦井的柱子和木材拆掉，用來打造家具或者取暖，有七分之一的工人因為沒有口罩的保護，吸入細小的灰塵微粒，結果得了矽肺病。[20]

北方的情況也好不到哪去。北京市總工會對四個工廠進行的詳細調查顯示，跟「大躍進」之前比，工人的數量增長了四倍，可宿舍卻沒有擴建。在位於豐臺區長辛店的一家鐵道工廠，每個工人只有半個多平方公尺的住宿空間。在北京，有工人睡在儲藏室和圖書館裡，甚至有人睡防空洞。床鋪通常分上、中、下三層，工人們就像沙丁魚一樣擠在一起，翻個身都困難。因為每個宿舍住的人太多，早上出門都得排隊，廁所永遠被占用，而且經常堵塞。很多人把屎拉在報紙上，然後扔到窗子外面。

全中國幾乎沒有幾座工廠能提供足夠的取暖設備。一九五八年至一九五九年的冬天，在被檢查的工廠中，有四分之一完全沒有供暖系統。面對嚴寒，工人們不得不靠小煤爐取暖，結果導致多起一氧化碳中毒事件。流感在工人中很常見，宿舍區垃圾遍地，偷竊盛行，霸凌也很常見，新來的工人經常被欺負。一九五九年三月，工會派人到琉璃河水泥廠檢查，發現該廠的三個食堂，設計容量是一千人，事實上卻要為五千七百多人提供服務。排隊的時候，歲數大的工人被年輕人擠到一邊，排在後面的人只能吃冷菜冷飯，[21] 這樣的情況在一年後的另一次調查中未有絲毫改善。此外，調查還顯示「流氓主義」在宿舍裡很嚴重——「流氓罪」來源於蘇聯的法律，涵蓋面很寬，包括罵人、破壞財物、非法性關係等各種行為。在擁擠不堪的環境裡，工人們不得不依靠權力和關係為自己換一張更好的床，為朋友和家人爭取更大的生存空間。[22]

一九六一年，北京有一半的工人因飢餓出現浮腫症。[23] 各種職業疾病很普遍，約有四萬多名工人暴露在矽塵中。北京市人大的一份調查報告顯示，全市約有十分之一的工人患有各種慢性病。[24] 真實的情況可能更糟。

「大躍進」期間，興建了許多「由人民管理」而不是「由國家管理」的工廠，但這些企業的情況也一樣差。大部分工廠就設在被政府沒收的民房裡，根本不能滿足工業生產的條件。南京的一家化工廠甚至就開在居民區裡，房頂是用竹子搭的，牆是土建的，上面的塗料早已斑駁開裂。這個廠雇用了大約二百七十五名工人，大多缺乏安全意識。具有放射性的廢料就堆在車間的地上，滲透進房屋的角落和縫隙裡，或者放在沒有蓋子的桶裡，任由風雨把它們帶到別的地方。工人的喉嚨和鼻子長期受到刺激，也不知道如何正確佩戴防護設備，甚至經常把手套和口罩翻過來戴，或未經徹底清洗就帶回宿舍。在經醫生檢查的七十七名女工中，有八人懷孕或正在哺乳，但仍然每天接觸放射性物質長達幾個小時。此外，工人們在冬天還經常不洗澡。[25]

這種情況並非個例。在南京市鼓樓區，二十八家「由人民管理」的工廠中，垃圾遍地，缺乏通風設備。許多工人是在「大躍進」期間參加工作的女性。她們沒有工作經驗，也沒有防護設備，許多人唯一的裝備就是一頂草帽。因為長期暴露在化學藥品和矽塵當中，許多人出現紅眼、頭疼、皮膚搔癢和濕疹等症狀，有些女工因長期吸入化學藥品導致鼻腔的軟骨被腐蝕。在煉鋼廠裡，熔爐附近的溫度甚至在冬天也高達攝氏三十八至四十六度，因此中暑的現象很常見。[26]有一家電子管廠對四百五十名女工做了體檢，發現三分之一以上具有月經不調、營養不良等病症。南京化工廠有四分之一的工人患有肺結核，有一半的工人患有低血壓，大多數工人體內都生有蛔蟲。[27]

儘管條件極其惡劣，工人的生活狀況還是比農民好很多，但他們沒有能力給農村的家人寄錢，因為通貨膨脹使其工資縮水，而且在食堂往往吃不飽，工人不得不自己額外購買食物。在石家莊鋼鐵廠，普通工人用於食物的開銷占了工資的四分之三。[28]在南京，許多工人不得不靠借錢度日，人均欠債達到三十至二百元。對於薪酬微薄的工人來說，這算是一筆巨額債務了。當時一個三級工的月工資是四十三元，而一個五口之家每月光是買吃的就得花四十六元。在食堂吃飯並不能省錢，因為飯菜通常既貴又不好吃。[29] 即便如此，很少有人能夠升到三級工，大多數人的工資每個月只有十二．七至二十二元。[30] 在那些「由人民管理」的工廠裡，三分之一以上的工人每個月工資不足十元，很多人不得不借錢，有人把僅有的私人物品當掉，或者在夏天把冬天的衣服賣掉，冬天則冷得瑟瑟發抖。[31]

此外，工人看病買還得自掏腰包。一九六〇年，針對北京一家化工廠的詳細調查發現，因治病而負債的工人多達數百人。崇慶田為了給妻子治病，借款約一千七百元。妻子死後，他被告上法庭，結果被判每個月償還二十元，這樣一來，他每個月的工資只剩下四十多元。崇慶田的情況還算好的，許多人的境況比他更差：因為惡劣的工作環境而生病，而為了治病又毀掉了自己的生活。[32]

❖

因為計劃經濟固有的問題，如無節制的資本支出、巨大的浪費、次品的大量產生、運輸系統的瓶頸、鬆散的勞動紀律等等，大多數工廠營運的狀況都不如人意。集中計畫造成的財務混亂，令實際成本難以計算。會計人員不僅要做假帳，許多連基本的會計常識都不具備。例如南京的四十多家大型國營企業，總共只有十四名會計，其中會記帳的僅有六人。許多工廠的收支根本沒有紀錄，帳目完全是一團漿糊。[33]

我們可以從鋼鐵業的一些粗略數字看出「大躍進」給工業造成的破壞程度。鋼是往鐵裡加碳和其他合金元素煉成的。在湖南，生產一噸鋼竟需耗費二．二噸鐵，浪費巨大。煉製一噸鋼的成本是一千二百二十六元，售價則由國家統一規定為每噸二百五十元，因此每生產一噸鋼就意味著一千元的虧損。一九五九年，全省每月在鋼材上的損失約為四百萬元。[34] 與其他地方相比，成立於一九五七年的石家莊鋼鐵廠配備了更先進的粉碎機和熔爐，因此可以節約更多的生產成本。在「大躍進」前，這家鋼鐵廠已經實現了盈利，但成本的飆升很快使其出現虧損。一九五八年，一噸鋼材的生產成本為一百一十二元，該企業的利潤是一千六百多萬元。然而，一九五九年，成本上升到每噸一百五十四元，致使該廠虧損二千三百萬元；一九六〇年，成本繼續漲到每噸一百七十二元，該廠虧損超過四千萬元。為了節約成本，這家鋼鐵廠不得不使用各種劣質鐵礦石，有些甚至是從海南島運來的。[35]

隨著虧損的不斷累積，產量出現了暴跌。經過幾年的突破性增長，中國的經濟在一九六一年陷入了深度衰退。首先是煤炭供應的枯竭。「大躍進」期間，許多煤礦的機械設備損壞嚴重，無法正常運轉。其次，由於很多國產新機器是用低等級的鋼材製造的，使用壽命往往不超過六個月。此外，食物和住房成本的飆升增加了礦工的生活負擔，加上肥皂、工作服和膠鞋等基本物資的短缺，不少礦工最終放棄了工作。[36] 事實上，即使把煤挖出來，也要面臨因汽油短缺而無法運輸的問題。廣東省的四大煤礦在一九五九年生產了約一百七十萬噸煤炭，但運走的不到一百萬噸。[37] 在甘肅，激進的張仲良不惜代價，使煤炭產量從一九五八年的一百五十萬噸飆升到一九六〇年的七百三十萬噸，可是因為沒有汽油，大約二百萬噸煤炭被棄置在礦井中運不出去。[38]

隨著煤炭產量的急劇下降，全國各地的工廠紛紛停產。一九六〇年十二月，上海的新中華機器廠

圖表九：湖南省工業總產值（單位：百萬元）

1957	1958	1959	1960	1961	1962
1,819	2,959	4,023	4,542	2,426	2,068

資料來源：湖南，1964年，187-1-1260。

因缺電而停工，產能只剩下平時的三分之一。第一棉紡廠的兩千多名工人也整日無事可做。[39] 一九六一年上半年，上海的煤炭供應計畫減少了百分之十五，但即便如此，三分之一的供應計畫從未真正交付。同時，全市用於工業生產的鋼材和木材有近一半缺貨。[40]

上海是一個具有戰略意義的工業中心，在物資供應中享有最優先的地位。可如今，上海的情況變得如此糟糕，其他地方就更可想而知了。在廣東的重工業城市韶關，一九六一年夏對三十二家國營企業的調查顯示，肥皂的產量比上一年下降了百分之五十二，磚頭下降了百分之五十三，生鐵下降了百分之八十，火柴下降了百分之三十六，皮鞋下降了百分之六十五。「大躍進」前，鞋廠的工人人均每天可以生產三雙鞋，現在減少到一雙。[41] 圖表九顯示了在整個湖南省發生的情況。這些數據僅指產值，一九五七至一九六〇年，這些商品的產值曾一度翻了一倍多，但在之後的兩年裡又減少了一半。經濟計畫的制定者總是充滿了雄心壯志，但事實上，只重數量而輕視品質的做法卻造成了一場巨大的災難。然而，即使效益很差，也沒有一家國營工廠因此倒閉，因為計劃經濟宣稱，從繁榮到蕭條的輪替是資本主義才有的現象。

19 貿易

許多商品從未進入商店。據中國銀行計算，一九六〇年，湖南省有約三億元的商品因收據造假、中途丟失、私自賒帳或挪用等原因而失蹤。另據國務院估計，同一年全國約有七十億元的資金被國營工廠截留，而沒有用於商品流通。[1] 事實上，商品銷售的每個環節都普遍存在腐敗和管理不善的現象，蠶食著本應供應給老百姓的各類商品。

貨物離開車間之後，首先被送到倉庫，由國家認可的儲運公司按照運輸的目的地進行分類。在上海的儲運公司裡，由於文書工作馬虎、帳目錯亂、存貨清單不準確等原因，導致數百件商品——電話機、電冰箱、醫療器械、吊車等等——堆積在箱子裡，損失達十多萬元。一百多桶蝦醬放在室外一個月，因為淋雨而腐壞，單據卻不知去向，公司甚至完全忘了這批貨物。不過，導致商品失蹤的最主要原因還是利益驅動，「丟失」的東西常常出現在黑市上。[2]

儲存在倉庫裡的商品需要經過漫長的等待，才能被裝上火車或卡車運往別處。中國是一個貧窮的農業國家，從未具備足夠的能力，將貨物從國境的一端運到另一端。「大躍進」中，運輸系統的崩潰令物資流動更加困難。早在一九五八年底，全國經濟就陷入了停頓，貨物在各個車站和港口堆積如山。按照計畫，每天需要約三萬八千輛貨運車輛，但實際僅有二萬八千輛。管理部門僅視察了上海以北的沿海地區，即發現有一百萬噸的物資等待運往各地。[3]

在之後的三年裡，由於缺乏設備、配件和燃料，運輸狀況愈發惡化。一九六〇年，在天津、北京、漢口、廣州等城市的火車站，每天進站的貨物超過了出站的貨物，堆積在車站的物資日均增加一萬噸，而且大部分貨物只能堆放在臨時場地，至十月中旬已達到二十五萬噸。在大連，有七萬噸貨物滯留在火車站；在秦皇島，數百噸昂貴的進口橡膠在港口堆放了六個月。在位於交通樞紐的鄭州，車站挖了一條六公尺深的溝渠，然後將包括水泥袋和機械在內的各類貨物全部傾倒進去，致使大部分貨物受損，成堆的包裝袋和成捆的木箱、木桶被毀壞。[4] 一九六一年夏，上海估計有價值二億八千萬元的貨物（包括一億二千萬公尺亟需的棉布）堆積在食堂和宿舍裡，有些甚至放在街道上，其中大部分已經腐爛或生鏽。[5]

由於運輸系統癱瘓，火車不得不排隊等候進站。即使進了站，也缺乏卸貨的工具和人力。雖然有全新的設備，可是為了節省工資，全國裁減了約十萬名搬運工。事實證明，後勤調度和協調合作並不是計劃經濟的強項。[6] 此外，工人還得忍受飢餓，並且缺乏激勵機制。例如，過去火車司機一直享有優待，每月能獲得二十五公斤左右的糧食補貼，但現在降至十五公斤。在遼寧大虎山，大米被高粱或小米代替，而在河北石家莊，每月的口糧有一半用番薯充數。工人的食物配給被壓縮到最低限度，而且糧食的品質也很差。[7] 國際航運也深受影響。貨船在中國的主要港口要等待數天才能進港，因此造成的損失高達三十萬英鎊。[8]

地方上的運輸網路也隨之崩潰。一九五八年之前，雲南有二十多萬頭騾子和驢子，在山村裡運送食物、衣服等各類物資。「大躍進」中，這些騾子和驢子被馬車所取代，最初只有三千多輛，後來增加到三萬多輛。然而，馬飼料的成本要高得多，而且國營企業管理不善，許多馬匹在饑荒中死亡。此外，馬匹並不適合在陡峭的山路和崎嶇不平的路面上行走，許多山村的日常供應因此而中斷。[9]

汽車運輸也停止了。一九六〇年，雲南的汽油儲備只能滿足一半的需求。到了該年九月，約有一千五百輛汽車不得不使用木炭、煤、甘蔗和乙醇等替代燃料。[10] 在湖南，大批汽車發動機因為加入植物油代替機油而受損。[11] 在上海，機動三輪車從馬路上消失了，而許多公車開始改燒煤氣，有些甚至沒有氣瓶，只能用巨大的簡易麻袋來裝煤氣。[12] 疏於保養進一步削弱了運力。例如，廣州汽車運輸公司的四十輛汽車中，大部分是「大躍進」以來購置的，但是到一九六一年已有三輛報廢，處於維修狀態的通常保持在二十五輛左右，只有十幾輛能用於日常運輸。[13] 激烈的勞動競賽把汽車的使用頻率推到了極限，而實際的運行費用也隨之增加。有人估計，一九五七年，一輛車每百公里的維修費用僅為二．二元，一九六一年則因使用過於頻繁和保養不善而漲到九．七元。[14]

❖

在革命前的中國，商販們用肩挑手推的方式（偶爾也趕著驢車）沿街叫賣各色貨物。他們的足跡甚至覆蓋了偏僻的內地村莊，給村民帶來布匹、陶器、籃子、煤炭、玩具、糖果、堅果、香菸、肥皂和乳液等物品。在城市裡，小販們更是隨處可見，販賣的商品從襪子、手帕、毛巾、肥皂到婦女的內衣等等一應俱全。

在農村，每隔一段時間，商販們就會在一個固定的地點聚集，形成集市。農民、手工匠人和小販們帶著各自的貨物蜂擁而至，在路邊或臨時攤位上出售，煞是熱鬧。在城鎮裡，各類店鋪、集市和百貨公司爭相攬客，帽子店、鞋店、布店、照相館、算命的、變戲法的、玩雜耍的、摔角的……各種商品和娛樂應有盡有。

傳統的商鋪大多設在沿街低矮的房屋裡，樓下開店，樓上住人。而新式的百貨公司則開在高樓大廈裡，像紀念碑一樣聳立在各個城市的中心地帶。一到晚上，大樓裡燈火通明，各色商品（從進口的美國沙丁魚罐頭、玩具汽車到本地的產品）陳設精美，而一牆之隔就可能是一排排低矮的傳統商鋪。這種鮮明的對比體現了民國時期日常生活的多樣性。[15]

一九四九年後，這種繁忙熱鬧的商業景象很快便不復存在了。自由貿易被計劃經濟所取代，市場被迫關閉，集市遭到取締，小商販們受到清理，很多人不得不進入由國家控制的集體企業。曾經隨處可見的流動商販和鐵匠鋪成為過去的回憶。百貨商店也被國有化了，之前豐富的貨源慢慢枯竭，取而代之的是國營企業按國家計畫生產的商品，而且出售的價格也由國家規定，小商鋪的店主們則全部變成了政府的雇員。米哈伊爾·克洛奇科還記得，有一次他在北京進了一家不起眼的小店，裡面幾乎沒有什麼商品。得知店主有兩個生病的孩子，他出於憐憫買了一個鉛筆盒。[16] 如今，唯一繁華的商店都開在北京、上海等大城市的賓館附近，裡面賣的是皮草、琺瑯器皿、鐘表、珠寶、刺繡，以及馬克思、恩格斯、列寧和毛澤東的畫像。這些商店是專為外國遊客和黨內的高級幹部開設的，被稱為「友誼商店」。

對於普通百姓來說，選擇變得少多了。以南京為例：這座城市位於長江南岸，曾經是民國的首都。雖然自由貿易受到政府的嚴厲打擊，但在「大躍進」前夕，南京仍有七百多家商店直接向市民出售商品。然而，到了一九六一年，全市的商店僅剩下一百三十家。透過製造商、貿易商和零售商組成的複雜網路，南京本來與全國七十多個縣和四十多個城市存在貿易往來。可如今，僵化的集體化運動導致這些關係不得不中斷，貿易開始向內轉，參與南京手工業商品交易的只剩下六個縣和三個城市。隨著計畫取代市場，該市手工業產品的種類減少了一半，只剩下約一千二百種，即使是知名的傳統品牌也在國家的重壓之下紛紛倒閉。產品設計的多樣性也大幅減少。一九五八年前，該市生產的鎖具大約有一百二十種，一九六一年只剩下十幾種，而且彼此結構相似，一把鑰匙可以打開好幾把鎖。不僅如此，所有產品都開始漲價，通常比之前貴三分之一左右，有的甚至翻了一倍。[17] 自「大躍進」開始後，南京約有兩千名從事餐飲的商販被迫轉行。以前，小販們對複雜的市場行情瞭若指掌，能高效地把蔬菜運往城市的各個角落。可現在，面對由饑荒衍生出的一系列問題，笨拙而僵化的命令經濟只會令這一危機雪上加霜。[18]

一九四九年前，曾一度繁榮的剩餘商品和垃圾回收貿易也消失了。早在大清帝國解體前，波乃耶（James Dyer Ball）就曾讚揚說，在中國一切可以想像到的物品都可以回收再利用，因為貧窮迫使人們對最微不足道的小東西加以珍惜，把每個人都變成了商人。[19] 然而，大饑荒期間的景象卻與此恰恰相反。一味追求全面的計畫，結果卻導致各地垃圾成堆，沒有人願意回收利用。一九五九年夏，廣州市內堆積了約一百七十噸氧化鐵、石墨粉等廢料。在「大躍進」前，每一塊廢舊金屬或碎布都有人回收，無論是破布、罐頭、塑膠、紙張還是輪胎，都能找到潛在的買家。可如今，許多從事廢品回收的個體商販被迫加入龐大而反應遲鈍的集體企業後，不得不放棄了傳統的行當。[20]

一面是垃圾堆積如山，另一面卻是基本生活物資的匱乏。一九五九年夏，南京的市民什麼都缺，甚至連鞋子和鍋子這樣的生活必需品也買不到。[21] 排隊成了社會主義的標誌，人們天天都要經歷。隨著饑荒的到來，花在排隊上的時間越來越長。在濟南，有的工人需要請兩天的假去排隊買糧。李淑君排了三天的隊，但最終連購買糧食的票都沒能得到——得到票之後需要再排隊換取號碼，有了號碼之後還要排隊才能購買糧食。[22] 在上海也是，因為商品數量有限，工人們不得不在商店進貨時排成長長的隊伍，有人天未亮就來了，因為到了下午商店裡就會變得空空如也。[23] 耐心很容易耗盡，有人用磚頭在佇列中占位子，一旦被別人踢開，就可能爆發鬥毆。[24] 一九六〇年底，武漢有二百多人連夜排隊搶購大米，最終引發了一場混戰。[25]

❖

決定商品價格的是國家而不是市場。這麼做本來是為了穩定價格，提高人民的購買力。但對農民來說，他們不得不以最低價（甚至低於成本的價格）向國家出售糧食和其他食品，然後再以高價購買生活所需的各類商品，如此造成巨額財富從農村向城市轉移。當時在青島市人民檢察院任職的蘭陵發現，一九四九年以來，煤炭的價格上漲了百分之十八・五，肥皂上漲了百分之二十一・四，鞋子上漲了百分之五十三，繩子上漲了百分之五十五，居家用品上漲了百分之一百五十七，普通工具上漲了百分之二百二十五。相比之下，國家設定的糧食收購價格實際上有所下降，小麥的價格下降了百分之四・五，玉米則下降了百分之十・五。[26]

事實上，因為總是存在各種額外的費用，國家規定的價格很少得到執行。廣州市人民代表大會經過詳細調查發現，同一種金屬棒的售價多達四十餘種。在鋼鐵行業，許多產品的實際價格比國家規定的高出百分之五十，有時甚至飆升到十倍。價格的劇烈波動常常令企業無法及時調整預算，最終因原料不足而導致產量下滑。煤炭業也是如此。雖然有國家規定的價格，但各企業之間的私下交易導致煤炭價格不斷上漲，致使實際生產成本迅速提高。為了降低工業成品價格，國家不得不對相關企業發放補貼，但根本於事無補，從玻璃瓶、樟腦丸到髮夾和木屐，幾乎所有的商品都在漲價，但品質卻越來越差。[27] 武漢同其他地方一樣，自「大躍進」開始以來，水桶、鐵壺和水果刀的價格在一年多的時間裡翻了一倍。武漢是新中國的冶煉之都，一九五七年前，一只鐵鍋的價格僅五元，可如今卻賣到二十二元。[28] 一九六一年夏，李富春坦承，各類食物、商品和服務的年均通脹率至少達到百分之十，有些地方甚至高達百分之四十至五十，致使消費者花了一百二十五億元人民幣，購買到的商品的實際價值僅有七十億元。[29]

在計劃經濟下，雖然表面要求商店無私奉獻，滿足人民的生活需求，但實際上，各經銷商依然被利潤所驅動。在大饑荒中，所有奢侈品（從蔬菜、電影票、茶葉到罐裝食品等）都價格不菲。不少國營企業利用廣泛存在的供應缺口，特意提高高級商品的產量，以求增加利潤。[30] 例如，北京市人大經過調查發現，座落於王府井大街的北京百貨公司——這家被視為史達林式商業旗艦店的商場，優先考慮的是如何應對通貨膨脹，而不是滿足消費者的需求。一九五八年時，該商場出售的內衣中，有百分之六十是普通市民都買得起的中檔產品，高檔品僅占約百分之十。然而，到了一九六一年，由於月均通脹率達到約百分之二・七，商品結構也隨之發生變化，中檔價位的內衣只剩三分之一，高檔品則占到了一半以上。[31]

❖

隨著私營店鋪被國營商場取代，產品的售後服務也只能靠遠離老百姓生活的官僚機構提供了。[32] 計劃經濟當然也考慮到了這一點。為了廣大消費者的利益著想，各地都設立了「服務組」為消費者維修商品。可是，這些服務組數量太少，無法應付大量的劣質商品；最重要的是，服務組的工作人員完全沒有興趣為人民服務。結果，一件商品的維修成本甚至常常超過其購買價格。在武漢，因為服務站壟斷了相關業務，修鞋、補鍋和配鑰匙的費用是國家規定價格的兩倍。在湖南湘潭，修一個火盆要八塊錢，買一個新的只需九塊錢。而在許多地區，補襪子的費用與買一雙新的差不多。[33] 一九六〇年至一九六一年冬，當無數人因為缺乏燃料和衣服而凍得瑟瑟發抖時，北京的維修站卻被各類劣質商品淹沒了。員工毫無工作熱情，也缺乏足夠的工具和零件，連修鞋用的釘子也沒有。在位於首都中心的前門公社，損壞的爐子多達六十多個，破爛的家具四處散落，服務站卻找不到鋸子、鉋子以及鑿子等維修工具。[34]

即便是清洗衣物這樣簡單的事，到了服務站也會變得很複雜。從登記衣物、開立收據到取衣服，必須履行一套繁瑣的程序，而且每一步都由不同人的負責，動用的人力占到整個服務站的三分之一，而真正負責洗衣服的員工人數有限，效率低下，每天人均最多洗十件。儘管服務價格很高，但服務站差不多都是虧本經營，不得不由國家提供補貼。在上海的汕頭路有一家小洗衣店，每月營業額只有一百元左右，可工資支出卻達到一百四十元，此外還經常因丟失衣物需要支付額外的賠償。[35]當然，大多數老百姓更願意自己縫補衣服、鞋子和修理家具，但他們的工具在大煉鋼鐵時都被搶走了。在樹為全國樣板的徐水人民公社，社員老田還記得，曾經有好幾年的時間，全公社只剩一根針沒有被沒收，他的母親為了縫補衣服，不得不排隊去借這根針。[36]

20 住房

每個獨裁者都需要一個廣場。對共產主義政權來說，閱兵是國家典禮的核心內容：領導人聚集在檢閱臺上，臺下成千上萬的士兵和模範工人邁著整齊有力的腳步，噴氣式戰鬥機則在頭頂呼嘯而過，政治權力正是透過這樣的軍威展現在世人面前。為了騰出空間讓重型坦克從列寧墓前駛過，史達林不惜用推土機推倒了紅場上的復活門，並拆毀了喀山大教堂。一九五七年，毛澤東作為赫魯雪夫的座上賓，參加了在紅場舉行的慶祝十月革命四十周年紀念活動。面對壯觀的紅場，毛暗下決心：難道中國不是地球上人口最多的國家嗎？所以天安門廣場必須擴建得比紅場更大。[1] 一九五九年，天安門周圍始建於中世紀的城牆、城門和迷宮似的道路全被夷為平地，空地全部鋪上水泥，足有六十個足球場大，能夠容納四十萬人。[2]

一九五九年十月，在國慶十周年紀念活動中，天安門廣場的擴建被視為十項巨大成就之一，其目的就是為了在數百名外賓的見證下震懾赫魯雪夫。事實上，解放後北京每年都有一座大型建築落成：一個嶄新的火車站在短短幾個月內完工，每天可接待二十萬名旅客。天安門廣場西側建起了人民大會堂，東側是中國歷史博物館。廣場中央樹立起一座高約三十七公尺的花崗岩方尖碑——人民英雄紀念碑。為了建這座紀念碑，拆毀了原來的中華門。

在國慶來臨之際，中國領導人向外國媒體吹噓說，北京已經興建了足夠多的新樓房，總面積達三十七平方公里，是二戰以來曼哈頓所有辦公大樓總面積的十四倍以上。[3] 然而，這不過是自我誇詡而已。北京成了一個巨大的波坦金村（Potemkin Village，意指專門用來給人虛假印象的建設和舉措），用來矇騙外國遊客。但是這樣的願景的確迷惑了不少黨員，大家都憧憬著北京的面貌發生翻天覆地的改變，那些難看的土房子和狹窄胡同裡的灰色磚房，最好一夜之間全被高聳入雲的摩天大廈所取代。政府制定了一個十年規劃，準備把老北京城全部拆毀，就連紫禁城也差點難逃厄運。[4] 首都成了一座大工地，數以萬計的房屋、辦公大樓和廠房遭到拆除，城市的上空整天飄揚著塵土，甚至一些剛剛建成不久的房子也被拆毀。駐北京的外國使館工作人員對此深感驚訝，有人評論道：「總的來說是一片混亂。」不僅如此，大多數新建工程都集中在天安門廣場附近，其他地方的工程則一拖再拖，最終不了了之。[5] 很常見的情況是，一樓、二樓的柱子和橫梁都完工了，可是因為材料短缺而停工，只留下房屋的骨架立在工地上，就像一座座荒廢的紀念碑。[6]

雖然大多數重要建築都趕在一九五九年十月的慶祝活動前完工了，但付出的代價也相當可觀。規劃者們在紙面上製造了一種秩序的假象，現實的工地卻一片混亂。作為「大躍進」的「貢獻」，劣質鋼材得以進入北京，被用來建設新的政治中心。人民大會堂所用的近一千七百噸鋼梁不是被壓彎，就是厚度不達標。天津生產的螺紋鋼因為強度不夠而不得不廢棄。工地上堆著成袋浪費的水泥，三分之一的建築設備經常性地出現故障。而且，即使是在首都北京，每天早上仍有四分之一的工人上班遲到，上了班也會想方設法偷懶，幹部們對此毫無辦法。一支來自溫州的木工隊有二十名木匠，花了三天時間安裝十五扇窗子，結果只有一扇裝得牢靠。[7]

一九五九年是建國十周年，不僅北京，全國都在大興土木，修建體育場、博物館、賓館和禮堂等國慶工程。哈爾濱投入五百萬元建了一座國慶飯店，造價超過北京飯店，同時又投入七百萬元興建了國慶體育館。天津也興建了一座可以容納八萬人的國慶體育場。太原、瀋陽等城市的體育場也相繼落成。江蘇則決定為慶祝國慶撥付兩千萬元專款。[8]

各地的獨裁者似乎都在極力模仿北京，想擁有自己的十大工程。北京的權力運作方式在各地得到廣泛複製，許多地方領導人都渴望成為當地的「小毛澤東」。此外，因為官員無須對老百姓負責，只須討好上級，所以他們更熱衷於宏大而浮華的政績工程，以便給上級留下治理有方的虛假印象。在甘肅的省會蘭州，張仲良也開始興建十大工程，但工程的規模很快就增加到十六個，包括人民大會堂（其規模正好設計為北京人民大會堂的一半）、人民廣場、火車東站、工人文化宮、少數民族文化宮、體育場、圖書館、一座豪華酒店以及省委、省人大的辦公樓、電視塔、中央公園等建築，總造價訂為一．六億元。為了修建這些工程，拆毀了上千間房屋，許多居民在寒冬中無家可歸。然而，工程的進度卻很慢。一九六〇年十二月張仲良下臺後，許多工程被叫停，市中心只剩下一片瓦礫。[9]為外國專家新建的友誼飯店已經完工，但由於設計時把客人的數量高估了三倍，最終一百七十名外國人人均住宿面積竟達六十平方公尺，而與此同時，無數農民卻正在城外凍死或餓死。蘇聯專家被召回後，整座大樓立即變得冷冷清清的。[10]

基層也不乏激進的幹部，渴望把人民公社改造成共產主義烏托邦。在劉少奇出生的湖南花明樓，黨委書記胡仁欽啟動了自己的十大工程，其中包括一個「豬城」，即一個沿著主幹道而建、綿延十公里的巨大豬舍。為了給「豬城」騰出空間，數百間房屋遭到拆毀。一九六一年四月，劉少奇曾到這裡視察。如上文所述，他只看到幾十頭瘦弱的豬，此外什麼都沒有。胡仁欽還在湖邊建起一座水榭以及一間接待大廳，以供來訪的官員參觀。在此期間，五十萬公斤糧食卻爛在田裡，無人收割。一九六〇年，當地一些生產大隊的死亡率高達百分之九。[11] 這種鋪張浪費的風氣在全國盛行。廣東的刁坊公社餓死許多人，可當地卻拆毀了八十多間民房，計畫用其木料和磚頭蓋一座可以容納一千五百人的人民大會堂。[12]

從一九五八年九月至一九六一年九月，北京用於基建的費用共為九百九十六億元，此外還投入了九十二億元用於修建居民住房。最終，大部分資金都被用作建設重大工程和政府大樓，受益者大多為黨員，而非普通老百姓。[13] 不僅如此，各地還常常將其他款項挪作建設資金。在貴州遵義，當地政府將大約四百萬元的國家補貼（包括扶貧款）用作基建，在城市裡蓋了許多樓房、歌舞廳、照相館和私人廁所等等建築，並為樓房安裝了電梯。桐梓縣則挪用六所中學的教育經費建了一座劇場。[14] 李富春曾提到，各地未經國家批准用作大興土木的費用高達幾十億元，他不禁感歎道：「農民吃不飽，我們還在搞大樓，共產黨員於心何忍！還有沒有共產黨員的味道？整天講群眾利益不是成了空話嗎？」[15]

❖

隨著財產私有制被廢除，以前屬於精英階層的私宅如今都被集體單位占用。這些房子雖然得以保留，但產權不再屬於任何個人，所以大家對房子裡的設施絲毫不加愛惜，時間一長便造成了巨大破壞。淮海中路一一五四至一一七〇號曾是上海最高檔的社區之一，一九五八年十一月，這裡被一家電力機械單位接管。還不到一年的時間，窗戶便被打破了，大理石和瓷磚也被砸碎了，昂貴的進口廚房設備、暖氣系統、冰箱以及衛生間裡的設施全被拆除，整個院子裡瀰漫著惡臭，垃圾散落了一地。被部隊占用的房子也同樣遭到破壞，例如汾陽路的一棟花園別墅被部隊接管後根本無人維護，未過多久樓梯便開始分崩離析，欄杆斷裂，煙囪傾塌，可移動的家具全部被盜，花園裡的樹木枯死，荷花池變成了臭氣熏天的沼澤。虹橋路的一棟別墅被空軍占用後，樓板被砸爛，水龍頭和電閘被拆掉，廁所裡糞便四溢。根據上海市房管局的一份報告，這樣的例子多得「數不勝數」。[16]

年久失修的房屋在全國普遍存在。在武漢，許多老房子遭到白蟻蛀食。僅車站街的一千多棟建築中，被白蟻侵襲的就有一半。位於仁和街十四號的居民樓被白蟻蛀蝕殆盡。漢口的香港銀行和上海銀行等地標性建築也面臨嚴重的蟲害。[17]

宗教場所也不例外。人民公社裡根本沒有宗教的地位：教堂、寺廟和清真寺都變成了車間、食堂和宿舍。在鄭州，天主教、新教、佛教和伊斯蘭教的二十七個禮拜場所中，有十八個被政府接管，另有六百八十個宗教團體的房產被沒收。一九六〇年，該市自豪地宣布，基督教和穆斯林信眾已從五千五百人減少到三百七十七人，所有十八位宗教領袖（另有三人已去世）全部參加了「生產勞動」。[18]

遭到破壞的還有歷史遺跡。在廣東曲江，唐代著名詩人張九齡的墓被社員挖壞，韶關一座明代的佛寺也遭拆毀，拆下的木料被當作建築材料。在廣州，林則徐在鴉片戰爭期間為抗擊英國人而修築的大炮也被炸毀，然後當作廢鐵投入熔爐。[19] 在四川都江堰，西元三世紀建造的水利工程和許多古代的寺廟被拆毀，或當作燃料燒掉。[20] 二王廟的文物眾多，周圍古木參天，一九五七年被宣布為歷史建築，幾年後卻部分被炸毀。[21] 在北方，長城遭到破壞，牆磚被當成建築材料，而明代陵墓的磚塊也在當地黨委書記的批准下遭到劫掠。埋葬永樂皇帝的東陵建有四十公尺長的城牆和九公尺高的陵墓，如今全被夷為平地，寶城的土被挖了數百立方公尺之多。這種破壞行為的理由是：磚頭是屬於人民的。[22]

北京的城牆也成了政府的眼中釘。那些曾經象徵著帝王氣派、覆蓋著藤蔓和灌木的高大城牆，如今被新政權視為落後的標誌。一九五八年一月，毛澤東在南寧會議上提出，北京的城牆應該拆掉。此後幾年裡，老北京的城門和城牆絕大部分都被拆除。其他城市也紛紛效仿，例如南京的部分城牆也被拆除，牆磚則被當作建築材料。[23]

❖

破壞最大的還是農村，而且一波接著一波。如前所述，在一九五八年初的積肥運動中，許多房屋被拆毀，一方面是為了給土壤增加養分，同時也用來燃燒，為徹夜深耕的農民照明。隨著人民公社的成立，私宅紛紛被占用，變成了辦公室、會議室、食堂、托兒所或幼兒園。為了給規劃中的新建築騰出空間，更多的老房子遭到拆除，拆下的磚頭、木料則被當作建新房的材料，但最終大多數新建築從未變成現實。在大煉鋼鐵運動中，各種金屬和木製品（如窗框和門把手等）被洗劫一空，連家裡的地板也被當作燃料焚燒。一九五九年夏，「大躍進」再次掀起高潮，各地挨家挨戶地尋找藏匿的糧食，就像搜查造反的武器一樣。民兵們經常破門而入，對牆和地面大肆破壞，甚至拆掉部分或整座房子。再後來，隨著饑荒的到來，農民開始主動拆房子，為的是用磚頭換取食物，或者用木頭燒火。房頂的茅草如果未被燒光，也會像牆上的石灰一樣，被農民吃掉。

跟強拆比起來，逼迫農民「自願」捐獻算是最溫和的做法了。在廣東新會的一個村子裡，為了建一所新學校，每家每戶必須捐三十塊磚頭。當地幹部還不斷向農民「借」各種建築材料，到最後連一座完整的房子都不剩了。[24] 有時候，村民會得到一些補償。在四川，有位大膽的村民提出用半間草屋換一個茶杯和一條毛巾，結果僅得到一個杯子，他的一個鄰居用四間房換了一個小臉盆。[25]

更多的時候，幹部們運用各種手段脅迫農民就範。一九五九年初，趙紫陽在廣東率先發起反對瞞產私分的運動，小到一粒花生，大到整座住宅，都可能被民兵沒收。[26] 在韶關的龍歸公社，黨委書記林建華宣布取消私有財產，隨後派民兵逐戶搜查。有一個生產大隊有八十五戶成員，被查封的房間和室外廁所即達五十六間。如果有人拒絕服從命令，就會遭到捆綁和毆打。[27]

農村遭受的損失無法估量。雖然各地的情況不盡相同，但總的來說，「大躍進」是人類歷史上迄今為止對財產最大規模的一次破壞行動。據粗略估計，全中國有百分之三十至四十的房屋變成了廢墟。一九五九年五月十一日，國家主席劉少奇根據自己對家鄉為期一個月的調查，給毛主席寫信道：「據省委同志說，湖南房屋被拆毀百分之四十，此外還被國家機關、企業和公社、大隊占用一部分。」[28]「大躍進」期間，湖南省餓死數百萬人，但居住空間並未因此增加。相反，全省平均每間房的人口數翻了一倍，有些人全家只能擠在衣櫃大小的房間裡。[29] 四川的情況更糟，許多人只能住在廁所裡，或寄居在別人家的屋簷下。西昌附近的鹽源是彝族聚居地。這些分散在山區的少數民族生活更悲慘，被國家徵用的房屋多達數千間：「據統計兩戶住一間房子的有一千一百四十七戶，三至四戶住一間的有六百二十九戶，四至五戶住一間的一百九十六戶，五戶以上住一間的有一百戶，甚至還有五對夫婦、十一戶人合住一間房的。」[30] 在一些災害最嚴重的縣，房屋被毀的比例高達百分之四十五至七十。[31]

許多人失去房屋後，從此遊蕩在社會邊緣，只能寄身在堆滿瓦礫的破爛棚子裡，甚至住在豬圈裡。一九六〇年至一九六一年的冬天，湖北黃岡的氣溫降到了冰點，但當地仍有約十萬戶家庭無家可歸，過半人口沒有柴火取暖，無數人只能穿著破衣爛衫抵抗嚴寒。[32]

❖

「大躍進」還導致一個特殊的受害群體無家可歸，那就是因水利工程而被迫拆遷的居民，其人數多達幾百萬，僅湖南一省即有五十多萬人被疏散。[33] 而像河南的三門峽水庫、浙江的新安江水庫和湖北的丹江口水庫這類大型工程，每次動遷的人數至少達到三十幾萬。[34] 一九六一年底，廣東湛江地區需要約三十萬所住宅才能安置被迫遷居的人口。[35]

大多數拆遷行動事先毫無規劃，而且沒有補償。湖南省岳陽縣因修建鐵山水庫，導致約二萬二千人失去家園。在那些即將被水淹沒的村莊，磚塊、家具、工具和牲畜全被政府徵用，用於在山上建立集體農場，流離失所的村民被迫搬遷到山上，無地可耕，與家鄉的一切聯繫都被切斷，生活十分悲慘，許多人後來又搬回山下居住。最終，水庫並未建成，大多數被疏散的村民決定重返家園，但以前的村莊早已變得空空如也，所有可移動的東西都不復存在了。村民們不得不住在臨時搭建的棚子裡，甚至寄身於廁所、豬圈或山洞裡，還有人被倒塌的山洞掩埋。許多人不得不靠乞討或偷竊來維持生計，並共用僅有的炊具，每月的口糧僅有十公斤。冬天來臨，大多數人卻沒有被褥、衣服或是毯子可避寒。[36]

無數人被迫拆遷後，只能四處遊蕩，有些人最終還是輾轉回到了家鄉。距北京城東北方向約一百公里有一處風景如畫的山谷，山坡上種滿了栗子樹、梨樹和蘋果樹。一九五八年九月至一九五九年六月，為了給新建的密雲水庫讓路，座落在這裡的約六十五個村莊被整體搬遷，五萬七千多人因此失去家園。不僅如此，當地幹部還趁機徵用了所有農具，甚至偷竊農民的家具，膽敢反抗者就會被關起來。最終只有四分之一的村民得到安置，但臨時居住地的條件極其惡劣，被大家稱作「豬圈」。

兩年之後，許多人仍然無家可歸，流落在縣城的各個角落。一九六一年三月，一千五百個家庭扶老攜幼，拖著破爛不堪的行李，帶著搶救出來的衣物，返回了家鄉。此時，水庫雖已建好，但還未蓄水，於是少數人回到原來的村莊，搭起臨時的土房子，或者乾脆睡在露天。[37] 這樣的難民在全國各地多達數百萬人。

❖

死者也要被迫遷墳。這種做法完全違背了根深柢固的習俗。中國各地都有複雜的喪葬和祭祖的習俗，表達了人們對死亡的重視。土葬是最主要的安葬方式，死者會被安置在其祖先世代居住的村落附近。人們認為祖先的亡靈和他們的後代之間彼此承擔著義務，活人必須滿足死者的特殊需求，所以在葬禮上要焚燒紙錢和各種紙紮的家具、房子等物品，以幫助死者在另一個世界安居。棺材必須密封，活著的人須定期掃墓，向祖先獻上食物等祭品。[38]

「大躍進」期間，這些傳統習俗仍有部分得到遵守。一方面，黨對民間宗教活動大肆譴責，稱其為迷信，可另一方面，一些地方幹部仍沉迷於昂貴的喪葬習俗。河北的一位叫李建劍的官員為了給外婆下葬，找來三十個吹鼓手，而且在食物匱乏的情況下，專門包下食堂，招待一百二十位客人喝酒抽菸。不僅如此，他還派人把五年前就已下葬的父母屍骸挖出來，用新棺材裝殮後重新安葬。北京某毛紡廠黨委副書記李永福在母親去世後，在戶外搭起帳篷，拉上電燈，供吹鼓手奏樂，還燒了一輛紙車、一頭紙牛和紙紮的民兵，甚至找來五個和尚念經。[39]

然而，很多墓地遭到了破壞，石頭和木材被徵用，甚至被當作肥料。在湖南，有些墓碑被拿去築壩，甚至有黨的積極分子以身作則，帶頭挖掉自己的祖墳。岳陽有數百座墳墓被毀，白骨露在棺材外面無人過問。[40] 魏叔在一次採訪中曾回憶四川農村扒墳的情景：你知道，死人的墳墓通常看起來像小山一樣。一九五八年，我們不得不把它們夷為平地，這是我們必須做的事情之一。晚上，我們奉命到處挖墳，把它們變成耕地。[41] 這樣的平墳運動在許多地方有計劃地展開，為的是將更多的土地開墾為農田。北京的火葬場在「大躍進」期間滿負荷運轉，光是一九五八年就火化了七千多具屍體，幾乎是一九五六年的三倍，是一九五二年的二十倍，其中三分之一是從墳裡挖出來的。[42]

但在農村，被挖出的屍體並非總能得到火化。國務院辦公廳編輯的一份內部出版物報導，山東牟平的幹部竟「把有些沒有腐爛的屍體拋在莊稼裡」當作肥料。一位下葬沒幾天的老太太被剝光衣服，赤身裸體地扔在路邊。[43]

這絕不是特例。黨員侯世祥在向陝西省軍區司令員彙報工作時說，他回到湖南澧縣的老家，發現很多棺材被挖出來，散落在田裡。棺材蓋被撬開，屍骸卻不見蹤影。幾天後，在一個下雨的午後，他發現當地副書記家的煙囪裡冒出縷縷炊煙，原來是在用四口大鍋熬煮屍體製作肥料。這些肥料後來被均勻地澆到田裡。[44]

21
自然

一八七〇年代，李希霍芬（Baron von Richthofen）來到大清帝國。他在遊記中說，中國北部地方樹木稀缺，到處是荒山野嶺。[1]如何在漫長而寒冷的冬天取暖，一直是中國人面臨的一大難題。北方的農民種植了大量玉米和高粱，這兩種植物的種子可以用來食用，而秸稈則當作燃料給炕加熱。[2]在一個林木資源匱乏的國家裡，人們不得不利用一切可以燃燒的東西，無論是木屑、樹枝、樹根還是刨花，都會被老人和小孩撿回家燒掉。

一九四九年後，中國的森林資源遭到進一步破壞，為了開墾或者尋找燃料和建材，樹木遭到無節制的砍伐。毛澤東認為，自然界與人類是對立的，需要發動群眾對其加以改造，並最終制伏這一對手。他認為，人類為了生存，必須與大自然進行不斷的鬥爭。作為唯意志論者，毛堅信人的意志和革命群眾的力量是無窮的，可以藉此徹底改變物質條件，克服一切困難實現共產主義。大自然是可以被重塑的，山丘可以被夷為平地，河流可以一寸一寸地被人為抬高。[3]毛宣稱，「大躍進」是「一場新的戰爭」，他號召人們「向自然界開火」。[4]

結果，「大躍進」造成林木資源的大面積枯竭。在大煉鋼鐵的運動中，到處建起小高爐，並砍伐樹木當作燃料。在湖南省宜章縣，山上本來覆蓋著鬱鬱蔥蔥的原始森林，可在「大躍進」中，樹木遭到大肆砍伐，有些地方甚至摧毀了三分之二的森林。到了一九五九年，當地只剩下光禿禿的荒山。[5] 在長沙以西的安化縣，整片整片的森林變成了一望無際的荒地。[6] 蘇聯的林業和土壤保護專家來到雲南和四川時，發現因為任意砍伐，森林裡時常發生山體滑坡。[7] 全國各地到處都在摧毀樹木，有些地方造成了無法恢復的損失。

更糟糕的是，對林木的破壞並未隨著煉鋼運動的結束而停止。隨之而來的大饑荒導致各類生活必需品的極度短缺，人們為了獲取燃料和木材，繼續對樹木大肆砍伐，而且集體化後，看護森林的責任變得模糊不清，偷砍林木反而變得更容易了。[8] 在乾旱的甘肅武都縣，「大躍進」前大約有七百六十人看護林木，到一九六二年只剩下約一百人。一九五七年，吉林省有二百四十七個林業站，集體化後只剩下八個。其他地方的情況也是如此。[9]

生產隊不僅無力制止農民破壞環境，而且往往參與其中。一九六一年三月，在北京郊外山區的延慶縣，有人路過四海公社的大門時，看到大約十八萬棵椴樹和桑樹遭到砍伐，只留下一、兩吋高的樹樁。這還只是兩個生產隊的工作成果。[10] 為了取暖，農民們不僅在寒冬中砍倒果樹。據北京林業局報告，昌平的一個村子砍掉了五萬棵蘋果樹、杏樹和核桃樹，有一個大隊用拖拉機將八十九萬株果樹和樹苗連根拔起作為燃料。[11] 許多公社甚至派出社員到其他公社的地盤上偷砍樹木，例如懷柔縣就派了上百名農民到延慶，在不到三週的時間裡砍掉了十八萬棵樹。[12] 在北京附近，鐵道兩旁的樹木全被砍光，僅大興縣沿線就砍了上萬棵。[13] 再往南去，甚至連電話杆也被砍下燒掉。[14] 在遙遠的甘肅，一個大隊毀掉了十二萬棵漆樹中的三分之二，使當地的經濟陷入困境，而另一個大隊則砍掉了百分之四十當地人賴以為生的茶油樹。[15]

有些迫切需要木頭取暖的農民，在砍光樹木後，甚至燒掉自己家的家具和房子。有人感歎道：「鍋底下的比鍋上面的還緊。」[16] 即使在遍布亞熱帶植物的廣東番禺，三分之二的家庭沒有燃料，有的連火柴都沒有。為了生火，人們只能向鄰居借火種。事實上，許多村子已經退回到原始的易貨經濟，而火就是最珍貴的商品之一。[17]

城市裡的樹木也遭到砍伐，但原因與農村不同。如前文所述，「大躍進」期間，許多公司企業無視實際需要，盲目擴大規模。如南京市商業局下屬的一個單位為了擴建，毀掉了一個栽有六千棵櫻桃樹、桃樹、石榴樹和梨樹的果園，可最終擴建計畫並未實現，這塊地就一直廢棄在那裡。這樣的破壞行為在南京很普遍。一九五八年底的調查顯示，全市有幾十家單位非法砍伐了七萬五千棵樹，其中大多是加工木材的工廠，有些單位甚至將木材拿到黑市上出售，以增加額外的收入。[18]

儘管政府定期開展植樹運動，試圖將荒野變成綠色，但這樣的努力總是因為各種原因（如大規模的饑荒、糟糕的規劃和政府權威的削弱等）而付之東流，剛剛種下的樹木很快就消失了。例如，一九五九年，北京派了數千人在十三陵水庫栽種了二千六百公頃風景林，但一年內就被當地的公社砍掉一半以上。在北京以外的地區，有三分之一到五分之四的植樹造林工程遭到破壞，而且一般離行政中心越遠的地方，破壞就越大。[19] 例如在黑龍江，新種植的防護林中，有三分之一的樹苗因管理不善而死亡。[20] 在湖北，為加固鄂城大壩而種植的一萬五千棵樹木，入土後即遭非法砍伐，雖然後來又進行了補種，但大多數樹苗種得東倒西歪，不久便枯死了。[21]

除了上述原因，還有許多林木毀於大火。「大躍進」期間，由於森林中的人類活動增多，而且管理不力，火災的發生率急劇上升。一九五八至一九五九年，湖南省發生了數千場大火，燒毀約五萬六千公頃森林。[22] 一九六二年春，在森林資源本就匱乏的陝西和甘肅兩省，二千四百場火災吞噬了約一萬五千多公頃森林。[23] 有些火災是意外，有些則是人為縱火，為的是製造肥料或者捕殺獵物。隨著火勢的蔓延和森林的消退，許多動物遭到屠殺，珍稀物種也不例外，如金絲猴、野象和黑貂等因此面臨滅絕的危險。[24]

在牧區，人們還用火來焚燒植被，開墾耕地。儘管如此，從全國來看，大多數地區的耕地面積實際上卻減少了。之所以如此，是因為大家相信集體化可以極大地提高生產力，所以不再需要那麼多耕地，只要保留三分之二就夠了。甘肅和寧夏開始大面積種植冬小麥，結果造成草場退化，加劇了沙漠化的危險。以寧夏的鹽池縣為例，「大躍進」期間，該縣砍掉高原上的牧草，把羊群趕到山上放牧，耕地面積因此增加了一倍，達到五萬公頃，可未過多久，縣城即被沙漠包圍。再如寧夏以西的柴達木盆地，這裡乾旱荒涼，遍地鹽鹼，四周高山聳立，氣候嚴寒，根本無法種植莊稼。可當地的公社為了開墾農田，竟然毀掉了十萬公頃的灌木和沙漠植被。最終，為了避免被流沙掩埋，一些集體農場不得不搬遷到異地。[25]

在大饑荒中毀掉的森林面積難以估算。[26] 在遼寧省的一些縣，被毀的防護林面積高達百分之七十。在河南省東部，百分之八十的防護林消失了。僅開封一地，就有約二萬七千公頃因失去林木保護而被沙土覆蓋。[27] 在從新疆直到山西的西北地方，五分之一的林木遭到砍伐。[28] 湖南全省的林木損失過半。[29]在廣東，近三分之一的樹木消失。[30]研究饑荒問題的專家佘習廣稱，當時全國有百分之八十的森林化為烏有。[31]實際情況可能沒有這麼嚴重，但各地的破壞程度不盡相同，而且即使檔案中的統計數字，也可能由於政治因素的干擾而不能反應真實的情況。但有一點可以肯定，無論是南方的竹林，還是北方的高山草甸或冷杉松林，都從未遭受過如此大規模的摧毀，而且持續的時間如此之久，破壞的力度如此之大。

❖

一九五九年初夏，河北的上空烏雲密布，雷雨大作。隨著雨量有增無減，排水系統被淤泥、樹葉和排泄物堵塞，導致街道被淹，首都以北地區遭受了水災。暴雨摧毀了農民的土房和田地，街道上覆蓋著淤泥，堆滿了各種垃圾。僅通州一地即有三分之一的農民受災，房屋倒塌，莊稼被毀，動物也被淹死。[32]不僅是河北，廣東也降下暴雨，北方沿海地區同時遭到颱風襲擊，湖北則因天氣變化出現幾十年來最嚴重的旱災。[33]這些自然災害對經濟影響巨大，因此引起中共領導層的關注。領導層趁機把經濟的挫折歸咎於天災，但對天災所占的比重卻產生了爭論。劉少奇公開宣稱，生產中出現的困難是「三分天災，七分人禍」，這句話後來給他招來了麻煩。

事實上，劉少奇的說法並非罕見，而且這種解釋將人與自然完全分開，恰恰是導致中國環境惡化的思想根源。[34]事實表明，人和自然兩種因素互相交織在一起，無法截然分離。一九六〇年夏，一個調查小組再次來到通州，發現當地的災民幾乎無人過問，普遍缺衣少食，流離失所。[35]應對災害的傳統機制（如私人捐助、政府救濟、災民互助、家庭積蓄和異地遷徙等等），在集體化後都不再奏效，水災的影響因此比以往更嚴重、更持久。但這一切都不能解釋為什麼通州的水患如此嚴重，難道僅僅因為降雨量特別多？直到一九六二年，劉少奇在一次有上千名高級幹部參加的會議上發表講話，這才揭露了通州水災的真實原因。當時的政治氣氛有所鬆動，國家水利局開始調查「大躍進」對水利系統的影響，通州受到特別關注。調查的結論是：在一九五七至一九五八年的興修水利運動中，許多考慮不周的灌溉工程匆匆上馬，擾亂了自然水系的平衡，再加上農業規模的急速擴張，導致大量地表水被迫流入地下，總量超過歷史上任何時期。一九五九年通州連降暴雨，降水無處排遣，結果淹沒了田地和村莊。[36]

同樣的情況在全國各地都有發生。一九六一年七月，河北滄州遭受颱風襲擊，損失慘重，近一半的耕地被淹。省委立即派出一支由二十四人組成的工作隊來到災區。他們在那裡待了十天，大家很快就發現，「大躍進」以來修建的灌溉工程破壞了天然的排水系統，是那些設計不當的水庫和溝渠造成了這場災難。而耕地面積的擴張則令情況變得更糟，原本順應地勢開墾出的小塊不規則的耕地，如今被大面積的方塊田取代，積水無法排遣，就連從未遭受過水災的村莊現在也被水淹沒了，甚至有人被坍塌的土屋和石頭屋頂壓在下面。正如工作隊所指出的，過去的政策讓自然和人都付出了代價，一切都「瘦了」：「人瘦，地瘦，畜瘦，房子瘦」。[37]

通州和滄州的情況在文件中有較詳細的紀錄，但更大規模的饑荒則發生在淮河和黃河沿線：一九六一年九月，胡耀邦花了一個月的時間巡視遭受水災的地區。從河南商丘到山東濟寧，從安徽阜陽到江蘇徐州，總路程達到約一千八百公里。大饑荒中死亡率達到百分之十或更高的地方，大多集中在這兩個地區，其中一些地名（如鳳陽、阜陽和濟寧），從此成為大饑荒的代名詞。胡耀邦首先觀察到的是，那年秋天的雨水並不是特別多，而在鳳陽等受災最嚴重的縣，「降雨量基本正常」。進一步的調查顯示，這些地區之所以水位高達七百毫米，主要原因是一九五七年秋季以來實施的水利工程規模浩大，龐大的灌溉網路把水困在其中，經過長期淤積，「管道變成了搗地成海的惡龍」，以致降雨量只要超過三百毫米，就會造成毀滅性的水災。當地的農民對過去幾年來修建的運河和水渠深惡痛絕，認為它們是造成水災的主要原因。不過，胡耀邦注意到，「有的同志很老實，正在實實在在的接受這個教訓。但是也有一些同志說得很含糊，甚至硬說成是天災。」[38]

事實證明，全國數以億計的農民花費了無數人力和物力修建的灌溉工程，在很大程度上是無用的，甚至是危險的。許多工程違反了自然規律，造成水土流失、山體滑坡和河道淤積。上文提到，在湖南這個土壤肥沃、地形豐富的省分，鬱鬱蔥蔥的山林如何毀於大煉鋼鐵的運動。失去樹木庇護的山體被洪水沖刷得面目全非，而森林蓄水能力的下降，更使自然災害的破壞程度成倍增加。大型灌溉工程破壞了水的自然流動，無數中小規模的堤壩、涵洞、水庫和灌溉渠道則令情況雪上加霜。沉澱物不斷堆積，使湖南各地的河床平均抬高了八十公分，最終河水溢出，淹沒了附近的村莊。[39]

有些地方為了應對糧食短缺而決定開墾新的耕地，結果反而進一步破壞了自然環境。如湖南省新開墾了十幾萬公頃的土地，其中大部分位於陡峭的山坡上。一到下雨天，土壤被水沖刷到新修的水庫裡，堵住了水庫的排水口。一九六二年五月，隆回的一個小隊在山坡上開墾了十公頃荒地，結果暴雨沖刷下的淤泥堵塞了三十個水庫和五條道路。[40]

各種物資的短缺形成了惡性循環。在一九五八年的「大躍進」中，因為浪費了大量化肥，土地變得貧瘠不堪，稻田之間的田埂遭到破壞，秧苗隨處亂種，而且農民不得不聽任幹部指揮，頻繁更換莊稼的品種。「密植」和「深耕」進一步耗盡了地力，過去一塊田經過精心澆溉，水分可以涵養四到五天，但到了一九六二年，不到七十二小時水分便全部滲入土中，灌溉所需的用水量翻了一倍多。[41]湖南省水利廳經調查發現，全省約有五萬七千多平方公里的水土流失，其中包括該省瀕臨長江的大部分地區，以及湘江、資江和沅江流域四分之一到三分之一的土地面積，而且多達一半的水土保持設施因泥沙淤積而失效，或被洪水沖毀。大興水利灌溉工程的結果，是導致全省的水土流失量增加了百分之五十。[42]

眾多新修的水利工程，事先未作細緻規劃，也不聽取專家的意見，任由當地幹部驅使飢餓的農民隨意施工，因此工程品質大多堪憂。至大饑荒結束時，湖南省一半以上的水泵無法正常運轉，許多已經徹底壞了，還有些必須隨時有人在旁看守才能工作。[43]在衡陽地區，有三分之二的中型水庫和三分之一的小型堤壩出現漏水或滲水的現象。[44]全省新建的所有中型水庫中，有十分之一被判定為完全作廢，建到一半就廢棄了。十座大型水庫沒有一座能發揮顯著功能，雖然把大塊的耕地合併到了一起，但實際灌溉的面積非常有限，那些為了修建水庫而被迫拆遷的居民因此非常氣憤。[45]不僅如此，因為使用了劣質材料，許多水庫在蓄水後，甚至被水庫內的波浪沖出深達五十至七十公分的溝槽。[46] 而且還有飢餓的農民在水庫附近用炸藥捕魚，威脅到建築的安全。[47]

湖南的情況並非特例。一九五九年，中央認定全國出現了重大旱災。在與湖南比鄰的湖北省，欲借長江緩解旱情，卻發現新修的水閘中，有超過四分之三建得過高，根本無法調長江水澆灌龜裂的田地，或供人和牲畜飲用。[48] 在監利和荊州之間長達一百公里的範圍，飽受乾旱之苦的農民不得不在堤壩上打洞，以便把江水引入田裡，孰料後來天降暴雨，江水灌進洞裡，淹沒了農田。[49] 至一九六一年，湖北全省約有四十萬座小型水庫亟待修繕，其中近三分之一要麼坍塌，要麼被淤泥堵塞或者乾裂滲水。[50]

「大躍進」期間，大型水利工程在全國各地如雨後春筍般湧現。一九五七年前，湖北全省只有幾十座水庫，一九五七年後陡增到五百餘座。這些水庫完工後，通常即由當地的公社負責運轉。然而，由於缺乏管理，許多堤壩的石頭被人搬走，水庫裡淤積的泥沙無人清理，還有農民在壩上打洞，甚至搭建牛棚和豬圈。因為無人值守，有些閘口的橡膠密封圈被人剪斷，通訊設備也被盜走。[51] 結果，到一九六一年時，這些由政府強徵數百萬農民、付出巨大努力修建的灌溉工程所能灌溉的耕地面積竟不足一百萬公頃，甚至遠低於一九五七年的兩百萬公頃。[52] 湖南的情況略微好些，全省耕地灌溉面積從一九五七的二百六十六萬公頃增加到一九六二年的兩百六十八萬公頃，提高了不到百分之一。[53]

許多地方的水壩沒有修洩洪道，而且使用的是劣質材料，建造時也未考慮當地的地質情況，因此建成之後不久就倒塌了。廣東潮安縣鳳凰地區的水庫於一九六〇年坍塌，東興縣的黃淡水庫也於同一年倒塌，這兩座都是大型水庫。其他如靈山、惠陽和饒平等地的中小型水庫也同樣坍塌了。[54] 全國範圍有一百一十五座大型水庫在雨季根本無法抵擋洪水，占全國水庫總數的百分之三十八。[55]根據中央的一份報告，一九六〇年有三座大型水庫、九座中型水庫和二百二十三座小型水庫因品質太差而坍塌。[56]

許多用土砌成的的水壩很快就倒塌了，而有些水庫則成了定時炸彈，數十年來隨時可能發生危險，河南駐馬店的板橋水庫和石漫灘水庫就是這樣。這兩座水壩是在一九五七年至一九五九年的「治淮」運動中修建的。一九七五年八月，一場颱風襲擊了駐馬店，造成兩座水壩垮塌，約二十三萬人被淹。[57]至一九八〇年，河南省約有兩千九百七十六座水壩坍塌。該省水利廳廳長提到「大躍進」時說：「那個年代拉的屎，直到現在還沒有擦乾淨。」[58]

❖

人類對自然的干擾加劇了農田的鹽鹼化。這種現象通常見於北方半乾旱的平原，由於降雨量少，耕地在灌溉之後，水中的可溶性鹽分會積聚在土壤裡，從而嚴重降低土壤的肥力。「大躍進」期間，華北平原實施的大規模灌溉計畫造成了災難性的後果。在河南，一百萬公頃耕地中約有三分之二變成了鹽鹼地。[59]在北京及周邊的郊區，當地水利局調查後發現，土壤鹼化面積增加了一倍，達到百分之十。[60]沿海地區的鹽鹼化也一樣嚴重，因為「大躍進」期間，各地幹部為了向上級表功，匆匆展開許多灌溉工程，結果造成海水倒灌，使大片土地變成了鹽鹼地。河北有一個公社，距離海邊約二十公里。這裡的農田原本是按照地勢的高低開墾出來的，可是「大躍進」中卻硬是把土地鏟平，形成大塊大塊的方形，然後在中間挖出縱橫相間的灌溉溝渠，最終導致土地鹼化的比例增加了一倍，農作物產量急劇下降。[61] 而河北全省的鹽鹼地面積總共增加了一百五十萬公頃。[62]

河北並非個例。劉建勳在一份關於鹽鹼化的報告中指出，河南北部許多縣的鹽鹼化程度翻了一倍，達到全省耕地面積的百分之二十八。[63] 胡耀邦在視察黃河沿岸地區時，發現山東有些縣修建了大型水利工程後，鹽鹼地的比例從原來的百分之八提高到了百分之二十四。[64] 一份關於山東北部和西部地區的詳細報告表明，至一九六二年，這兩個地區的平均土地鹼化率自「大躍進」以來增加了一倍，已經超過了百分之二十，而惠民地區竟有一半耕地發生了鹽鹼化，其原因正是因為「這幾年來發展水利灌溉，打亂了過去的自然排水系統」。[65] 目前尚不清楚大饑荒期間，全國到底有多少土地出現了鹽鹼化，但極有可能已經達到了全部耕地的百分之十到十五。

❖

雖然沒有全國或者各省的資料，但事實表明，空氣和水也受到了相當程度的汙染。那時的中國還沒有汙水處理廠，生活汙水和工業汙水全部直接排入河中。這個農業國家立志要變為工業強國，並領導社會主義陣營征服全世界。結果，苯酚、氰化物、砷、氟化物、硝酸鹽和硫酸鹽等汙染物的排放量開始激增。苯酚是一種常見的汙染物，每升飲用水中苯酚的含量不宜超過〇・〇〇一毫克，養殖魚類的水中苯酚含量則不宜超過每公升〇・〇一毫克。然而，流經東北重工業地區的松花江和牡丹江的水中，苯酚含量卻高達每公升二至二十四毫克。之前一直在江中生活繁衍的鯉魚、鯰魚和鱘魚，如今完全不見蹤跡。嫩江是松花江的一條主要支流。一九五九年春，漁民們在一百五十公里長的嫩江上，用不到一天的時間就清理了約六百噸死魚，而在遼寧、撫順和瀋陽等工業城市附近的河流中，魚類早已絕跡。在大連附近的沿海地區，以前每年常能收穫二十噸左右的海參，但在「大躍進」期間，海參也消失了。[66] 國務院的一份報告中提到，鞍山鋼鐵廠排放了大量廢水，附近的河裡瀰漫著一股汽油味，黏滑的水面上漂浮著無數肚皮朝天的死魚。[67]

在黑龍江的佳木斯，造紙廠向河中排放的大量鹼性廢水，甚至腐蝕了船的底部，而用被汙染的河水生產出的紙張，品質自然也很差。從上海到杭州沿線的工廠也莫不如此。在各類汙染企業中，石油公司是罪魁禍首，茂名一家煉油廠每年向河中排放的煤油竟多達二萬四千噸。事實上，這些汙水中包含了不少稀缺資源。例如，據國務院估算，瀋陽冶煉廠只須將廢水回收利用，每年即可節約二百四十噸銅和五百九十噸硫酸。[68]

當時的中國，很少有人比較過「大躍進」前後的汙染狀況，但有一個案例頗能說明問題。蘭州是西北地方的工業中心城市。一九五七年，該市的皮革廠、針織廠、造紙廠和化工廠每天產生的廢水大約為一千六百八十噸。一九五九年，這個數字陡然飆升到一萬二千七百五十噸，而流經蘭州的黃河也遭受汙染，水中汙染物的含量竟是衛生部允許的八倍。在進入華北平原之前，黃河緩慢地穿過內蒙古的沙漠和草場。通過無數灌溉管道，水中的汙染物滲透進了沿河地區的土壤中。[69]

被汙染的河水還會令人中毒。在北方，居住在鋼鐵廠附近的工人不得不長年忍受慢性中毒的痛苦。在山東淄博，上百名農民因為飲用水被上游一家製藥廠汙染而生病。[70] 在南京，一家僅有二百七十五名工人的工廠，每天卻能產生八十至九十噸含有放射性物質的汙水，而且所有汙水未經處理就直接排入下水道，最終流入秦淮河。秦淮河因此變成了汙水池，而且地下水也受到汙染，工廠附近的井水甚至變成了紅色或綠色，令當地居民無法用其淘米。[71] 在上海，寶山鋼鐵廠產生的廢水滲入工人的宿舍，而宿舍外面則堆滿了廢料，工人們不得不爬過一堆堆垃圾，才能進入宿舍。[72] 上海每天產生的礦渣多達二十五萬噸，但由此造成的汙染卻很少受到關注。[73]

關於空氣品質的監測，要比水文資料少得多，因為大家普遍認為水比空氣更珍貴。但有一項研究顯示，上海的化工廠在生產磷肥的過程中，每天形成的硫酸霧竟達二十噸之多。[74]

❖

還有一些工廠生產的殺蟲劑，對動物、人、土壤和空氣都造成了汙染。僅上海一地就生產了數千噸的敵百蟲（Dipterex）、滴滴涕（DDT）和蟲必死（BHC）。BHC在中國俗稱「六六六」，是一種劇毒的農用化學品，在土壤中降解非常緩慢。[75] 殺蟲劑對牲畜、耕地和水產品的影響眾所周知，但在饑荒中，一些農民為了尋找食物，竟用農藥來捕捉魚、鳥和其他動物，從而使化學毒劑透過動物傳播到遠離鄉村的地方。在湖北，有農民用俗稱一六〇五、一〇五九以及三九一一的殺蟲劑捕捉鴨子，然後賣到城裡，造成沙口數十名食客中毒，甚至有人死亡。饑腸轆轆的農民還會在池塘、湖泊中投放化學藥品，以毒死水中的野生動物，有些地方的水因此變成綠色，魚類全部中毒而死。[76]

「大躍進」中還一度流行用群眾運動的方式消滅害蟲。毛澤東深信只要動員群眾的力量就可以征服自然。一九五八年，他號召全國人民一起動手，消滅老鼠、蒼蠅、蚊子和麻雀。麻雀之所以成為眾矢之的，是因為牠們偷吃莊稼，掠奪了人民群眾的勞動果實。這場針對麻省的全民戰爭是「大躍進」中最為離奇的事件之一，對生態環境造成了巨大的破壞。為了確保麻雀無處可逃，全國各地常常同時行動。城裡的人爬上屋頂，農民則分散到各個山坡，或者爬上樹頂。大家不停地敲鑼打鼓、砸鍋擊盆，嚇得麻雀不停地飛來飛去，直到精疲力竭，從空中墜落到地上。還有無數麻雀在飛行時被擊落，鳥蛋被打碎，鳥巢也被搗毀。

蘇聯專家米哈伊爾・克洛奇科曾在北京親眼見證了這種戰鬥。一天清晨，他被一個女人的尖叫聲驚醒。只見這個女人在旅館旁邊的樓頂上來回奔跑，隨後一陣鼓響，她開始瘋狂地揮舞著綁在竹竿上的床單。整整三天，旅館裡的工作人員從服務員到翻譯員，全得參加消滅麻雀的運動，甚至連兒童也拿著彈弓，向所有會飛的動物射擊。[77]

事故時有發生，常有人從樓頂、電線杆或者梯子上摔下來。在南京，李浩東爬上一棟教學樓的樓頂，想去掏鳥窩，結果失足摔下三樓。一名叫何德鄰的幹部在揮舞床單嚇唬麻雀時，腳下一絆從樓頂摔下，造成脊椎斷裂。還有人用槍打鳥，也發生了意外。在南京，僅兩天時間就消耗了約三百三十公斤火藥，足見消滅麻雀的運動規模之大。然而，這場運動的受害者並非只有麻雀，所有長羽毛的動物都可能成為槍靶，還有許多動物因食用帶有農藥的毒餌而死，包括狼、兔子、蛇、羊、雞、鴨、狗和鴿子等等，生態環境蒙受了巨大破壞。[78]

至於到底有多少卑微的麻雀成為這場運動的犧牲品，我們找不到任何可靠的數字。有些統計貌似精確，但恰恰反映出這場運動的浮誇本質。例如，上海市報告，在一次消滅害蟲的運動中，總共消滅了四萬八千六百九十五・四九公斤蒼蠅、九十三萬零四百八十六隻老鼠、一千二百一十三・零五公斤蟑螂和一百三十六萬七千四百四十隻麻雀，至於到底有多少人為了獲得獎勵而偷偷飼養蒼蠅或蟑螂，那就不得而知了。[79] 總之，經過這場運動，麻雀差不多被趕盡殺絕，此後幾年內都很少見到。直到一九六〇年四月，決策者們了解到麻雀也是吃害蟲的，這才把牠從要消滅的名單中去掉，並以臭蟲取而代之。[80]

然而為時已晚。一九五八年後，因為麻雀被消滅，各地蟲害日益嚴重，毀掉了相當數量的莊稼。最可怕的是成群結隊的蝗蟲，所到之處顆粒不剩。一九六一年夏，湖北發生旱災，同時遭遇蝗蟲，孝感有一萬三千多公頃農田被吞噬，荊州有五萬多公頃莊稼被毀，宜昌損失了一半的棉花，全省約有百分之十五的水稻受損。[81] 一九六〇年秋，南京周邊地區在消滅了麻雀之後，約有百分之六十的農田遭受蟲害，導致蔬菜產量嚴重下滑。[82] 一九六〇年，浙江因噴鼻蛾、葉蟬、粉紅鈴蟲和紅蜘蛛等蟲害，損失糧食達五十萬至七十五萬噸，約占全省糧食總產量的十分之一。與此同時，殺蟲劑的供應卻出現緊缺。在一九五八至五九年的「大躍進」中，為了提高糧食產量，全國浪費了大量農藥，結果到了一九六〇年，當蟲害肆掠時，殺蟲劑也像其他商品一樣全面缺貨。[83]

在對大自然發動的這場戰爭中，各種因素綜合在一起，令所謂「自然災害」的破壞性成倍增強：「大煉鋼鐵」致使森林遭到砍伐，並導致水土流失，而大規模的灌溉工程進一步打亂了生態平衡，加劇了洪水和乾旱的危害，並為蝗蟲的繁殖提供了有利條件：乾旱消滅了蝗蟲的競爭對手，而暴雨則使牠們比其他昆蟲孵化得更快。再加上麻雀幾近絕跡，殺蟲劑也用錯了地方，蝗蟲得以肆無忌憚地摧毀了僅剩的那麼點莊稼。

毛澤東敗給了大自然。「大躍進」打破了人與環境的微妙平衡，最終奪去了無數人的生命。

第四部

★

活命

Survival

22 饑荒中的盛宴

共產主義一貫宣揚平等，但在現實中，所有共產主義國家都建有嚴格的等級制度。之所以如此，原因之一是這些國家始終生活在對敵人的恐懼之中——有些敵人是真實存在的，有些則是想像出來的，而參照軍事管理制定的等級制，恰恰可以保證下級絕對服從上級的命令，每個官員都是上級的鐵砧，是下級的鐵錘。[1] 另一個原因是，在命令經濟下，商品和資源是根據需要而非需求進行分配的，而在黨看來，不管是為了抵禦帝國主義還是建設共產主義，不同群體的需要總是有輕重緩急之分的。中華人民共和國為此建立了一套戶籍制度，來決定如何向不同的群體分配食品、商品和其他各類資源。這套戶籍制度於一九五一年開始在城市實行，一九五五年推廣到農村，一九五八年被寫入法律——當時大批農民正被迫加入人民公社。中國的戶籍制度類似於一九三二年十二月蘇聯開始實行的國內護照，把全國人口分成兩大類：城鎮居民和農民。[2] 一個人的戶籍性質是由母親決定的，這意味著即使農村的女孩嫁到了城裡，她和她的孩子仍然是農民。

戶籍制度是保證計劃經濟得以實行的關鍵。由於國家負責商品的分配，它必須大致了解不同經濟部門的需要，而戶籍制度正可確保國家精心制定的生產和分配計畫，不會因人口的隨意流動而受到干擾。與此同時，戶籍制度還可將農民與土地捆綁在一起，使他們成為人民公社的廉價勞動力，並透過農業生產為工業發展提供資金。從此以後，農民被剝奪了城市居民在住房、食物、醫療和教育等方面享有的優待，農村的殘疾人也得不到任何福利，而且這種不平等會隨農村戶籍世代相傳。發生饑荒時，農民也休想得到國家的救濟，只能自生自滅。

不僅城市與農村之間有一道無形的壁壘，而且普通群眾和黨員之間也存在待遇上的差別。至於黨員內部，則像軍隊一樣遵循一套複雜的等級制度，每個人享有的特權大小都由各自所處的級別決定。糧食、糖、食用油、肉、家禽、魚和水果的配額、各種耐用品的品質、住房的大小、醫療保健的品質、獲取資訊的多少，甚至連香菸的品牌都因級別的不同而存在差異。一九六二年，廣州省八至九級的幹部每月能分到兩條普通香菸，四至七級幹部能分到兩條品質較好的香菸，而三級幹部（包括高級知識分子、藝術家、科學家和黨的領導）則可分到三條品質上乘的香菸。[3]

黨的高級領導人們都分配了獨立住宅，有高牆包圍，二十四小時警衛，配備專車接送。還有專門的商店為他們及家人提供低價的稀缺商品，並有專門的農場為其生產高品質的蔬菜、豬肉、雞肉和雞蛋，而且這些食物在送達中央和各省領導之前，都要經過新鮮度的挑選和毒物檢測，並由專人取樣試吃。[4] 位居眾人之上的當然是毛澤東。他住在紫禁城附近的中南海，光臥室就有宴會廳那麼大，而且各省及各主要城市都建有他的豪華別墅，全年配有司機和服務員，供他隨到隨用。[5] 處於這個等級社會最底層的，則是勞改營裡的數百萬囚徒。從嚴寒的東北平原到甘肅的荒漠，他們忍受著艱苦的生存環境，每天被迫砸石頭、挖煤、搬磚或犁地，長年累月地從事繁重的體力勞動，得不到任何法律的保護。

❖

隨著饑荒的持續，特權階層的人數不斷膨脹。「大躍進」期間，中共內部雖然經歷了數次政治清洗，但黨員的總人數仍增加近半，從一九五八年的一千二百四十五萬增加到一九六一年的一千七百三十八萬。[6] 即使身處饑荒之中，黨員們仍然深諳享受之道，辦法之一即是頻繁參加會議，因為會議上的一切食宿皆由國家免費供給。一九五八年，約有五萬名官員來到上海參加各類會議，而一九六〇年，這個數字增加了一倍，達到十萬人。與會的官員們住在國營賓館裡，還可享受免費的食物。他們最喜歡去的地方是東湖賓館，這裡曾是黑幫大佬杜月笙的舊居，不僅菜餚精緻，就連廁所裡都噴了香水，而且對住宿的客人一切服務都不收費，有些會議在這裡一開就是好幾個月。一九六〇年，平均每天都有一場高級會議在上海召開，上海市政府為此花了許多錢。[7]

沒有機會去外地開會的基層幹部，就在各自的地盤上以各種名目召開會議，藉此機會大吃大喝。在饑荒頗為嚴重的貴州省納雍縣，二百六十名幹部開了四天會，總共消耗了二百一十公斤牛肉、五百公斤豬肉、六百八十隻雞、四十公斤火腿、一百三十公升酒、七十九條菸以及成堆的糖和糕點。此外，當地政府還為這次會議特地訂購了高級毛毯、豪華枕頭、香皂和其他物品。一九六〇年底，北京一家汽車廠八次到高級賓館招待客人，總共消費了六千多元。[8] 除了參加會議，幹部們享受的另一個藉口是召開產品試吃會。一九六〇年三月的一天，二十多名幹部在遼寧省營口市召開了一上午的會議，會議內容是試吃當地的土特產品，包括香菸、肉罐頭、水果和餅乾等，大家一邊吃還一邊喝著米酒，有三名幹部最後因為吃得太撐而嘔吐。[9]

❖

幹部們還喜歡公費旅遊。一九六〇年二月，約二百五十名幹部登上一艘豪華遊輪暢遊長江。他們大部分時間都在船上一邊品嘗美味佳餚，一邊欣賞兩岸的風光，中途偶爾會下船參觀景點，一路上拍攝了上百筒膠捲。船艙內香氣撲鼻，穿著制服和高跟鞋的女服務員來來往往，奉上一盤盤精美的菜餚，還有樂隊在一旁助興。這一趟二十五日的航行代價不菲，光是燃料和工作人員的開支就花了三萬六千元，此外還有五噸的肉和魚，以及數不清的菸和酒。可以想像，這艘燈紅酒綠的遊輪，在月夜中一定分外耀眼，幹部們在船上推杯換盞，江面上迴響著他們的歡聲笑語，四周則是如畫的美景和遍地的餓殍。[10]

❖

大饑荒期間，不管是城市還是鄉村，老百姓對黨員幹部大吃大喝的作風無不憤恨，大家常把幹部比作《西遊記》裡那個懶惰貪吃又好色的豬八戒。[11] 但吃喝之風並非只在黨內存在，普通群眾也會尋找機會大吃大喝，特別是公共食堂的職員，常會利用職務之便偷吃食物。例如，在河南省鄭州市的一家棉紡廠，職工食堂的負責人和工作人員經常把儲藏室的食物占為己有，有個廚師一天之內竟然吃掉二十個鹹鴨蛋，還有人吃了幾公斤的肉罐頭。食堂的工作人員白天吃的是肉、魚和蔬菜，晚上吃的是麵條和油餅，而普通工人一日三餐卻只有稀粥，偶爾有些乾飯或饅頭，許多人餓得沒勁幹活。[12]

農民們也並非坐以待斃。在廣東的一個公社，眼看幹部們在慶祝豐收的酒席上吃光了公社三分之二的豬，農民們憤憤地說：「你們幹部明偷，我們社員暗偷。」[13] 一九五八年，全國各地的農民出於對集體化的抵抗，紛紛宰殺自家養的家禽和牲畜。在恐懼和流言的裹挾下，大家互相效仿，有些人吃掉自己養的動物，有些人把肉儲藏起來，有些人則把動物拿到黑市上賣掉，總之就是不願交給集體。如上文提到，廣東省東北部一個叫胡永明的農民，和家人一起有計劃地吃光了自己養的所有牲畜，包括四隻雞、三隻鴨、幾條狗和一隻貓。[14]

即使在一九五八年後，有些農民仍會想方設法偶爾吃上一頓好的，幹部們有時也會默許農民這麼做。廣東省羅定縣在大饑荒中是重災區，但即便如此，一九五九年七月一日，當地仍有一個大隊以慶祝黨的生日為由，給每家每戶分了四隻鴨子。[15] 在一九六一年的春節，湛江地區的農民因為沒有豬肉包餃子，憤而宰殺了數千頭耕牛，廣東其他地區的農民也以這一方式進行了反抗。[16]

由於政府隨意徵用個人財產，而且通貨膨脹嚴重，許多人認為存錢沒有意義，還不如吃了划算。家住番禺的陳六姑是個節儉的老太太，平日裡靠省吃儉用存了三百元。一九五九年初夏，她卻在一家飯店裡大肆揮霍，請十個人吃魚湯。她說：「現在存錢無用處，留下百多給母親做棺材就行了。」[17]

一九五九年，居住在北京的外國人發現，一些平時冷冷清清的飯店竟變得生意興隆，原因是居民們聽說要成立城市人民公社，因此爭相變賣家具，有了錢之後都湧向飯店大快朵頤。[18]

還有些人能夠吃飽飯，是因為所在工作單位的領導利用廣泛的人脈資源，為自己的單位儲存了豐富的食物。在大饑荒中，這些單位的食堂簡直堪比天堂。例如上海徐匯區的一些食堂，不僅裝上了當時很少見的玻璃門和日光燈，有些還安裝了收音機，普陀區的一家食堂甚至修了個金魚池。[19] 與此同時，由於監管不力，有些工人也會投機取巧填飽肚皮。河北的一項調查顯示，工人們有時會在一個食堂吃完，再換一家食堂接著吃。浪費的現象也很嚴重。調查人員在其中一個食堂發現，工人們每次都打很多飯菜，吃不完就堆在桌上或掉在地上。每次用餐結束後，剩飯剩菜可以裝滿三、四個臉盆，每個臉盆足有五公斤重。還有些工人把吃不完的食物帶回宿舍，最後大多也是浪費掉，麵團和米糊黏在宿舍的地上，任人踩踏。[20] 在北京城外的石景山，工人們吃包子時，只吃餡不吃皮。[21] 在規模龐大的上海機械廠，食堂淘米時極為粗心，每天都能從下水道裡掏出幾公斤米用來餵豬。上夜班的工人因為無人監管，不僅可以敞開肚皮吃，而且比賽誰吃得多，獲勝者竟然一次吃了兩公斤米飯。[22]

23 形形色色的交易

「大饑荒」中，計劃經濟的分配制度遭到顛覆，而且無論其社會地位如何，幾乎每個人都在自身利益的驅使下參與其中，這與中共試圖消滅私欲的初衷恰恰背道而馳。隨著饑荒的發展，普通人不得不靠欺瞞哄騙等手段與國家「鬥智鬥勇」，以求生存。

然而，沒有人能夠獨自與整個體制抗衡。障礙無處不在，不管是傳達室的門衛，還是火車站的售票員，每個人都是這個制度的一部分，而且規章制度多如牛毛，即使是小小的芝麻官也會利用手中的權力為難他人。面對死板的規定，就連買車票、換購商品券，或者進一棟大樓辦個事都會受到刁難。小人隨處可見，這些人雖然地位不高，但碰巧掌握了某種供不應求的商品或者資源，便會充分濫用手裡的權力。地位越高的人權力越大，因濫用職權而造成的危害也越大。

即便是做一件最簡單的事，人們也習慣於託人找關係。有熟人幫忙，就可以省去許多麻煩，不必樣樣按章辦事。熟人的範圍很廣，鄰居、同事、同學、朋友，甚至朋友的朋友，都可能在需要的時候伸出援手，幫助你規避法規，或者予以特殊照顧，而找到身居高位的熟人，則可以得到國家的資金，或者減免稅款、獲取稀缺資源。透過送禮和賄賂等方式，人們維繫著人情往來和利益交換，並不斷擴大各自的關係網絡。例如，上海一家倉庫的負責人穆興武，把十九名親戚招進自己所在的工作單位，占到員工總數的一半。如此一來，穆興武完全可以為所欲為，對負責保管的貨物任意處置，根本無人過問。[1] 經濟計畫的初衷本是為了促進公共的利益，可事實上卻孳生了無數個人的關係網絡，人人身處其中，位居下位者時刻面臨上級的壓力。

總的來說，黨員比非黨員具備更多便利條件，可以利用體制為自己牟取私利。他們在設法欺騙國家時，表現出無窮無盡的「智慧」，許多國有單位甚至無視國家計畫，彼此直接進行交易。例如，湖北省公路運輸局幫助武漢市江漢區第二商業局調運物資，而後者則向前者提供食品作為回報。在一九六〇年的頭幾個月裡，調動的物資包括了一噸糖、一噸酒、一千多條香菸和三百五十公斤肉罐頭。與此同時，武漢石油採購站則用數百噸石油、天然氣和煤炭換取了大量食物，讓幹部們大吃大喝。[2] 在黑龍江，清河林業局則用幾百立方公尺的木材向佳木斯的一家食品廠換取了餅乾和檸檬汽水。其他如用豬換水泥、用鋼材換木材等等的例子，不勝枚舉。[3]

這些以貨易貨的做法在當時很普遍，許多單位都派出自己的採購員，帶著清單到全國各地去採購物資，從而在僵化的計畫體系外形成了另一種經濟模式。採購員必須擅長拉關係，他們經常請各級官員喝酒吃飯，並提供賄賂。例如，上海物資局的局長就經常收到禮物，包括鹿茸、白糖、餅乾、羊肉等等。在他任內，不到一年的時間，就有超過六百萬元的商品「毀壞」或「丟失」。[4] 廣州市交通局在「大躍進」後的三年內，被指「浪費」了五百多萬元。[5] 另據調查，一九六〇年底，僅黑龍江一省即聚集了約兩千名採購員，他們來自全國各地，試圖用手表、香菸、肥皂或罐頭食品等為自己的單位換購木材。[6] 廣東有幾十家工廠派出採購員，到上海進行直接採購。[7] 人民公社也不例外，例如廣東的海鷗農場，將大約二十七噸香茅油直接賣給上海的一家香水廠，而不是交給政府。[8] 這種體制外的影子經濟規模到底有多大，根本無從統計。但據一項調查顯示，一九五九年四月，在未經政府批准的情況下，從南京運往各地的貨物多達八百五十噸，涉及數百家單位，有些甚至弄虛作假，用假名、假證，甚至冒用軍隊的名義進行採購和運輸。[9]

有人認為易貨交換是一種最原始的貿易形式，但在物資極度不足時，卻是最有效的資源配置方式之一。大饑荒中的易貨交換遵循一套複雜的運作方式，形成了一個覆蓋全國的資源配置網路，解構了國家體制，其作用甚至超越了計劃經濟。而且由於財務上進行了巧妙地掩飾，這種幕後交易通常不易被政府察覺，其結果是各種貨物取代了鈔票的貨幣職能。在瀋陽，調查人員對一家廣受歡迎的餃子店作了一番詳細研究，結果發現這家店的食物經常被用來交換鋼管、水泥和磚頭等建築材料，總共有三十多家建築單位涉入這種交易。不僅如此，為了獲得廉價而穩定的食材供應，這家店還經常同國營供應商進行易貨交換。如瀋陽市水產公司在貨源嚴重短缺的情況下，將專供郊區市場的蝦全部轉給了這家餃子店，而餃子店則用自己生產的餃子作為交換。許多單位的幹部拿著餃子券到瀋陽最好的百貨商店裡大肆採購，手下的職工也趁機大快朵頤。有人用餃子券賄賂當地的交警隊和消防隊，甚至連送煤、供水、打掃廁所、衛生檢疫等各項服務，都是用餃子券進行等量交換的。[10]

挪用國家資金的情況普遍發生，而且在帳面上難以發現，各單位會編造各種理由來報銷經費，有時高達上百萬元。最常見的情況，是將國家對工業生產的投資挪用來修建不動產，如樓房、舞廳、廁所或電梯等。在遵義地區的一次突擊檢查中，調查人員發現，自「大躍進」以來，全市被挪用的資金多達五百萬元。[11] 全國許多企業都將行政和經營費用算作生產成本，從國家經費裡報銷。如黑龍江的一家採石場就把國家投資於生產的經費用作修建辦公樓、食堂和幼兒園，而北京約有七百家企業，把職工工資和行政開銷全部籠統地算作「生產費用」。[12] 河南洛陽的一家軸承廠建了一個一千二百五十立方公尺的游泳池，竟算作「降溫設備」也從國家經費裡報銷。[13]

還有許多企業無休止地向國有銀行借款。一九六一年夏，李富春發現國家財政赤字高達三十億元，可許多單位仍繼續向銀行借錢大吃大喝。[14] 有些市或縣以財政虧損為由，乾脆拒絕向中央上繳稅收。這種情況始於一九六〇年，當時有部分省分決定保留本省的全部稅收。如遼寧省財政廳和貿易廳即規定，本省企業的利潤不計入財政預算，全部由地方截留。山東高唐縣也擅自決定，本縣企業的利潤不上繳上級財政，但虧損可納入財政預算，由國家予以補貼。許多地方的集體企業和城市人民公社普遍不納稅，甚至有些城市對當地的所有企業全都免稅。[15]

除了在帳目上玩花招，有人乾脆直接偷竊國有財產。如滬寧鐵路沿線的許多工廠，在不到一年的時間裡，總共偷竊、占用和走私了三百多噸鋼材、六百多噸水泥和二百多立方公尺木材。徐州的新華鎖廠甚至雇了一輛貨車，需要什麼原料，就到當地的鐵路倉庫裡盜取。這些有組織的偷竊行為大多是由高層幹部指揮的。如南京東站竟用偷來的材料蓋了一座大禮堂，而幕後的總指揮正是站長杜成亮。[16]

❖

另一種欺騙國家的方法是為了多領口糧而虛報人口。這種情況在農村很常見，有些家庭死了人卻不上報，就是為了繼續領取額外的口糧，而幹部們也經常虛報人口，從而達到侵占多餘口糧的目的。城市裡也是如此。在河北某縣，調查人員在審查帳目時發現，當地有二萬六千名工人人均每月領取九公斤口糧，超過了國家規定的標準。有一個小磚廠聲稱有六百多名工人，可實際只有三百零六人。有些工廠將所有工人都歸入重體力勞動者，以領取較高配額的口糧。[17] 在北京，有五千名已經死亡或離職的建築工人未註銷工作登記，仍繼續領取口糧。甚至連中國科學院也不例外，該院下屬的地球物理研究所有四百五十九名工作人員領取津貼，可其中有三分之一以上其實並非正式員工。[18]

與虛報人口相反的做法，是在國家批准的計畫之外雇傭額外的勞動力。很多地方出現了地下勞務市場，而工資水準則由供求關係來決定，技術高超的工人或勤學肯幹的學徒工常能得到很好的報酬和福利。根據南京市的一份報告，一九六〇年上半年該市有數千名工人跳槽。[19] 面對激烈的競爭，有些工廠的領導堅決不肯放人，工人們就會抱怨缺乏「就業自由」，並想盡辦法要工廠開除自己，有些人甚至暴跳如雷，與幹部發生衝突。白下區商業部門的五百名學徒工中，竟有一百八十人不辭而別，另謀高就。包括南京在內的許多城市還出現了「地下工廠」，有人利用晚上的時間到「地下工廠」打工，甚至把晚班看得比正式的工作更重要。在南京市中心的一個工地上，有三分之二的工人都是這種情況。甚至有學生、醫生和機關幹部為了掙錢，索性放棄了原來的工作，轉行到碼頭上卸貨，或騎平板三輪車幫人送貨。[20]

❖

所以說，計劃經濟造成的眾多悖論之一，就是逼得人人都去從事商品交易。因為預測商品短缺和通貨膨脹會導致漲價，大家平時都盡可能地囤積更多的貨物。湖北大學給派往各地的採購員發電報，指示他們根據黑市的行情來買賣特定的商品。中國社會科學院在上海的一個研究中心則雇傭了二十名華東師範大學的學生幫助採購稀缺商品，用來與其他單位進行易貨交換。[21]

精明的黨員很會利用自身的有利條件進行投機買賣，有人甚至把它當作主業。李柯是北京東城建國門公社的一名幹部，他向單位請了九個月病假，然後開始倒賣縫紉機、自行車和收音機等商品，賺了錢之後又大宗收購燈泡和電纜，並到天津賣掉這批貨物，隨後又開始倒賣家具，在經商的同時，他還一直享受著國家發放的工資。像他這樣的人有許多。[22]

幹部們忙著發大財，小生意就留給普通人做了。在上海，做買賣的風氣重新抬頭。趙建國是個小商販，平時主要賣些燈泡之類的小商品，如今靠倒賣鳳凰牌自行車發了財。李傳英把上海的商品運到安徽販賣。胡玉美則跑到浙江黃巖販賣草帽、草蓆、魚乾和蝦米等，利潤經常翻倍。馬貴友把從市區收購的首飾和手表賣到鄉下，以換購各類商品券，一個月差不多能賺一百元，他說：「我不是反革命，一不偷，二不搶，沒有工作，做點生意有啥關係。」一九六一年八月，上海市派出調查人員到各居委會，對居民經商的情況進行摸底，結果令調查人員大感震驚：民間交易的商品種類不僅極為豐富，而且商販們對民眾的需求非常了解，他們掌握的市場訊息甚至比專門制定經濟計畫的政府部門更為準確。調查還發現，參與民間交易的人員來自廣泛的社會背景，既有像陳長伍那樣的人力車夫，把鄉下的水果賣到城裡，也有國營企業的幹部利用到內蒙古和東北出差的機會，私自倒賣貨物。[23]

工人也不例外。有些人會到不同的商店比較熱門商品的價格，然後透過差價來賺錢，這種行為被工會批評為追求「資本主義的生活方式」。有的人只要看到商店門口排隊，不管賣的是什麼，都會參與搶購，還有人甚至帶上家人輪流排隊。一名叫李蘭英的女工買了五塊錢醬菜，希望能轉手多賣點錢，她的一個同事則買了好幾袋柿子。這種做法並非個別現象，而成了許多人的「生活風氣」。正如政府的調查報告所說，工人們普遍認為「存錢不如存貨」，因為存款每個月都在貶值。[24] 在上海，人們擔心供應短缺，紛紛到商店囤積商品，不管什麼都買下來。[25]

因為缺乏資金，工人當中又恢復了一九四九年前的「打會」傳統，即一幫缺錢的人結成朋友圈，彼此輪流借錢。每個月大家一起湊分子（通常每人五到十元不等），借給其中的一個人，每人每年有一次機會向大家借錢。在北京東城區，這樣的交易每個月都有七十多起。有人透過這種方式購買了奢侈品，例如在郵局工作的趙文華就用「打會」借的錢買了一只手表、一輛自行車、一件皮草大衣和其他結婚禮物，這些都被視為可以保值的耐用品。「打會」的習俗之所以能普及，是因為許多人相信，在商品匱乏的時代，囤積物品比存錢更安全。[26] 在吉林，甚至有十分之一左右的小學生也參與物資的倒賣，他們交易的商品包括蛋糕、豬肉、雞蛋、蔬菜和肥皂等等。[27]

還有少數人想靠賭博發財。在廣東的藍塘公社，兩名幹部參與賭博，結果輸掉了公社的一千多公斤糧食和幾百公斤蔬菜。在附近的另一個公社，一名婦女賭博輸了五十元，為了還債不得不賣身。[28]在廣州，賭博是一種根深柢固的習俗，當局根本無法根除，饑荒中更有人開始賭食物，而不是賭錢，賭資最多者竟達三千五百元。[29]在南京城外的六合縣，賭博也隨處可見，有時竟有二十多人公然聚賭。[30]人們在饑荒中變得更加絕望，會在賭桌上押上僅有的一切。一九六〇至一九六一年間，湖南賭風盛行，有人連褲子也輸個精光。[31]

❖

隨著現金失去購買力，糧票成了代金券。無論是食用油、糧食、豬肉、布匹或熱水瓶，還是家具和建材，絕大多數商品都必須憑票購買，而且基本物資的分配與戶口掛鉤，每家每戶都有一個戶口本和糧油證，上面記錄著所有家庭成員的情況，只有戶口本上登記的人員才能獲得各種商品的供應券。票券的有效期往往只有一個月，而且往往有地域限制，只能在指定的食堂、公社、縣、市或省內使用。某個縣發行的糧票無法在別處使用，這種規定限制了人口遷徙，迫使人們不得不留在本地。[32]

票券像商品一樣，是可以交易的。在一些農村的人民公社裡，票券成了工資的替代品。如河北省靜海縣發放的票券種類繁多，無論是買瓜子還是理髮都得憑券，面值從一分到五元不等。[33]

發行代金券的目的之一是為了防止囤積居奇。然而，一九六一年二月，廣東省人民代表大會發現，自一九五九年九月以來發放的各類票券，有三分之一以上並未兌換，這意味著總共有大約面值兩萬噸的糧票被當作代幣在社會上流通。[34]

此外還出現了偽造的票券，通常印在劣質的紙張上，要比製造偽鈔容易得多。華東水利學院的食堂就發現了十幾張假票。[35] 這種現象肯定很普遍。汕頭警方在一次突擊檢查中，曾發現了二百多張假票。一份提交給廣東省人民代表大會的報告指出，超過三分之一的社會違法行為都與票券有關。一九六〇年秋，清遠市假票氾濫成災，當地警方甚至把投機者稱作「敵人」。[36]

❖

人們在黑市上交易。街頭拐角、百貨商店外面、火車站、工廠門口等等，到處都可能成為人們私下交易的場所。黑市處於法律的灰色地帶，時常遭到取締，但打擊的力度一有緩和就會隨時冒出來。有些人把貨物藏在紙袋或大衣口袋裡，見到有人路過就上前搭訕兜售，有人則在路邊擺個地攤，賣的商品從食物、二手磚瓦到贓物，應有盡有。公安部門會定期清查，驅趕這些商販，但過不多久他們又會返回。只要地方政府管理鬆動，人們就會在約定的時間聚集到一起，進行易物交換，直到規模越來越大，連附近的農民也蜂擁而至，最終形成一個固定的市場。

在北京的天橋、西直門外和東直門外都出現了黑市，上百個商販聚集在此，有些商品的價格比國家規定的高十五倍，但即便如此，也擋不住家庭主婦、工人，甚至是幹部前來購物的熱情。正如員警看到的那樣，這類黑市很受群眾歡迎。[37] 北京的黑市雖然得以保存，但規模受到限制，而廣州則不同，黑市上的商販來自全國各地。僅在一九六一年夏，就有數百名來自湖南的買家到廣州採購番薯，其中許多人是由各自所在的工作單位專門派來的。[38]交易是公開進行的，許多商販都是小孩，有的只有六、七歲，年紀稍大些的還會和買家一邊抽菸一邊討價還價。[39]

一九六一年一月，天津破獲了約八千起與黑市有關的案件。有些黑市的商販多達八百餘人，由於顧客太多，甚至造成交通堵塞。一名參與調查的員警說：「黑市交易的物品無所不有。」[40]然而，取締黑市的努力最終還是失敗了。一九六二年七月，天津市政府承認了幾十個黑市的合法地位。至該年底，天津市一半的水果和四分之一的豬肉供應來自七千多個個體商販，他們的收入幾乎是工人的兩倍。[41]不僅如此，每天還有數千北京人專門來天津採購。[42]

❖

隨著饑荒的持續，人們不得不尋找一切可以變賣的東西，無論是磚頭、衣服還是燃料，都可以用來換食物。湖北有三分之一國營大廠的工人靠借錢維生，[43]欠債太多的人只能賣血。在四川重慶的一個單位，每二十個人中就有一個靠賣血來養家餬口。成都的工人賣血的比例更高，建築工人汪玉廷七個月裡賣了好幾升血，全市所有的醫院都知道他的名字。[44]

農村的情況更悲慘。在湖北黃陂，一個區有三千戶家庭把家裡多餘的衣服拿到武昌去賣，還有人流落在武昌的街頭要飯。[45]在河北蒼縣，有三分之一的農民賣掉了家中所有的家具，有的連屋頂都賣了。[46] 在四川省長壽縣，人們把所有值錢的東西（包括身上穿的衣服）全部拿去換糧食。[47]

還有人在餓死之前，把自己的孩子賣掉，通常是賣給不能生育的夫妻。在山東，閻西之把三個女兒送人後，把五歲的兒子賣到鄰村換得十五元，另一個剛滿十個月的小兒子也以很低的價格賣給了一名幹部。吳敬西把九歲的兒子賣給陌生人，得到五元，這點錢只夠他吃一碗米飯、買兩公斤花生。他的妻子知道後傷心欲絕，「一提孩子就哭，兩眼紅腫視力衰退」。王維同是兩個孩子的母親，她賣掉一個兒子，得到一．五元和四個饅頭。還有很多人想賣孩子，但根本找不到願意買的人。[48]

24 偷偷摸摸

黨的幹部們打著集體化的幌子，以民兵的武力作為後盾，剝奪了人民的所有財產。農村的情況尤為惡劣，面對貪婪的幹部，手無寸鐵的農民毫無辦法，只有忍受一次次掠奪，根本不敢奢望擁有私人的財物。在湖南湘潭，當地人還記得經歷過的六股「共產風」：第一次是在一九五七至一九五八年的冬天，鈔票、瓷器、銀子和其他值錢的東西都要上交，作為集體的「資本積累」；第二次是在一九五八年夏天人民公社成立以後；第三次是大煉鋼鐵運動，所有鍋碗瓢盆和鐵器都被沒收；接著是一九五九年三月，農民們存在國有銀行裡的錢全被凍結；那年秋天又開始大興水利，徵收了農民家中的勞動工具和木料；最後一次是一九六〇年春天，當地領導為了修建一個巨型養豬場，沒收了農民的豬和建築材料。[1]

❖

對於這種公然的掠奪，老百姓幾乎無力反抗，但他們也並非完全被動地忍受，而是有各自應對的策略。最常見的一種反應是怠工，不管高音喇叭裡怎樣激勵大家鼓足幹勁，也不管宣傳畫報上如何讚揚超產的勞動模範，工人們對自己分配到的任務總是態度冷漠。在北京一個四十多人的車間裡，半數以上的工人每天只是圍著爐子取暖，剩下的則在上班時間外出購物或者看電影。違紀的人這麼多，幹部們根本管不過來，也無法懲罰所有人。這樣的情況在北京的工廠裡非常普遍。[2]上海市宣傳部所做的調查也顯示，全市有一半以上的工人違反工作紀律，有人遲到幾個小時，有人上班只顧著聊天，還有少數工人除了等食堂開飯，其他什麼活都不幹，下班時間還沒到，許多人就消失了。[3]

饑荒越嚴重，怠工的情況就越普遍。至一九六一年，上海市人均產值比一九五九年下降了百分之四十，這意味著雖然工人的人數有所增加，生產效率卻在降低。本書第十八章曾提到，怠工是造成生產力急劇下降的原因之一。到了一九六一年，工人們對偷懶的種種技巧早已習以為常了。[4]

一九五九年，許多農民吃不上飯，卻仍然得下地幹活。因為缺乏營養，同時也是為了節約體力，大家只能利用一切機會怠工。有幹部來時，拿起耕作工具下田，幹部一走，大家就坐在那裡等收工，有時候還會派人在路口把風，其他人則在田間睡覺，一睡就是一下午。[5]在幹部管理寬鬆的公社，怠工的人數會占到全體社員的一半。[6]有些家庭全家人擠在一起，像冬眠一樣，一睡就是好幾天。[7]

有歷史學家將上文提到的黑市、怠工、偷竊和不合作等行為視為「反抗」，或者說成是農民用來對抗國家的「弱者的武器」。然而，這些生存的手段如此常見，如果說有這麼多人參與「反抗」的話，那共產黨早就應該垮臺了。事實是，由於國家政策所造成的大饑荒，令許多人別無選擇，只能違背習俗和道德從事偷竊，而且偷得越多越好。

根據各人的需要和機會，偷竊的方式不盡相同。運輸工人最為便利，數百萬噸貨物由他們經手，偷竊的機會很多。武漢港六號碼頭有一千二百餘名員工，其中有二百八十多人相互配合，一邊假裝從事維修工作，一邊有組織地扒竊貨運列車。[8] 內蒙古呼和浩特市的火車站有八百六十四名搬運工，其中一半有偷竊行為。[9] 偷竊郵件的現象也很普遍，而且許多參與者是黨員。在廣州郵政局，一個四人小組先後拆開一萬多個郵包，偷走手表、鋼筆、人參、奶粉、鮑魚乾等物品，然後拍賣給郵政局內部的職工，該單位的百餘名幹部全部捲入其中。[10]

學生則在食堂行竊。一九六〇年，南京大學僅一個月就曝光了五十多起竊案。[11] 在南京市江寧縣的湖熟中學，偷竊是學生日常生活的一部分，小到廚房裡的一根胡蘿蔔也有人偷。[12] 在國營商店和百貨公司，售貨員會篡改收據或銷售假貨，其他人則直接到倉庫裡行竊。上海友誼商店的售貨員徐紀恕透過篡改收據，前後盜竊了約三百元。藥店的售貨員黎山娣則供認，幾年來她每天偷拿一元，偷竊的金額幾乎是工資的兩倍。[13]

相對農村來說，城市裡偷竊的機會更多。大多數農民不得不動腦筋，在生產的每個環節尋找機會，為自己增加食物。有人趁民兵看不見的時候潛入田裡，偷偷掰下尚未成熟的麥穗或玉米，用手扒開外殼或葉子，把青色的果實吃掉，這種行為被稱作「吃青」。相較南方低矮的稻田，北方的麥田和玉米地更易藏身，而且玉米在田裡生長的週期也長，所以被偷吃的頻率更高。[14]

一九六〇年秋，由於「吃青」的原因，有些公社的莊稼顆粒無收。在山東省廣饒縣的幾個生產大隊，百分之八十的玉米還沒成熟便被農民搶走，而小米和綠豆則被偷得無剩無幾。在山東膠縣，田裡百分之九十的莊稼被農民偷吃。類似的情況全省多達上千起，許多偷吃的農民被民兵發現後打得鼻青臉腫。[15] 在安徽宣城，整塊整塊的莊稼被偷吃，田裡的景象就像蝗蟲過境一般。[16] 一名叫曾木的農民在回憶那段飢餓歲月時說：不會偷的人都死了，能偷到一些吃的人就不會死。[17]

穀物一旦脫粒和裝袋後，就會摻入水，然後賣給國家，這種情況有時就發生在監管人員的眼皮底下。如前文提到，僅廣東一省，國營糧庫儲藏的一百五十萬噸糧食中，就有近三分之一含水量過高，而惡劣的儲存條件則令情況變得更糟。[18] 糧食一旦賣給國家，就會遭到形形色色的偷盜者覬覦。一九六〇年，廣東新興縣發生了近九百起偷竊糧食的案件。一名叫林四的船工行竊數十次，偷得的糧食多達半噸。有些人則比較謹慎，竊取糧食後會把沙石裝在糧袋裡。在廣州，運糧的船夫用竹筒把穀子從糧袋裡倒出，然後再把沙子裝進袋裡。[19] 在江蘇高郵，幾乎每個船夫都會趁運糧時行竊，人均每年偷取糧食三百公斤。[20]

糧食經過運輸入庫後，還會遭到糧庫保管員的偷盜。在河北張家口，五分之一的糧庫保管員有偷竊行為，還有黨員參與，邱縣徵糧站的幹部有一半是腐敗分子。[21] 糧食從收割到做成飯端上桌，這中間到底有多少損耗，又有多少被偷，根本無人知曉。據蘇州的調查人員估計，一公斤稻米大概只有一半最終能端上餐桌，其他的要麼從糧庫裡被偷走，要麼在運輸途中被竊取，要麼被會計貪汙，要麼被幹部沒收，要麼被炊事員吞沒，最後還可能被廚師偷吃。[22]

有些基層幹部選擇與農民合作，共同偷竊和造假，以減少饑荒對當地的衝擊。例如，有的幹部會編製兩套帳本，一套是真實的生產數據，另一套則是假的，專供上級檢查。廣東的許多縣也是如此。[23]

在湖北宣恩縣，每三個記帳員中就有一個造假。在崇陽縣，一名黨委書記向上級報告的糧食產量是二百五十噸，但自己的帳本上卻寫著三百一十五噸。[24] 一九五九年六月，河北省委辦公廳發現，由於基層的報告和帳目造假，糧食的實際儲存量與帳面庫存量不一致，兩者相差十六萬噸。[25]

謊報產量的幹部還得想辦法把糧食藏起來，以躲避上級派來的暴掠者。這並非易事。在湖北孝感，檢查人員發現一處隱蔽的地方，儲藏了約六十噸糧食。在義堂公社，調查人員從假牆後面、棺材裡和衣櫃中搜出一百一十噸糧食。在武洛，民兵從十五戶居民家中搜出二十六噸糧食。有時候，基層幹部會在莊稼收割後立即分發給農民，並敦促大家在民兵到來前盡量多吃。[26]

全國各地都有這樣的地方幹部，他們悄悄地把糧食發給農民，幫助許多人度過了饑荒。在河北易縣的一個公社，每公頃田裡有一百五十至二百公斤糧食被發放到農民手中。檢查人員在許多地方還發現了「黑糧倉」。在蛟河縣，幾乎每個生產隊都私藏了七百五十公斤左右的「地下糧」。[27] 在天津附近的孫氏公社，幹部私自留下二百噸種子，理由很簡單：「國家的糧食也是群眾的，群眾的也是國家的。」[28] 湖南發現有二十三個縣的糧食實際產量比上報的數字多出百分之五至十，達到三萬六千噸。在瀏陽，上級調查人員對所有糧倉逐一檢查後，竟發現了七千五百噸藏匿的糧食。[29] 然而，更多的時候情況正好與此相反，許多基層幹部生怕被上級認定為偷懶懈怠，寧願讓農民少吃也不願向上級部門尋求幫助。[30]

地方幹部的另一個生存策略是向國營糧庫「借糧」。至一九五九年四月，河北省大約有三十五萬七千噸糧食被「借走」，而且這些糧食大多是在黨內高層幹部的施壓下「借出」的。天津附近的孫賈公社黨委書記李建中給糧庫打電話「借糧」，遭到斷然拒絕。他轉而向當地的領導求援，這名領導親自來到糧庫施壓：「叫賒也得賒，不叫賒也得賒，今後有什麼事我擋。」就這樣，糧庫當場決定借給孫賈公社三十五噸糧食。除了公社，城市裡的各家單位也熱衷於向糧庫借而不還，有一所中學因借糧給學生開伙，欠下三萬五千元的債務。[31]

當自己的糧食吃完後，人們便開始偷別人的食物，村民、鄰居，甚至親戚之間，都會互相偷。在南京，鄰里衝突有一半與食物有關，有時還會導致拳腳相加。[32]兒童和老人受害最深。例如丹陽有一位失明的老婦人，用救濟券買了一點小米後竟遭到搶劫。[33]在農村，激烈的生存競爭逐漸侵蝕了社會的凝聚力。例如，長沙郊外的廖家村偷竊現象非常嚴重，當地的幹部對此束手無策，竟然宣布只要本村居民到別的村子去偷就不會受到懲罰。[34]隨著群體紐帶的解體，家庭內部上演了無數爭鬥、嫉妒和衝突的鬧劇。一名婦女記得，她的婆婆把糧票裝在一個小袋子裡，睡覺時也掛在脖子上。在一個寒冷的冬夜，袋子上的繩子被這個女人的侄子剪斷。侄子用偷來的糧票換了些糖果，而婆婆沒過幾天就餓死了。[35]

無論在公社、村莊、還是家庭內部，鄰居、朋友和親戚之間的矛盾因饑荒而日益加劇，人與人之間充滿緊張和怨恨的情緒。一位湖北的官員在分配夏糧時指出：「國家和大隊，大隊和大隊，個人和個人，上，下，左，右，都有爭論。」[36]為爭奪糧食而引發的暴力事件頻頻發生，各單位和各群體內部四分五裂。村民們為了爭奪食物而互相對峙，甚至有人動用棍棒和刀子。[37]在湖北英山縣，兩名貧窮的農民因偷竊小米而被吊死在樹上。[38]

在饑荒時期，一個人多吃一點，就意味著另一個人不得不少吃一點，即使偷竊的對象是抽象的國家，最終蒙受損失的也是具體的個人。一九五八年十二月，雲南宣威縣負責為修建鐵路的八萬名勞力提供口糧，可當地幹部故意虛報數字，並未提供足夠的糧食。結果，從農村徵用來的那些農民工餓了好幾天，至十二月底有七十多人死亡。[39] 激進的集體化造成農村物質條件的極度匱乏，以至於一個人的生存竟不得不以別人的死亡為代價！高層的政策是造成破壞的根源，而底層的自救加劇了矛盾，最終導致整個體制的崩潰。令人更為痛心的是，在被饑荒蹂躪的鄉村，自我救濟也可能導致自我毀滅，二者難以截然區分，而那些貧窮弱勢的群體則成了受傷害最深的人。

25 「敬愛的毛主席」

一九五九年的廬山會議之後，沒人敢講真話了。在一個一黨專制的國家，直言不諱本來就是不可取的，一九五九年夏天毛澤東和彭德懷發生衝突之後，黨內更是噤若寒蟬，任何有違黨的路線的意見都會招致危險，而且毛的講話通常很隱晦，所以對於眾人來說，寧左勿右才是最保險的辦法，甚至連「饑荒」兩個字都無人敢提。領導人只是用「自然災害」或「暫時的困難」等委婉的說法，基層幹部更是忌諱談論這個話題。有些地方為了應付上級的檢查，甚至把飢民和病患藏起來。如河北隆化縣的一些地方，在縣委派人檢查時，竟把病人全部驅趕進山裡。[1]

這時期也有少數外國人到訪中國。他們都是由中共精心挑選出來的，全程受到中國政府的慷慨接待。這些人參觀了模範人民公社後，都對毛澤東主義不吝溢美之詞。[2] 例如後來當上法國總統的左翼政治家弗朗索瓦・密特朗（François Mitterrand），自從一九六一訪問中國後，就開始向西方熱情地介紹毛主席的真知灼見。他稱讚毛是「一位舉世聞名的偉大學者，在許多方面都具有天賦」。毛在杭州的別墅接見密特朗時告訴他，中國沒有饑荒，只是出現了「匱乏時期」。[3] 與左翼的密特朗不同，來自英國切斯特（Chester）的約翰・坦普爾（John Temple）是一名保守黨議員。他於一九六〇年底應邀訪問中國各地後，也公開宣稱共產主義行之有效，中國正取得「巨大進步」。[4]

不過，也不是每個外國人都如此輕信中國政府的宣傳，在中國生活過的外國留學生就不那麼好騙。當時南京有一千五百名留學生，其中大多數來自印尼，還有的來自泰國、馬來西亞和越南。他們對「大躍進」公然表示懷疑，對人民公社和集體化也提出質疑，而且早在一九五九年三月，就有不少外國留學生敏銳地意識到中國農村出現了饑荒。[5]

跟外國留學生比起來，中國學生普遍較為拘謹，而且學校裡也在反覆批判「右傾保守主義」的觀點，但即便如此，還是有人對國家的政策提出批評。團中央派出的調查小組發現，對「大躍進」、共產黨和社會主義的疑慮在大學生中普遍存在。有人公開質問：既然人民公社如此優越，為什麼還會出現糧食短缺？農民為什麼要逃荒？為什麼社會主義制度下的物資供應如此匱乏？如果中國的發展速度超過資本主義國家，為什麼人民的生活水準還這麼低？一名學生甚至說：「就算印尼是個殖民地，但那裡的人生活得很好。」[6]

在城市裡，公開場合只能聽到政府的大肆宣傳，似乎沒有人談論饑荒，但人們私下的議論還是逃不過黨的耳朵。上海普陀區的一個街道居員會報告說，有個叫陳如杭的工人竟然和別人一起猜測饑荒造成的死亡人數，而且他平時也經常和家人討論饑荒的話題，因為一九六一年他家接待了不少來自災區的親戚。[7] 湖北省工會於一九六一年底做的一項調查顯示，全省有一半的工人在談論饑荒，有人甚至為此公然頂撞領導。一名因偷懶而被訓斥的工人一邊拍著肚子，一邊盯著領導的眼睛說：「這裡是空的！」[8]

一九六二年，在離香港和澳門較近的南方地區，許多人則渴望偷越邊境，逃往自由世界。廣東中山縣每年都有數百人試圖穿越邊境，許多人被捕遣返後，時常向朋友講述自己的冒險經歷。[9] 廣州的年輕人毫不掩飾對香港的嚮往，在他們看來，那裡食物豐富，工作輕鬆，簡直就是天堂。[10] 有人在一所小學的牆上寫道：「香港好世界！」[11]

還有更多塗鴉表達了人們內心的不滿，這類言論經常出現在廁所的牆上。如興寧市的一間公廁裡，牆上刻著咒罵毛澤東的話。[12] 而在南京汽車廠的廁所裡，竟然有人在牆上寫了一篇反對向外國出口食品的文章。[13]

還有膽子更大的人，在夜裡出來張貼批評黨的傳單和海報。在上海，有人貼了一張兩公尺長的大字報，煽動民眾造反。[14] 在河北高陽，一夜之間牆上和樹上貼了上百張粉紅色或紅色的手寫傳單，上面寫著：「為什麼我國人民挨餓？因為糧食運往蘇聯去了。」另一張傳單呼告：「麥收快到了，我們要來一個搶麥運動，有願意參加者，請作好準備。」[15] 一九六二年五月，蘭州出現二千七百餘份傳單，號召工人舉行罷工。[16] 海南發現約四萬份反黨傳單，其中一部分顯然是國民黨的飛機撒下來的。[17] 這些傳單的影響有多大無從得知，因為當局一經發現就會立即清除。但在南京，僅僅三個月內，警方就發現了四十多起與大饑荒有關的標語和傳單。[18]

不僅是城市，農村也經常出現傳單和大字報。農民們用這種方式申訴冤情、發洩憤怒或聲討當地的幹部。在河北寧津縣，張錫榮勇敢地貼出一張大字報，抗議當地食堂的伙食太差。與此同時，寧津縣政府為加強治安管理，散發和張貼了一百七十萬份傳單、海報和標語。與官方的宣傳相比，張錫榮的聲音實在過於微弱，根本沒有多少人關注，但員警還是很快把他抓走了。[19] 另一個叫王玉堂的農民也很敢講，正當政府透過標語和廣播大肆宣傳反右運動時，他卻貼出一張大字報：「一九五八年的大躍進是吹牛，工人大吃虧，肚子大受餓。」[20] 雖然農民的不滿總是被官方海量的宣傳淹沒，但偶爾也會奏效。例如，四川大竹縣的農民貼了二十多張大字報，揭發當地一名幹部貪汙了六元。這名幹部羞愧難當，農民在田裡勞動時，他不好意思站在一旁監督，就找了個地方釣魚，結果大家趁機把收割下來的糧食占為己有。[21]

跟大字報比起來，更常見的是詩。就像要求人人煉鋼一樣，如今毛要求人人寫詩。一九五八年秋，老百姓被迫創作了數百萬首詩歌，歌頌糧食豐收、大煉鋼鐵和興修水利，各地還組織評選，並舉行盛大的頒獎儀式。全國上下，數百萬人用押韻的文字，描繪出對社會主義未來的幻想，僅上海市據說就有二十萬名工人創作了約五百萬首詩。[22] 許多得到官方獎賞的詩都了無新意，但一些農民自發創作的順口溜卻讓人耳目一新，而且語言詼諧，多少可以給苦難中的人們帶來一絲快樂。例如，上海流傳這樣兩句話：「毛主席樣樣好，就是肚皮吃不飽。」[23] 下面這首歌則是由廣東江門縣的農民創作的：

> 共產化，共產化，無人掙錢有人花，社員掙錢小隊花，小隊掙錢大隊花，大隊掙錢公社花，誰人積極是傻瓜！[24]

一個不識字的村民用下面這首詩來形容食堂的稀粥：

走進食堂門，稀飯一大盆，兩邊起波浪，中間淹死人。[25]

還有農民給當地的幹部取綽號，諷刺其心眼黑、脾氣壞，而且貪吃。如廣東開平縣的農民把一名肥胖的幹部稱為「閹貨狗」。其他的外號還有「金蒼蠅」、「案板婆」等等。在各種綽號中，「大肚皮」最為常見，而且似乎每個公社都有一個幹部被大家罵作「鬼」，其中有一些甚至被稱作「閻王」。[26] 四川省委第一書記李井泉曾說，由於集體化所帶來的豐盛食物，農民長得比毛澤東還胖。有農民聽說後反諷道「辦了食堂的好處是胖子多」——這裡的胖不是因為吃得太多，而是指飢餓引發的身體浮腫。[27]

❖

在官方宣傳的背後，還有許多謠言在傳播。這些未經政府審查的謠言，其內容與官方的說辭截然不同，為人們提供了不少頗具顛覆性的資訊。[28] 謠言的受眾很廣泛，大家都渴望了解外面的世界，期待集體主義的鬧劇早日結束。很多傳言質疑中共統治的合法性，並對人民公社予以批判。在武漢甚至有人說「共產」之後就要「共妻」了。[29]

在傳言的鼓動下，一些農民開始採取行動對抗政府。時常有小道消息說，有人奪回了自己的土地，有人從國營糧庫搶了糧食。在廣東潮陽，一名「神婆」告訴大家，政府不會追究因飢餓而搶糧的農民。[30]一九五九年至一九六〇年的冬天，湖北松滋有七個生產隊宣布解散，把土地退還給農民。[31]在安陸、崇陽、銅山等地，關於退還土地的傳言也很多。[32]在四川江安，饑荒中的村民甚至傳說：「毛主席已逝世了，土地要還家了。」[33]

關於商品短缺的傳言四處傳播，搞得人心慌慌，為了安撫人心，政府不得不加強宣傳的力度。然而，不管官方說什麼，總有新的傳言與其針鋒相對，黨和人民由此陷入了一場口水戰。一旦有傳言說某種商品的供應券即將取消，就會引發群體性的恐慌。一九六〇年六月，遼寧鞍山突然開始搶購棉製品，有些鞍山鋼鐵廠的工人竟然囤積了三十五雙襪子。[34]一九六一年一月，廣東五華的一個公社傳說政府會停止食鹽供應，結果五天內就售出約三十五噸食鹽，比平時多了四十倍。[35]

此外還有許多關於戰爭的傳言。這些傳言在民眾中造成廣泛的恐懼，而出於恐懼，民眾反而變得更為團結。在廣東，農民聽說蔣介石對大陸發動反攻，已經占領了汕頭，廣州也發生了起義。有人在路邊掛出標語，祝願國民黨長命百歲，甚至有消息說：「十四號國民黨到了東溪村」、「蔣介石八月回來。」[36]事實證明，農民也很關心政治局勢，而並非像許多人想像的那樣，生活在偏僻的鄉下，視野局限。戰爭的傳言像野火一樣在各縣和各省之間傳播，幾天之內就從廣東傳到了湖南。[37]在臺灣對岸的福建莆田，一個祕密組織開始分發黃色布條，並聲稱共產黨倒臺後，只要把這些布條掛在顯著位置，就可以保證家人的安全，甚至還可以防核輻射。[38]

有些受到幹部欺侮的農民選擇向法律求助。在南京附近的六合縣，一位老太太把自己養的雞拿出去賣，結果被幹部搶去吃掉。她惱羞成怒，向法院遞上訴狀。[39] 但這樣的訴訟通常沒有結果。中國的司法系統早在政治高壓下崩潰，甚至司法部也於一九五九年遭到撤銷。一切都在政治的控制之下，正規的司法程式受到極大干擾。以寧津縣為例，一九五八年，該縣公安、檢察和法院系統的幹部人數減少了一半，法院裡積壓了大量民事案件來不及處理。[40]

無法得到法律援助的人轉而以寫信的方式進行「檢舉」。這種做法得到政府的鼓勵，因為官方的資訊管道充斥著虛假和錯誤的消息，所以國家安全機構鼓勵民眾匿名舉報，試圖透過這種方式密切掌握民意和社會動向。[41] 階級敵人可能潛入黨內，間諜和破壞分子也可能潛伏在群眾當中，因此必須讓人民提高警惕，隨時發現和舉報這些「壞人」，這就叫「群眾監督」。從理論上說，即使是最普通的平頭百姓，也可以用紙和筆扳倒手握大權的幹部、怠忽職守的官員或濫用職權的官僚，不管其級別有多高。於是，人們開始紛紛檢舉揭發，每月寄出大包小包的信件，向有關政府部門乞求、抗議、譴責或抱怨，有的語氣謙卑，有的則充滿憤怒。有人為了雞毛蒜皮的小事舉報鄰居，有人只是想換個工作或換間房子，有人則長篇大論地抨擊社會制度，甚至在信裡寫上反共口號。這些信有的寄到報社、公安局和法院，有的寄給國務院，甚至還有的寄給毛澤東本人。

在長沙，湖南省政府每月收到的群眾來信多達一千五百封左右，還有許多人親自前來上訪。大多數來信都要求糾正自己所受的不公對待，少數則言辭激烈，被當局認定為「反動信件」。那些涉及具體事件並提出具體要求的人有可能會得到答覆，因為地方政府須向上級部門和監察機構證明自己確實是按照「群眾的要求」辦事的。[42]至一九六一年三月，南京市自「大躍進」以來共收到約十三萬封信件，其中大部分是針對工作單位、食物、商品和各類服務的投訴。對其中四百封「群眾來信」進行分析後發現，有十分之一是針對具體對象的控訴，甚至提出要到法院起訴。[43]上海市政府在一九五九年收到四萬多封群眾來信，大多是反映食物匱乏、住房和工作條件差等問題，也有少數是抨擊黨和幹部的。[44]這些來信的目的是敦促政府對反映的事情進行調查，有些還提供了詳實的證據。例如有人向廣東省省長投訴，指責民族學院為獲得更多的糧食配額而虛報學生人數，當局派出員警前去調查，學院的領導供認不諱，並表示道歉。[45]

《人民日報》也會收到群眾來信，這些信一般很少公開發表，但內容會摘錄下來，提交相關領導傳閱。例如，廣西有煤礦工人反應說，工作時間增加了，但口糧卻減少了，結果有人在工作中暈倒。[46]國務院每個月都會收到數百封信件，有些甚至批評「大躍進」，反對出口糧食。[47]還有人直接給最高領導人寫信，就像古代向皇帝請願一樣。這些人相信，權力的濫用只是地方幹部的責任，不能歸咎於毛發動的集體化運動，對於地方上出現的各種問題，他們認為「如果毛澤東知道就好了」。許多人對「信訪」抱以厚望，有些人確實最終得到了正義。一位家境貧寒的湖南女孩項仙枝偷偷給毛主席寫了一封信，控告當地幹部的腐敗問題。她把這封信縫在衣襟裡，等了一年多才找到機會交給省委派來的調查組。[48]海南的葉利莊也給毛寫了一封信。「敬愛的毛主席」，他以這句標準的問候開頭，接下來反映了當地的饑荒和腐敗問題。他的呼籲起了作用，上面派來一個小組進行了詳細調查，揭露了當地幹部對人民的「壓迫」。[49]

然而，許多信件在地方上遭到截留，根本沒有送達目的地。一直到劉少奇當面質問公安部長謝富治，說老家的鄉親寄給他的信被當地警方拆封了（見第十六章），這個問題的嚴重性才暴露出來。貴州的郵電局和公安局經常拆閱群眾來信，並以「反黨」、「反革命」的罪名逮捕寫信人。有幹部寫信反應遵義市大規模餓死人的問題，結果被審查了好幾個月，最終發配到窯廠工作。[50] 在甘肅省高臺縣，警方每月拆開的信件多達兩千多封，即使匿名也保護不了自己。何靜芳寄了八封沒有署名的信，但當地警方仍設法將他抓捕，並送進勞改營。[51] 在四川，一名叫杜興民的農民寫匿名信揭發生產隊的黨委書記宋有餘，結果宋有餘在生產隊裡立即展開調查，比對所有人的字跡，最終抓住了杜興民。宋有餘惱羞成怒，竟把杜興民的雙目挖出，然後安上「破壞分子」的罪名移送公安局。沒過幾天，杜興民就死在獄中。[52] 信訪的代價這麼大，難怪有人轉而訴諸暴力。

26 搶劫和造反

暴力是不得已而為之的行為，有些農民絕望之下，決定搶糧庫、扒火車，或者洗劫公社儲存的糧食。一九六一年河北滄州遭受颱風襲擊後，有村民拿起鐮刀，到田裡偷割玉米。還有一位黨委書記帶領自己的生產隊突襲鄰近的村莊，搶走幾十隻羊和幾噸蔬菜。[1] 有時候，搶劫者甚至會動用武器。陝西有上百名村民用幹部提供的步槍，洗劫了相鄰的公社，拖走五噸糧食，而另一個公社的幹部為二百六十人配備了武器，白天睡覺，晚上搶劫。[2] 有些地方還出現大批集結的農民，專門跨縣或跨省偷襲。[3]

這些暴力事件最主要的目標是國營糧庫。湖南的一個縣有五百座糧庫，短短兩個月內即有三十個遭到搶劫。[4] 一九六〇年至一九六一年冬，湘潭地區共發生八百餘起偷糧案件，懷化的農民則強行打開好幾個糧庫，搶走數噸小米。[5]

襲擊火車的事件也時常發生。農民們會聚集在鐵路沿線，搶劫路過的貨運列車，由於參與的人數眾多，押車員根本阻擋不住。從一九六〇年底開始，這類事件越來越多，中央政府意識到饑荒的嚴重性，處罰了一些責任重大的地方領導。如甘肅省委第一書記張仲良即於一九六〇年十二月被免職，但一九六一年一月，甘肅仍發生了五百餘起火車劫案，總共損失約了五百噸糧食和二千三百噸煤。每一次襲擊成功，都會鼓勵更多的人參與。一九六一年一月初，武威火車站只有幾十人襲擊火車，但隨後參加的人數越來越多，至一月底竟有約四千人逼停一列火車，把車上所有可搬運的財物全部洗劫一空。在張掖附近，兩千名憤怒的農民哄搶了一座糧庫，並打死一名看守人員，混亂從黃昏一直持續到黎明。而另一起案件中，一隊農民穿上偷來的軍裝，偽裝成軍人，得以順利地進入糧庫。[6]

在鐵路沿線，不斷有糧庫遇襲，還有牲畜被盜，武器被搶，帳本被燒，迫使各地政府不得不動用軍警來維持秩序。[7] 甚至有一列從朝鮮運送展品前往蒙古的貨運列車也遭到焚燒。[8] 在鎮壓這些騷亂時，員警奉命只抓捕「為首」者，而不許向人群開槍。[9]

暴力導致了暴力：之前在幹部的壓制下一貫隱忍和順從的農民，如今變成了憤怒的復仇者。在公社的會議上，他們群情激憤，指責幹部餓死了人，有人甚至拿著菜刀追殺幹部。[10] 還有人用棍棒毆打涉嫌貪汙公款的幹部。在四川省雲陽縣，有一名地方幹部承受不了當地農民的報復，和妻子一起跳進池塘自殺。[11] 在位於山區的通江縣，生產隊長劉復年被迫跪在石頭上，被人用棍棒痛打一頓。[12] 但這樣的情況並不多見，一般人可能會偷盜和撒謊，有時也會縱火和搶掠，但真正施暴的畢竟是少數，絕大多數農民都善於「吃苦」，默默承受生活帶來的痛苦和悲傷。

相對來說，縱火沒有那麼極端，但同樣具有破壞性。不過，有時很難判斷起火的原因是人為還是意外。例如，有些火災是因為農民燒火取暖引發的，有些則是故意破壞。公安部的報告顯示，一九五八年全國發生的火災至少七千起，造成的損失高達一億元，但無法判斷其中有多少是人為縱火。[13] 河北省每年都會發生幾十起縱火案。[14] 一九五九年，南京市的火災數量是上一年的三倍，其中許多是由於疏忽造成的，但人為縱火的情況並不少見。例如，一名叫趙志海的工人在工廠宿舍裡放火，以示抗議。[15] 徐明宏焚燒了四個草垛，結果被民兵當場擊斃。[16] 在湖北松滋，一位黨委書記的房子遭人縱火。[17] 另一個湖北的農民出於氣憤，用汽油燒毀一尊毛澤東像。[18] 在四川洪雅縣，李懷文的家被公社徵用，改作公共食堂，結果他放一把火燒掉食堂，並高喊：「你們滾出去，食堂房子是我的！」[19]

一九六一年，火災的數量在各地農村繼續增加。春節後的幾週內，廣州附近發生數百起火災，其中許多是由農民縱火引發的，他們用這種方式抗議公社霸占了自己的土地。[20] 在廣東翁源縣，村民們燒毀糧庫後，在附近的牆上用潦草的字跡寫道，既然糧食不歸農民所有，那還不如燒掉。[21]

❖

飢餓中的人們往往身體過於虛弱，只求生存，無力反抗。然而，在黨的檔案館裡有很多證據表明，在饑荒的最後兩年，民間地下組織如雨後春筍般湧現。這些組織從未對黨構成真正的威脅，而且很容易被粉碎，但它們顯示了人民的不滿。許多組織剛剛成立就被鎮壓了。以湖南為例，一九六〇年至一九六一年冬，某縣邊境有一百五十人發動武裝起義，但很快便被當地的部隊消滅。長沙附近有些心懷不滿的農民欲成立「愛民黨」，主張農民有耕種和貿易的自由，結果也被當局迅速鎮壓。[22]

最嚴重的挑戰來自西藏及附近地區。一九五九年三月，西藏爆發武裝起義，遭到重兵彈壓後，達賴喇嘛逃亡印度。一九五八年，青海發生叛亂，持續了數月之久，從東部的河南蒙古自治縣到西部的玉樹州囊謙縣，涉及的地區甚為廣泛。反抗者中既有藏傳佛教徒，也有伊斯蘭教的信眾。叛亂之初，青海當地的軍隊無力應對，只能集中兵力奪回對主要公路的控制權。[23]

大饑荒期間，各地仍不時發生小規模的起義。一九六〇年秋，雲南宣威縣的農民起事，隨後有好幾個公社加入，甚至得到包括公社黨委書記在內的當地幹部支援。數百名起義者拿著搶來的武器，聚集在一起呼喊口號，要求廢除人民公社、恢復自由市場，並將土地歸還農民。當局迅速出兵圍剿，除一個頭目外，其餘起義者全被抓獲和消滅。公安部長謝富治在給周恩來的報告中提到，當年西南各省發生了十幾起類似的事件。[24] 此外，公安部門還破獲了三千多個「反革命集團」，僅雲南就有一百多個以「黨」命名的組織。[25]

一九四九年後，民間的祕密會社遭到政府的無情鎮壓，但仍有一些在逆境中生存下來。北方某省所做的調查顯示，祕密會社在當地仍有一定影響力，不過幹部們很可能故意誇大了這種影響力，以爭取更多的資源和權力來打擊反革命分子。一九五九年的頭幾個月裡，河北省破獲了約四十個「反革命」團體，其中有一半屬於曾被政府消滅的祕密會社。該省活躍著十幾個民間宗教團體，如還鄉道、神仙道、八卦道、仙天道、九宮道等。僅在寧津縣，就有近百分之四的當地人口加入各種民間教派，其中尤以一貫道影響最大。[26] 有些祕密會社的影響力超越了省分。儘管農村人口的流動受到限制，但還是有「天地教」的信徒設法從河北來到山東，到該教派創始人的墳前禱告。[27] 在廣東，龍母誕辰的祭祀活動依然盛行。一九六〇年，在德清縣舉行的祭祀儀式吸引了約三千名信徒，其中還有學生和幹部。[28]

然而，即使是最嚴重的危機，也未能撼動中共的統治。如同孟加拉、愛爾蘭和烏克蘭發生過的大饑荒一樣，隨著饑荒的持續，大多數農民已經虛弱得連路都走不動，更不用說尋找武器和組織反抗了。即使是有限的反抗也會遭到殘酷鎮壓和嚴厲懲罰：為首者被處死，其他參與者則被無限期地關進勞改營。即使有數千萬人死亡，政權卻依然穩固，因為沒有任何組織或政黨可以取代共產黨。不管是成員分散的祕密會社，還是組織鬆散的地下團體，都無力控制這片廣袤的土地。而且一九五九年廬山會議後，林彪在軍隊內部發動大規模清洗，避免了發生軍事政變的可能。

然而，有一種力量比其他任何因素更有效地支撐著共產黨的統治，這就是人們心中保持的希望。大饑荒期間，支撐老百姓活下來的最普遍而又最單純的原因，就是他們對毛還抱有一絲希望。他們相信，無論農村的情況多麼糟糕，毛始終是以人民的利益為重的。這種希望源於中國的傳統，認為不論臣子如何腐敗，皇帝總是仁君。生活在人民共和國的老百姓，日常面對著艱難困苦，可黨媒卻天天吹噓著烏托邦般的願景，人們不得不想辦法將二者調和起來。所以大家普遍認為，毛主席是仁慈的，但他手下的幹部濫用職權，未能正確執行他的命令。人們相信，遠在北京的「政府」和類似神一樣存在的「毛主席」代表著善良和正義，只要毛主席知道了他們的處境，一切就會好起來了。

27 逃荒

在饑荒時期，最有效的求生之道就是離開村莊。具有諷刺意味的是，「大躍進」中，有數百萬農民不是加入人民公社，而是離開鄉村進入了城市。隨著工業生產的指標不斷上調，工廠開始從農村招募廉價勞動力，大批農民藉此機會湧入城市。僅一九五八年一年，就有一千五百多萬農民帶著美好的憧憬來到城市。[1] 長春、北京、天津、上海和廣州等城市的人口呈爆炸式增長。據官方統計，一九五七年中國的城市人口為九千九百萬，一九六〇年激增到一億三千萬。[2]

儘管人口流動受到國家的限制，但還是有大量農民離開鄉村。第二十二章中提到的戶籍制度在工業化的大潮中被擱置一旁。然而，雖然許多農民搬到了城裡，但很少有人能把農村戶口正式轉為城鎮戶口。於是，人數龐大的農民工成了城市的邊緣人群，他們生活在社會的底層，從事著又髒又累、甚至危險的工作，並且面臨種種歧視。他們無法像城市居民一樣享有住房補貼和食品配給，也沒有醫療、教育和給殘疾人的福利。最重要的是，他們沒有合法的身分，隨時可能被趕回農村。

一九五九年初是大饑荒的頭一個冬天，全國各大城市的糧食儲備消耗殆盡，像武漢這樣的工業中心危機尤為嚴重，幾週內就可能斷糧。[3] 為了應對這種局面，政府決定加強戶籍管理，進一步強化城鄉差別：國家只為城鎮居民提供食物、住房和就業，農民只能自生自滅。為了減輕城鎮供應的壓力，國家對城鎮人口的增長設置了上限。一九五九年二月四日和三月十一日，國務院兩次發布人口流動的限制令，決定取締勞動力市場，把所在農民工遣返原籍。[4]上海警方立即行動，結果發現有些居民區多達五分之一的家庭沒有上海戶口，其中大部分來自江蘇農村。[5]全上海約有六萬名來自農村的非法居民，大多數人從事貨運和建築業。在國務院的一再指示下，全國約有二十五萬農民工遭到遣返。[6]這些餓著肚子輾轉於城鄉兩極之間的農民，如今被迫返回家鄉。與此同時，許多公社也竭盡全力阻止農民進城，令無數人陷入困境，無法脫身。

然而，當局的企圖並未完全實現，城鄉之間的防線仍不斷被突破，返鄉後的農民總是想方設法透過各種關係和方式回到城裡。一九五九年初，河北每二十五個返鄉的農民工中，就有一人四處尋找機會，渴望回到城裡工作。過年回村的人則鼓動其他人跟他們一起去城裡，到有關係的企業工作。滯留在外的人會從城裡寄來錢和郵件，指導家鄉的親朋如何逃離農村。信陽是河南受災最嚴重的地區之一，從這裡逃往青海、甘肅和北京的農民「絡繹不絕」地寄回信件。這些信件都會受到當地官員的檢查，其中有三封是李明義寄給弟弟的，勸他和其他四名親戚一起前往西寧鐵路局工作。李明義還隨信寄回一百三十元。[7]

在農村，大家日常總是談論著城裡的生活，認為那裡食物充足，工作機會也多。其實，有些公社的幹部也是支持農民進城的，他們承諾可以替進城務工者照顧老人和小孩，而在城裡工作的農民會定期寄錢回來，有助於減輕公社的經濟壓力。張家口位於北京西部，約有一百萬人口，是鐵路沿線的一個重要樞紐。一九五八至一九五九年冬，該地區有三分之一的居民前往北京尋找工作，約占當地全部勞動力的百分之七。[8]

即使在浙江等經濟相對較好的省分，許多農民在一九五八至一九五九的冬天也被迫逃離家鄉，官方統計的人數達到十四萬五千人左右，還有許多人未被當局發現。和其他地區的農民一樣，這些人也是為了到城裡尋找工作，甚至許多人計畫遠赴青海、新疆和寧夏，因為那裡的饑荒沒有那麼嚴重。不過大多數人還是願意到附近的城市打工。在龍泉，有十分之一健壯的村民越過省界，到四十公里外的福建工作，還有人前往省內的蕭山、奉化和金華等地。大部分外出務工者都是青年男子，婦女則留下照顧家庭和從事耕種。在蕭山以南四十多公里的阜下村，二百三十名前往城市務工的村民成群結隊離開家鄉，其中包括黨員幹部和共青團員，還有許多是曾在「大躍進」期間到城裡工作、後被遣返的農民。有人趁夜色潛逃，有人藉口到城裡探望生病的親戚，還有幹部主動為村民開介紹信和路條，鼓勵他們到城裡碰碰運氣，甚至有人兜售印有公章的空白介紹信。[9] 相比其他地區，廣東的農村幹部對農民外出務工的態度較為寬鬆，認為這樣有助於緩解當地的饑荒。藍塘公社的一個生產隊裡，平時參加集體勞動的社員只有七分之一，其餘的人要麼單打獨鬥，要麼到鄰縣從事貿易，有些人的足跡甚至遠至一百多公里外的海豐。[10]

許多結伴外出的農民偷偷爬上貨運列車前往城市。一九五九年三月的一天，約有一百多人在河北孔家莊爬上火車，沒有買一張車票。幾天後，又有一百多人在淮安附近的一個小站周家河偷爬火車。[11] 在湖北，從孝感到蛇口沿線，每天都有數百名農民聚集在火車站，成群結隊地攀爬火車，其中既有人打算逃離鄉村，也有人只是去城裡賣木頭或訪友。遇到索要車票的檢票員，農民們就會對其辱罵或毆打，混亂的場面時常導致意外發生，體弱者會摔下火車，一名五歲的兒童就因此摔斷了一條腿。[12]

每天都有大批農民踏上旅途。在一九六〇年的頭四個月裡，僅北京即發現十七萬多名無票乘車的難民，其中大部分來自山東、河北和河南。在這些逃荒的農民看來，列車上的所有東西都可以用來滿足其生存需要。有一位官員厭惡地說：「他們有的在貨物上大小便，有的用高級女襪當手紙。」[13]

抵達目的地後，有些人會被朋友或招工仲介接走。[14] 其他人則必須到黑市上去找工作。在北京，這類黑市被稱為「人市」，一般在早晨開張。找工作的人你推我擠，一有雇主出現，大家就蜂擁而上。大多數人住在臨時工棚裡，也有少數借住在親友處。工錢少的每天掙一．三元，木匠通常是二．五元，技術工人的工資可達四元。有些人成了國營企業祕密雇傭的臨時工，還有些人則受雇於私人，做一些零活和家務。[15]

儘管政府試圖將城市與農村隔絕開來，但隨著越來越多的難民到來，城市開始不堪重負。例如南京，每個月都有成千上萬的難民湧入市區或從此路過，至一九五九年春，南京的難民已達六、七萬人，市政府臨時搭建的收容所裡擠滿了人。一九五九年二月，僅一天之內即有一千五百名左右的難民乘船來到這座城市，其中三分之二是年輕人，大多來自南京周邊的縣市，也有不少來自安徽、河南和山東這三個饑荒災情最嚴重的省分。除了少數投親靠友的，絕大多數人身無分文，都指望在城裡找份工作。有人被工廠和礦場偷偷招去，工資按件計酬，遠低於城市居民的水準。個別企業會為難民偽造相關文件，以便在當地進行人口登記，但百分之九十的企業只是向上級多報職工人數，以獲得足夠的糧食養活非法雇傭的工人。[16]

不是每個人都能在黑市上找到工作，有些則不得不生活於城市的邊緣地帶，靠偷竊、乞討、撿破爛或賣身等方式維生。據南京警方報告，二十八歲的孔繁順成了一名流浪漢，專門在夜裡爬牆竊取衣服和財物。蘇玉有從一家食品店裡搶了一大塊餅，邊跑邊往嘴裡塞，最終被抓獲。市中心則時常有年輕的女孩招攬顧客，她們在公園的角落裡從事性交易，以換取價值一、兩毛錢的糧票或一斤大米。當然，也有人走投無路，最終客死他鄉。在嚴寒的冬季，南京每月都會發現二十多具餓死的屍體。[17]政府譴責逃荒的難民破壞了社會秩序，這讓城裡人對鄉下人的印象越發負面。有人被抓獲後遭到遣返，但幾週後又會偷偷溜回城市。[18]

一些難民在接受政府官員的詢問時，講述了他們的故事。一九五九年五月，余義明在談話中稱，她在原來生活的安縣，每天只能靠兩碗稀粥維持生命。幹部把糧食全部上交國家後，她家中唯一剩下的食物就是捲心菜，再後來連樹皮和樹根也吃光，村裡什麼都不剩了。另一個叫王秀蘭的婦女則邊哭邊說：「我們沒有騙人，我們已經好幾個月沒吃東西了，什麼都吃光了，這可怎麼辦啊？」還有人交待了趁夜色逃跑的經歷。來自溧水縣的陶民堂講述了包括自己在內的十一個人是如何在晚上結伴逃跑的。他們的動力就是聽信了傳言，說黑龍江的年輕工人月薪高達七十元。[19]

並非所有難民都躲在城市的陰暗角落，在工廠老闆的擺布下過著悲慘的生活。也有能力強的農民工受雇於工廠後，獲得豐厚的報酬。[20]在南京浦口，有農民在碼頭上負責裝卸貨物，他們無權享受城市居民的福利，但每月的收入卻高達一百元左右，足夠在高級餐館吃上一頓。還有人打兩份工，掙的錢比許多工廠的正式工還多。[21]也有人利用計劃經濟的漏洞倒賣商品，從中賺取差價。有一位農村婦女被抓後承認，她在上海買了價值一百八十公斤的糧票，準備到南京賣雙倍的價格。總的來說，在工廠和工地上務工的大多是男性，而做買賣的則大多是女性。[22]

儘管許多工廠急需勞動力，願意到黑市上以高價雇傭農民工，但隨著饑荒的持續，這樣的情況不復存在，難民的要求降到最低，只要有一口吃的就行了。一九六〇年，蘭州約有二十一萬逃荒的農民在城裡工作，但是工廠不支付任何報酬，只提供食宿。這樣的安排得到當時甘肅省委第一書記張仲良的批准。在甘肅的其他地方情況更為惡劣，政府和企業串通一氣，對待農民工就像奴隸一樣。如通渭一家鋼鐵廠把農民工關起來，強迫他們不停地勞動，卻不提供食物，結果一年就死了上千人，但工廠的領導並不在乎，反正還會有源源不斷的新勞工到來。[23] 類似這樣的工廠不知道有多少。

「大躍進」時期，農民進城是為了尋找就業的機會，但隨著饑荒的出現，越來越多的人選擇背井離鄉，只是出於迫不得已。甚至有人跑到山裡，以漿果、昆蟲和小動物為生，但真正能活下來的很少。有人不得不返回村裡，當他們走出山林裡時，頭髮凌亂，衣服破爛，有些人赤身裸體，眼神散亂，已經不成人形。[24] 還有許多人牽著孩子、背著僅有的家當，成群結隊地離開家鄉，當地的幹部只能眼睜睜地默許。一九六一年，河北滄州地區遭受颱風襲擊後，大批農民外出逃難，人群中一片沉默，只能聽見無精打采的腳步聲。有些生產隊走得一人不剩，連幹部也加入逃荒的隊伍。有人沿途脫下身上的衣服換芋頭吃，最終許多成年人和絕大多數兒童變得一絲不掛。[25] 倒斃於路邊者隨處可見。

農民外逃對農村造成什麼影響呢？在許多地方，這種行為是受到當地的村民和幹部支持的，因為外出務工的農民可以寄錢回來，幫助留在村裡的人生存下去。但另一方面，農民們很容易把城市想像成天堂，認為到了城裡就可以輕鬆就業，拿著豐厚的工資，還有吃不完的食物，再看看自己的處境，大家自然會感到氣餒。畢竟，共產黨一貫宣稱革命是為了窮人，可如今農村的生活卻遠遠不如城市。不僅如此，城鄉兩極的戶籍制度更加重了農民的自卑感。農民實際上被隔離於城市之外，就像痲瘋病人一樣。而且城裡的工廠透過招工，又把村裡最能幹的年輕人挖走了，由此造成鄉村社會的分裂。那些有人在城裡務工的家庭遭到別人嫉妒，甚至被毆打或被剝奪食物。[26] 即使在對外出務工者比較友好的地方，也因青壯勞力大批離去而陷入勞動力匱乏的困境。而且大規模的人口外流會產生連鎖效應，最終導致有些村莊流失了全部的成年勞動力。懷安縣位於京包鐵路沿線，該縣下屬的一個村子原來有五十多個勞動力，一九五九年春天跑得只剩下七人，連村長和村支書也到城裡去找工作了。[27] 許多村子人去屋空，只剩下身體羸弱無法行動者留守。

在「大躍進」初期，有些農村幹部會在農忙季節尋找外出務工者，勸說他們回來參加勞動。一九五七年糧食供應緊張時，有許多湖南的農民來到湖北尋找工作。「大躍進」時期，這種情況再次出現。[28] 於是湖南派出一隊幹部來到湖北勸說大家回去，結果遭到務工農民的叱罵，沒有人願意回去忍受有限的食物配給。湖南的幹部隨後把矛頭指向湖北當地的政府，指責他們不應利用湖南的勞工修建水庫。最終這些湖南的幹部反被湖北的員警抓起來，投入監獄，關押了一段時日後，灰頭土臉地返回湖南。[29] 有些地方的幹部則採取了更有效的策略規勸外出人員返鄉。一九六〇年，河北衡水有五萬名來自清涼店公社的務工農民，公社幹部逼他們的家人寫信勸他們回來，有些幹部甚至親自把信送到農民手裡，最終有一半人返回家鄉。[30]

但更多的時候，公社幹部會動用暴力阻止村民外出。本書後面的章節會詳細介紹基層幹部如何毆打試圖外逃者，不給他們食物，並施以酷刑，甚至對其家人予以懲罰。還有民兵在主要路口設立「勸阻站」或「收容遣送站」，一旦發現外逃者，便將其抓捕並押解返鄉，整個過程沒有司法監督，也無須經過法庭審判。事實上，這種做法今日仍在沿用，主要針對城市裡的乞丐和農民工。在饑荒最嚴重的時候，全國各地設有六百多個這樣的網站和關卡。一九六一年春，包括廣州和哈爾濱在內的八個城市就關押了五萬多人。[31]一九六〇年，四川約有三十八萬人遭到拘留並被遣送回鄉。[32]

除了隨身攜帶的生活必需品，外出逃荒的農民一無所有。他們四處漂泊，受盡欺侮。一九六〇年五月，內務部的一份報告寫道，山東一些火車站不僅沒收這些農民的糧食、糧票和車票，而且把他們捆起來打得鼻青臉腫，婦女則受到性騷擾。[33]在甘肅天水，看守逃荒農民的人員中，有八分之一承認強姦過女性，打人更是家常便飯。當地甚至成立了一所「學校」，專門用來改造逃跑者。被抓住的農民在「學校」裡受到各種折磨和侮辱，如被吐口水、遭捆綁、連續數小時罰跪或罰站等。他們為數不多的財產，諸如小刀、雞蛋、麵條、白酒、繩子、襪子和褲子等，也被看守偷走。許多婦女受到看守性侵，不從者會遭毆打或得不到食物。被關押者需要為看守做飯、洗衣服、打掃廁所，甚至洗腳。一名叫李國倉的看守嫌麵條做得不好，一怒之下，把負責做飯的三個農民關進「學校」，他們在那裡挨了一整天的毒打。[34]

然而，無論遭受何種艱難，逃荒者的決心通常都很堅定，許多人最終衝破了制度的藩籬。在安徽，有七十五人被從上海遣返回蕪湖，但中途有六十人設法逃脫。[35] 一個月後，又有二百五十人被從天津遣返回瀋陽，其中一百五十人成功潛逃。許多人被遣返回鄉後，仍一次次外逃，成了幹部口中的「慣犯」。[36] 逃荒之路固然艱辛，但總比留在村裡等死好。

❖

一九六一年，情況發生了逆轉：在饑荒和難民的雙重壓力下，城市人口日益增長，糧食供應卻日趨緊張，北京的決策層決定將兩千萬人從城市下放到農村。一九六一年六月十八日，中央頒布了精簡城市人口的命令，提出至該年底要減少一千萬人，節約糧食二百萬噸，一九六二年繼續精減一千萬，一九六三年進行收尾。[37]

各地政府立即開始行動。以雲南為例，一九五七年的城市人口為一百八十萬，一九六一年激增至二百五十萬。如今，當局決定把三十萬人遷往農村，其中許多是無業人員。[38] 還有三萬名囚犯被從昆明的監獄轉到鄉下的勞改營。[39] 在廣東，城市中有近三百萬無業人員。至一九六一年底，約有六十萬人被當局遷往農村。[40] 在安徽，一九五七年前城鎮人口約為三百一十萬，「大躍進」期間增加了一百六十萬，如今有六十萬人被清理出城市。[41] 至一九六一年底，國家計劃委員會主任李富春宣布，全國共精簡城鎮人口一千二百三十萬人，一九六二年的目標是再精簡七百八十萬人。[42] 由於政府採取的強制措施，在此後幾年中，中國的城市人口一直處於歷史的最低位。

❖

有人幸運地偷越了邊境，但也付出了代價。在雲南，「大躍進」初期即有少數民族居民偷越邊境，前往越南、寮國和緬甸等國，一旦被發現，就會面對殘酷的懲罰。一九五八年，當地開始嚴格限制農民貿易和行動的自由，並強制推行農業集體化，徵用大批勞力興修水利，最終迫使十一萬五千人背井離鄉，冒險偷越邊境，許多人被抓住後遭到毒打。在景洪，一名帶著嬰兒的年輕婦女死於邊防部隊的刺刀之下，還有一些人被關在一間房子裡，然後被炸藥炸死。有人中途改變主意，主動返回村莊，但仍然受到種種折磨，最終被處決，屍體丟在路邊，發出陣陣惡臭。[43] 雖然沒有準確的統計，但據英國外交部公布的數字，一九五八年大約有兩萬名中國難民抵達緬甸，其中大部分被遣返回中國。[44] 真實的人數應該更多，因為許多少數民族居民在邊境兩邊都有親戚。居住在南方邊境地帶的居民大多逃往越南，許多人從事走私。他們熟悉地形，平時在邊境兩邊時常來往。當家鄉的饑荒越來越嚴重後，他們越過邊境後就再也沒回來。[45]

大饑荒期間，中國的邊境地帶出現了難民潮，尤以一九六二年為甚。最初只是有少數新疆的難民逃往蘇聯，到了一九六二年五月，竟有約六萬四千人成群結隊地跨越邊境，而且許多人拖家帶口，帶上了全部值錢的家當。[46] 塔城有一半人口沿著古老的絲綢之路前往邊境，其中包括許多幹部和幼童。[47]在中國和哈薩克的邊境，每天有成千上萬難民湧向巴赫塔（Bakhta）和霍爾果斯（Khorgos）邊防站，令邊防巡邏隊不堪重負。許多難民體弱多病，一出邊境便向蘇聯政府求助。[48]蘇聯花費數百萬盧布向難民提供了工作和臨時住處。[49]根據中國政府的規定，只有登記為蘇聯國籍的少數民族居民才能合法出境，於是數百人拿著武器衝入伊犁哈薩克自治州政府，搶走大量少數民族居民的戶籍資料，混亂中有人奪去衛兵的手榴彈，還有人向士兵開槍。[50]據蘇聯方面的紀錄，當地還有大批群眾聽信傳言，包圍了政府機構，要求購買開往邊境的車票。結果士兵開槍鎮壓，有人被打死。[51]

一九六二年五月，中國大陸與香港的邊境也出現了類似的難民潮。在大饑荒期間，不斷有人設法逃往香港。據估算，僅一九五九年偷渡者即達三萬人。[52]此外還有許多合法移民抵達香港。此前，中國政府每月發放約一千五百張簽證，允許那些國家不需要的人離境。[53]然而，一九六二年五月，北京暫時放鬆了邊境管制，人們向潮水一般湧向香港，最多時一天竟超過五千人，香港一夜之間成了東方的自由柏林。逃亡者大多是因工廠倒閉而被從城市精簡到農村的年輕人，他們被這個制度所拋棄，不得不面臨嚴重的糧食短缺，因此決定逃跑。許多人在逃亡之前做好了充足的準備，隨身帶著錢、餅乾、罐頭和地圖，廣州甚至有人趁機兜售簡易指南針。[54]開往中港邊境的火車票並不貴，但由於購票的人數眾多，六月初警民發生嚴重衝突，當局不得不派軍隊彈壓。[55]那些運氣不佳未能買到車票的人，則選擇沿著海岸線步行，一走就是好幾天。邊境上的難民越聚越多，令邊防部隊防不勝防。人們用各種方式衝破阻撓，有人游泳，有人穿越鐵絲網，最終抵達香港。但意外也時有發生，有人誤把邊境附近的水庫當成河流，結果在夜間偷渡時溺斃，兩百多具屍體飄浮在水面上，或被沖到岸邊。[56]還有人付費後乘坐舢板進入香港，有人則在香港附近的小島登陸，其中也不乏倒楣者，因風高浪急而船毀人亡。[57]

抵達香港後的難民還得躲避英國的邊境巡邏隊。大部分人被當場抓獲，少數人則溜進山裡，他們衣衫襤褸，窮困潦倒，大多打著赤膊，有些還摔斷了踝骨。與西柏林不同，香港當局並不歡迎這些難民，因為英國人擔心這塊小小的殖民地被大陸人淹沒。其他國家也不願接納他們，美國和加拿大對移民有嚴格的配額限制，就連臺灣接收的人數也極為有限。[58]而聯合國難民署並不承認中華人民共和國的合法地位，因此從政治的角度來說，「來自中國的難民」並不存在，更無法得到救助。[59]正如時任港督白嘉時（Claude Burgess）所言：對於香港的難民問題，「世界上沒有任何國家願意幫我們分憂」。[60]最終，那些在香港有親屬擔保的難民獲准留下，其他大多數人則被遣返回大陸。許多港人同情難民的遭遇，自願為他們提供食宿，甚至試圖阻擋遣返他們的車輛。一九六二年六月，中國再次關閉了邊境，難民潮不得不戛然而止。

第五部

★

弱勢群體

The Vulnerable

28 兒童

一九五八年夏，為了讓婦女走出家門參加「大躍進」，各地公社紛紛成立了托兒所和幼兒園。從此，父母與小孩不得不長期分離，有時一連幾個星期見不到面。負責照管兒童的都是些退休婦女和未婚少女，她們上崗前接受了一些兒童保育的速成培訓。然而，需要照顧的兒童如此眾多，她們根本忙不過來。而且由於勞動力短缺，這些女教師和保育員有時也不得不到田間或工廠參加勞動，留下孩子們無人照料。托兒所和幼兒園的條件都很簡陋，有些甚至沒有固定的場所，只是一間土房子或者廢棄的棚子，孩子被關在裡面無人過問。[1] 北京城外的大興縣有四百七十五所寄宿制幼兒園，其中只有十幾所有簡單的家具，其他連桌子和床都沒有，孩子們只能在地上吃飯、睡覺。許多幼兒園屋頂漏水，有的甚至沒有門窗。由於看護人員只接受過最基本的培訓，所以事故頻發，經常有孩子被開水燙傷。由於得不到應有的關心，不少兒童發育遲緩，有些三、四歲的小孩竟還未學會走路。北京郊區有三分之一的幼兒園被當地婦聯稱為「落後」。[2] 即使是首都的幼兒園和托兒所，條件也極為簡陋。據一份報告稱，托兒所裡每個人都在哭：首先是離開家的孩子哭，其次是年輕的保育員因為缺乏經驗、工作壓力太大而哭，還有那些被迫把孩子交給國家的母親們也在哭。[3]

在擁擠的幼兒園裡，不合格的教師經常靠體罰來維持秩序。這種情況不僅發生在農村，城市裡也很常見，甚至有一名女教師用燒熱的鐵管教訓調皮的孩子，結果燙傷了一名三歲小孩的手臂。[4] 惡劣的護理和簡陋的條件還導致疾病流行。兒童們共用餐具，患有傳染病的小孩也不會被隔離。即使在條件相對較好的上海，幼兒園的小孩也可能把糞便拉到褲子裡，一整天得不到清洗。[5] 北京的兒童患感染病的比例很高。如第二棉紡廠的托兒所裡，有百分之九十的孩子感染麻疹和水痘，疥瘡和蠕蟲病也很普遍，而且死亡率很高。[6] 郊區的衛生狀況更差，幼兒園裡蒼蠅遍地，到處瀰漫著尿騷味，還有許多兒童死於食物中毒。[7] 隨著饑荒的加重，越來越多兒童開始出現水腫。南京的一所幼兒園有三分之二的孩子得了水腫病，還有許多人患有砂眼（一種傳染性眼疾）和肝炎。[8]

幼兒園的職工普遍利用職務之便，偷竊屬於兒童的食物。廣州有四分之三的幼兒園發生這種情況，有些是公然偷竊，有些則透過帳務造假。[9] 在南京的一所幼兒園，國家供應給兒童的肉和肥皂全被園長李大繞帶回了家，還有些幼兒園的肉和糖全被工作人員平分了。[10] 一九六〇年十一月，湖北宜春的托兒所因為食物大多被成人吃掉，平均每天都有一、兩個嬰兒死亡。[11] 最終，「大躍進」的高潮退去，幼兒園也解散了。一九六一年，廣東的托兒所和幼兒園從三萬五千所驟降到五千四百所，孩子們又回到飢腸轆轆的父母手中。[12]

❖

學生進入小學後，就開始要勞動了。一九五七年秋，中央政府開始要求學校實行「半工半讀」，許多學生在校期間須花一半甚至更多的時間參加勞動。[13] 一九五八年秋，全國人民都被動員起來大煉鋼鐵，學生們也四處收集廢鐵和舊磚頭，甚至親自操作小高爐，有些孩子在高溫下長時間工作後，又熱又累，暈倒在地。在「大躍進」的高潮中，武漢市的數百所小學每所都開設了幾家工廠，學生們不得不整天待在學校裡，吃住條件都很簡陋，有時三個人擠一張床，屋頂還漏雨。日常教學的時間被集體勞動擠占，課程一停就是好幾週。焦急的家長無計可施，只好在晚上溜進學校，查看孩子的身體狀況。[14] 隨著這種情況的持續，有些學生開始消極抵抗。一九五九年初，有人只出席正式的課程，但拒絕參加勞動，少數人索性選擇退學。[15] 在南京，蹺課的學生中有四分之一進入工廠，甚至有幾個為員警工作，但大多數待在家裡無事可做。[16]

學生們不得不參加生產勞動，但安全並不能得到保障。「大躍進」期間，各類事故造成數百名學生死亡。甘肅有七名學生在開鑿運河時死於河堤坍塌，山東有八名學生在廢棄的窯洞裡工作時，因牆體倒塌死於非命。[17]

大多數農村的孩子根本沒有上過學，每天忙著耕田、挑糞、放牛、拾柴火。窮人家的孩子從小就得幹活，這跟以前沒什麼兩樣，但不同的是，如今他們是為集體而不是為個人或家庭勞動。指揮孩子們的不再是父母，而是公社幹部，許多兒童因此不得不從事成年人的勞動。十三歲的女孩唐素群被迫挑起四十一公斤的擔子，筐裡裝滿割下的草；一名十四歲的男孩則負責挑糞，糞車重達五十公斤。[18]

統治者和被統治者之間的關係異常殘酷。由於沒有足夠的糧食，最能幹的勞動力往往得到優待，而兒童、病人和老人則被視為遊手好閒，受到種種歧視和虐待。檔案中這樣的例子不勝枚舉。廣東有個十三歲的男孩艾龍負責為公社放鴨子，他在挖樹根果腹時被發現，結果遭到批鬥，手臂被扳到背後綁成「坐飛機」的姿勢，渾身澆上糞便，指甲縫裡插入竹籤，最終被打成終身殘疾。[19] 廣東羅定縣有個八歲的小男孩，因為偷了一把米被當地一名叫曲本第的幹部活活打死。[20] 在湖南，十二歲的譚雲清因為從食堂偷了點吃的，結果像狗一樣被推進池塘淹死。[21] 有時家長也會被迫參與懲罰。與譚雲清同村的另一個男孩偷了一把米，當地的公社書記熊長明竟強迫男孩的父親親自活埋了兒子，幾天後父親也因傷心過度而死。[22]

兒童還會因父母的行為遭到集體的懲罰。郭煥生一個人帶著三個孩子，她向公社請假想帶五歲的兒子進城看病，卻遭到幹部拒絕。倔強的她於是未經允許，便逕自帶兒子前往廣州的醫院，但兒子最後仍不治身亡。她於十天後回到家中，發現另外兩個孩子因無人照料渾身沾滿糞便，肛門和腋下都生了蛆。過沒多久，這兩個孩子也死了。此後，當地公社的幹部何黎明不斷上門，一邊拍打房門一邊罵她是逃跑分子，最終把她逼瘋了。[23] 長沙附近的廖家村有位農民獨自逃往城裡，把兩個孩子留在家中，當地幹部下令把孩子們鎖在屋裡，最終雙雙餓死。[24]

頑皮的兒童會被關起來。廣東有些兒童僅僅因為開會時說話就被關進豬籠。[25] 貴州水城縣竟有七至十歲的兒童因偷了些食物而身陷囹圄。一名十一歲的孩子因為偷了一公斤玉米被關了八個月。[26] 縣一級還設立了大規模的教養所，專門關押被當局認為不可救藥的兒童。上海市奉賢縣教養所關押了約二百名六至十歲的兒童，他們在裡面受到各種體罰，如被踢、罰站、罰跪、用針戳手掌等，有些還被戴上手銬。[27]

兒童還要承擔家庭的重擔。當父母忙於田間勞作或生病臥床時，孩子們就得去食堂領取全家的口糧，有時可能要走好幾公里。有些小孩年僅四歲，卻不得不在食堂裡與大人爭搶，然後把食物帶回家裡。當時的悲慘情景，許多人成年後還記憶猶新。丁橋兒那年八歲，她的父親生病，母親得了腎結石，而且纏過小腳，無法下地幹活，全家六口人全靠她照料。丁橋兒不得不每天去公社食堂打飯，僅排隊就要花一個小時，還要被飢餓的大人們推擠欺負，但她別無選擇，因為全家人都靠她端回家的那碗稀粥維生。有一天大雨過後，這個瘦弱的小女孩在回家的路上不慎滑倒，碗裡的粥灑了一地。她後來回憶道：「當時我就哭了，可是一想到爸媽和全家人還在等我把吃的拿回家呢，於是我爬起身，把潑到地上的食物用手刮起來，裡面全是沙子。」她的家人很生氣，責怪她浪費糧食。「但最後他們還是吃了，吃得很慢，因為裡面都是沙子。要是不吃，他們會餓得發瘋。」[28]

孩子們彼此之間也會爭搶食物。在丁橋兒家裡，雖然食物都靠她帶回家，但父母常會多分些給她的弟弟們。孩子們經常爭吵哭鬧，有時還會為了吃的打起來。四川仁壽縣的劉叔至今還記得，他的弟弟吃飯時總是先把自己的碗裝滿，幾乎一點都不留給別人：「每次吃飯他都會大聲叫喊，每頓飯都這樣。因為他大喊大叫，所以經常挨打。」[29] 李二姐是三個孩子的母親，她回憶說，她的兩個兒子每天都會為了吃的吵架：「他們吵得很凶。我小女兒的口糧最少，但是她總是哭著要最多的那份。她哭得很大聲，那兩個孩子就一起罵她，我一直到今天還記得。」[30]

在食物匱乏的情況下，家庭成員為了吃的會彼此競爭，由此可能對兒童造成暴力的傷害。[31] 這類資料很難獲得，但警方的報告有時會顯示這種錯綜複雜的家庭關係。大饑荒期間，南京每個月大約發生兩起家庭內部的凶殺案，大多數施暴者是男性，受害者多為婦女和兒童，也有五分之一是老人，作案動機通常是為了減輕家庭的負擔。如六合縣有一個癱瘓的女孩被父母扔進池塘，江浦縣有一個八歲的聾啞智障兒童，多次偷盜父母和鄰居家的東西，給家人帶來很多麻煩，結果在一天夜裡被人掐死。還有少數案件顯示，體弱者的口糧有時會被其他家庭成員霸占。例如，一個叫王久常的父親不僅把八歲女兒的食物占為己有，還在冬天故意不許她穿棉襖棉褲，小女孩最終死於飢寒交迫。[32]

許多農民無法撫養自己的孩子，就把他們賣掉或送人，這種傳統做法並未因共產黨執政而改變。在河北內丘縣，陳振元一家六口人的生活困難到了極點，他決定把四歲的兒子送給同村另一戶人家，七歲的兒子則過繼給住在鄰縣的叔叔。[33] 成都的李二姐有三個女兒，她把其中一個送給了自己的姊姊。可是姊姊的家人並不喜歡這個孩子，凶悍的婆婆甚至罵道：「我們自己都沒有飯吃，憑什麼再養個小賤貨？」她只寵愛自己的孫子，卻不給這個領養的四歲小女孩食物，還派她每天去食堂打飯，跟成人一起排隊、搶飯。小女孩經常餓暈，幾個月後被母親接回家時，渾身長滿了蝨子。[34]

還有許多人決定拋棄自己的孩子。不過，為了孩子將來不再受苦，有些父母想盡辦法也要把他們送到城裡。一九五九年，南京市內發現兩千多名棄兒，是此前十年總數的四倍，其中十分之六是女孩，三歲以上的占三分之一，而且大多有病，少數是盲人或有其他殘疾。有些小孩已經會說話了，從口音判斷，很多來自安徽或南京附近地區。一些家庭在接受調查時表示，他們之所以把孩子拋棄在城裡，是因為聽信了官方集體化的宣傳，認為「孩子是國家的」。而且，農民們普遍認為，和農村比起來，城市就是富足和幸福的象徵，把孩子扔在城裡，他們就可以「進城過上幸福的生活了」。

然而，現實卻常常是悲劇性的。一名叫石榴紅的十三歲男孩跟著母親從老家的村子出發，一路翻山越嶺，他又累又餓，在路邊睡著了，醒來後卻發現母親不見了。這種孩子「走丟」的情況很常見，其實就是被父母遺棄了。據一名十三歲的女孩回憶，她的父親於三年前去世，村子裡也沒有糧食吃了。她的母親先是把雙眼失明的十四歲哥哥「弄丟了」，然後弟弟和妹妹也在山裡「走丟了」，最後輪到了她。[35]

正如上面這個女孩所說，有些孩子是被成雙成對地遺棄的，也許父母希望他們待在一起。南京街頭有個六歲的孩子哭著找媽媽，手裡還緊緊牽著兩個幼兒。有時父母遺棄兒童也出於別的原因，例如有些農村婦女為了食物和住所，急於改嫁到城裡，但「再婚」的男人不歡迎孩子。[36] 有人把孩子的出生日期寫在紙上，用別針別在孩子的衣服上，還有人則把字條揣在孩子的口袋裡，甚至有個別走投無路的母親逕自把孩子送到公安局。[37]

至於被遺棄兒童的數量，沒有可靠的統計數字。但僅南京一地，一年內就多達數千名。一九五九年夏，武漢每天都有四、五名兒童被政府收養。[38] 至一九六一年夏，湖北全省約有兩萬一千名兒童被安置在公辦的孤兒院，未登記在冊者還有許多。[39]

但大多數父母還是把孩子留在身邊，直至死亡。在全國各地的鄉村，無數飢腸轆轆的孩子鼓著腫脹的肚皮，四肢瘦得像棍子一樣，沉重的頭顱在細小的脖子上搖搖晃晃，就這樣躺在破屋裡、曠野上或塵土飛揚的路邊，靜靜地等死。在河北靜海縣，有些四、五歲的兒童仍不會走路，有些只有一件單衣，赤腳走在冰天雪地裡。[40] 甚至在石家莊等城市，有一半的嬰兒因為母親沒有奶水而餓死。[41] 有時候，全村死的最多就是兒童。如一九五八至一九五九年的冬天，廣東瓊海縣的一個村莊有四十七人死亡，占全村人口的十分之一，其中除六名老人外，其餘四十一人全是嬰兒或兒童。[42]

然而，有時候孩子才是倖存者。在四川，農村人口的百分之〇．三至〇．五是孤兒，這意味著大約有十八萬至二十萬兒童失去父母。這些孩子衣不蔽體，整日成群結隊地在村子裡遊蕩，大多數時候只能靠偷竊維生。獨自生活的小孩很容易成為獵物，被成人搶走杯子、鞋子、毯子或衣服等僅有的財產。十一歲的女孩高玉華遭同村的熟人搶劫後，無人照顧。她晚上睡在稻草上，僅有一根腰帶遮蓋。最終，她靠吃碾碎的生米活了下來，被此後來到村裡調查饑荒的幹部稱為石器時代的「原始兒童」。[43]十二歲的男孩向清平被涪陵的一個貧苦農民收養，但他向鄰居透露自己經常受到虐待，那個人強迫他吃土，還打他的頭。同樣在涪陵，有一個孤兒在田裡偷東西時被村民抓到，結果被打得脊椎斷裂。[44]七歲的江老三在父母去世後和十六歲的哥哥生活在一起，經常遭到哥哥毆打和虐待，幾個月後就死了。[45]

有些孤兒表現出驚人的毅力。趙小白是一個語調溫柔、眼神憂傷的婦女。在「大躍進」開始前幾年，她隨家人響應政府號召，從河南老家移民到甘肅。她的父親被分配的工作是在山裡破冰，一九五九年在饑荒中餓死。她的母親因病不能勞動，當地幹部認為她故意偷懶，不分給她糧食，還有一個氓晚上來她家，纏著她母親上床。最終，趙小白的母親再也支撐不下去了。一九六〇年一月，在一個冰天雪地的夜晚，她起身上廁所。當時十一歲的趙小白睡得迷迷糊糊，問了聲媽媽去哪裡，又倒頭睡著了。兩個小時後母親還在廁所裡，趙小白去找她：「我喊了她一聲，但她沒有回答，只是坐在那裡，頭歪向一邊，一句話也不說。」

母親死後，趙小白和六歲的妹妹搬去叔叔家——叔叔也是移民到甘肅的。「他對我還可以，因為我大了，可以外出幹活了。但他對我妹不怎麼好。要知道甘肅很冷，零下二十多度。他讓我妹在這麼冷的天氣出去拾柴火。她怎麼能找得到呢？有一天冷得不得了，妹妹空手而歸，叔叔就打她的頭，她流了很多血。」從此以後，為了保護妹妹不再受叔叔的欺負，趙小白外出耕田或挖水渠時總把六歲的妹妹帶在身邊，但這樣也不能保證安全。「有一次我在幹活的時候聽到妹妹哭，我過去一看，原來有人用土塊砸她，她身邊全是土，眼睛裡也有，所以就一直在那兒哭。」後來，趙小白找到一對打算回河南的夫婦，願意帶她們姊妹倆一起走。她立即變賣了所有值錢的東西，花十元買了兩張車票。回到河南後，姊妹倆終於可以和奶奶一起生活了。長大後，每當有人問她成長的經歷，趙小白都會毫不猶豫地回答：「受罪。」[46]

有些兒童無依無靠，被政府安置在福利院裡，那裡的條件可想而知有多麼惡劣。在四川省墊江縣，有十幾個孤兒在公社的福利院裡因體罰而死。[47] 在湖北，福利院的房子破舊，一下雨就會漏，孩子們冬天沒有棉衣和棉被，生病也得不到治療，病死的人數以千計。[48]

❖

大饑荒期間，嬰幼兒的死亡率極高，新生兒的出生率同時大幅下降。人口學家通常依據一九五

三、一九六四和一九八二年公布的人口普查資料來推算大饑荒時期的出生率，但事實上檔案中的資料更為可靠，因為在計劃經濟體制下，地方政府必須掌握人口的變化情況。以雲南曲靖地區為例，一九五七年出生了十萬六千人，一九五八年出現饑荒後新生兒只有五萬九千人，而雲南全省的出生人口從一九五七年的六十七萬八千人下降到一九五八年的四十五萬人。[49]

另一種推算出生率的方法是看大饑荒之後兒童的年齡分布。以受災並非最嚴重的湖南為例，一九六四年時，該省三歲（即出生於一九六一年）的兒童人數出現明顯斷層，比六歲（即出生於一九五八年）的兒童少了約六十萬，只有一歲及一歲以下（即出生於一九六三年後）兒童的四分之一。[50]但是，所有統計數字都不包括出生幾週即死亡的嬰兒，這些夭折的孩子儘管人數眾多，但在大饑荒中根本就未算作出生人口。

29 婦女

集體化的目標之一是把女性從父權制的桎梏下解放出來，但事實上卻把女性置於更惡劣的境地。在「大躍進」之前，儘管全國各地的情況不盡一致，但總體來說，北方大部分地區的女性很少下地幹活，而南方也只有窮人家的婦女才會和男人一起參加戶外勞動。除了承擔家務外，女性（有時包括兒童）通常還從事副業生產（如製作手工藝品等），以補貼家用。有時候，全村的婦女都會為當地市場生產某種特定產品，如紙傘、布鞋、絲帽、籐椅、籃子和柳條袋等等，生產場所就在家裡，所以很安全。[1] 即使在較偏僻的村莊，婦女們傳統上也會在家裡織布、紡紗和刺繡，做出的東西既可以給家人用，也可以拿出去賣錢。

在「大躍進」的浪潮中，這些從未耕過田的婦女被組織起來，每天在軍號聲中起床，然後排著隊下田，從事犁地、播種、翻土和除草等體力勞動。然而，無論她們如何辛勤勞作，工資總是掙得比男人低，因為在當時實行的工分制度下，只有強壯的男人才能達到最高標準，女性則受到系統性的歧視。不僅如此，婦女在參加體力勞動的同時，還不得不照顧家庭，無論是縫補衣服還是撫養小孩，國家都幫不上忙，正如上文提到的，那些新成立的幼兒園幾乎起不到什麼作用。[2] 因此早在饑荒開始前，農村的女性就已被繁重的負擔壓得喘不過氣來，而當越來越多的男人進城務工後，許多婦女更要肩負起照料老人和小孩的雙重責任。

在一個必須以體力勞動換取食物的社會裡，婦女總是處於弱勢地位，經常受到飢餓的威脅。無論是在大煉鋼鐵的熔爐邊，還是田間地頭或工廠車間，唯一的目標就是追求更高的產量，而婦女的月經妨礙了這一目標的實現，因此被普遍認為是一種生理缺陷。一夜之間，中國人對月經的傳統禁忌似乎一掃而光，即使經期的婦女也必須參加勞動，否則就會受到扣除工分的懲罰，一些男性幹部還趁機羞辱女性。例如，湖南成東人民公社黨委書記徐英傑規定，來月經請假必須脫下褲子接受檢查，不願忍受羞辱的婦女只有堅持工作，許多人不得不忍受劇烈的疼痛，有些還患上婦科疾病，甚至有幾人因此死亡。[3] 孕婦也不得不工作，而且一直要堅持到臨產之前，許多人還受到種種懲罰。在四川的一個地區，有二十四名孕婦在被迫下田勞動後流產。一位名叫陳遠明的婦女據理力爭，其襠部遭到幹部猛踢，落下終身殘疾。[4]

一旦遇上心狠手辣的幹部，女性的下場會更悲慘。在湖南城東人民公社，未參加勞動的孕婦被迫脫掉衣服，在寒冷的冬天到戶外砸冰。[5] 同樣是在冬天，廣東清遠有數百名沒有棉衣的農民被逼著上工，孕婦和帶著小孩的婦女也不例外，有人膽敢抗議就分不到食物。[6] 在廣州郊外的番禺，懷有七個月身孕的杜金好因為無力幹活，被幹部揪著頭髮壓倒在地。幹部衝著她大吼大叫，直到她昏死過去。杜金好的丈夫在一旁除了痛哭，無能為力。待意識恢復後，她踉踉蹌蹌地回到家中，神情茫然。突然間，她癱倒在地，停止了呼吸。[7] 有些婦女則寧死不屈，一名叫梁霞女的孕婦被幹部強迫在冬天上工，她最終跳入冰冷的河中自盡。[8]

在勞累和飢餓的雙重壓迫下，婦女的身體無比虛弱，有些甚至提前停經。這種情況在各地都很普遍，城市裡也時有發生，所不同的是，城裡的婦女可以找醫生開藥吃。北京城南的一家冶金廠有一半的女工患有月經不調、陰道炎或子宮下垂等疾症。全廠女工共用一間盥洗室，有些人幾個月都不洗澡，而且工人們長期處於通風不良的環境中，即使是像袁變花這樣的政治積極分子也累得吐血，有時甚至連站起來的力氣都沒有。[9] 婦聯進行的調查也發現了類似情況。例如，北京電子管廠的六千六百名女工中，有一半患有婦科疾病。二十五歲的吳玉芳一九五六年進入工廠時身體健壯，但一九六一年卻出現頭痛乏力、月經不調、失眠、精神不振等症狀，結婚五年後一直沒有受孕。經過體檢才發現，她和其他許多工人一樣得了慢性汞中毒。[10]

農村婦女的體質下降到極點，許多人患上子宮脫垂，即原本被肌肉和韌帶固定在骨盆內的子宮脫離正常位置，下降到陰道內。這種病通常由於身體虛弱導致，當女性經歷難產或雌性激素流失時，就會出現這種情況，其症狀有輕有重，輕者只是子宮頸下垂，重者子宮完全滑出陰道外。大饑荒中的婦女不僅要從事繁重的體力勞動，也沒有足夠的食物和營養，所以許多人的症狀都很嚴重。據醫療部門的不完全統計，患有嚴重子宮脫落者，在上海附近的農村地區占到婦女總數的百分之三至四，在湖南則多達五分之一。[11] 真實的情況肯定更糟，因為許多婦女羞於報告病情，幹部通常也會隱瞞，而且農村裡受過專業訓練的醫生太少，許多人根本不知道這種病是怎麼回事。

子宮脫垂很難治癒，因為饑荒期間根本無法解決食物匱乏和過度疲勞的問題。農村的醫院很少，即使患病的婦女有錢支付醫療費用，她們也沒有時間抛下孩子和工作長途跋涉去醫院看病。而且許多人害怕被別人知道自己生病，所以只好求助於民間偏方。在湖北，民間醫生用各種藥方（有些是代代相傳的）來治療婦科病。她們把藥粉加熱後塗抹在陰道壁上，並把各種藥材混合在一起治療月經不調。在鐘祥縣的一個村子裡，向王阿姨求助的婦女多達數百人。她家常年有四至五名病人接受治療，她的丈夫則負責從樹林裡採集各種草藥。[12] 但這種傳統的治療方法在集體化後經常遭到官方禁止。大多數婦女得不到任何有效的護理，只能堅持帶病勞動。

❖

除了疾病，婦女還要忍受其他方面的傷害。在這個男性主導的社會裡，處於社會邊緣的女性經常成為性侵害的對象。地方幹部的權力極大，而且社會的基本道德準則已被饑荒侵蝕。不僅如此，許多家庭中的男性外出逃荒、參軍或者務工，留在家中的女性得不到任何保護，根本無力抗拒當地惡霸的侵害。

強姦像傳染病般蔓延，僅舉幾例就可見一斑。一九六〇年，在廣州以北的翁城，兩名公社的黨支部書記性侵了三十四名婦女。[13] 在河北衡水，有三名黨委書記和一名副縣長被查出經常性侵婦女，其中一人與幾十名婦女發生過性關係。[14] 在衡水以北的賈家莊村，黨委書記強姦了二十七名婦女。調查顯示，他幾乎對村裡所有的未婚女性都「為所欲為」。[15] 曲陌縣黨委書記李登民強姦了二十多名女性，其中有兩人未成年。[16] 在湖南耒陽，有些受到性侵的女孩年僅十一、二歲。[17] 湘潭有一名幹部把十個女孩編入「專業隊」，由他任意侵害。[18]

未受強姦的女性也會遭遇其他形式的性羞辱。在集體化的衝擊下，傳統社會對性的克制和禁忌被打破。中國正經歷著一場大革命，顛覆了世代相傳的道德規範，導致許多一九四九年前無法想像的變態行為發生。在湖南武岡縣的一家工廠，幹部竟強迫全體女工裸體工作。一九五八年十一月的一天，裸體工作的女工多達三百多人，拒絕脫衣的則被捆綁起來。工廠甚至讓女工比賽，看誰的衣服脫得最快，獲勝者最高可以獲得五十元的現金獎勵，差不多相當於工人一個月的工資。對此規定雖然有人積極回應，但大多數女工當然很反感，但無人敢公開反對。湖南的冬天很寒冷，有女工因此感冒生病，有人決定寫匿名信向毛澤東反應廠裡的問題。毛是否看了這些信不得而知，但後來有位中央的高官給長沙省委打電話，要求調查此事。工廠的領導辯稱，他們這麼做是為了「鼓勵」婦女以「競爭的精神」「打破封建禁忌」。[19] 似乎只要打著解放的幌子，任何人都可以為所欲為。

同樣粗野的羞辱方式還有逼迫婦女（偶爾也有男性）裸體示眾，這種情況全國各地都有發生。在浙江遂昌縣，被控犯有盜竊罪的男女被剝光衣服遊街。為首的周莫英已經六十歲，也被迫脫光衣服，還得敲鑼開道，鄉親們為她求情，但幹部完全置之不理。[20] 二十四歲的朱任皎因小偷小摸，被幹部勒令剝光衣服在本村遊行，她「事後覺得無臉見人」，要求換到另一個村子遊街，但遭到拒絕，事後她選擇了自殺。[21] 在廣東的一個村子裡，民兵剝光兩名女孩的衣服，把她們綁在樹上，用電筒對著其中一個女孩的私處照，並在另一個女孩的身上畫了一隻象徵男性生殖器的大烏龜。兩名女孩最終雙雙自殺。[22]

還有一種在檔案或訪談中較少提及的現象，但在任何時代的饑荒中都會存在，那就是性交易。為了獲得食物和更好的工作，有些女人選擇用性來交換，與那些能為其提供安全感的男人保持不合法的性關係。這種行為大多是偷偷進行的，但地下性交易引起了官方的注意。成都的一個教養所即關押了一百多名妓女和不良少女，其中有十幾人是重操舊業——她們在一九四九年前就從事此類工作，四九年後妓院被政府取締，妓女們不得不接受共產黨的「再教育」，但這些人拒絕自我改造，綽號「老媽媽」的王慶芝還介紹其他女性入行。一些新入行的女性會與男性小偷結成團夥，到全國各地遊蕩，足跡遍及西安、北京和天津。少數人獨來獨往，甚至把掙來的錢交給父母，而父母對其收入來源則故意視而不見。[23]

上文提到，有些農村婦女逃荒到城裡後，也會以身體來換取食物，這種做法很自然會導致重婚的發生。為了嫁給城裡的男人，許多女人會謊報年齡或隱瞞婚史。有些女孩只有十五、六歲，遠低於法定結婚年齡，還有些人已經結婚，但為了生存選擇重婚。有人為了重婚打算拋棄自己的孩子，有人則結婚沒幾天又返回農村的家裡。[24]

在農村更為普遍的現象是以婚姻為幌子進行交易。一九六〇年大饑荒最嚴重時，河北有個村莊婚禮的數量翻了七倍。新娘大多來自赤貧地區，有些年僅十六歲。她們結婚時要求男方為其家人和親戚購買衣服、食物和其他物品，有些人婚後不久便離家出走，還有六、七個將娘家的其他女性成員介紹給丈夫，導致其重婚。[25]

販賣婦女的案件也很多。例如，來自內蒙古的人口販子分散在全國各地，每個月都將數百名婦女帶回內蒙，其中大多數來自災情嚴重的甘肅，也有些來自山東，有些是已婚婦女，有些是寡婦，有些則是未成年的孩子。受害者來自各個社會階層，包括學生、教師，甚至幹部，絕大多數是被強迫的，有些人甚至被轉手多次。在不到半年的時間裡，僅在內蒙的六個村莊就發現了四十五名被拐賣的婦女。[26]

❖

婦女總是處於社會的邊緣，許多人受盡羞辱，身心疲憊，還常常被男人拋棄，而最讓她們痛心的時刻，莫過於不得不決定如何分配微薄的口糧。在大饑荒剛開始的時候，家裡的糧食首先要滿足男人的需要，這不僅源自於父權社會男尊女卑的傳統，還因為在集體化的制度下，婦女掙的工分比男人少，即使沒有饑荒，女性分得的糧食也少於男性。饑荒到來後，似乎整個家庭的生存最終取決於男性外出覓食的能力，因此男性的生存更加被置於女性之上。但隨著災情的加重，許多男人選擇外出務工，女人在家不得不獨自面對嗷嗷待哺的孩子。許多人無法忍受孩子的哭鬧，更難以決定如何分配稀缺的食物。一位叫劉溪流的母親與自己的孩子相依為命，她因生病無法上工，被公社扣了六天的口糧。最終，她實在飢餓難當，便把孩子的口糧吃了，孩子很快就餓得痛哭流涕，劉溪流無法忍受這樣的煎熬，吞下燒鹼結束了自己的生命。[27]

大饑荒中的女性，不得不忍受精神上的壓力和肉體上的痛苦，以及心理上的自卑和羞辱，這種巨大的折磨大多源自於性別歧視。不過，歷史研究表明，在許多貧窮的父權制社會中，婦女的死亡率並不比男性高多少，而在孟加拉的大饑荒中，男性的死亡率甚至超過了女性，以致歷史學家麥卡爾平（Michelle Burge McAlpin）提出「女性耐受飢餓的能力可能超過男性」。[28] 正如本書前幾章所提到，當生存面臨困難時，女性通常更擅長尋找辦法，要麼到野外覓食，要麼尋找替代食品，或到黑市上交易，因此女性並非是饑荒中最脆弱的群體。與她們相比，受傷害更深的是孩子和老人。

30 老人

中國農民的生活一直很艱苦，在共產黨接管前，除了最富裕的家庭，一般人家很難嚴格遵守傳統的孝道。俗話說：「九子二十三孫，臨老葬孤墳。」[1] 雖然有「養兒防老」一說，許多老人還是要靠自己的勞動來維持基本的生活。年老可能會帶來某種威望，但在一個非常強調賺錢能力的社會裡，很多人在步入老年後，一定會感到受尊重的程度有所下降。同其他國家一樣，中國的老人也害怕孤獨、貧窮和被拋棄，獨居者更是如此。但在一九四九年之前，大多數老人多少總能得到一定程度的照顧和尊重，因為中國人對長者普遍懷有敬意。

然而，到了文革時期，主流價值觀似乎已變得面目全非，老師遭到學生的虐待，紅衛兵則任意攻擊老人。中國傳統的道德觀何時被顛覆了呢？事實上，中共幾十年來一直崇尚暴力文化，這與長期的殘酷戰爭和黨內清洗有關，但真正的分水嶺則是「大躍進」。正如麻城的農民所說，人民公社讓孩子失去了母親，女人失去了丈夫，老人失去了親人。[2] 這三種親情的紐帶全被摧毀，家庭的功能被國家所取代。農業集體化之後，隨之而來的是痛苦的饑荒，家庭的凝聚力由此進一步瓦解，人與人的關係不得不面對最嚴苛的考驗。

無兒無女的老人最為可憐，在一九四九年前，許多獨居老人會寄身於寺廟或庵堂，還有人則會領養別人的孩子。但隨著集體化的實施，這些傳統的習俗難以為繼。一九五八年夏，各地農村成立了許多老人院，用以安置孤寡老人。官方稱，在「大躍進」的高潮期，全國約有十幾萬所老人院。[3]

住在老人院裡的老人普遍受到虐待。有人被毆打，有人遭搶劫（儘管數額有限），還有人慢慢餓死。在北京郊外的通州養老院，院長有計劃地偷竊老人的食物和衣服，冬天不開暖氣，也不給老人發棉衣，結果大多數老人在剛剛結霜時就凍死了，而且死後一週屍體仍得不到掩埋。[4] 在廣東瓊海的一個村子，因為青壯年全部外出務工，幹部竟命令全村的老人到遠方的工地上興修水利。老人們日夜勞作，一名七十多歲的老人連續十天沒有闔眼。結果，在一九五八至一九五九年的冬天，全村有十分之一的人口死亡，其中大部分是兒童和住在老人院的老人。[5] 四川重慶有一家老人院則根據「軍事化」的要求，強迫老人通宵達旦地工作，稍有懈怠就會被捆起來遭受毆打，或被扣除口糧。在湖南，老人也經常遭到捆綁和毆打。[6] 成都有一家老人院，老人們在冬天只能睡在泥地上，而且沒有被子、棉衣、棉帽或鞋子。[7] 湖南衡陽的一家老人院，院長和幹部把要給老人的藥品、雞蛋和肉都剋扣下來。炊事員甚至對老人說：「給你們吃幹什麼，給豬吃還長一塊肉。」當饑荒結束時，四川全省只剩下七所老人院，倖存的老人僅有一千零五十八人。[8]

與幼兒園一樣，由於資金不足和腐敗等制度性原因，許多老人院成立不久就倒閉了。一九五八至一九五九年的冬天，有許多被遺棄的孤寡老人掙扎在死亡線上。大饑荒中，兒童不得不像成人一樣勞動，同時老人也必須向集體證明自己的價值，因為口糧是按工分多少發放的。饑荒的產生並不單純是因為資源匱乏，而常常與資源的分配有關。面對勞動力和糧食的雙重短缺，基層幹部往往規定必須用勞動力換取糧食，這實際上建立了一種機制，讓那些勞動能力不足的人慢慢餓死，簡單地說就是老年人是可有可無的。這些老人的待遇跟孩子一樣，即使微小的過失也會招致嚴厲的責罰。在湖南瀏陽，一名七十八歲的老人被迫到山裡勞動，他抱怨了幾句，幹部便把他抓起來，並命令他的兒媳打他。兒媳不肯，結果自己遭到一頓毒打。隨後幹部們把老人打個半死，又強迫兒媳向老人吐唾沫。事後不久，老人就死了。[9]

在家庭內部，老人的命運取決於子女的態度。大饑荒時期，家庭成員之間會爆發各種爭吵，人與人的關係也會改變。蔣桂花記得，自己的祖母雙目失明，祖父是個瘸子，平時兩人做飯、穿衣、上廁所都需要別人指引。但是，母親與祖母相處得並不融洽，她經常發火，甚至想剋扣祖父母的口糧，因此每次祖父母有什麼需要，都是蔣桂花幫忙，但最終祖父母還是因為吃土而死了。沒有棺材，兩人的屍體用稻草包著，淺淺地埋在一個坑裡。[10]

當大家最終為了活命外出逃荒後，許多村子裡只剩下走不動路的老人和殘疾人。在湖北當陽，一個曾經喧鬧的村莊如今只剩下七個人，其中四位老人、兩位盲人還有一位殘疾人。他們只能靠吃樹葉維生。[11]

第六部

★

死亡的方式

Ways of Dying

31 事故

對於工業生產，國家制定了詳細的勞動法規，工廠也有各種規章制度，從防護服到照明標準都有明文規定。但實際上，在命令經濟體制下，生產安全普遍得不到有效的保障。工會、婦聯、共青團、衛生部和勞動部都會定期派人巡視各地的工礦企業，了解工人的健康狀況和生活條件。但由於巨大的政治壓力，檢查人員雖然可以透過書面報告向上級反應，但本身並無解決問題的能力。而且不管上級如何監管，企業的管理者始終把提高產量看得高於一切，儘管他們個人有時也會同情工人的遭遇。

工人的態度則分成截然相反的兩類，部分人特別積極，其他人則消極懈怠。為了提高產量，積極分子們會想盡辦法抄捷徑，他們不惜降低品質，無視生產安全，不讓工人休息，機器也日夜不停地運轉。而大多數人則對不斷提高生產指標的命令抱以敷衍塞責的態度，這種「事不關己，高高掛起」的心態有助於消解來自領導的壓力，但也讓人們對各種安全隱患視而不見。隨著食物、衣服和燃料的日益短缺，大家開始自謀出路，有人在茅屋裡生火取暖、有人盜竊工廠的安全設備賣錢，諸如此類的行為進一步導致事故頻發。不僅如此，疲憊的工人還經常在鍋爐或車輪旁睡著，更增加了事故的風險。

此外還須考慮一個簡單而殘酷的現實：對於企業的管理者來說，如果不能完成生產指標，他們可能要賠上自己的職業前途，而忽視生產安全頂多挨上級批評幾句。人命不值錢，而安裝安全設備和嚴格執行勞動法的成本則要高得多。在這場開創美好未來的戰鬥中，死幾個人又算得了什麼呢？外交部長陳毅曾把「大躍進」比作一場戰役，並且聲稱發生幾起生產事故「不算什麼」，並不能阻擋革命的腳步。[1]

以火災為例。前文提到，一九五八年公安部統計全國發生火災七千多起，造成財產損失約一億元。火災之所以如此頻繁，原因之一是消防器材普遍缺乏。當時中國的消防軟管、水泵、滅火器、消防車等設備都靠進口，但為了實現自給自足，政府決定停止從國外採購這些物資。然而，至一九五八年底，全國八十家國營消防設備生產企業中，除七家外全部停產。火災發生時，赤手空拳的消防員只能眼睜睜地看著火勢蔓延，根本無力阻止。[2]

在之後的幾年裡，情況並未得到任何改善。工人們依舊擠在用泥巴、竹竿和稻草搭成的棚子裡，並在裡面生火取暖，火勢隨時可能失控。一九五九年，南京一個月內就發生了上百起火災。[3]其中有些是因為烹飪引發的。例如一名女工偷偷溜出食堂，準備自己做飯，可是由於天乾物燥，火星被風刮起，點燃了整座棚子，造成生命和財產的損失。[4]在湖北荊門的一個水利工地上，一盞煤油燈被踢翻引發大火，最終奪走六十多條人命。[5]類似的情況經常發生，因為大型水利工地上的農民工都住在臨時搭建的工棚裡，一旦有精疲力盡的工人無意間撞翻油燈，或有人偷偷吸菸，就極易引發火災。[6]至於這些火災導致的人員死傷，很難查到準確的統計數字。江西僅一個月內即發生二十四起火災，共有一百三十九人被燒死或窒息而亡。[7]湖南每個月約有五十人死於火災。一九五九年上半年，據公安部門報告，該省每天都會發生十餘起火災。[8]

工業事故急劇上升的另一個重要原因，是因為強調生產安全很可能被視為「右傾保守主義」。據貴州省委估計，一九五九年初該省的事故死亡人數比上一年同期增加了十七倍。[9] 然而，確切的傷亡人數無從查證，因為上級派來的調查人員不想給「大躍進」潑冷水，而企業則會隱瞞事故的嚴重性。李銳是毛澤東的祕書之一，在廬山會議後遭到整肅。據他日後估計，一九五八年死於各類工業事故的人數約為五萬人。[10] 勞動部的一份報告顯示，一九六〇年一至八月，全國約有一萬三千名工人死於工傷，平均每天死亡五十餘人。雖然這只是冰山一角，但該報告證明礦山和鋼鐵廠是生產事故的高發場所。在唐山鋼鐵廠，一平方公里的範圍竟安裝了四十多座大功率的高爐，而且冷卻池的周圍根本未裝防護欄，工人一不小心就可能滑進沸騰的鋼水中。至於全國各地的煤礦，因為坑道裡通風不足，導致大量粉塵和高度易燃的氣體聚積在一起，一旦電氣設備發生故障產生火花，就會引發瓦斯爆炸。另一種常見的情況是坑道因滲水而坍塌，或礦井因維護不善而倒塌，把工人埋在地下。[11] 一九六二年三月，吉林省通化縣八道江煤礦發生爆炸，造成七十七人死亡。最嚴重的一次可能是一九六〇年五月九日山西大同的老白洞煤礦爆炸，死亡的礦工多達六百七十七人。[12]

小型的煤礦爆炸也時常發生，但勞動部對此類事件並不予以統計。湖南的一份報告檢討說，自「大躍進」以來，礦難事故每個季度都在增加。一九五九年初，該省平均每天有兩名礦工在事故中喪生。[13] 在南京，開鑿於「大躍進」期間的官塘煤礦兩週內發生了三起大爆炸，還有若干「可以避免的」事故。工人們的頭燈經常掉下礦井，或者不繫安全帶，新手未經任何培訓就被送下礦井，有時還打著赤腳。幾年後，官塘煤礦的開鑿被官方稱為「混亂不堪」，完全無視當地的地質條件。[14]

礦難造成的死亡人數比其他任何行業都多，但工傷事故隨時隨地都在發生。車間裡通常又髒又亂，雜物成堆，垃圾和零件散落一地，加上長年光線昏暗，溫度過低，通風不暢，因此特別容易發生事故。大多數工人連工作服都沒有，更不用說防護服了。從一九五八年開始，因為只重產量而忽視安全，南京的工廠每個月都會發生致命的爆炸。[15] 許多建立於「大躍進」期間的工廠施工倉促，設計草率，有好幾家廠房的屋頂甚至坍塌，砸在工人的身上。[16]

公共運輸的狀況也好不到哪裡。車隊規模不斷擴大，許多司機是經驗不足的新手；載重量和車速的限制常常遭到忽視，甚至被視為「右傾保守」；卡車、火車和船隻因為缺乏日常維護，而且超負荷運轉，經常中途拋錨，而修理設備和零件也是七拼八湊，品質低劣。相關的統計數字難以獲得，但湖南的一份報告卻揭示了問題的嚴重性。一九五八年該省共發生四千多起交通事故，奪去五百七十二條人命，其中一起是渡船傾覆事故，掌管該條渡船的兩名船員中，其中一位竟是盲人，另一位則身體有殘疾。[17] 在湖北，由於缺少照明設備，船隻經常不得不在黑暗中航行。一九六〇年八月，在武漢的馬滄湖水域，一艘超載的客輪起火，船上沒有任何救生設備，最終導致二十名乘客溺水身亡。類似的事故在湖北各地都曾發生。[18] 一九六一至一九六二年冬，在甘肅天水，因渭河上的渡船超載了三倍，不到一個月的時間即發生兩起翻船事故，死亡一百多人，其中大部分是學生。[19] 公車也同樣擁擠不堪。在廣州的公車上，乘客「像豬一樣」擠在一起。長途客車經常因半路拋錨而誤點，有時大批旅客不得不滯留在車站外等上好幾天，致命的車禍也很常見。[20]

火車事故則相對較少，但隨著饑荒的加劇，列車旅行也可能變成死亡之旅。一九六一年一月，由於引擎故障或燃料耗盡，好幾趟列車途經甘肅時被困在冰天雪地的野外，最長達三十個小時。車上沒有食物和水，大小便的味道在車廂內瀰漫，不斷有旅客餓死。鐵路系統的堵塞經常迫使大量旅客滯留在車站。蘭州車站因列車嚴重誤點，滯留的旅客竟多達上萬，車站不得不為這些人安排臨時住宿的地方，而站內則擠滿數以千計候車的旅客，每天都有人餓死。[21]

每次意外總會有人僥倖逃生，但在大饑荒中，即便是輕微的傷勢也可能讓生還者從此墜入悲慘的深淵。因工受傷的工人很少得到賠償，反而要自行支付昂貴的醫療費用，還可能因此被工廠辭退。在農村，因病缺勤會被幹部剋扣口糧，再加上傷口感染、營養不良，甚至肢體殘疾，受傷的農民常常因此陷入惡性循環，最終被拖垮。

32 疾病

大饑荒中，並非所有人都死於飢餓，腹瀉、痢疾、發燒、傷寒等常見病也奪去了許多人的生命。然而，這些疾病對中國人產生的確切影響至今仍無從得知，這不僅是因為中國幅員遼闊，各地的情況不盡相同，更因為衛生部門的檔案本身就充滿問題。當時，全中國有數百萬黨員遭到整肅或被戴上「右派」的帽子，在這樣的政治高壓下，疾病和死亡變成了極度敏感的話題。當中南海也感受到食物匱乏的影響後，李志綏醫生告訴毛澤東，全國各地出現了大批肝炎和水腫病人，毛卻反駁道：「你們這些醫生就喜歡談病，搞得人心惶惶，我就不相信你們。」[1]

當然，在大躍進期間，也有不少官員冒著巨大的風險反映各種問題，但對醫療領域的狀況卻很少有全面的調查。醫療機構先是受到集體化的衝擊，隨後不得不應對大量飢民，最後徹底癱瘓。無論在農村還是城市，大大小小的醫院都面臨物資匱乏的局面，到了一九六〇年，許多醫生和護士連自己的生存都成了問題。以南京為例，全市有三分之一的醫生和護士病倒，疾病在醫院裡加速傳播，食堂的飯菜「經常」發現蒼蠅或其他蟲子，導致工作人員和病人腹瀉。即使在幹部病房，暖氣壞了也得不到維修，工作人員的制服又髒又破。[2] 在武漢，醫院不僅缺醫少藥，而且醫生和護士似乎普遍缺乏「責任心」，有人往藥裡摻水牟利，有人則偷竊病人的財物，甚至毆打病人，還有男醫生虐待女病人，醫院的財務也是混亂不清。[3]

在這種情況下，當然沒有幾個醫生願意到農村去解剖死者的屍體，確定他們的死因，而大量的飢民也無人過問。直到一九六〇至一九六一年冬天中央公開承認出現饑荒後，各地才開始為病人設立臨時救護站，選址通常在廢棄的牛棚或農場裡。在四川榮縣，外面天寒地凍，救護站裡的病人卻躺在地上，身下只鋪了一層薄薄的稻草，而且沒有被子可蓋。室內的空氣渾濁不堪，讓人喘不過氣來，病人的呻吟聲不絕於耳，有人一連幾天喝不到水，更不用說吃飯和用藥了。在銅梁的救護站裡，甚至讓活人和死人同睡一床。[4] 在冠縣，救護站的負責人沒有耐心等一息尚存的病人嚥氣，乾脆把他們和死人關在一間屋裡。患有癲癇病的機械工嚴錫山就這樣被綁著關在停屍房裡等死，房間裡還放著六具屍體，眼睛鼻子都已被老鼠啃掉了。[5]

❖

這場大饑荒最讓人感到驚訝的一個特點，就是傳染病的發生率很低。有地方出現了斑疹傷寒（也稱監獄熱），但似乎並未造成大量人口死亡。這種病透過蝨子或跳蚤的糞便傳播，在擁擠和不衛生的環境裡很容易出現，常與饑荒、戰爭和嚴寒相伴。在擠滿逃荒人員的收容所裡，這種病很常見，甚至在北京和上海這樣的大城市也是如此。[6] 一般情況下，在一次大饑荒中約有百分之十到十五的受害者有可能感染傷寒，但中國的比例似乎沒有這麼高。原因尚不明確，也許是因為大量使用殺蟲劑

DDT的結果，但這種可能性不大，因為其他昆蟲依然大量存在，例如之前提到的蝗蟲，在饑荒中反而大量出現，而攜帶跳蚤的鼠類雖然在大躍進初期被大舉消滅，但牠們的繁殖速度很快，而且什麼都吃，因此數量也很龐大。

更有說服力的原因是，傷寒之所以沒有大面積爆發，主要是因為病人剛出現皮疹和高燒的症狀就很快被隔離了。這個軍事化的國家否認饑荒的存在，但對傳染病絕不手下留情。一九六一年夏天廣東出現霍亂時就是如此。那場疫情始於六月初，有幾名漁民因食用受汙染的海產而發病，短短幾週內就感染了數千人，上百人死亡。當地政府動用軍隊封鎖了整個疫區，雖然江門、中山和陽江都受到影響，但死亡人數總的來說很低。[7] 一九六〇年三月，有地區爆發瘟疫，但由於及時控制，最終傳播的範圍只有一個省那麼大，並未波及全國。[8]

然而，從檔案來看，中國的這次大饑荒中，不僅傷寒的發病率很低，而且經常與饑荒相伴的其他幾種傳染病似乎也不嚴重。雖然有不少關於天花、痢疾和霍亂的報告，但沒有證據表明這些疾病造成了大規模的人口死亡，而且在大饑荒過後幾十年由官方編寫的地方誌中，對這些傳染病也鮮有提及，通常只是說「因營養不良患水腫病死亡的人數很高」。[9]

儘管與饑荒相伴的流行病似乎並不嚴重，但從檔案可以看出，當時的中國正受到其他多種疾病的困擾，而且發病率之高與集體化的推行密切相關。從又擠又髒的食堂到危險四伏的車間，再到設備短缺、病患擁擠和人手不足的醫院，還有飢餓本身，集體化對民眾生活造成的破壞隨處可見。以湖南為例，一九五八年約有七千五百名兒童在幼兒園裡感染麻疹後死亡，是一九五七年的兩倍。一九五九年，小兒麻痺症患者比一九五八年增加了十五倍，腦膜炎的發病率翻了一倍，這些病都與寄宿制幼兒園的惡劣條件有關。[10] 其他地區的情況也與此相似。一九五八至一九五九年冬，南京有數千名腦膜炎患者，其中一百四十人死亡。[11] 一九五九年，南京市白喉的發病率急劇上升，死亡人數是前一年的七倍。[12]

肝炎的發病率也迅速攀升，但患者多為城市中的特權階層，而不是貧苦農民。一九六一年，湖北全省的城市人口中有五分之一患有肝炎，武漢市的九十萬居民中，肝炎病毒檢測呈陽性者高達二十七萬。[13] 上海的肝炎患者也很多，以致一些國營企業甚至成立了專科醫院治療這種疾病。[14]

瘧疾則是一種地方性流行病。一九六〇年夏，無錫部分地區有四分之一的農民患有這種疾病。[15] 血吸蟲病在某些地區也很嚴重，這種病是由進入血液和肝臟的一種寄生蟲引起的。湖北有成千上萬的農民，因赤腳下田或捕魚時接觸到釘螺中的寄生蟲而得病。一九六一年夏，漢陽的工人在飢餓的驅使下，紛紛湧向城市附近的湖泊尋找食物，結果有三千多人感染了血吸蟲病，十幾人死亡。[16] 鉤蟲病也很常見，這種寄生蟲會吸食宿主的血液，導致病人貧血。雖然沒有可靠的統計數字，但根據一九六〇年湖南省衛生廳制定的一個醫療計畫，僅八個縣就有三百萬鉤蟲病人。[17]

無論在哪裡，集體化都導致了更高的發病率。前文提到，一九五八年大煉鋼鐵時，有人熱得中暑而死。煉鋼運動結束後，仍不斷有營養不良、精疲力竭的工人因長時間在高溫下勞動而死於中暑。一九五九年夏，僅兩天時間，南京即發生幾十起中暑事件，並致數人喪生。[18] 在湖北，農民在烈日下勞動，可是連草帽都沒有，結果有數千人中暑，三十多人死亡。[19]

除了上面提到的疾病，痲瘋病人也在增加。引發這種病的細菌會對人的皮膚、神經、四肢和眼睛造成永久性損傷。由於護理不當、飲用水被汙染以及食物匱乏等原因，痲瘋病開始在各地蔓延。然而，醫院早已超負荷運轉，根本無力應對這麼多痲瘋病人，所以乾脆把他們拒之門外。南京約有二百五十名痲瘋病患者得以入院治療，但由於條件所限，醫院無法將他們與其他病人隔離。[20] 武漢有兩千多名痲瘋病人，由於醫院的床位嚴重不足，這些病人只好在城裡四處遊蕩，尋找食物。[21] 農村裡的痲瘋病人就更可憐了。在廣東的七拱公社，一個十六歲的男孩和一名成年人都患有痲瘋病，結果民兵把他倆押到山上，衝其後腦開槍把他們打死。[22]

精神病雖然難以明確界定，但在當時很常見。飢腸轆轆的農民忍受著國家無休止的摧殘，失落、痛苦、悲傷等情緒長期鬱結於胸，許多人最終被逼瘋，但對這個群體的研究至今依然很少。一九五九年，廣東化州縣的人民公社報告，當地有五百多人患有精神疾病。[23] 一九六〇年五月，浙江里安縣發生了一起離奇的群體性歇斯底里事件，當地一所中學的六百多名學生中，有三分之一突然情緒失控，一起大哭大笑。[24] 四川也發生過類似的事件，有幾個縣的數百名村民突然集體瘋癲，有人狂怒暴躁，有人胡言亂語，有人則笑得渾身抽搐。[25] 據一項估計，當時全中國精神病的發病率高達千分之一，但肯定有更多的人因為無法承受集體化的暴政和大饑荒帶來的恐懼，最終選擇了自殺，下一章將對此詳加討論。由於醫療資源有限，精神病人很少能得到治療。例如，根據官方統計，武漢市大約有兩千名精神病患者，但精神病院的床位僅有三十張。[26]

精神病人的境遇雖然悲慘，但他們卻享有一個特權：就像歐洲宮廷裡的小丑一樣，他們是唯一可以公開講真話的人。據一位信陽地區的倖存者回憶，他所在的村子裡只有一個人有膽量公開談論饑荒。這個人成天四處晃蕩，口中反覆叨念：「人吃人，狗吃狗，老鼠餓得啃磚頭。」大家都知道他是瘋子，所以從來沒有人加以阻止。[27]

❖

上文提到，中國的這次大饑荒與人類歷史上的歷次大饑荒不同，並未發生大規模的疫情。不過，由於集體化造成的破壞，各種疾病的發病率都在這一時期呈增長態勢，食物中毒就是其中之一。當飢餓難耐時，人們會尋找一切可以充飢的東西，有些可能富有營養——如一八四六至一九四八年愛爾蘭大饑荒期間人們食用的海藻，以及一九四四至一九四五年荷蘭大饑荒時當地人吃的鬱金香球莖，但有些食物則可能導致消化系統的疾病。

其實早在饑荒開始前，因為飲食結構嚴重失衡，消化道疾病在中國就已經非常普遍了。城市居民經常會用醃菜、鹹菜和豆腐乳代替新鮮蔬菜。以南京為例，許多工人每天的食鹽攝入量為三十至五十克，幾乎是現在營養學家建議分量的十倍，許多人還喜歡用開水沖醬油當作湯來喝，有一個人在不到一個月的時間裡竟吃下大約五公升的醬油。[28] 不過，就算有豐富的蔬菜，如果沒有攝入足夠的碳水化合物，還是會導致健康問題。特別是臨近月底，許多人家中的糧食快吃完了，只好吃生的農作物，結果導致皮膚發紫，甚至有人死於亞磷酸鹽中毒。一九六一年，上海周邊的農村發生了幾十起中毒死亡的事件。[29]

許多食品企業的衛生狀況不佳，導致消費者出現腹瀉的症狀，甚至有體弱者因此喪命。由於國家掌握了商品生產、儲存、加工和配送等各個方面，集體化所造成的混亂在食品供應鏈的每一個環節都能感受到。企業的領導人只注重產品的數量，對產量任意誇大和作假，而工人則普遍缺乏責任心，甚至有人故意搞破壞。一九五九年夏，武漢市的食物中毒事件頻頻發生，每隔幾天就有數百起。炎熱的氣溫有利於病菌繁殖，但最大的原因是食品企業普遍不重視衛生。檢查人員對六家食品廠進行了調查，發現廠內到處是蒼蠅，有人在一平方公尺的範圍就數到二十隻。儲存食品的容器也不密封，裡面爬了許多蟲子。在一家工廠，調查人員在四十噸果醬和麥芽糖中發現了蛆，發臭的雞蛋仍用來生產蛋糕和糖果。許多工廠裡沒有自來水，工人們上班時不洗手，有人還隨地小便。食品的保存期限通常很短，在潮濕的環境下很快就會腐爛。[30]

食品原料的運輸也很成問題。大躍進中，許多原料不再來自工廠附近的農村，而是從外地採購。例如，一家武漢的食品廠從浙江採購了一批胡蘿蔔，可大量胡蘿蔔在運輸過程中就已經腐爛了。此外，因為人力和物力不足，新鮮的食物無法及時運送到市場上。集體化之前走街串巷的私人商販如今被效率低下的集體企業收編，僅僅因為沒有足夠的籮筐來分裝，全國有六分之一的蔬菜堆在那裡任其腐敗。[31]

食堂的情況也好不到哪裡。飯菜裡經常發現蒼蠅，有時連最基本的餐具也沒有。一個工廠有三百名工人，可是食堂只有三十雙筷子，用過的筷子放在盛滿髒水的臉盆裡過一下就算洗乾淨了。街邊的餐館也不例外，廚房裡混亂不堪，蒼蠅遠比人多，被打死的蒼蠅經常掉進飯菜裡。在一家餐館裡，盛菜的盤子落滿灰塵，醋和醬油瓶裡爬著蟲子。[32]

上述情況都發生在城市裡，農村就更糟了。所有人都在公共食堂吃飯，所以經常出現集體腹瀉或食物中毒的情況。四川金堂縣的一個公共食堂，平時有兩百多人吃飯。大家經常在稀粥裡發現蛆，原因是食堂的水井與廁所相鄰，兩處排水相通，一下大雨廁所的水就會漫進井裡。許多人吃不下這樣的粥，結果餓了三天，而那些繼續吃的最後都感覺胃部劇烈疼痛，有幾十人病倒，十人死亡。[33] 在彭縣的一個公共食堂，廚房裡放了四個大桶，裡面盛滿人的糞便和尿液，有些還濺到地上，用來清洗食物和碗筷的水來自食堂附近的一個死水塘，室內則蒼蠅亂飛，在這裡吃飯的農民有四分之一生了病。[34] 在四川綿陽縣的孝德公社，公共食堂「雞屎遍地，人糞成堆，陰溝不通，臭氣熏人，被稱為『屎家巷』」。[35] 除了食物匱乏，燃料和水也經常短缺。在成都，有些公共食堂的廚師要到半哩遠的地方去挑水，有時候農民甚至只能吃生米。[36] 當然，還有許多食堂因食物和燃料耗盡而斷炊，村民們只好自尋活路。

正如上一章所提到，集體化導致各類事故頻繁發生，人們吃的食物不僅受到汙染，有時還會有毒。一九六〇年，在不到一個月的時間裡，衛生部就接到一百三十四起因食物中毒而致命的報告，而實際數字肯定更多。農藥有時被存放在食堂和糧庫裡，而用於處理食物和化學品的工具經常混放在一起。在河北寶坻縣（今天津市寶坻區），因為碾壓麥子的石磨被農藥汙染，致使百餘名村民中毒。可是，當地政府並未採取任何措施，有毒的麵粉竟得以繼續銷售，又令一百五十多人病倒。在山西文水的一家幼兒園，竟用放過毒藥的鍋做飯，造成三十多個孩子腸道劇烈疼痛，最終死亡。在湖北，一千多人把化肥餅當作豆餅誤食，其中三十八人死亡。[37]

❖

隨著糧食日益耗盡，政府開始推廣新的食品加工法，並尋找替代食品。這些方法和代食品大多無害，例如有一種「雙蒸法」，即將米飯蒸熟後，加水再蒸，以增加食物的體積和重量，這種方法被稱為「烹調技術的偉大革命」。[38] 代食品則主要包括玉米粉、玉米棒、豆子和穀物的皮或殼，還有一種新型食物——小球藻。這種藻類可以將太陽能轉化為蛋白質，而且轉換的效能是其他植物的二十倍，因此在一九五〇年代初受到全世界食品專家的推崇，但這種據信可以讓數百萬人擺脫飢餓的植物很難透過人工培植，而且口感也很差，最終小球藻的熱潮逐漸消退了。然而，大饑荒中的中國卻把這種浮生植物視如「神藥」。人們開始在沼澤池中養殖小球藻，但更多時候是養在盛滿人尿的桶裡，做飯的時候，把桶裡綠色的東西舀出來，洗淨後和米一起煮。[39] 事實上，科學家在一九六〇年代發現，小球藻蘊含的營養物質被包裹在堅韌的細胞壁中，人體無法消化分解。[40]

當局還用囚犯來作試驗。除了浮生植物外，犯人還被餵食鋸末和木漿，有人因此而生病。鮑若望（Jean Pasqualini）寫過一本關於中國勞改營的回憶錄，他記得監獄的廚房把一片片褐色的東西磨碎，然後和麵粉摻在一起給犯人吃，結果造成許多人便祕，體質較弱的囚犯則因此送命。[41] 而在監獄外，代食品的推廣也造成許多城市居民腸道梗阻或括約肌撕裂。北京亮馬工廠的工人們上廁所時，只能靠手把糞便摳出來。[42]

飢餓的農民會到樹林裡收集植物和果子，到山上挖掘樹根和野菜，甚至撿腐肉、翻垃圾、扒樹皮，最後連土也用來充飢。在北京的外國遊客也看到有人用棍子打槐樹葉，然後用袋子裝回家做湯喝。[43]嚴師傅是個精瘦愛笑的四川男人，「大躍進」那年他十歲，如今是個廚師。他對那段日子吃的東西仍記憶猶新：用切碎的苧麻葉子做的餅，燉得很爛的油菜梗，煮熟的芥菜葉，用碾碎的豌豆稈做成的餅，還有剝了皮的香蕉梗，像甘蔗一樣生吃，如果能吃到醃蘿蔔，簡單就是享受，昆蟲活著塞進嘴裡，蠕蟲和蟾蜍則烤熟了吃。儘管全家人想盡辦法找吃的，但他的父親和妹妹最終還是餓死了。[44]

農民們吃的野菜、蘑菇和樹根有些是有毒的。其實大家也不知道自己吃的是什麼，因為這些東西大多是由孩子們晚上溜出去挖回來的。一名倖存者回憶說：「那時候，我們不可能出去找那些常見的草藥。我們什麼都吃，只要是綠色的植物都吃。我們不在乎，只要知道這種植物沒有毒就可以吃，我們差不多什麼都吃。」[45]意外經常發生。河北每月約有上百人因食用被汙染的食物、病死的動物或有毒的植物而死亡。[46]木薯的澱粉含量較高，是碳水化合物的極好來源，但其葉子有劇毒，不能生吃。可是在廣西，一個月內即有一百七十四人因食用木薯葉致死。在福建省發生的數千例食物中毒事件中，也有上百人因食用木薯葉而死。[47]蒼耳是一種雜草，種子的毒性很強，經常會被豬誤食致其死亡。人吃了蒼耳子，會出現噁心、嘔吐、頸部肌肉扭曲、脈搏加快、呼吸困難等症狀，並最終死亡。在北京，十天內即有一百六十人因食用蒼耳子身亡。[48]

在大饑荒中，命運會出現意想不到的反轉，那些處於政治最邊緣的群體反而具備更強的生存能力。一九四九年共產黨接管湖北潛江後，孟曉黎和他的弟弟因為是「惡霸地主」的後代，隨母親一起被「掃地出門」。當晚，他們無處容身，只好和野狗一起睡在稻草上，後來才分到一間破敗的土屋。孟曉黎日後回憶說，一開始他們打算外出乞討，可沒人敢施捨他們食物。「於是我們就想到湖裡抓魚，但因為沒有合適的工具，抓的魚不夠吃。不過我們還是挺過來了，因為除了抓魚，我們還可以挖藕、撿種子。過了幾個月，我和弟弟就學會了怎麼從湖裡抓魚。雖然沒有米飯，但我們吃得其實很不錯。」幾年後，當饑荒到來時，全村只有他家具備生存的能力。[49]

屋頂的稻草和秸稈也被飢民吃光了。趙曉白是個十一歲的孤兒，為了照顧妹妹，每天不得不不像成人一樣幹活。有一天，她餓得實在難熬，就爬上了屋頂：「那時候我年紀還小，餓極了，就把（蓋屋頂用的）玉米稈掰了一截擱在嘴裡嚼，味道很好吃！我嚼了一截又一截。我當時實在太餓了，連玉米稈都吃得津津有味。」[50] 還有人把皮革泡軟後充飢。四川的朱二哥說，他親眼目睹了半個村子的人餓死，他沒死是因為母親是食堂的廚師：「我們把以前大家坐的皮椅泡在水裡，等皮泡軟了就拿來煮，然後切成一小塊一小塊吃。」[51]

染病的動物也有人吃。在北京郊區的懷柔縣，飢餓的村民經常食用感染了炭疽病毒的羊羔。[52] 成都一個公社食堂用蔬菜跟一家皮革廠換回一大堆動物的皮下脂肪，脂肪裡夾著一簇簇動物的毛髮，散發出陣陣惡臭，食用後造成數百人食物中毒。冠縣的一家屠宰場甚至把病死的牲畜宰殺後悄悄賣給當地的公社。[53]啃食人類屍體的老鼠，有時也會被人吃掉，就連陰溝裡的死老鼠也有人撈起來吃。[54]

在沒有任何東西可吃的時候，有人就吃「觀音土」。在四川省渠縣，李井泉派來的工作組看到一幅地獄般的景象：一個深坑前排滿成群結隊的農民，乾癟的身軀在刺眼的陽光下汗水淋漓，大家輪流下到坑裡，抓幾把瓷白色的泥土。瘦骨嶙峋的孩子累得暈倒在地，躺在那裡一動不動，就像泥塑木雕的一般。衣衫襤褸的老婦人低著頭雙手合十，一邊燒著紙符，一邊念念有詞。一萬多人共挖了二十五萬噸土。在一個住著二百六十二戶人家的村子裡，吃觀音土的有二百一十四戶，平均每人吃下了幾公斤土。一些村民邊挖邊把土塞進嘴裡，但大多數人會往土裡摻水，然後和糠皮、花瓣、青草揉在一起烤成餅狀。這種土吃下肚，就像水泥一樣會把腸胃裡的水分吸乾，最後板結成塊，把消化道堵死，每個村子都有人因此痛苦地死去。[55]此外，據何光華回憶，河南人還喜歡把一種叫「陽里石」的石頭磨成粉，然後做成餅來吃，排便的時候，大家則互相幫助，用樹枝把糞便掏出來。[56]四川、甘肅、安徽、河南，乃至全國各地，到處都有人在吃土。

❖

人類歷史上的歷次大饑荒中，致人於死地的大多是疾病，而中國的這次大饑荒則不同，許多人真的是餓死的。所謂餓死，在臨床上是指體內的蛋白質和脂肪消耗殆盡，由此導致肌肉和心臟衰竭，並最終失去相應的功能。成年人只要有水喝，在不進食的情況下靠分解體內儲存的脂肪仍可存活數週，肝臟中也會以糖原的形式儲存少量熱量，一般一天之內就能轉化成能量。一旦脂肪耗盡，蛋白質就會從肌肉和其他組織中剝離出來，透過肝臟合成大腦所需的糖分。此時，身體的首要考慮是確保大腦的存活，而其他器官就像被其吞噬一樣，逐漸釋放出各自的養分來合成葡萄糖供大腦使用，同時會出現血壓降低、心跳加速的狀況，身體也日益憔悴。隨著蛋白質的流失，液體開始從血管和分解後的組織細胞中滲出，積聚在皮下和身體內部的空腔中，從而形成水腫。腫脹首先出現在臉部、腳部和腿部，但液體也會流到胃部和胸部周圍。膝蓋腫脹令人行走時疼痛難忍，而吃鹽、喝水反而會加重病情。也有些飢餓的人沒未出現水腫，反而開始脫水，皮膚乾得像羊皮紙一樣起皺掉屑，有時還布滿褐色的斑點。與此同時，頸部肌肉變得鬆弛無力，喉嚨發乾，聲音因此變得嘶啞，最後發不出聲。為了節省體力，飢餓的人往往會蜷縮成一團，肺功能日漸衰弱，面部肌肉凹陷，顴骨突出，眼珠鼓起，目光空洞，面無表情。身軀則瘦得皮包骨，肋骨清晰可見，四肢看上去就像樹枝一樣，頭髮也會褪色脫落。儘管體重下降，但身體裡血液的相對重量卻不斷增加，所以心臟仍不得不繼續加速跳動。最終，各個臟器嚴重受損，直至衰竭而死。[57]

「饑荒」在當時可能是個禁忌的字眼，但「水腫病」和「餓死」在檔案中卻隨處可見。英語文學教授巫寧坤描述了他挨餓的情形：「（我）在全中隊是第一個嚴重浮腫病號。我人很消瘦，下肢浮腫，兩腿軟弱無力，下地勞改時常在路上跌倒。我不知道自己臉上是什麼樣子，因為周圍沒有鏡子，但是從戰友們枯槁的面容，我不難想像自己已經面目全非。」[58] 水腫病如此普遍，但能描述得如此生動者卻不多見。一九六〇年，在有廣東糧倉之譽的清遠，一個公社竟有百分之四十的村民得了水腫病。[59]城市裡也不例外。前文已經提過，北京有一半的勞動力患有水腫，而一九六〇至一九六一年，上海的中學生也開始流行水腫病。[60]天津的南開大學則有五分之一的人得了此病。[61]水腫病是如此常見，以至於如果有飢民沒有患上這種病，必然另有原因。胡開明是個敢於講真話的官員，他於一九五九年被任命為張家口市委第一書記。一九六〇至一九六一年冬，他注意有些災民沒有出現水腫的症狀，但突然倒下就死了，後來查明是因為低血糖所致。[62]

為什麼那麼多人最終是餓死，而不是死於傳染病呢？上文提到的一個原因，是黨對疫情進行了密切的監控，但集體化也帶來了組織上的混亂和農村衛生保健系統的崩潰，即使在條件最好的地方，農村的醫療條件依然十分簡陋。因此，一個更合理的解釋是，在病毒得以傳播之前，許多農民就已經餓死了。而他們之所以死得這麼快，是因為公共食堂是他們唯一的食物來源，而這個管道完全被公社幹部控制在手裡，成為要脅農民的工具。正如本書關於暴力的一章所述，農民被迫勞動直到累得不能動為止，而不上工的農民就得不到任何食物，在疲勞和飢餓的雙重打擊下，許多人沒幾天就死了。

33 集中營

五十四歲的沈善慶在上海的一個集體農場工作。一九五八年夏，他犯了一個致命的錯誤：在施肥時，他沒往糞便裡加水稀釋，結果胡蘿蔔全被澆死了。這一事件被認定為「故意破壞」，沈因此被捕，但是他並未表現出悔意，反而聲稱至少在監獄裡有吃有住。調查人員還發現，他早在兩年前就曾經誹謗過黨。於是，沈善慶被押往兩千公里外的青海，在勞改營裡一關就是十年。一九六八年九月獲釋時，他疾病纏身，身心俱損，不惜用最卑微的語言貶損自己，不僅對當年破壞「大躍進」的罪行供認不諱，而且坦承勞改期間犯下新的罪行：有一次，他失手打碎一塊玻璃，被認為損壞了「國家財產」。[1]

沈的刑罰很重，而更多的人則會因為一些輕罪被判處一至五年勞改。公安系統的相關檔案至今仍未開放，但有些案件的報告偶爾會抄送其他黨政機關。根據其中一份文件紀錄，一九五九年夏，南京的小偷會被判處五至十年不等的刑期。[2] 北京一所監獄的內部名冊顯示，在收押的四百名男性罪犯中，因輕罪判處五至十年刑期的並不罕見。丁寶楨是一名農民，一九四五年加入中國人民解放軍，十年後復員，他偷竊了兩條褲子，總共價值十七元，一九五八年二月十一日，他被判處十二年徒刑。陳志文是個不識字的農民，在北京前門汽車站扒竊旅客，結果被判處十五年。一九五七年，一個以放牛為生的農民在北京百貨公司門口偷竊，也被關了十五年。[3]

不過，一九五八年後，判處死刑的人比前幾年少了。一九六〇年四月，公安部長謝富治宣布當局的政策是「少抓、少殺、少管」。在計劃經濟中，死刑也有指標，可以用數字來衡量。謝富治指示，一九六〇年應該殺四千人。這個數字比前一年要低，一九五九年大約殺了四千五百人（當局對「殺」這個字毫不避諱，很少用「死刑」或「極刑」等委婉的說法）。此外，一九五九年總共約有二十一萬三千人被捕，另有六十七萬七千人被遊街示眾。[4]

這些敏感性資料很難獲得，但一份來自河北公安部門的文件揭示了省一級的情況。在這個緊鄰首都的省分，一九五八年約有一萬六千名「反革命分子」被捕，是前兩年的三倍，另有兩萬名普通罪犯，是一九四九年以來第二多的一年（僅次於一九五五年）。然而，這些數字在一九五九年急劇下降，該年全省只逮捕了一千九百名「反革命分子」和五千名普通罪犯。一九六〇年和一九六一年大致保持在這個水準，而且普通罪犯的人數下降到了一千餘人。[5] 一九五九年被殺的約有八百人。[6]

被殺的也許只是少數，但只要在勞改營裡待上一小段時間，就可能生病或死亡。從黑龍江的「北大荒」（黑龍江的廣袤沼澤地）到青海和甘肅的山區和荒漠，勞改營分布在那些最荒涼的地區。集中營外的生活是窮困而悲慘的，而一旦被關進集中營，就會分配到鹽礦、鈾礦、磚廠、國營農場或勞改營參與各種生產和勞動，同時不得不忍受飢餓的考驗，最終每四、五個囚犯中就有一人喪命。在四川黃水，餓死的犯人超過三分之一。[7] 一九五七年十二月，位於甘肅戈壁灘附近的夾邊溝迎來首批二千三百名犯人，當這些人於一九六〇年九月轉移到另一個農場時，已有一千多人死於惡劣的生活條件，十一月和十二月又有六百四十人死亡。隨著省委第一書記張仲良的下臺，該集中營才最終被關閉。[8] 一九六〇年六月，甘肅約有八萬二千名犯人分布在一百座勞改營裡。[9] 到了一九六〇年十二月，只有七萬二千人在押，僅十二月就死了四千人。[10] 在筆者查閱的檔案中，勞改營死亡率的最低紀錄是一九五九至一九六一年間的河北，當時該省在押的犯人只有數千名，年均死亡率為百分之四至八。[11]

勞改犯的人數總共有多少？據謝富治說，一九六〇年，除西藏外，全國的勞改犯為一百八十萬人，他們分布在一千零七十七座工廠、礦山、採石場以及四百四十個農場內工作。[12] 一九五八和一九六二年，勞改犯的死亡率約為百分之五，其中一九五九至一九六一年的年均死亡率高達百分之十，總共約有七十萬人死於疾病和飢餓。死亡率如此之高，難怪有犯人想逃亡，但監控總體來說非常嚴格，部分原因大概是因為勞改犯對國民經濟來說至關重要：謝富治曾於一九六〇年說，全國各地的勞改營每年的產值為三十億元，此外勞改農場還能生產七十五萬噸農產品。[13]

❖

其實，勞改營只是無比龐大的集中營體系的一部分，那些被鬥爭或受到正式管制的人往往關在地方的監獄裡。一九五九年，這類犯人將近有一百萬人。[14] 而且，從一九五七至一九六二年，正式的司法體系遭到削弱，其始作俑者正是毛澤東。一九五八年八月，毛宣布：「我們每一個決議案都是法，開個會就是法，治安條例也靠成了習慣才能遵守……我們各種規章制度大多數（百分之九十）是司局搞的。我們不靠那些，主要靠決議，開會，一年搞四次（開會），不靠民法、刑法來維持秩序。」[15]

毛的話實際就是法律，而負責掌管司法的正是各級黨委，還美其名曰「在群眾的幫助之下」。正是迫於政治的壓力，一九五九年司法部遭到廢除。在農村，這導致司法機關的權力轉移到了地方民兵手中。如河北寧津縣有八十三萬人口，而公安、檢察和法院的幹部總共只有八十餘人，比人民公社成立前少了一半。[16]

從一九五七年八月起，中國的監禁制度又多了一個新的名目：勞教。像沈善慶這樣的普通罪犯須由人民法庭審判，但勞教的犯人不經過任何司法程序即可以無限期關押，直到完全「教育好」。與勞改不同的是，勞教所不隸屬於公安系統，而是受省、市、縣、公社和村莊等各級政府機構管轄。凡是有人被懷疑有偷竊、流浪、誹謗黨、在牆上寫反動標語、妨礙勞動或其他任何違背「大躍進」精神的行為，都可被關進勞教所。勞教所和比較正規的勞改所一樣，管理都很嚴厲。一九五七年後，勞教所如雨後春筍般在全國各地湧現。一九六〇年，謝富治稱全國的勞教所裡關有四十四萬人，其實這只是冰山一角而已。[17]

直到一九六〇年末，當上級開始派工作隊到農村清查基層幹部時，勞教的真實規模才終於得以暴露。自一九五八年夏各地成立民兵以來，幾乎每個集體單位——如治安辦公室、生產隊、人民公社等——都依託民兵的力量私設刑場，相關的報告數不勝數。每有一個像沈善慶這樣正式由法院審判的罪犯，同時就有好幾個未經任何司法程序即被關進勞教所的犯人，其人數到底有多少，至今仍不得而知。在被樹為典範的徐水公社，黨委書記張國忠構建了一個精心打造的監禁系統，從縣城直到大隊，每一級第一地都有各自的監獄，收押者占當地人口的百之分一．五。[18] 在上海附近的奉賢，村民們經常被送進特別勞改營，其中一個勞改營專門用來關押不聽話的兒童。[19] 開平縣有個生產大隊，竟然設有四個以上的監禁場所，數百人曾經遭到關押，最長的達一百五十天，許多人在裡面受到毆打和酷刑折磨，有人因此落下終身殘疾。[20] 還有人被關在監獄以外的地方。開平縣有個老婦人被控偷竊，結果當地幹部用一副四．五公斤重的腳鐐把她鎖在食堂裡十天，一名年輕的民兵還用點燃的火柴燒她的腳。[21]

由於司法權力下放，全國各地出現了各種形式的集中營，對人身進行限制的手段也各不相同。貴州省印江縣的一個集中營用紅墨水在每個犯人的額頭寫上「賊」字，全省的人民公社還紛紛設立「集訓隊」，對那些提出批評意見或拒絕參加會議的人進行「再教育」，並強迫他們從事苦役。[22] 一九五九年，柳州市公安局開設了幾個「訓練營」，專門關押反對集體化的人員。[23] 在北京以北的延慶縣，任何人只要被幹部懷疑偷懶，就會遭到拘捕。一名六十二歲的男子竟然因為抓的麻雀不夠多而被關了一個月。[24]

假設非正式關押的人數是正式服刑人員的三到四倍，那麼在「大躍進」期間，任何一年的囚犯總數都會達到八百萬至九百萬人，其中勞改人員約一百八十萬至二百萬，勞教人員約六百萬至八百萬。而之前保守的估計，正式的服刑人員當中，死於疾病和飢餓的人數約為七十萬，如今這個數字需要乘以三或四，這意味著在大饑荒期間，約有三百萬人死在各種形式的集中營裡。[25] 這個死亡率高於一九三〇年代蘇聯的集中營，但總體而言，中國的監禁率比蘇聯低，這是因為並不是所有犯罪的人都被關起來，許多人接受的懲罰是日常遭受毆打和被剝奪食物。

34 暴力

中共政權建立於恐怖和暴力之上。恐怖必須專橫而無情，這樣才有震懾的效果，不必殺掉許多人，但必須讓每個人害怕，也就是俗話說的「殺雞儆猴」。在北京附近的通州，那些強迫村民下跪的幹部稱這種做法叫「罰一儆百」。[1]

然而，「大躍進」期間，農村出現的情況與上述性質完全不同：暴力不再是透過懲罰少數人來恐嚇大多數人的策略，而是成為一種常規的控制工具，其針對的目標可以是遊手好閒者，也可以是阻撓或抗議政府政策的人，更不用說絕大多數有偷竊行為的普通農民了。事實上，「大躍進」摧毀了農民勞動的所有動力：土地歸國家所有；種出的糧食也必須上交國家，而且價格通常比成本還低；私人的牲畜、勞動工具和日常用品也歸集體共有，甚至連房子也被沒收。與此同時，地方幹部承受的壓力也越來越大，為了完成和超額達到各類生產指標，他們不得不無情地榨乾農民的勞力。

在「大躍進」初期，政府的宣傳造勢或許有助於運動的開展，但農民們不得不每天參加各種會議，普遍出現睡眠不足的問題。李婆婆在談到四川的情況時回憶說：每天都要開會，到處是大喇叭。[2] 集體化的一個核心內容就是開會，有時一個會議要持續好幾天。但這些會議絕不是社會主義的民主論壇，一般民眾根本沒有發言的機會，他們只能坐在下面，聽幹部一連幾個小時聲嘶力竭地說教、恐嚇和威脅。會議常常開到很晚才結束，半夜時分大家又被叫醒下田幹活。到了農忙季節，許多人每天的睡眠時間不足三、四個小時。[3]

農民們累死累活，只換來一次次烏托邦式的許諾。久而久之，沒有人再相信空洞的宣傳了，當局唯有以暴力相威脅，才能迫使這支疲憊不堪的勞動大軍繼續服從其指揮。然而，無論飢餓、痛苦還是死亡，似乎都無法激發農民的幹勁，幹部們開始越來越頻繁地訴諸暴力，對農民的強迫力度不斷加強，終至一發不可收拾。

棍子是首選的武器。它價格便宜，用途廣泛，一棒下去就能給落後分子深刻的教訓，即使偶有頑固反抗者，也經不起一連串的敲打，有人還被幹部吊起來打，直打到渾身青紫，有人則被迫跪在破碎的貝殼上挨打。陳武雄因為拒絕到離家較遠的水利工地上勞動，被迫跪在地上，雙手捧著一根粗重的木頭舉過頭頂，一名叫陳龍祥的幹部則不斷用棍子抽打他的身體。[4] 得了水腫病的人被棍子一打，就有液體從毛孔裡滲出。欽縣那彭公社的盧景福就是這樣被一群人打得「水都流出來了」，公社黨委書記任忠光盛怒之下，又打了他二十分鐘。[5]

黨員幹部經常帶頭打人。當地黨委在調查清遠縣某公社時報告說，公社第一書記鄧中興為了完成徵糧的指標，親自動手打了二百多個農民，其中十四人被打死。[6] 在湖南花明樓水庫幹活的劉生茂病得不能上工，結果被大隊書記打得腦漿四濺，而且人死了之後，大隊書記仍遏止不住怒火，繼續毆打其屍體。[7] 湖南某公社黨委書記歐德生獨自一人打了一百五十個農民，其中四人被打死。他對新黨員說：「要入黨就要會打人。」[8] 被派往道縣的調查組則報告，當地到處都是「刑場」，農民經常被打，有個小組長打死十三人，後來又有九人死於重傷。[9] 在南海縣，生產隊長梁彥龍每天懷揣三把槍，穿著皮大衣在村子裡耀武揚威。[10] 在河北，一名叫李獻春的小組長每天給自己注射嗎啡，然後穿著鮮紅的褲子在村子裡晃來晃去，看誰不順眼就任意打罵。[11]

共產黨的幹部聲稱要為人民服務，但從無數的檔案和報告來看，全國約有一半的幹部經常毆打老百姓。一九五九至一九六〇年冬，在湖南黃材水庫工作的一萬六千名農民工中，有四千人遭受過幹部踢打，其中四百人因此死亡。[12] 在廣東羅定的一個公社，半數以上的幹部喜歡打人，被棍棒打死的農民有近百人之多。[13] 另據一份詳細的調查報告，一九六〇年河南信陽死了一百多萬人，其中大部分是餓死，但約有六萬七千人是被民兵毆打致死。[14]

棍子是幹部們最常用的工具，但除此之外，他們還有其他手段來懲罰不服管教的農民。為了強迫飢腸轆轆的農民繼續上工，幹部們想出了各種殘忍的辦法，其暴力程度超出常人的想像。例如，他們經常把懲罰的對象扔進池塘，有時捆著手腳，有時則剝去衣服。廣東羅定有個十歲的男孩，因為偷了幾稈麥子，竟被幹部綁起來扔進沼澤，沒過幾天這個男孩就死了。[15]

還有許多人被幹部剝光衣服，扔在寒冷的戶外。朱玉發偷了一公斤豆子，結果被罰了一百二十元。幹部還沒收了他的衣服、被子和席子，並把他的衣服扒光，拉到鬥爭大會上挨鬥。[16] 在廣東的一個公社，數千人在冬天被迫從事繁重的勞動，偷懶者則會被剝光衣服。[17] 在另一處水庫工地上，雖然氣溫降到了零下，但為了趕工期，幹部仍驅使四百多名農民日夜不停地工作，卻不給他們禦寒的棉衣，孕婦也得不到任何照顧，甚至有幹部認為，天氣越冷，工人幹活才越賣力。[18] 在湖南瀏陽，三百名男男女女被迫在雪地裡赤裸著上身勞動，結果有七分之一的人因此送命。[19]

到了夏天，幹部則會罰農民在太陽下曝晒，而且必須同時雙臂平伸，或者跪在石頭或碎玻璃上。從南方的四川到北方的遼寧，這類懲罰非常普遍。[20]還有幹部用滾燙的東西燙傷農民，或者用燒熱的針戳傷肚臍。[21]在嶺背公社的一個水庫工地上，抱怨辛苦的工人會遭到民兵炙燙。[22]在河北，有人被燒紅的鐵塊烙上印記。[23]在四川，有少數人被澆上汽油活活燒死。[24]

還有人被幹部用沸水澆傷，不過由於缺乏燃料，更常見的是往人身上潑尿液和糞便。[25]一位八十歲的老婦人告發小組長偷米，結果被幹部潑了一身尿。[26]在汕頭附近的龍歸公社，跟不上工作進度的人則被推到糞堆裡，還被迫喝尿，有些人雙手也被燒傷。[27]在另一個地方，幹部把稀釋後的排泄物灌進一個農民的嘴裡。一個叫黃炳銀的農民因為飢餓偷了一隻雞，結果被村長抓住，被迫吞下牛糞。[28]劉得勝因為偷了一個番薯被淋了一身尿，隨後幹部把他和妻兒一起推進糞堆。他緊閉嘴唇，幹部就用鉗子把他的嘴撬開。三週後，劉德勝死了。[29]

對身體的殘害極其普遍，有人頭髮被拔光，[30]有人耳朵和鼻子被割掉。在廣東，陳狄因為偷糧，被一名叫陳秋的民兵綁起來割掉一隻耳朵。[31]王自友因為挖了一顆馬鈴薯，結果被割掉一隻耳朵，雙腿被鐵絲綁住，背上壓了一塊十公斤的石頭，還被鐵塊烙上印記——這起案件事後被上報到中央。[32]在湖南省沅陵縣，幹部不僅毆打農民，還用燒紅的鐵塊燙他們的腳，往鼻子裡塞辣椒，甚至把耳朵釘在牆上。[33]在湖南瀏陽，幹部用鐵絲捆綁農民。[34]在四川簡陽，有小偷的耳朵被鐵絲穿透，上面掛著寫有「慣偷」字樣的牌子。[35]還有人的指甲縫裡被插進縫衣針。[36]在廣東的一些地方，幹部用給牛注射用的針頭往人體裡打鹽水。[37]

有時夫妻之間被迫互相毆打，甚至有人因此被打死。[38]二〇〇六年筆者曾採訪了一位老人，他回憶當年村裡有一位老婦人，因為從樹林裡撿了一些木頭，結果被幹部綁在廟裡，而他和其他年輕人則被迫對她進行毆打。講到這裡，他開始默默地啜泣。[39]

有時候，幹部會下令把要懲罰的對象拉出去假裝處決或活埋，[40]有些人則真的遭到活埋，這樣的事在湖南很多。許多人被單獨關在地窖裡，一開始會瘋狂地叫喊和拍門，最後精疲力竭地在沉默中死去。[41]這種情況極為普遍。一九五八年十一月，湖南省委第一書記周小舟在視察鳳嶺時，對這個問題尤其關注。[42]

痛苦往往與羞辱相伴。到處有人被遊街示眾，有的戴著高帽子，有的胸前掛著牌子，有的則赤身裸體。[43]有人臉上被塗了黑墨水，[44]有人的頭髮被剃成「陰陽頭」，[45]口頭的叱罵更是家常便飯。十年後紅衛兵的所作所為，不過是這些行為的翻版。

死人也會受到懲罰。許多人被打死後屍體就扔在路邊，任其腐爛。依照民間的說法，這些未經安葬的死者將永遠成為孤魂野鬼。有些人下葬後也要受到汙辱，如廣東的龍歸公社，一九五九年死了五分之一的人口，有些屍體被草草地埋在路邊，旁邊插著牌子，上面寫著「懶漢」。[46]在湖南石門，毛炳香一家全部餓死後，生產隊長堅決不許下葬，結果一個星期後，屍體的眼睛都被老鼠啃掉了。當地的村民後來對調查人員說：「現在人不如狗，死了都沒有人埋。」[47]

有些人與當地幹部發生衝突後死去，而收屍的家人也會受到牽連。一位七十歲的老婦人為飢餓所迫而上吊自殺，正在田裡幹活的女兒得知消息後，扔下手頭的工作慌慌張張趕回家，哪知幹部認為她違反了勞動紀律，追上去一拳打在她的頭上，待她倒地後，又對其上半身一頓猛踢，致其終身殘疾。老婦人的屍體擺在家中無人過問，幾天後開始腐爛，可是幹部竟指著老婦人的屍體對她女兒說：「你們守著把她吃掉。」[48] 對死者最大的褻瀆是把屍體剁碎後當作肥料。因為自己的孩子偷了幾顆蠶豆，鄧大明竟被民兵活活打死。不僅如此，他所在公社的黨委書記亶倪明竟然下令，把鄧大明的屍體割成塊、漚成肥料澆到南瓜田裡。[49]

❖

暴力事件的嚴重程度往往超出人們的想像。中央派往湖南的調查組向周恩來報告說，在被調查的八十六個縣市中，打死人的有八十二個，這樣的比例在全國並不算最高。[50] 然而，對於調查人員來說，要確定饑荒期間的死亡人數已經困難重重，更不要說查明死因了，所以對於全國範圍的暴力事件，並沒有可靠的統計數字可循，但各地調查組的報告揭示了一些地區的大致情形。例如在湖南道縣，一九六〇年有數千人死亡，其中百分之九十是病死或餓死，另有百分之十死於幹部和民兵之手，有些被活埋，有些被棍棒打死，還有些被以其他方式殺害。[51] 在湖南石門縣，一九六〇年約有一萬三千五百人死亡，其中百分之十二是被「打死或逼死」。[52] 在河南信陽，一九六〇年有一百萬人死亡。以李先念為首的調查委員會估計，死者中有百分之六至七是被打死的。[53] 在四川，這一比例要高得多。四川省委派往開縣的一個調查小組發現，在不到一年的時間裡，豐樂公社即有百分之十七的人口死亡，其中多達百分之六十五的受害者死因是遭受毆打、被幹部剝奪口糧或被逼自殺。[54]

一份又一份的報告詳述了人們遭受酷刑的方式。這些證據表明，在所有大饑荒的死者中，至少有百分之六至八是被幹部和民兵殺害，或死於他們的暴力傷害。正如本書第三十七章所提到，在一九五八至一九六二年的大饑荒中，全國至少有四千五百萬人非正常死亡。鑒於檔案中對暴力事件的廣泛記錄，我們可以推算，這四千五百萬受害者中，可能至少有二百五十萬死於毆打或種種酷刑。

對於集體化過程中出現的暴力行為，很難用簡單的理論加以解釋。有人可能會指出，中國的暴力傳統可以追溯到幾個世紀前，那麼這與其他國家的情況有何不同呢？二十世紀上半葉的歐洲同樣充滿了血腥，殺戮的規模史無前例。現代的獨裁政權不僅擁有一黨專制的新型統治技術，還研製出機槍、毒氣等新的殺人技術。當這些資源被強大的國家政權用來滅絕某個人類群體時，其後果必然是毀滅性的。事實上，也只有現代國家才具備種族滅絕的能力。

當然，毛澤東領導下的一黨制國家並沒有集中所有資源來消滅某個特定的人群，那些所謂的反革命分子、壞分子、間諜和其他「人民的敵人」定義寬泛，任何人都可能成為受害者。但是，毛讓整個國家陷入「大躍進」的狂熱，把黨領導下的軍事化推廣到了全社會。他在「大躍進」的高潮期曾宣稱「人人都是戰士」，並廢除了資本主義企業的普遍做法（如工資制、每週一天休息、規定每個工人的最高工作量等）。[55]在命令經濟下，一支由億萬人民組成的勞動大軍將無條件地服從上級的指揮。從食堂、寄宿幼兒園、集體宿舍到突擊隊，農村的一切都按軍事化標準組織起來，就連農民也成了推動革命繼續前進的士兵。採用這些軍事術語，並非只是為了增強群眾的凝聚力。事實上，這場運動的領導人全是熟諳軍事的將領。他們在極端貧困的條件下打了二十年的游擊戰，擊退了蔣介石發動的一次次圍剿，在二戰中經受住了日軍的猛烈進攻。與此同時，他們也經歷了黨內輪番的政治清洗和酷刑的折磨。這些人崇尚暴力，對人口的大規模死傷早已習以為常，而且都認為應當不擇手段地實現其政治目標。一九六二年，李井泉將「大躍進」比作長征，他說：死了這麼多人，「我們不是弱了，而是更強了，我們保留了骨幹，還會逐步強大起來。」[56]

地方官員對人命同樣漠視。當年，為了與蔣介石血戰，共產黨動員了數百萬民眾支援其戰鬥，並最終靠這股勢不可擋的勁頭贏得了勝利。如今，他們準備用同樣的手段發展經濟，無論付出多大代價都在所不惜。他們相信只要意志堅定就可以改天換地，而任何失敗都源於敵人的破壞。在消滅麻雀的戰鬥中，只要有任何一個「壞分子」偷懶懈怠，都可能導致軍事戰略的整體失敗；而從食堂偷竊食物的農民就猶如戰場上的逃兵，必須嚴懲不貸，否則就會影響軍隊的士氣。任何人都是潛在的逃兵、間諜或者叛徒，所以最輕微的違規行為都必須受到嚴厲的軍法制裁。整個國家由此變成了一個巨大的兵營，儘管表面上還假裝有社會主義民主，其實一般民眾除了服從命令，對任何決策都沒有發言權，稍有異議就會受到嚴懲。宗教、法律、社區、家庭全被破壞，暴力暢行無阻，不受任何約束。

「大躍進」期間，中共內部經過幾輪清洗，吸收了不少新黨員，其中許多人品德敗壞，運用起暴力毫不心慈手軟。那些因工作出色而得到紅旗獎勵的鄉村、公社或縣，通常也是受害者最多的地方。而且，為了保住紅旗不被競爭對手奪走，幹部們不得不對農民持續施壓，由此形成一個惡性循環：農民日益疲憊，任務日益繁重，而幹部的毆打也日益嚴厲。在不斷升級的暴力下，農民不得不忍受懲罰和飢餓的雙重威脅，最終達到極限。一位被迫冒著嚴寒在山裡長期勞動的農民說：「我累了，你打我，我也不幹，再打我就走。」[57]

在湖南，有一個省委派到農村的調查組寫了一篇題為〈幹部打人的起因及經過〉的報告，對當地的暴力問題進行了深入探討。頗為難得的是，這個調查組不僅蒐集了幹部濫用職權的大量證據，還對他們進行了採訪，最終發現了暴力背後的獎勵機制：基層幹部毆打農民是為了贏得上級領導的表揚。這份報告說明，無論形式上如何混亂和殘忍，暴力的發生總是遵循由上而下的原則。趙長勝就是一個典型的例子。雖然他在黨內的級別很低，但是一九五九年廬山會議後，他拒絕參與毆打右派分子，因此受到上級領導的批評，甚至威脅把他打成「右傾保守分子」。然而，他不為所動，仍然拒絕使用暴力，結果被處以五元罰款。最終，趙長勝還是屈服了，他帶著一股怒氣回到村裡，把一個小孩打得鮮血淋淋。[58]

除了上級的壓力，基層幹部還常常被同僚拉下水。在耒陽，縣領導張東海及其親信們認為，為了履行「不斷革命」的「責任」，他們必須使用暴力：「運動不是繡花，打死人是不可避免的。」若有幹部拒絕打人，張東海就命令把他們抓起來批鬥，甚至綁起來打，全縣約有二百六十名幹部因此被撤職，其中三十人被打死。[59] 四川合川縣的幹部被告知：「勞動力多得很，打死幾個沒關係。」[60]

一九六一年，各地派調查組深入農村收集了許多訪談資料，從中可以看到受害人和施暴者雙方的陳述。邵克南是湖南人，一九五八年夏集體化運動達到高潮時，他第一次遭到幹部毆打。隨後，他被派往花果山參與修建一個水利工程，不得不冒著嚴寒每天工作十二個小時。在此期間，邵克南被幹部們打得遍體鱗傷。其中一名幹部叫易少華，與邵自幼相識。在邵克南的記憶中，易少華在「大躍進」之前從未有過暴力行為。然而，「大躍進」開始後，易少華變得脾氣暴躁，對人動輒打罵，經常打得人鼻青臉腫，血流不止。[61] 面對調查組的質問，易少華解釋說，他之所以變得如此暴力，是因為害怕被上級打成右派分子。上級領導曾告誡他：你不打人，工作就無法完成。巨大的壓力由上至下層層下遞：「上面的人逼我們，我們就逼下面的人。」[62] 由此可見，基層的黨員幹部一方面自己受到上級的恐嚇，同時也用恐嚇的方式對待下面的老百姓。

❖

大饑荒中，幹部們不得不作出抉擇：是以農民的利益為重，還是完成上級下達的任務，二者不可兼得。大多數人選擇了相對容易的後者，而一旦選擇了這條路，就不可避免會使用暴力。在普遍貧窮的條件下，不可能讓每個人都活下來，即便是聽話的農民也沒有足夠的口糧維持生計，而且一九五九年廬山會議後，政治上持續高壓，短期之內似乎無望解決糧食短缺的問題。在這種情況下，消滅體弱多病者成了節省口糧的有效途徑。在計劃經濟裡，人口只是一系列統計數字，就像煤炭和糧食一樣，是有待開發和利用的資源。從大局出發，個人在國家面前無足輕重，其存在的價值取決於是否能耕地和種田，而這一切都可以透過工分來體現。農民的地位就像牲畜一樣：為了得到食物、衣服和住房，必須一切服從集體。依據這個邏輯，那些沒有存在價值的個體就可以被集體剔除。消滅了落後分子、老弱病殘和不具備勞動能力的人，就可把糧食省下來分配給勞動者，暴力因此成了解決糧食短缺問題的一種方法。

糧食成了幹部手裡的一件武器，在所有懲罰形式中，剝奪口糧是最可怕的一種，甚至超過毆打。楚雄縣某公社黨委副書記李文明曾打死六人，但他最主要的懲戒工具就是剝奪社員的口糧。有一對兄弟被罰一個星期不許吃飯，兩人餓得到樹林裡挖草根，不久便雙雙餓死。其中一人的妻子臥病在床無法參加勞動，也被禁止吃飯。甚至有一個生產隊的七十六名隊員被全體禁食十二天，許多人最終餓死。[63] 在廣東龍歸公社，黨委書記也下令不幹活的人不許吃飯。[64] 在四川的好幾個縣，調查人員發現「病得不能幹活的社員會被剝奪口糧——這加速了他們的死亡」。在請假的第一個月裡，病號的口糧每天減到一百五十克，第二個月減到一百克，而快死的人則得不到任何食物。在江北和永川，幾乎每個公社都剋扣口糧。一個食堂有六十七名社員，在三個月內即有十八人因病無法勞動而被禁止進入食堂，最後全部餓死。[65] 對於這種情況的統計數字很少，但四川有一個調查組對內江的情況做了詳細調查後認為，當地餓死的人口中，有百分之八十是受幹部懲罰而被剝奪了口糧。[66] 而那些獲准可以在食堂吃飯的人，得到的食物也比配額要少。一位農民嘲諷道：浸在粥裡的勺子能「照出人的臉」。許多倖存者都回憶說，掌勺的人故意歧視所謂的「壞分子」，給「好人」打粥，勺子會伸到鍋底多盛些米，遇到「壞分子」則把勺子輕輕在鍋面上舀兩下，打的全是水：看上去綠油油的，根本不能喝。[67]

許多調查組在報告中提到，病人也被逼著下田勞動。一名叫趙學東的幹部強迫二十四名水腫病人勞動，結果除四人外全部死亡。在金堂竹篙公社，那些幸運地得到治療的病人，一出院就被當地的黨委書記強迫從事重體力勞動。[68] 在許多幹部眼裡，生病本身就是反對政府的一種表現，因此剝奪病人的口糧順理成章，而在饑荒最嚴重的地方，即使全額完成任務的農民也只能得到一碗薄薄的稀粥。

❖

在「大躍進」之初，徐水等模範縣宣揚的口號是「各取所需」，但現實卻更接近列寧所說的「不勞者不食」。有些公社甚至根據社員的勞動表現將其分成不同的組別，每組的口糧標準都不一樣，這樣做的目的是削減表現較差者的口糧，然後把省下來的糧食作為獎勵，分配給表現好的人。在資源稀缺的情況下，以犧牲弱者為代價獎勵強者是一個簡單而有效的管理辦法。二戰時的納粹德國在糧食短缺時也採用過類似的制度。岡特・法肯漢（Günther Falkenhahn）是一個礦場的主管，負責為法本公司（IG Farben）提供生產原料。他根據消耗每單位熱量所能提供的產生回報率將「東方勞工」（Ostarbeiter）分為三個等級，將有限的食物優先分配給回報率最高的工人身上，致使處於底層的工人陷入營養不良致命境地。一九四三年，他的這一做法得到國家的認可，「績效餵養」（Leistungsernährung）成為雇用東方勞工的標準做法。[69]

雖然沒有任何上級的指示或命令，但對於熱衷以最小的成本獲得最大產出的基層幹部來說，把食物優先分配給勞動能力更強的人似乎是個行之有效的策略。在廣東桃村，幹部根據每個社員的勞動表現將其歸類，總共分十二個等級，排名靠前的每天可以得到近五百克的食物，排在末尾的只有一百五十克。未過多久，身體最虛弱的首先被淘汰了，然後輪到排名僅比他們高一點的，最終全村人口餓死了十分之一。[70]事實上，全國上下各個單位都被分成先進、中等和落後三個等級，並用紅、灰、白三種顏色的旗子予以區別。在此基礎上更進一步的做法，則是將口糧配額與勞動表現掛鉤，如金堂縣的一個村子將村民分為「好、中、差」三類，並分別用紅、綠、白三種顏色的紙寫上每個人的名字，不同類別的人不許相互交往。歸入優類的會受到幹部表揚，而劃入差類的則受到無情迫害，很多人被關進臨時成立的勞教所。[71]

❖

自殺成了一種流行現象。包括自殺在內的各種非正常死亡的人數，遠遠超過了被謀殺的人數。許多人之所以選擇自殺，並非因為肉體的痛苦，而是承受不了公開的羞辱，而官方的說法則把這些人稱為「畏罪自殺」，還有常見的表述如「被逼得走投無路」、「被逼上絕路」等等。一九五八年夏，上海奉賢在幾個月內即有九百六十人非正常死亡，其中九十五人是被逼上絕路而自殺，剩下的則死於疾病、酷刑或勞累。[72]就全國來看，這方面可靠的統計資料很少，只能非常粗略地推算，大約有百分之三至六的非正常死亡是由自殺造成的，這意味著在「大躍進」期間，全國有一百萬至三百萬人死於自殺。

在廣東普寧，當局稱自殺事件從未間斷，有些人因為偷了同村人的東西而羞愧難當，於是結束了自己的生命。[73] 也有人因為自己的行為連累他人而深感內疚，結果選擇了自殺。如開平縣一位五十六歲的婦女偷了兩把米，結果全家人都被關進勞教所，而且被罰五天不許吃飯，這名婦女最終選擇了自殺。[74] 有些女人考慮到自己死後孩子無法獨立生存，便決定帶著孩子一起自殺。例如汕頭有一名被控盜竊的婦女，將兩個孩子綁在身上，然後一起跳入河中。[75]

城市裡的自殺率也急劇上升，但可靠的資料很少。據南京市公安局的報告，一九五九年上半年，全市竟有約二百人跳河自殺，其中大多為女性。[76] 許多人因為家庭被集體化運動拆散而自殺，湯桂英便是其中之一。她先是失去了生病的兒子，隨後為了給灌溉工程讓路，家中的房屋也被拆毀。她不得不隻身前往南京，投奔在一家工廠工作的丈夫，結果又遇上遣返難民返鄉的運動。他的丈夫對她不聞不問，唐桂英最終自縊身亡。[77]

35 恐怖之地

信陽大饑荒的慘象，令前來調查的李先念不禁流下熱淚，這是中共的高層領導人第一次親眼目睹這樣的場景。中央的第一反應是將這一切歸罪於反革命分子的破壞。很快，一場從反動勢力手中奪回政權的運動在全國展開，軍隊也介入其中。為了讓大家相信信陽的情況只是特例而非普遍現象，中央主動公布了「信陽事件」的調查報告，傳達範圍當然僅限於黨內。隨後，中央又公布了「鳳陽事件」的報告。鳳陽位於淮河平原，是安徽的一個貧困縣，當地人口約有三十三萬五千人，其中四分之一死於大饑荒。一九八〇年代，與這兩起事件相關的報告開始在民間流傳，一九八九年天安門事件後，有六百頁文件被人偷偷帶出國境。這些文件成了研究大饑荒的重要資料來源，而信陽也因此成為大饑荒的代名詞。

然而，一九六一年全國各地的基層幹部得知信陽事件時，卻絲毫不覺得意外。例如在湖南湘潭縣就有幹部感到不解，湘潭死了數萬人，信陽的情況與之相比根本不算什麼，為什麼它會被稱為「事件」呢？[1]

事實上，大饑荒期間，全國有許多村莊每年的人口死亡率超過百分之三十，有些村子的居民甚至全部死光。農村地區最主要的行政單位是縣，一個縣通常由數百個村莊組成，人口介於十二萬至三十五萬不等。各村之間的距離有遠有近，有些可能緊挨在一起，有些則隔著山丘、河流或森林，除非出現極為特殊的情況（如巨大的政治壓力），一個縣每年的人口死亡率一般不會超過百分之十。大饑荒期間，每個省都有數個甚至十幾個縣在政治狂熱分子的領導下，出現人口大規模死亡的恐怖景象。但是，由於相關的檔案資料仍未解密，我們無法得知所有發生過此類事件的地點，以下只是列出了其中五十五個縣的名字，將來隨著更多資料的公開，這份名單無疑會繼續增加。需要說明的是，以下名單是基於人口學家王維志的研究，他與北京市公安局有合作關係，曾對四十個縣的資料進行了統計。[2] 不過，他所使用的資料並非從基層採集的原始資料，而是由各地上報給北京的官方數字，因此並不完全準確。在此基礎上，筆者根據自己查閱的檔案資料，又增加了一些縣的名字（用星號標出）。本章將對下列名單中的幾個地區進行詳細討論。

四川省：石柱、滎經、涪陵*、榮縣、大足*、資陽、秀山、酉陽、南溪、墊江、樂山、犍為、沐川、屏山*，郫縣*、雅安*、蘆山*、色達*

安徽省：巢縣、太和、定遠、無為、宣城、亳縣、宿縣、鳳陽、阜陽、肥東、五河

河南省：光山、商城、新蔡、汝南、唐河、息縣、固始、正陽、上蔡、遂平

甘肅省：通渭*、隴西*、武威*

貴州省：湄潭、赤水、金沙、桐梓

青海省：湟中、雜多、正和

山東省：巨野＊、濟寧＊、齊河＊、平原＊
湖南省：古丈＊
廣西省：環江

❖

位於甘肅西北部的通渭是全國最貧困的地區之一。這裡屬於黃土高原的丘陵地帶，氣候乾燥，溝壑縱橫，曾經是古絲綢之路上的重要一站。在經濟重心逐漸南移之前，這裡曾經一度人口稠密，至今仍隨處可見古代的許多遺跡。城牆、房屋和墓穴都是直接在黃土坡上挖出來的，窯洞也是在陡峭的山體上開鑿出來的，有些洞口還裝飾有拱形的門樓，洞外還有平整的院落。但隨著時間的流逝，山體逐漸被風雨侵蝕，人口也不斷外流。山頂上分布著一塊塊梯田，山谷間闢有一條條土路，這些都是歲月的見證。一九三五年九月，紅軍占領通渭後，毛澤東在這裡撰寫了一首歌頌長征的詩詞。

一九五八年五月，通渭縣委書記席道隆被省裡評為模範黨員，並得到機會前往北京參加會議。幾個月後，毛發出集體化的號召，席道隆積極回應，將該縣所有的農業合作社合併為十四個公社，並派民兵監督，把農民的土地、牲畜、房屋、勞動工具，甚至鍋碗瓢盆全部收歸集體所有。當時甘肅省提出將黃河的一條支流引水上山，把乾旱的高原變成綠色的花園。通渭是這項水利工程的關鍵環節，全縣有五分之一的農民被派去修建水庫。一九五八年的秋收季節，省裡派檢查組到通渭視察工程的進度，席道隆為了投其所好，把全縣一半的農民拉到遠處的工地上，任由莊稼爛在田裡無人收割。在這個老百姓只能勉強維持生計的貧困縣，「大躍進」的頭一年裡就有一萬三千多公頃土地被拋荒。在此後的幾年裡，全縣的農業產量逐年遞減，一九五七年是八萬二千噸，一九五八年五萬八千噸，一九五九年四萬二千噸，一九六〇年只有一萬八千噸，但與此同時糧食徵購量卻不斷增加。一九五八年，席道隆向上級報告全縣糧食大豐收，產量達到十三萬噸，國家據此徵購了三分之一。一九五九年，席道隆虛報的數字是實際產量的兩倍，國家徵購了近乎一半，結果全縣幾乎不剩什麼糧食了。[3]

任何人對縣委的政策只要有所不滿，就會被打成「右派」、「破壞分子」或「反黨分子」。縣長田步霄下鄉視察，所見所聞令其深受震動，因此提出反對意見，結果被席道隆斥為「反黨分子」，並多次被當作「小彭德懷」接受批鬥。一九五九年十月，田步霄自殺身亡。全縣因反對席道隆而被抓的幹部多達上千人，有些被撤職，有些被關起來，許多人遭到酷刑折磨。針對農民的懲罰就更普遍了，甚至有人被活埋在窯洞裡，冬天則被埋在雪地裡，還有人被用竹籤插入指縫。在調查小組提交給省委的正式報告後面，還附有一份未經編輯的草稿，其中有一句寫道：「打死人漚綠肥」。[4]全縣超過一千三百人被毆打或折磨致死。到了一九五九至一九六〇年的冬天，當地的老百姓只能靠吃樹皮、樹根和穀糠活命。[5]

幾年之後，通渭縣委在一份報告中承認，一九五九至一九六〇年，全縣共死亡約六萬人（一九五七年全縣有人口二十一萬）。沒有人可以躲過這場饑荒，幾乎每個人都有幾名親戚餓死，因全家死光而絕戶的家庭多達兩千多個。[6]

席道隆最終被逮捕，但如果沒有上級領導的支持，他的恐怖統治根本無法在通渭持續數年之久。席的頂頭上司是定西地委委書記竇明海，竇本人則承受著來自甘肅省委第一書記張忠良的巨大壓力。竇甚至認為所有逃荒的飢民都是壞人，全是「反黨分子」。他不斷要求提高糧食徵購率，聲稱「寧可餓死人，也不向國家要糧食」。[7] 最後連張仲良也不能再漠視不管了，一九六〇年二月，省裡派了一百多人來到通渭進行調查，隨後席道隆及其追隨者遭到逮捕。[8] 一個月後，甘肅省委向北京遞交了相關報告，中央宣布通渭的地方幹部已經「完全變質」。[9]

❖

與甘肅不同，四川享有「天府之國」的美譽。這裡地處亞熱帶，林木茂密，水力資源豐富，自古就興建了許多灌溉工程。然而，這個土地面積與法國相當的省分，內部的地區差異卻很大。川西山勢崎嶇，峽谷幽深，分布著許多少數民族。省會成都則處於四川盆地的中心，周圍地勢平緩，肥沃的沖積平原養活了數以千萬的農民。四川的貧困縣主要分布在盆地周邊的山區，以及位於長江邊的重慶附近，許多縣的人口死亡率常年保持在百分之十以上，其數量之多超過了其他任何省分。

涪陵是重慶城外一個相對繁華的縣城，其下屬的堡子公社有一萬五千人，被稱為「涪陵的糧倉」，每年豐收的時候，通常會把一半的糧食無償獻給國家。通往縣城的主幹道上人來人往，農民們每天都忙著把糧食、蔬菜和豬運到市場上。然而，一九六一年，堡子公社的糧食產量驟減了百分之八十七，田裡雜草叢生，人口損失過半。全公社刮起一股「共產風」，各家的磚頭、木頭、鍋碗瓢盆和勞動工具全部收歸集體所有，甚至縫衣針和嬰兒尿布也不例外，任何人想要保留私人財產，都會被斥責為「右派保守主義」。公社黨委提出口號：「三年不搞農業，也能吃飽飯。」全公社百分之七十的勞動力被派去修建規模龐大的食堂、養豬場和市場。公社領導對農業生產盲目指揮，社員只能無條件服從。一位黨委副書記認為田裡的玉米葉子方向不對，竟下令把好幾畝玉米悉數拔掉，而一些產量最高的稻田也因為密植而減產。公社領導還下令把百分之八十的水稻梯田改成旱地種蔬菜，結果完全失敗。後來，為了回應李井泉把山頭變綠的號召，公社領導命令農民到幾十哩外的山上挖土，把肥沃的梯田全部改種麥子。

一九五九年，該公社的糧食產量急劇下降，只有三千五百噸，可公社領導卻虛報為一萬一千噸，國家據此下達了三千噸的徵購指標。民兵開始四處搜糧，從農民家中沒收一切可以拿走的東西。每天都召開批鬥大會，體重成了劃分階級的標準，長得胖就會被打成右派分子，反覆接受批鬥，許多人最終被打死或逼死。到最後，人們餓得只好吃樹皮和泥土，有些村子死了三分之一的人口。[10]

堡子公社並非特例，整個涪陵縣的死亡率都很高。一九六〇年，該縣有些村子在一個月內就有百分之九的人口死亡。[11] 平均死亡率高達百分之四十至五十的生產隊也並不少見。[12]

一九六〇年，重慶地區的其他縣（如石柱、秀山和酉陽等）死亡率也超過了百分之十。在石柱縣，民兵禁止農民採集草根和野菜，而且挨家挨戶沒收鍋碗瓢盆，以防止人們在家做飯，部分地區還成立了「打人隊」來對付老百姓，甚至使用鉗子和竹籤等工具實施酷刑。有一個公社的副書記陳智林親手打了幾百人，其中八人被打死。還有人被活埋。據當地公安局的統計，一九五九至一九六〇年，全縣死亡六萬四千餘人，占總人口的百分之二十。一波接一波的死亡令當地政府無法應對，最後只好把死者集體埋葬。水田公社的一個坑裡埋了四十具屍體，通往縣城的公路邊草草掩埋了六十多具屍體，其中有二十多具部分暴露在外面，很快就引來了野狗。由於棺木稀少，有些兒童死後被裝在筐裡掩埋。[13]

在遠離長江的青藏高原上，同樣發生著悲劇。一九五九年，拉薩的叛亂遭到鎮壓，達賴喇嘛徒步越過喜馬拉雅山逃往印度。在甘孜州的色達縣，許多藏人因此遭到逮捕，並被集中關押。事實上，一九五八年底甘孜地區即發生了數十次起義，結果有數千人被捕，許多人被處決。[14] 當局決定推行集體化後，色達的牧民拒絕將自己飼養的羊上交國家，數以萬計的羊被牧民宰殺後吃掉。當地的幹部把牧民視為敵人，不僅不給他們分配糧食，還派民兵沒收他們的財富，並強迫牧民遷入臨時建起的公社。過去，牧民們逐水草而居，常年都能獲得清潔的水源，如今他們被迫擠在有限的空間裡，衛生條件簡陋不堪，營地裡汙水橫流，糞便四溢，許多人死於疾病。一九六〇年，色達縣的一萬六千名牧民中，死亡率高達百分之十五，而死者當中約有百分之四十是被毆打或折磨致死。[15]

❖

與四川相鄰的貴州是一個貧困的省分，這個省的人口中有三分之一是少數民族，他們大多居住在貧瘠的丘陵和高原地帶，在歷史上時常發動叛亂。貴州與四川交界處有一個縣叫「赤水」。這裡曾是鹽運線上一個頗為繁榮的關口，因流經此地的河水被赤色砂岩染紅而得名。一九三五年三月，紅軍曾數次渡過赤水河，因此一九四九年後這裡成了一個革命的聖地。在紅色的大山裡，高大的蕨類植物和修長的翠竹掩映著一座座村莊，農業則主要集中在赤水河及其支流兩岸，莊稼以水稻為主，另外也種植甘蔗。一九五九年十月至一九六〇年四月，赤水縣約有二萬四千人死亡，超過了當地總人口的百分之十。[16]

赤水縣的黨委書記是三十五歲的王臨池。一九五八年，他把貧困的赤水變成了「千斤縣」（指糧食畝產），因此得到中央的嘉獎，被授予一面紅旗。王臨池的成功在於他採用了「大躍進」的種種創新，如深耕和密植。他要求社員把坑挖到一至一．五公尺深，然後每公頃倒入二百至四百五十公斤種子，有時多達一至兩噸，甚至三噸。他還提出興建「空中水管化」，即用竹筒把灌溉用水輸送到全縣的每一塊田裡。然而，這個計畫最終失敗，農民卻失去了寶貴的竹林。

赤水「大躍進」的結果是糧食產量驟減，牲畜幾乎絕跡。但是，王臨池卻一心想保住自己的名聲。早在一九五八年九月，他就指控「富農」和「壞分子」出於反對社會主義的目的把部分糧食藏了起來，這比趙紫陽提出廣東存在瞞產私分的問題早了好幾個月。王臨池還聲稱，為了拯救公社，防止反革命，必須用武力對破壞分子進行無情的打擊，這些言論把當地的老百姓嚇壞了。一年之後，在廬山會議的影響下，王臨池把全縣農民分為「貧農」和「富農」兩大類，富農的背後地主、壞分子、反革命分子和其他一心想要破壞革命的人。王臨池號召貧農和富農展開「你死我活」的鬥爭，數千名幹部因階級出身問題被開除出黨，各公社紛紛組織群眾遊行、鬥爭大會和反瞞產私分的運動，誓把所有階級敵人全部剷除光。同毛澤東一樣，王臨池也愛寫詩。他不僅謳歌工人階級，還排演了一出傳統戲劇，並由他親自主演。開演那天，他請來數百名觀眾，散場後還請眾人大吃了一頓。與此同時，農業生產卻無人過問。一九六〇年一月，王臨池向省裡彙報赤水縣的糧食產量達到三萬三千五百噸，但實際產量只有這個數字的百分之二十。[17]

貴州不止一個王臨池，因為該省的第一書記周林也是毛的忠實追隨者，他四處鼓吹「大躍進」，結果貴州的死亡率居於全國前列。在以茶葉聞名的湄潭，半年內死了四萬五千人。該縣黨委第一書記王卿臣調遣五萬勞力修建了規模龐大的茶園、果園、灌溉系統和公共建築，試圖把湄潭打造成全國的樣板。為了建設「萬豬城」，他下令徵用了全縣四萬頭豬，任何人膽敢質疑這個計畫，就會被斥為「煽動修正主義邪惡思潮」，並被打成「右傾機會主義分子」。一九六〇年，全縣出動員警和民兵，一個月內就抓了近三千人。縣委甚至提出「搞不出糧食就不發口糧」。[18]

官方資料顯示，湄潭死了四萬五千人，但真實的數字可能比這個更高。根據貴州省委的調查，僅一個公社就有一萬二千人「餓死」，占全公社總人口的百分之二十二。[19] 農茶大隊曾是一個相對繁榮的村莊，每家每戶都養了幾隻雞和鴨。然而，一九六一年，該村的糧食產量銳減到一九五七年的三分之一，很少能吃到蔬菜，就連當地最重要的經濟作物甘蔗也幾近絕跡。許多農田毀於深耕等試驗，有些田被稱為「月亮田」，因為地表全是坑，根據無法保存水分。農民幹活根本沒有人記錄工分，吃飯時食堂裡一片混亂，幹部甚至用鞭子來維持秩序。個人財產全被沒收，私有土地完全廢除。儘管糧食產量下降，但國家的徵購指標卻居高不下：一九五九年，全村四分之三的糧食被國家徵購，村民們只好忍飢挨餓。到了一九六一年，全村只剩下一頭豬。[20]

一九六〇年四月，上級的一個檢查組預定來湄潭視察。就在檢查組到來之前，縣裡的各級幹部加班加點，把屍體集中起來，胡亂葬在路邊的坑裡，患病的村民和無人照顧的兒童全被關起來由民兵看守，被農民剝光樹皮的樹木則連根推倒，以免過於醒目。[21] 一九六〇年三月，聶榮臻來到貴州視察。他在給毛澤東的信中對貴州讚不絕口：「貴州其實一點不窮，而是富得很，將來將是我國西南地區的重工業基地。」[22]

❖

黃河穿越黃土高原之後繼續向東，在即將入海之前會與京杭大運河相交。這條運河開鑿於七世紀，其目的是為了將南方的糧食和貢品運往北京。到了十五世紀中期，運河交通達到前所未有的繁忙，據說總共有一萬一千餘艘糧船和四萬七千多名船工在運河上來來往往。齊河縣是山東境內一個重要的內河港口，位於濟南的西北部，是黃河上一個重要的戰略據點。在「大躍進」之前，這裡是著名的「糧倉」，當地人口約為五十萬，糧食產量最高時達到每年二十萬噸，此外還廣泛種植棉花、菸草和水果等經濟作物。然而，一九六一年，齊河縣的人口損失了五分之一，比一九五七年減少了十多萬，倖存下來的有一半生了病。經濟也出現大倒退，一九五六年的糧食產量為二十萬噸，幾年後卻驟減到一萬六千噸，花生的產量更是從一九五六年的七千七百八十噸暴跌到一九六一年的十噸。所有農作物的產量似乎都比一九五八年前減少了九成，就連耕地也被占用了五分之一，用來修建水利和道路，結果大部分工程最終都荒廢了。同北方其他地區一樣，齊河縣鹽鹼地的數量翻了一倍，幾乎占到全縣耕地面積的三分之一。雖然當地在水利建設上投入了大量資金，但總灌溉面積卻減少了百分之七十，而且水土流失的情況也非常嚴重。牲畜的數量減少了一半以上，手推車故障了許多，損壞的耙子、鋤頭等勞動工具數以萬計。全縣有一半以上的樹木遭到砍伐，百分之三十八的房屋被拆毀，剩下的有四分之一受損嚴重，約一萬三千戶家庭無處安家。23

韓莊是齊河縣下轄的村莊之一。一九五七年，該村有二百四十戶居民，但到一九六一年只剩下一百四十一戶，全村餓死四分之一人口，絕戶的家庭達到六分之一。一九五八至一九六一年，全村只出生了四個小孩，其中一人夭折。許多村民都是單身，大多數人體弱多病，其他村子的女人都不願意嫁到韓莊。該村的耕地面積減少了百分之四十，剩下的一半以上鹽鹼化極為嚴重，有村民說：「一出家門就看到地上一片白茫茫。」在被鹽分染白的貧瘠土地上，零零星星立著些廢棄的土房子。

韓莊村原有二百四十間屋子，如今只剩下八十間，大部分屋頂漏水或牆體坍塌，屋內家徒四壁。上級派來的調查組在報告中寫道：「所有戶都破產度荒，輕的賣衣服、家具，重的把鍋、碗、勺、盆、房屋木料都賣掉了。全村財產全部賣光或基本賣光的有二十七戶。」例如楊吉茂一九六〇年離開韓莊村後，他的妻子和孩子只能靠變賣家裡的物品來維持生計，最後連床、鍋、勞動工具全賣了，一家人共用一條破爛的被子和一件破舊的外套。有人則更慘，如三十三歲的劉再林餓死後，他的妻子上吊自殺，留下兩個孤兒，後來被其他村民收養。

跟甘肅和廣東的調查人員不同，山東的調查組對濫用職權的基層幹部似乎更為寬容，但他們的調查報告仍揭示了大饑荒背後的政治因素。「大躍進」以來，因為無法完成上級的糧食徵購指標，韓莊的村長更換了十五個。一九五九年，村民人均每年的口糧只有二十五公斤。那些被派去興修水利的農民工也好不到哪去。一九五九至一九六〇年冬，韓莊村被上級徵調了四十六名最精壯的勞力。他們被迫在雪地裡工作了四十個晝夜，卻得不到任何食物，因為這些農民工的糧食必須由本村供應，可是村裡根本拿不出餘糧。結果有人凍死在工地上，有人倒斃在回家的路上。[24]

像韓莊這樣的情況在山東非常普遍。早在一九五九年四月，就已經出現了災難的預兆。該省一位高級領導人譚啟龍到農村視察時，親眼目睹了濟寧的慘狀：樹皮被剝光，兒童遭到遺棄，屍體棄置路邊，飢民面色蒼白。在巨野縣，人們以枕頭裡填充的稻草充飢，餓死的人成千上萬。譚其龍向省委第一書記舒同彙報了這一情況，並破例把報告直接上報給毛澤東。[25]幾週後，毛乘坐專列途經山東，舒同不得不戰戰兢兢地親自向主席彙報「濟寧事件」的詳情。[26]

然而，舒同並未採取任何措施緩解饑荒。他坦承自己不喜歡聽到壞消息，甚至拒絕談論山東存在的問題。對那些批評「大躍進」的人，他動輒用「右傾保守主義」的帽子相威脅。[27]據與他共事過的人說，舒同不遺餘力地推行各項激進政策，有人反對，他就會大發雷霆。在徵購糧食的問題上，舒同信奉毛的策略：「先下手為強，後下手遭殃」，必須搶在農民吃掉之前把糧食收割上來，以確保完成北京下達的指標。[28]

❖

一九六〇年，甘肅、四川、貴州和山東的死亡率都超過了百分之十，但這四個省的情況都沒有安徽嚴重。而在安徽的十幾個地區中，又以阜陽最為惡劣。一九五八年，阜陽有八百萬人口，三年後，該地區的死亡人數超過二百四十萬。[29]「大躍進」期間主政安徽的曾希聖，正是毛最忠實的追隨者之一。

阜陽的死亡率之所以這麼高，原因之一是地勢平坦，土地貧瘠，老百姓幾乎無處躲藏。許多人沿著淮河逃入鄰近的河南信陽，沒想到那裡的饑荒比阜陽更嚴重。大饑荒中，淮河成了一條死亡之河。一九五七年，阜陽是治淮工程的中心戰場，全區調集了百分之八十的勞工參與建設，並提出每公頃土地挖一條水渠，每十公頃開鑿一條運河，每一百公頃開闢一條航道，等到工程完成，耕地會像鏡子一樣平整，土壤也會因深耕變得像麵團一樣鬆軟，只需一、兩年時間，阜陽就能改天換地。[30]幹部們提出各種口號，如「雨天當晴天，黑夜當白天」、「日戰太陽夜戰星，白天比紅旗，夜晚比紅燈」等，強迫勞工們日夜不停地工作，致使許多人病倒，甚至累死。[31]

春節將至，為了阻止民工們回家過年，民兵甚至把他們的家門封了起來。為了修建一座座水庫和大堤，以及挖掘更多的河道，數不清的樹木、墳墓和橋梁被拆毀，農民們每天不得不繞幾公里的路去田裡上工。[32]有時，就因為幹部一時興起的決定，整個村子不得不立即搬遷，數百個村莊就此在地圖上消失。[33]

在播種或收割前，幹部還常把壯勞力抽走，投入大規模的工業生產。例如，一九五九年一月，為了把糧食加工成酒，力爭成為「萬斤縣」的亳縣動用大量人力建起三千二百多座釀酒廠，結果能開工的只有不到一半，浪費了成噸成噸的糧食。[34]

同樣失敗的還有大興農業機械化的試驗。在幹部的命令下，約有一萬輛板車被裝上笨重的鐵輪。然而，由於過於沉重，牛根本拉不動這些車。[35] 不僅如此，幹部們還禁止農民使用老式的板車，一經發現就會被罵為「右派」。[36]

糧食產量驟降，但幹部上報時卻謊稱翻了一倍。結果，為了完成上級下達的徵購指標，幹部們透過暴力手段，搶走了百分之九十的收成。[37] 儘管如此，距離徵購的指標仍相差甚遠，於是幹部們衝進村民家中，搬走桌椅和床，並強迫各家各戶上交棉衣，棉衣的重量必須達到規定的公斤數，否則全家人都不許到食堂吃飯。趙懷仁的母親已經七十歲，但他別無選擇，不得不把老母親和孩子的棉衣悉數上交，一家人只好在嚴寒的天氣裡裹著稻草取暖。到了一九六〇年，農民手裡可搶的東西已經所剩無幾，某公社竟然在一次搜刮行動中，從農民家裡拖走上百口棺材。[38]

幹部普遍使用酷刑懲罰農民，有人用鐵絲穿過「壞分子」的耳朵，還有人剝光婦女的衣服，揪著頭髮吊在半空。界首市一名幹部說：「在婦女身上亂摸，對犯有錯誤的還有把奶擰出水，脫光上衣的現象。」[39] 臨泉縣委書記對當地的暴力情況作了如下總結：「從死人的悲慘情況看，打吊死，扣飯餓死，有的活埋，有的是嚴刑拷打，刮耳朵，挖鼻子，撕破嘴等慘無人道的刑罰，致死了生命，檢查起來是十分嚴重的。」[40] 凶殺案屢見不鮮。例如，臨泉縣的大黃莊有十九名幹部，其中九人在「大饑荒」期間至少殺過一個農民，大隊長李鳳英一人就殺了五個。[41]

有時候，幹部甚至會設計陷害農民。一九五九年底，在「大饑荒」最嚴重的時候，阜南縣糧食局下屬的一家糧食加工廠大門洞開，院子裡放著豆餅。當飢餓的農民試圖到廠裡偷豆餅時，大門突然在他們身後鎖了起來。這些人被抓住後，「有的被裝進糧袋裡，封住口，用鐵棍抽打，血都印在麻袋外面，有的用刀子劃破臉，然後將油塗在傷痕裡。」[42]

外界對飢民的幫助常常受到當地幹部的百般阻撓。例如有一個縣，竟然沒收了上級分配的十五噸救災糧，結果造成數千人死亡。[43] 地方政府向檢查小組隱瞞災情，也造成百姓死亡，甚至有地方調集民兵封鎖村莊，不允許有飢餓跡象的人上街。[44] 一九六〇年，內務部決定到某個公社視察，得知這一消息後，該公社所在縣的縣委書記趕緊下令，把三千多名水腫病人集中藏起來。由於缺醫少藥，幾天之內就死了數百人。[45] 秦宗懷是這批病患的其中一個，就在檢查組到來前，一名當地幹部察看過他的狀況後命令道：「他不能活了，快埋掉。」據公社黨委書記回憶，秦宗懷被埋入土時「還在出氣」。[46]

36 人相食

饑荒前的鄉村是個喧囂的世界：小販們的叫賣聲傳得很遠，有些還搖著撥浪鼓吸引小孩的興趣。遇到婚喪嫁娶，人們會敲鑼打鼓放鞭炮；掛在樹上的大喇叭每天定時播放官方的宣傳文章和革命歌曲；卡車和公車在路上來來往往，揚起一陣陣塵土，汽車喇叭聲此起彼伏；農民們在田間地頭閒聊，嗓門大得好像在吵架。

然而，大饑荒過後，農村裡一片肅殺，四周出奇的安靜。沒被集體沒收的豬本來就不剩幾頭，如今全都死於飢餓或疾病，雞和鴨早被殺光了，鳥兒也已絕跡，樹葉和樹皮全被農民吃光，只剩下光禿禿的枝幹伸向空蕩蕩的天空，倖存者餓得連說話的力氣也沒有。

在食物極端匱乏的情況下，樹皮和泥土都被人們用來充飢，屍體常常埋在淺淺的墳墓裡，或者直接丟棄在路邊，有少數人甚至連人肉也吃。吃人肉的情況最早是一九五八年夏天發生在雲南。起初，人們只是把病死的牲畜從土裡挖出來吃掉，但隨著饑荒的加劇，有些人開始把人的屍體挖出來煮熟吃掉。[1] 很快，全國各地饑荒肆掠的地區都出現了人相食的情況，甚至連廣東這樣相對較富裕的地區也不例外。一九六〇年，廣東羅定的苹濱公社死亡率達到二十分之一，有幾個兒童的屍體就是被人吃掉的。[2]

檔案中對這類事件大多含糊其辭，但一些警方的報告卻寫得相當詳細。例如，在甘肅西禮縣的一個小村子裡，有人聞到鄰居家飄出肉的香味，就向村書記報告。村書記懷疑那家人偷了羊，便前去檢查，結果發現一盆生肉，還在一個坑裡找到一枚髮夾、一些小飾品和一條圍巾。經鑑定，這些東西屬於幾天前失蹤的一名年輕女孩。被調查的那個男人承認自己殺了女孩，同時還坦白了之前兩次盜挖和食用小孩屍體的罪行。由於村裡採取了防止盜屍的措施，於是他便轉而行凶，謀殺了那個女孩。[3]

人肉和其他東西一樣，也能在黑市上交易。一個農民在張掖火車站用一雙鞋換了一公斤肉，結果發現紙包裡有一個人的鼻子和幾隻耳朵，他立即向當地公安局報了案。[4] 為了躲避偵查，人肉在黑市上出售時，有時會與狗肉混在一起。[5]

但這樣的舉報很少被系統性地歸類，因為饑荒在當時是個敏感的話題，誰都不敢公開談論，吃人肉的案件自然更要低調處理。在甘肅，通渭、玉門、武山、靜寧和武都等地都發生了吃人肉的案件，但省委第一書記張仲良獲悉後，卻斷然否認食人與饑荒有關，僅指責是「壞分子」搞破壞。[6] 山東省委第一書記舒同也是同樣的反應，為了保護自己的聲譽而壓制了對這類案件的調查。[7] 在上一章所提到的赤水縣，員警把吃人肉者抓獲後，反受到縣委書記王臨池的訓斥。[8] 黨內高層傳閱的一份文件將吃人肉的現象歸咎於破壞分子的陰謀，說他們把屍體挖出來後假裝吃人肉，以誇大饑荒的嚴重性，玷汙黨的名聲。[9]

有幾份關於吃人肉現象的詳細調查得以保存下來，其中一份是一九六一年三月由臨夏市的一個市級單位編纂的。臨夏受伊斯蘭教的影響很大，人口以回族為主，同樣還有藏族、撒拉族、保安族和東鄉族等十幾個少數民族的居民。在「大躍進」期間，該地區經歷了大規模的集體化運動，少數民族的生活習慣和傳統風俗受到粗暴地破壞。大饑荒發生後不久，該地區進行的一項調查顯示，兩年內即有五萬四千人死亡。[10] 這份報告列舉了該市（而非整個地區）發生的約五十個案例，按照計劃經濟者的偏好，所有恐怖的情節都濃縮為事實和數字的簡單羅列。以下是其中的四起案件：

發生時間：一九六〇年二月二十五日。
地點：紅臺公社腰閣家村。
作案人姓名：楊忠生。身分：貧農。作案人數：一。
被害人姓名：楊三順。與作案人關係：親弟弟。被害人數：一。
作案方式：殺死吃掉。原因：生活問題。

發生時間：（空缺）。
地點：（空缺）。
作案人姓名：馬麻乃。身分：貧農。作案人數：全家四人。
被害人姓名：（空缺）。與作案人關係：（空缺）。被害人數：十三。
作案方式：挖屍體吃。原因：生活問題。

發生時間：一九六〇年一月九日。
地點：買集公社張灑麻村。
作案人姓名：康尕麥。身分：貧農。作案人數：一。
被害人姓名：馬哈買吉。與作案人關係：同村人。被害人數：一。
作案方式：用斧砍死燒吃。原因：生活問題。

發生時間：一九六〇年三月。
地點：紅臺公社小溝門。
作案人姓名：朱雙喜。身分：貧農。作案人數：二。
被害人姓名：（空缺）。與作案人關係：丈夫、長子。被害人數：二。
作案方式：吃屍體。原因：生活問題。

報告中所列出的案犯大多吃的是屍體，有些是剛去世的屍體，有些是從土裡挖出的屍體。而七十六名受害者則可分為三類：被謀殺後吃掉（十二人）、死後被吃掉（十六人）、屍體被挖出後吃掉（四十八人）。在被謀殺的十二人中，近一半與凶手是同鄉關係，另一半則是陌生人，發生在家庭內部的命案只有一起。[11]

臨夏並非特例。一九六一年初，一支調查組來到四川石柱縣橋頭公社，對當地食人事件的嚴重性深感震驚。他們沒有像往常那樣選擇性地記錄幾個案例，而是在當地公安局的幫助下對一個大隊進行了深入調查，最後統計出一份名單，詳細記述了十六名受害者和十八名作案人的情況。這個大隊最早吃人肉的是七十歲的婦人羅文秀，她挖出兩具小孩的屍體，將其煮熟後食用。有些屍體可能是因為高度腐爛了，所以只有部分被吃，如馬澤民的屍體只有心臟被挖出來吃掉，還有人把人肉和辣椒拌在一起吃。[12]

在俄語中，liudoedstvo（字面意思是「吃人」）和trupoedstvo（「吃屍體」）是有區別的。強調這種細微的區別很重要，因為這個話題事關共產主義制度的形象，引發了共產黨及其反對者之間的激烈爭論。反對共產黨的人將食人視為共產主義制度本身的隱喻，而支持共產黨的人則不斷懷疑相關事件的真實性，特別是經過村民的一遍遍複述，那些關於盜屍者、紅眼食人族、易子相食之類的故事，一件比一件聳人聽聞，以至於許多人不禁懷疑其真實性。[13]

但臨夏和橋頭的真實案例告訴我們，很少有人是天生的食人族，大多數是被飢餓所迫，食屍只是一種求生的方法。當然，每個人在做出吃人肉的決定之前，必定有各自不同的經歷，但作為大饑荒中的倖存者，他們在瀕臨絕境前，肯定目睹過許多活人所遭受的恐怖折磨。無數人在生前受到肢體的殘害，甚至被活埋，與這些由國家支持的廣泛暴力行為相比，食屍並不是一種最常見的侮辱人格方式。

37 算總帳

到底死了多少人？這個問題永遠不會有準確的答案，因為大饑荒期間幾乎沒有什麼可靠的統計數字。

迄今為止，所有死亡人數都是估算出來的，其依據主要是中國國家統計局在一九八四年的《統計年鑑》中首次公布的一九五〇至一九八二年的全國人口總數、出生率和死亡率，以及一九五三年、一九六四年和一九八二年三次人口普查的官方資料。一九八四年的《統計年鑑》出版後，巴茲・阿什頓（Basil Ashton）立即利用這些資料估算出一九五八至一九六二年間約有三千萬人非正常死亡，當時中國的總人口約為六・五億。[1] 人口統計學家班久蒂（Judith Banister）研究了相關資料後也得出結論，一九五八至一九六一年間，約有三千萬額外死亡的人口。[2] 然而，這些官方資料存在各種問題，例如各地區和各系統內部的統計常常缺乏一致的標準，出生和死亡人口的登記並不完備，而且軍隊的資料並未包括在內，所以之後有研究者對不同的變數進行了調整，並據此得出不同的估算結果。如人口學家彭希哲在一九八七年提出二千三百萬，而張戎在《毛澤東：鮮為人知的故事》一書中提出三千八百萬。[3] 更新近的研究，新華社退休記者楊繼繩根據官方公布的資料，估算出三千六百萬。[4]

二〇〇五年，上海交通大學的歷史人口學家曹樹基，系統性地查閱了一千多本一九七九年後由各地縣市黨委編撰的方志，從中發現了新的證據。雖然這些資料的差異性很大，而且也是由官方公布的，但曹據此更細緻地分析了各個地區的差異性，並得出自己估算的結論：約為三千二百五十萬。[5]

那麼，官方公布的數字可信度到底有多高呢？蘇聯中央統計局編制了兩套人口統計資料，一套供內部使用，一套向社會公開。然而，中國的情況與此不同。正如我們在討論糧食徵購時提到的，中國的統計數字從公社、縣、省到中央，每一級都各不相同，而且在集體化運動高潮時期編纂的數字更不可靠，為了達到政治宣傳的目的，往往誇大其實，灌了很多水。另外還有一些資料則是由各級政府派往農村的調查組收集的，目的是監管和懲罰濫用職權的黨員幹部。事實上，討論這些官方資料是否動過手腳的人忽略了一個最基本的事實，即在中國，統計數字沒有必要篡改，只要根據政治需要編一套對當局最為有利的數字就可以了。易言之，在一黨專制的國家裡，官方公布的資料即使沒有經過更動，也不代表就一定真實可靠。

到目前為止，至少有三套統計資料在中國仍未公開，分別是各省公安廳的資料、各省黨委的資料和各省統計局的資料。這三套數據至今沒有人獲准查閱過。但是一九七九年後，趙紫陽曾指派一個兩百人的小組到各省去查閱內部檔案，以了解毛時代農村的真實情況。一九五九年，身為廣東省委書記的趙紫陽在全國率先發動了反瞞產私分的運動，如今他成了總理，他讓這個小組負責撰寫一份關於農村的詳實報告，但這份報告從未公開發表。不過，這個小組中有一名成員叫陳一諮，此人後來身居要職，並於一九八九年天安門事件後流亡到美國。據陳一諮透露，該小組調查出的死亡人數為四千三百萬至四千六百萬。[6] 然而，陳一諮的說法只得到一個人的重視。賈斯柏・貝克（Jasper Becker）在一九九六年出版的《餓鬼：毛時代大饑荒揭秘》（*Hungry Ghosts: Mao's Secret Famine*）一書中採訪了他，而筆者在本書中首次引用的檔案恰恰印證了陳一諮的說法：保守地估計，一九五八至一九六二年的大饑荒中，非正常死亡的人數至少為四千五百萬。

❖

即便是陳一諮當年參加的小組，在研究過程中也曾遭遇到困難。在一黨專制的國家裡，檔案館受黨控制，並非對公眾完全開放。除了公安系統的檔案外，大部分檔案都保存在各級黨委的手裡，即使是中央派來的人，也可能無法查閱到全部資料，或者被有經驗的檔案管理員刻意誤導，更何況並非所有檔案都能在目錄中查到。而最壞的情況是，有些資料根本就找不到。例如，湖北省檔案館所藏湖北省委的檔案中，本應包含大饑荒期間非正常死亡的人數統計，但在棕色的資料夾內，只有一張檔案管理員寫於一九七九年六月的字條，注明該文件已「丟失」。[7] 而湖北省公安檔案中的一份文件，對大饑荒期間該省的非正常死亡人數，只含糊地提道一九六一年的死亡率比前一年低兩到三倍。這份文件對死亡的總人數表示關注，但並未提供答案。[8]

省公安廳、省委和省統計局的資料固然重要，但它們的資訊來源還是出自下級部門的彙報，而很多時候基層政府在這件事上並不願意配合。例如甘肅省委在一九六二年曾經要求全省各地對大饑荒期間的非正常死亡人數進行統計，但這個計畫最終未能完成，因為只有少數幾個縣向省委上報了相關資料。[9]

即便是縣裡上報的數字也存在問題。首先是如何區分「正常」和「非正常」死亡。人口統計學家通常將「自然死亡」和「非自然死亡」區分開來，以粗略估算有多少人因饑荒而過早死亡。但在中國，這種區分是政治性的，生產事故、致命的流行病、自殺或餓死等非正常死亡的案例會引起政府的高度關注，因為這類事件有可能威脅到社會和政治的穩定，所以相關報導必須受到黨的嚴格控制。例如在安徽阜陽，大饑荒中當地人口大規模死亡，有些村莊的死亡率高達百分之七十。然而，在當地縣委的統計中，一九六一年第一季度全縣死亡人數為一萬零八百九十人，其中僅有五百二十四人被歸入「非正常死亡」，而且只有一百零三人的死因被記錄為身體太弱或浮腫病。[10] 四川榮縣的縣委每一書記徐文正則規定，官方統計必須遵循兩條規則：一、出生率必須超過死亡率；二、死亡率不能高於百分之二。四川涪陵縣委則編制了兩套數字，如一九六〇年該縣總人口為五十九萬四千三百二十四人，但上報時卻改成六十九萬七千五百九十人，兩者相差了十萬多。[11]

然而，即使基層幹部敢於直面饑荒的殘酷現實，死亡的人數每天都在迅速增加，誰又能準確地進行跟蹤記錄呢？一九六〇年十二月，四川的江津和江北兩縣每日死亡人數多達二百五十人，當地的幹部雖然不情願，但迫於上級的要求，不得不每天外出巡視一番，然後記錄下當日的死亡人數。[12] 可是，如果有幹部或員警試圖揭露死亡的真實情況，就極可能會被打成「右派分子」。例如，四川省溫江縣公安局局長趙健研究了一九五九年的統計資料，發現與上年相比，當地的人口減少了二萬七千人，占到全縣總人口的百分之十六。他把自己的發現向上級作了彙報，卻受到省級領導的批評，並要求他修改這一數字。趙健拒絕修改，結果被免職。[13]

令情況更為複雜的是，並非只有基層幹部試圖隱瞞真相，從地方到中央其實都這麼做。例如河北省委第一書記劉子厚在一九六〇年向毛報告，河北全省「非正常死亡」四千七百人。但事實上，根據河北省委自己的調查，一九五八年以來，僅一個縣就餓死了一萬八千人。[14]具有諷刺意味的是，劉子厚一方面斥責河北的基層幹部掩蓋大饑荒的真相，另一方面自己也對上級撒謊。[15]這種自欺欺人的做法在各層各級都相當普遍。人們常說知識就是權力，可中國的問題是，權力越大的人，卻越不想讓大家知道真相。

但如此大規模的死亡很難一直隱瞞下去。有些地方領導人抱著僥倖心理，試圖越過上級向更高級別的領導人報告，甚至有少數人試圖直接向周恩來或毛澤東彙報災情。一九六〇年十月後，全國各地紛紛派出調查組到農村了解情況。調查人員編撰了詳細的報告，一些地方領導人因當地死亡人數較多而遭到撤職。大饑荒過後，有些地方還進行了回溯性的調查。這些調查是由不同的機構出於不同的目的、在不同的時間和地點、用不同的方式進行的，因此得出的資料和結論各不相同，內容也很凌亂。因此，趙紫陽決定另派一個二百人的小組展開全國性的調查，這一點很有必要。

在所有關於死亡率的統計中，公安局的資料最可靠。但並非每個省的公安系統都作了這項統計，例如湖北就沒有，但四川保留了這份資料，而且根據迄今的研究，四川是災情最嚴重的省分。四川省公安廳對一九五四至一九六一年的人口統計進行調查後發現，死亡人數被嚴重低估了，僅一九六〇年就低估了好幾個百分點。經過校正，一九五四至一九五七年，四川的人口死亡率為百分之一，一九五八年增至百分之二・五，一九五九年增至百分之四・七，一九六〇年增至百分之五・四，一九六一年回落到百分之二・九。從一九五八到一九六一年，四川總共死亡一千零六十萬人，其中有七百九十萬可被認為是非正常死亡，占到總死亡人口的百分之一以上。[16] 然而，與其他省分不同，一九六二年，四川的饑荒並未消失。有無數的報導可以證明，直到一九六二年底，四川的饑荒還在繼續。公安系統的資料顯示，當年全省的死亡率為百分之一・五，這意味著又有三十萬人非正常死亡。因此可以推算，四川死於大饑荒的人數達到了八百二十萬。[17] 然而，即使是這個數字也肯定比實際情況少算了至少百分之十至二十，原因之一是四川省委第一書記李井泉仍然牢牢掌握著權力。雖然他應該對四川數百萬人的死亡承擔責任，但他並未像甘肅的張仲良那樣被調離崗位。因此，即使到了一九六二年，四川的縣級領導也沒有幾個願意將饑荒的嚴重程度和盤托出。

到目前為止，除了四川，其他省分公安系統的資料還從未有人查閱過，但有些地區統計局的資料是可以看到的。如根據雲南省統計局的內部數字，一九五八年全省的死亡率為百分之二・二，是一九五七年全國平均水準的兩倍，這意味著該年雲南約有四十三萬人非正常死亡。而根據官方已經公布的資料，歷史學家們推算的結論是，從一九五八至一九六一年，雲南的死亡人數僅為八十萬。[18]

目前可以查閱的最可靠的資料是村、公社和縣一級編撰的報告。歷史人口學家曹樹基利用公開出版的地方誌對縣級的死亡率進行了推算，其結論與其他人口學家提出的三千二百萬的數字是吻合的，因此，我們可以把這個數字作為一個可靠的基準線。但常識表明，地方黨委通常會有意降低真實的死亡率，因此曹樹基根據公開資料所做的推算應該是比較保守的估計。本章以下的內容就是為了進一步驗證曹的推算，並就如何調整相關資料提出一個初步的設想。總得來說，筆者認為我們應該更關注較小規模的統計數字（如一個縣），而不是全國範圍的資料，因為前者比後者更為準確可靠，而且不會受到遷徙人口和軍隊人數等變數的干擾，所以更可能接近真實的情況。

然而，為了計算出「非正常」的死亡人數，首先需要知道正常情況下的平均死亡率。如何才能知道呢？湖南的花明樓是國家主席劉少奇的家鄉，大饑荒期間，花明樓每個月都有數百人死亡。一九六一，劉少奇在談論花明樓的饑荒時說：「什麼是正常死亡？什麼是非正常死亡？打一次受傷致死，跳水死的，都是非正常死亡，一九五六年、一九五七年兩年死了多少才算正常死亡？可以拿這兩年和現在作比較……正常死亡是百分之零點幾（一般是百分之〇．八），正常出生率是百分之二，除了百分之〇．八外，統統是非正常死亡。」[19] 參考劉的這段話，同時考慮到全國的地區差異，我們可以把正常死亡率設定為百分之一。

接下來我們以河北為例，詳細推算該省一九六〇年的死亡情況。這一年，河北省委第一書記劉子厚下令對全省的非正常死亡展開全面調查，而且必須調查到戶。張家口市委第一書記胡開明是一位直言不諱的官員，後來因提議在糧食定價上給予農民更大的自由而招致毛澤東的反感。一九六〇年，胡開明報告說，該市死亡五萬九千人，死亡率達到百分之一．九。在與張家口相鄰的魏縣，一九六〇年的死亡人數為一萬八千人，死亡率為百分之三．四。[20] 而曹樹基根據官方公布的資料推算，在大饑荒的三年中，張家口和魏縣的非正常死亡人數是一萬五千人。[21] 在天津及周邊的農村地區，據檔案資料顯示，在一九六〇年底的三個月裡即有三萬人死亡，而正常情況下應該不到這個數字的一半。曹樹基則根據公開的資料推算，天津地區三年內非正常死亡的人數為三萬人。[22] 另一個例子是石家莊。石家莊下轄十五個縣，根據公開的資料，曹推算該地區三年來非正常死亡的人數為一萬五千人，但未公開的檔案則顯示，僅在一九六一年一月的十天內，石家莊就有近四千人死亡——這個數字較為可信，因為一九六一年對死亡人數的統計已經不再是政治上的禁忌。[23]

以上提到的天津、張家口和石家莊都不是情況最嚴重的地區。甘肅則不同，一九六〇年十一月張仲良被降職後，當地經過幾個月的調查，才終於揭示了饑荒的嚴重程度。例如隴西縣，一九五九年死了一萬六千人，死亡率達到百分之七．五，一九六〇年又死了兩萬三千人，死亡率高達百分之十一。然而，曹樹基的推算是，隴西地區在大饑荒的三年內總共非正常死亡兩萬四千人。[24] 在靜寧縣，檔案中記錄的死亡人數為三萬二千人，一九五九年和一九六〇年的平均死亡率達到百分之七，而曹樹基推算該縣三年內非正常死亡的人數總共只有一萬九千人。[25] 張掖地區的人口有二十八萬左右，一九六〇年十一月約有五千人死亡，十二月又有六千人死亡，即使按正常死亡率為百分之二計算，兩個月內的非正常死亡人數也有一萬多人，但曹樹基的推算是，該地區的四個縣在三年內總共非正常死亡一萬七千人。[26] 在武威縣，僅一九六〇年即有兩萬多人死亡，可曹樹基推算，包括武威在內的四個縣在三年內總共只有五萬多人非正常死亡。[27]

再來看貴州的情況。據貴州省委估計，與一九五七年相比，一九六一年全省的勞動力減員百分之十，即達到五十萬人，這還不包括兒童和老人。[28] 當然，這五十萬人並不是都死了，因為很多人遷徙到了外省，但赤水、湄潭等地的死亡率都非常高。在赤水，半年內即有約兩萬二千人死亡，占當地總人口的百分之十。[29] 曹樹基根據公開的資料推算，該縣三年內死亡四萬六千人——這個數字差不多是合理的。但湄潭的情況則不同，檔案顯示，該縣半年內就死亡四萬五千人，可曹樹基卻推算，包括湄潭在內的四個縣在三年內總共非正常死亡十萬五千人，這個數字明顯太低了。[30] 值得注意的是，儘管曹樹基對各縣的官方資料進行了仔細整理，但有些地區卻被他遺漏了，如屬於銅仁地區的沿河縣有四至五萬人餓死，曹對此卻隻字未提。[31]

山東可以查閱的檔案資料相對較少，但情況與上述地區差不多。由省裡進行的一次調查顯示，在位於山東西北部的平原縣，一九五七年的總人口約為四十五萬二千人，而一九六一年的死亡人數超過四萬六千人。儘管當年有兩萬四千人出生，但總人口卻下降到三十七萬一千人，因為數以萬計的當地居民踏上了逃荒之路，許多人客死他鄉，因此並未計入當地的死亡人數。如果按每年百分之一的正常死亡率計算，那麼從一九五七至一九六一的四年間，平原縣的非正常死亡人數大約是兩萬八千人，可曹樹基研究了當地的方志後得出的數量僅為一萬九千人。[32] 齊河縣的情況與此類似。從一九五七至一九六一年，當地人口減少了五分之一，即十萬人。如果以每年百分之一的正常死亡率計算，並假設減少的人口中有一半遷徙到了外地（這一點檔案中並未明確說明），最終仍有約三萬人屬於非正常死亡，可曹樹基卻認為不會超過一萬九千人。[33] 至於由青島和十三個縣組成的萊州地區，曹樹基推算四年內非正常死亡的人數為十六萬四千人。但檔案資料卻顯示，據不完全統計，僅萊州地區下轄的即墨縣在兩年內即有約四萬七千人死亡（另有五萬一千人外出逃荒）。即墨縣的總人口約為七十五萬人，就算正常死亡的人數是一萬五千人，那麼仍有三萬二千人非正常死亡，遠遠超過曹樹基的估計。[34]

不過有時候檔案中的數據與公開的資料是相符的。如檔案顯示，廣東新興縣在一九五九年的死亡率是百分之一．五，一九六〇年為百分之二．八八，兩年間約有五千人死亡，而曹樹基推算該縣三年中約有八千人死亡，與檔案提供的數字大致相符。[35] 廣東的江門地區下轄好幾個縣，根據省委的檔案紀錄，一九六〇年該地區死亡十二萬人，死亡率為百分之二，其中有一半屬於非正常死亡。曹樹基經過推算，認為該地區三年內非正常死亡十一萬二千人。儘管一九六一年後江門地區的行政區劃經過了很大調整，但檔案中的數字與曹的推算還是大致相符的。[36] 四川的情況則屬於另一種類型。如上文所述，在李井泉的政治高壓下，全省各個縣上報的死亡率都不高，因此檔案中的紀錄與幾十年後曹樹基參考的官方公布數字完全不相符。

以上的對比並不是要指摘曹樹基的錯誤。事實上，他根據一千多本地方誌對許多縣的情況進行了艱苦的重構，而且最終得出的結論與人口學家透過抽象的資料計算得到的結果非常吻合。如果沒有他的工作，就不可能將全國性泛泛的統計數字與大饑荒期間及之後整理的各個地區具體資料進行系統的比較。而當我們將官方公布的資料與檔案中未公開的資料進行對比後，即可發現一個規律，即公布的資料往往比檔案中的數據低估百分之三十至五十，有時甚至少了三至四倍。

也許有些檔案中的報告誇大了死亡率，但這樣做對基層幹部來說沒有任何好處。在一九六〇年十月後開始的黨內清洗中，上級會根據濫用職權的程度對基層幹部進行分類，因此當地人口死亡的方式比死亡的人數更為重要。而且事實上，為了獲得更多的資源，基層幹部常常誇大當地人口的總數。

一九六四年，一個調查小組對湖南的統計數字進行審核時，「發現過去虛報人口的現象是普遍嚴重的」：該省的總人口被故意誇大了百分之一以上，有些縣誇大了百分之二至三，一九六三年的湖南人口統計比實際人口至少多出五十萬人。[37] 公安部在一九六三年對各地的人口統計進行過一次審核，結果發現全國都有虛報人口的現象，例如甘肅就誇大了百分之二．二：「現在全國六億八千一百萬人口中，估計還有百分之一至百分之一．五的虛數。不少基層幹部為了多領布票等東西，他們就有意多報人口。」[38] 在一九六四年的全國人口普查中，中央人口普查辦公室證實，「虛報人口的問題比我們想像的要嚴重得多」，僅河北和河南兩省就各自虛報了至少一百萬人，山東至少虛報了七十萬人，但中央坦承：「看來，全國多報的人口可能比原來估計的要多。有些地方，多報人口已經成風，多報少了的隊還感到『吃虧』，公社、大隊、生產隊之間，甚至幹部群眾之間彼此通氣，瞞上不瞞下，很難發現。」[39]

即使我們忽略差異過大的情況不計，檔案中的數據和官方公布的資料兩者之間的差距大約也介於百分之五十至百分之百之間，因此關於大饑荒的死亡人數，很難提出與現有觀點完全不同的說法，何況許多關鍵的檔案資料至今仍未公開。然而，迄今為止可以查閱的來自不同部門的檔案已足可印證陳一諮的說法。陳在那個二百人的調查小組中擔任要職，他們在一九八〇年前後調閱了各省的內部檔案，最終提出非正常死亡四千三百萬至四千六百萬人，這個數字應該是相當可信的。基於此，筆者認為那場大饑荒造成的非正常死亡人口至少應該為四千五百萬。

真實的數字可能比這個更高，一些歷史學家甚至推測高達五千萬至六千萬。在檔案完全公開之前，我們無法得知這場災難的全貌，但有些黨史專家確實曾非正式地討論過死亡五、六千萬的可能性，而且據陳一諮所述，這些數字在趙紫陽主持的黨內高層會議上也被引用過。[40] 對那段歷史頗有研究的獨立學者余習廣也曾推算大約有五千五百萬人非正常死亡。[41]

結語

一九六二年一月，七千名幹部從全國各地來到北京開會，標誌著這場大饑荒出現了轉機。會議在人民大會堂召開，是中央召開的同類會議中規模最大的一次。會場上座無虛席，國家主席劉少奇發表了正式的工作報告，講了足足三個小時，中途沒有休息，但被毛打斷過幾次。可想而知，劉少奇並沒有把批評的矛頭對準毛，但他卻把半年前在小規模的高層會議上所說的一切全部公開了。劉提到「我們有困難，有天災，有人禍」，與會者對此無不感到震驚。接著，劉否定了毛常說的「九個指頭和一個指頭」的說法，會場上的氣氛立刻緊張起來：「總的來講，成績是主要的，缺點和錯誤是次要的，是第二位的。我想是否可以這樣講，總的來一個三七開，三分缺點錯誤，七分成績，各個地方也不一樣。一個指頭與九個指頭的關係也不能到處套。有一小部分地區缺點是一個指頭，成績是九個指頭。」劉說到裡被毛打斷。毛惱火地插話道：「不是一小部分，如河北有百分之二十減了產，江蘇百分之三十地區年年增產。」但是，劉並未被毛嚇住，而是繼續說：「總的來講，也不能講一個指頭，而是三個指頭，也有的地區三個指頭也下不去，如信陽地區（河南）、天水地區（甘肅）。」那麼，這場災難到底是誰造成的呢？劉把責任直接歸咎於中央的領導。[1]

不過，為了安撫毛，劉捍衛黨的「總路線」，也把對人民公社的評判推遲到五年甚或十年以後。

但毛已經被劉的話所激怒，他私下對自己的醫生說：「講什麼天災人禍，我看這種講法的本身就是災難。」[2]

在一九五九年的盧山會議上曾為主席辯護的林彪，在七千人大會上再度挺身而出，讚揚了「大躍進」，聲稱這場運動取得了前所未有的成就。他激動地說：「毛主席思想從來是正確的……毛主席的優點是多方面的，不是一方面的，我體會到毛主席最突出的優點是實際的，總是比較實際一點，總是八九不離十，總是從實際出發，在實際周圍，圍繞實際，不脫離實際……凡是把工作搞好了，就是毛主席單獨領導的時候，毛主席的領導不受干擾的時候。而當毛主席的領導受到干擾的時候，就會出毛病。幾十年的時間都證明了這一點。」[3]

周恩來的態度一以貫之，總是試圖為毛開脫，並把錯誤全部攬到自己身上。諸如糧食的過度徵購、虛報產量、饑荒期間仍增加糧食出口等問題，周宣布都是他的責任。他還宣稱：「這幾年缺點錯誤雖然嚴重，但屬於執行中的具體政策、具體工作問題缺點錯誤，恰恰是因為違犯了總路線和毛主席寶貴的指示。」[4]。

毛到底是什麼時候決定要除掉劉的，我們永遠不會知道。極有可能是當他意識到自己的所作所為和歷史地位可能面臨清算時，便開始謀劃要除掉劉這個威脅了。這個念頭最終引發了文化大革命，毛藉此剷除了所有在「大躍進」期間反對過他的人。

一九六二年七月的一個下午，可能是毛下定決心的時刻。當時，毛在劉的緊急督促下回到北京，心情很不好。據劉的兒子回憶，毛在游泳池裡會見了劉，問他為什麼急著把他叫回北京。劉先是報告說，陳雲和田家英準備正式提出重新分配土地的問題。陳和田曾直言不諱地批評「大躍進」，毛一聽這話，立即大聲咒罵起來。但劉並未打住，而是脫口而出：「餓死這麼多人！歷史要寫上你我的，人相食，要上書的！」

毛一下子怒火中燒，厲聲質問劉：「三面紅旗也否了，地也分了，你不頂住？我死了以後怎麼辦？」

兩人很快冷靜下來，毛同意繼續調整經濟政策。[5]但他現在確信劉少奇就是中國的赫魯雪夫——那個在史達林生前奉其為主子、死後卻對其大肆撻伐的小人。毛相信，自己死後，劉一定會發表祕密講話揭露他的所有罪行。從此以後，毛開始暗中籌畫，只待時機一到，他將發動一場打倒劉的鬥爭，而整個黨和國家也將因此分崩離析。

致謝

感謝香港大學文學院徐朗星研究基金資助、香港研究資助局的資助（HKU743308H），以及臺灣蔣經國基金會的資助（RG016-P-07），使我得以進行本書的研究。許多人閱讀了本書的草稿並提供了建議，尤其是Børge Bakken、Jasper Becker、John Burns、Gail Burrowes、陳兼、Thomas DuBois、Louise Edwards、May Holdsworth、Christopher Hutton、Françoise Koolen、Kam Louie、Roderick MacFarquhar、Veronica Pearson、Robert Peckham、Arthur Waldron、Felix Wemheuer和周迅等人。香港中文大學中國研究大學服務中心的熊景明給予我很大的幫助。Michael Share、Jean-François Fayet和Elena Osokina協助我查閱了莫斯科的檔案。Tammy Ho和Chan Yeeshan於二〇〇六年收集了大饑荒倖存者的訪談資料。我要特別感謝周迅，在我多次赴大陸採訪期間，他不僅幫助我極大地拓寬了採訪的範圍，而且還為其中幾個章節進行了補充研究。香港大學文學院（尤其是歷史系）為我的研究提供了良好的環境，我非常感謝所有支持這個項目的同事，特別是Daniel Chua、Peter Cunich、Maureen Sabine和Kam Louie。

在中國大陸有很多人以各種方式為我的研究提供了幫助，但由於眾所周知的原因，我不能說出他們的名字。我非常希望將來有一天這種情況會改善。我還要感謝我的出版人，倫敦的Michael

Fishwick和紐約的George Gibson，還有文字編輯Peter James，以及Anna Simpson、Alexa von Hirschberg和Bloomsbury的所有工作人員。我要向我的經紀人吉倫・艾特肯（Gillon Aitken）表示深深的感謝，他從一開始就對我和此項研究充滿信心。最後，我衷心感謝愛妻Gail Burrowes對我的支持。

二〇一〇年二月於香港

資料來源

本書使用的大部分資料來自中國的檔案館。為了幫助讀者更加了解本書立論的基礎，這裡有必要簡單介紹一下這些檔案的情況。在一黨制的國家裡，檔案不屬於公眾，而是由黨管理。檔案館通常和當地黨委在同一個政府大院裡，周圍鋪有大片精心修剪的草坪，門口有士兵站崗。檔案管理遵循著嚴格的規定，十幾年前幾乎不對公眾開放，但在過去幾年裡，越來越多超過三十年的檔案已經公開，公眾可以憑介紹信申請查閱。檔案公開的範圍和品質各地不盡相同，但大多數檔案館會將「公開」或解密的資料與「保密」或受內部控制的資料區分開來，因為真正敏感的檔案是不允許公開的，只有黨內高層才能調閱。這種區分使大部分歷史學家無緣查閱大部分重要資訊，因此本書所使用的檔案資料並沒有多少「硬貨」，只能冀望將來這些檔案完全開放時，有人能夠據此揭示出歷史的全貌。

另一個棘手的問題是，除了外交部，大多數中央政府的檔案都無法查閱，所以歷史學家們只能將目光轉向省級和縣級檔案館。本書使用了十幾個市、縣檔案館的資料，但大部分資料還是來自省級檔案館（見附錄的〈參考書目〉）。之所以選擇這些檔案館，主要是基於其開放程度的考量。據我所知，迄今還沒有一位歷史學家能夠在安徽省檔案館查閱毛時代的資料，而河南的檔案開放程度也很有限，不僅公開的數量極少，而且內容平淡無奇。相比之下，其他省分的檔案已經逐漸開放，本書在選擇資料時兼顧了不同類型的地區，如人口稠密的山東與人口相對稀少的甘肅，災情頗為嚴重的四川和相對較輕的浙江，地處華北的河北和位於南方的廣東。

其實，從各省的檔案也可以看出黨的內部結構有多麼複雜。不同的資料來自不同的職能部門，如衛生局、林業局等等。所以歷史學家所看到的材料，其多樣性遠比「檔案」兩個字給人的印象要豐富得多。這裡包括普通人寫的信、中華全國總工會對工人工作條件的調查、上級部門對幹部貪汙腐敗的調查，公安局關於盜竊、凶殺、縱火和搶糧案件的報告，特別調查組對基層幹部濫用職權的詳細報告，關於集體化運動中農民反抗行為的彙報、暗中進行的民意調查等等。

不過，這些材料儘管種類繁多，但都是來自官方管道，即使是普通農民和工人寫的信，也是因為政府出於某種需要才被收入檔案中。對於毛時代普通中國人的生活，除了透過國家這面稜鏡加以透視，我們幾乎別無選擇。當然，所有國家的官方檔案都存在這樣的問題，包括希特勒的德國和史達林的俄國，但我們可以用自己的方式對這些檔案作出新的解讀。此外，對於任何一份歷史文獻，一名合格的歷史學家必然要考慮是由何人所寫、為誰而寫、在什麼情況下所寫，以及文獻產生的制度背景等因素，而且也必須了解官方的修辭會如何歪曲事實，諸如「破壞」、「落後」、「叛國」、「人民公敵」和「極左」等特定詞彙，經常會妨礙人們認清歷史的本來面目。儘管存在種種問題，檔案中仍保存了大量關於農民反抗集體化的報告，從中我們可以看出農民如何為了生存而堅持抗爭。而且國家這個龐然大物，其內部從來就不是只有一種聲音。正如彭德懷和毛澤東就如何看待「大躍進」的問題爆發衝突一樣，不同的個人、單位和組織在向上級彙報情況時，其方式和態度也存在很大的差異。

與縣、市、甚至鄉村的檔案館比起來，省級檔案館的收藏要豐富得多，而且還保存了許多中央文件和下屬各縣彙報材料的副本，各縣關於糧荒或潰壩等重大事件的報告都保存在省檔案館裡。中共的官僚機構無比龐雜，在這座「迷宮」中，任何文件幾乎都不是「唯一的」，同一份文件通常要複印幾份，抄送與事件相關的各個部門。例如，工作小組的調查報告會送給幾十名領導審閱，一份重要的中央文件會分發給各省、市、縣，而比較敏感的材料可能只抄送給各省的第一書記。因此，在各省收存的文件中，經常會發現許多與其他省分相關的資料，甚至包括最高層的講話和會議紀錄。對於同一個會議，各省保存的紀錄可能不盡相同，因為負責記錄的人不同，而且有時是透過聽錄音轉成文字的，所以一個省的紀錄可能比另一個省的更詳細。我對每份檔案的出處都做了說明，盡量方便感興趣的讀者查找它們的出處。注釋中，檔案資料的第一個編號指的是全宗號，每個全宗號代表的意思見本書末尾的附錄。例如「湖南，一九六二年十月六日，二〇七—一—七五〇，頁四四—四九」這條注釋，說明該份文件收藏於湖南省檔案館第二〇七號卷宗，即水利水電局。

那麼，如何才能了解北京最高層的內部情況呢？到目前為止，大多數歷史學家只能依靠官方出版物、內部文件以及文革中由紅衛兵公布的資料來了解毛澤東時代的宮廷政治。相比之下，我傾向於盡可能多地運用檔案材料，其原因有三：第一，迄今公布的高層領導人的講話經常有大段遺漏，這種情況在紅衛兵編輯的資料中很常見，由其他管道公布的這類講話也存在這樣的問題，小到文體上的改動，大到文字上的刪減，不勝枚舉，許多講話的整體感覺也因此被改變；第二，許多公開的會議紀錄（不管是由中國政府公布的，還是「文革」期間偷運出國的紅衛兵資料）事實上都經過了全面刪改；

第三，有些黨的高層領導人的回憶雖然受到歷史學家的高度重視，但是他們經常對一些關鍵的會議和決定避而不談，或者相關內容無法公開發表，即使是官方黨史專家在查閱了中央檔案館之後撰寫的領導人傳記，通常也會省略這些關鍵的內容。例如本書提到的一九五九年三月二十五日在上海錦江飯店召開的一次會議就是如此。正是在這次會議上，毛澤東建議徵購三分之一的糧食，以履行對外出口的承諾。

總之，無論是官方公開的資料，還是內部發行的資料，對毛澤東時代的記錄都充滿了各種掩飾，因此不足以作為歷史研究的依據。高文謙最近出版的周恩來傳即證實了這一點。高文謙是一名官方的黨史專家，曾在中央檔案館查閱過多年檔案，並作了許多記錄。這些筆記被他設法帶到國外，他自己後來也潛逃到美國。基於這些原始檔案，高文謙撰寫的周恩來傳令人耳目一新，顛覆了大多數人所熟知的周恩來形象。（見高文謙，《晚年周恩來》英文版〔*Zhou Enlai: The Last Perfect Revolutionary*〕，紐約：公共事務出版社，二〇〇七年）。然而，儘管存在上述種種缺陷，由中央文獻研究室編寫的各種書籍（包括許多帶有詳細注釋的中共領導人傳記）仍有很高的價值。這些書最大的問題在於故意省略了大量關鍵的資訊，如多達十幾卷的《建國以來毛澤東文稿》（北京：中央文獻出版社，一九八七—一九九六年）就是如此。

和所有共產主義國家一樣，中共的官僚體系繁鎖而複雜，其對細枝末節的重視，有時令人深感荒唐，但即便如此，也不是每一張紙都被小心翼翼地保存在檔案館裡，有時候工廠、機關甚至法院和公安局也會把部分檔案處理掉，特別是當這些機構搬家時，一些文件（如供詞、報告、指示、許可證和證書等）就會被當作廢紙賣掉，並最終流落到廣州、上海和北京等地的跳蚤市場上。在許多個週末，由於檔案館不開門，我就會去市場上翻看這些落滿灰塵的文件：有些成捆成捆地擺在地上叫賣，有些則放在簡易的桌子上，混在紀念品、明信片、雜誌和郵票中間。我買了少量這樣的資料（包括一堆形狀顏色各異的糧票），但在本書中只引用了其中極少的一部分，而且只有在找不到相應的檔案資料時才會引用。

本書使用的檔案還有一小部分來自外國，特別是俄國和東德這兩個當時與中國關係最密切的國家。這些檔案有助於我們了解毛時代中國的外貿和外交政策，但對中國人日常生活的記錄非常有限，因為大多數外國顧問的活動範圍被限制在城市中。跟其他東歐國家比起來，東德在很長一段時間裡都對中國的「大躍進」抱有同情的態度，但到了一九六〇年，東德的顧問也離開了中國。英國大使館發往倫敦的報告中也有一些關於「大躍進」的零碎資訊，但總體而言，那些所謂的漢學家對中國的了解極其有限，根本不清楚集體化是怎麼回事，對其後續影響更是一無所知，任何對蘇聯有所了解的三流記者都會寫得比他們好。臺灣的情報工作則極為出色，他們蒐集了大量關於饑荒的資訊，不僅內容詳實，而且富有見地，這些供蔣介石及其少數親信閱讀的報告，如今收藏在位於新北市新店區的法務部調查局裡。然而，美國中央情報局的報告顯示，美國政府根本不相信蔣介石的情報，因為它擔心會被臺灣拖入侵略中國大陸的戰爭。不過，跟臺灣的資料比起來，中國檔案館裡的資料當然更加可靠，所以本書並未使用任何臺灣的資料。

中國官方的新華社每週都會編撰數份報告，篇幅通常在三到十頁左右，名為《內部參考》。這份出版物只供部級以上的官員閱讀。與檔案比起來，《內部參考》的內容經過嚴格審查，刪減太多，不過還是能找到一些有趣的零碎資訊。此外，一些黨員、翻譯、祕書和外交官的回憶錄可能會有用，但寫作時大多經過了作者的自我審查，缺乏具體的細節。這類書中最有價值的是毛澤東的私人醫生李志綏的回憶錄。這本書因過於「聳人聽聞」而受到一些學者的惡評，但事實上，李志綏的回憶可以引導歷史學家到檔案中發掘相關的資料，而且他的記述有時和檔案資料幾乎一字不差（曾廣泛研究過蘇聯檔案的勞倫茲・魯西〔Lorenz Lüthi〕也證實了這一點，見其所著《中蘇分裂：共產主義世界的冷戰》〔*The Sino-Soviet Split: Cold War in the Communist World*〕，普林斯頓：普林斯頓大學出版社，二〇〇八年，頁三五四）。

這本書裡偶爾也使用了一些訪談材料，以傳達老百姓的聲音。事實上，檔案裡有大量文件記述了普通民眾的態度和看法，例如官方的民意調查和警方的報告等等。幾年來，為了研究大饑荒，我培訓了一批研究人員，並委託他們進行了上百次訪談。我們通常採取的是「內部訪談」（insider interviewing）的形式，即訪談雙方來自相同的社會背景（有時甚至是同村或同一個家庭），運用相同的方言，這樣可以避免外來者（無論是外國人還是城市人）在場，也無須翻譯幫忙。所有訪談的文字稿如今都保存在香港中文大學中國研究服務中心，所有受訪者（包括個別可能仍然在世的倖存者）都作了匿名處理。

最後再簡單說明一下本書使用的二手資料。過去幾十年來，研究毛澤東時代最優秀的學者都在歐洲、美國和日本，但這個研究領域的中心已經毫無疑問地轉移到了中國。中國的歷史學家研究了不同類型的檔案資料，發表的相關成果雖然數量不多，但正日益增加。不過，他們的研究在中國大陸經常不受歡迎，因此只能在香港發表——香港如今正在迅速崛起，再次成為連接中國大陸與世界的重要紐帶。迄今為止，余習廣對相關檔案的發掘最為突出，讀者可以參閱他撰寫的一系列精彩文章（余習廣，《大躍進‧苦日子：上書集》，香港：時代潮流出版社，二〇〇五年）。另外，楊繼繩的研究也值得特別關注，這名退休記者是最早利用省級檔案研究大饑荒的學者之一（楊繼繩，《墓碑：中國六十年代大饑荒紀實》〔上／下冊〕，香港：天地圖書有限公司，二〇〇八年）。他的著作至今仍有價值，特別是書中對河南大饑荒的研究，至今尚未有其他學者能夠超越。但這套兩卷本的書確實存在嚴重的缺陷，讀過的人都會發現，作者只是把從不同管道獲得的資料進行彙編，有些摘自網路，有些出自其他出版物，有些則是從檔案中抄錄的，毫無價值的文件與不相干的趣聞軼事混雜在一起，使讀者難以釐清歷史的全貌。在有些檔案館，作者只待了一、兩天，因此錯過了最重要的、也是公開可以查閱的文件。例如關於廣東的情況，作者僅憑一份文件就寫了整整一章。此外，這本書最大的問題是缺少時間的線索，書中找不到任何有價值的歷史描述，只是重點討論糧食短缺這個話題，從而遺漏了解這場災難的一個重要維度。林蘊暉的研究比楊繼繩更為厚實，他追溯了「大躍進」的發展過程，雖然主要依據的是公開出版的資料，而且只關注高層的「宮廷政治」，但其分析的深度和廣度卻超越了其他同類題材的政治學著作（林蘊暉，《烏托邦運動：從大躍進到大饑荒，一九五八—一九六一》，香港：香港中文大學出版社，二〇〇八年）。高王凌對大饑荒時期農民的抗爭則進行了富有創造性的研究，而且提出了獨到見解，筆者從中深受啟發（高王凌，《人民公社時期中國農民「反行為」調查》，北京：中共黨史出版社，二〇〇六年）。

英文著作中，對精英政治感興趣的讀者應該會喜歡馬若德（Roderick MacFarquhar）的《文化大革命起源：大躍進，一九五八－一九六〇》（*The Origins of the Cultural Revolution: The Great Leap Forward, 1958-1960*，紐約：哥倫比亞大學出版社，一九八三年）。近期出版的一本則是Alfred L. Chan的著作《毛澤東的社會運動：中國大躍進的政治和政策執行》（*Mao's Crusade: Politics and Policy Implementation in China's Great Leap Forward*，牛津：牛津大學出版社，二〇〇一年），他以廣東為例探討了毛澤東對社會發展的構想是如何得以實施的，其分析精彩獨到，是同類題材中最好的。此外還有一些聚焦某個村莊的個案研究，如最近出版的Ralph A. Thaxton所著《中國農村的災難和鬥爭：毛的大躍進，大佛村的饑荒和正義抵抗的源起》（*Catastrophe and Contention in Rural China: Mao's Great Leap Forward, Famine and the Origins of Righteous Resistance in Da Fo Village*，紐約：劍橋大學出版社，二〇〇八年），這類研究的資源來源主要是倖存者的口述採訪，因此缺乏死者的聲音。賈斯柏・貝克（Jasper Becker）的書可讀性仍然很強：《饑餓的幽靈：毛的秘密大饑荒》（*Hungry Ghosts: Mao's Secret Famine*，紐約：Henry Holt出版社，一九九六年）。其他涉及大饑荒的著作還有David Bachman所著《中國的官僚、經濟和領導階層：大躍進的制度性起源》（*Bureaucracy, Economy, and Leadership in China: The Institutional Origins of the Great Leap Forward*，劍橋：劍橋大學出版社，一九九一年）。Thomas P. Bernstein的兩篇論文：〈毛澤東和一九五九－一九六〇的大饑荒：關於個人集權的研究〉（Mao Zedong and the Famine of 1959-1960: A Study in Wilfulness，《中國季刊》，第一八六期，二〇〇六年六月，頁四二一—四四五），以及〈史達林主義、饑荒和中國農民〉（Stalinism, Famine and Chinese Peasants: Grain Procurements during the Great Leap Forward，《理論和社會》，第十三卷，一九八四年五月，頁三三九—三七七）。此外還有Edward Friedman、Paul G. Pickowicz、Mark Selden和Kay Ann Johnson合著的《中國農村、社會主義政體》（*Chinese Village, Socialist State*，紐哈芬：耶魯大學出版社，一九九一年），Jean-Luc Domenach所著《大躍進起源：中國一個省的例子》（*The Origins of the Great Leap Forward: The Case of One Chinese Province*，波德：Westview出版社，一九九五年），Penny Kane所著《中國大饑荒，一九五九—一九六一：人口統計和社會的暗示》（*Famine in China，1959-1961：Demographic and Social Implications*，貝辛斯托克：Macmillan出版社，一九八八年），Roderick MacFarquhar所著《文化大革命起源》（*The Origins of the Cultural Revolution*）卷三：《災難來臨，一九六一—一九六六》（*The Coming of the Cataclysm, 1961-1966*，紐約：哥倫比亞大學出版社，一九九九年），Frederick C. Teiwes和Warren Sun合著的《中國的災難之路：大躍進過程中的毛澤東、中央領導和省幹部，一九五五—一九五九》（*China's Road to Disaster: Mao, Central Politicians, and Provincial Leaders in the Unfolding of the Great Leap Forward, 1955-1959*，阿蒙克：M. E. Sharpe出版社，一九九九年），Dali L. Yang所著《中國的災難和改革：大躍進饑荒之後的政體、農村社會和制度變遷》（*Calamity and Reform in China: State, Rural Society, and Institutional Change since the Great Leap Famine*，史丹佛：史丹佛大學出版社，一九九六年）等等。更多的著作見書後附錄的〈參考書目〉。

Love, and Endurance in Communist China, New York: Back Bay Books, 1994.

Xiong Huayuan and Liao Xinwen熊華源、廖心文，《周恩來總理生涯》，北京：人民出版社，1997。

Yan MingFu閻明復，〈回憶兩次莫斯科會議和胡喬木〉，《當代中國史研究》，no. 19（1997年5月），pp. 6–21。

Yang, Dali L., *Calamity and Reform in China: State, Rural Society, and Institutional Change since the Great Leap Famine*, Stanford: Stanford University Press, 1996.

Yang Jisheng楊繼繩，《墓碑：中國六十年代大饑荒紀實》，香港：天地圖書有限公司，2008。

Yang Xianhui楊顯惠，《夾邊溝記事：楊顯惠中短篇小說精選》，天津：天津古籍出版社，2002。

Yu Xiguang余習廣，《大躍進・苦日子：上書集》，香港：時代潮流出版社，2005。

Zazerskaya, T. G., Sovetskie spetsialisty i formirovanie voenno-promyshlennogo kompleksa Kitaya (1949–1960 gg.), St Petersburg: Sankt Peterburg Gosudarstvennyi Universitet, 2000.

Zhang Letian張樂天，《告別理想：人民公社制度研究》，上海：上海人民出版社，2005。

Zhang Shu Guang張曙光, *Economic Cold War: America's Embargo against China and the Sino-Soviet Alliance, 1949–1963*, Stanford: Stanford University Press, 2001.

Zubok, Vladislav and Constantine Pleshakov, *Inside the Kremlin's Cold War: From Stalin to Khrushchev*, Cambridge, MA: Harvard University Press, 1996.

E. Sharpe, 1984.

Tao Lujia陶魯笳，《毛主席教我們當省委書記》，北京：中央文獻出版社，1996。

Taubman, William, *Khrushchev: The Man and his Era*, London: The Free Press, 2003.

Teiwes, Frederick C., *Politics and Purges in China: Rectification and the Decline of Party Norms,* Armonk, NY: M. E. Sharpe, 1993.

Teiwes, Frederick C. and Warren Sun, *China's Road to Disaster: Mao, Central Politicians, and Provincial Leaders in the Unfolding of the Great Leap Forward, 1955–1959*, Armonk, NY: M. E. Sharpe, 1999.

Thaxton, Ralph A., *Catastrophe and Contention in Rural China: Mao's Great Leap Forward Famine and the Origins of Righteous Resistance in Da Fo Village*, New York: Cambridge University Press, 2008.

Tooze, Adam, *The Wages of Destruction: The Making and Breaking of the Nazi Economy,* New York: Allen Lane, 2006.

Townsend, James R. and Brantly Womack, *Politics in China,* Boston: Little, Brown, 1986.

Viola, Lynn, *Peasant Rebels under Stalin: Collectivization and the Culture of Peasant Resistance,* New York: Oxford University Press, 1996.

Walker, Kenneth R., *Food Grain Procurement and Consumption in China,* Cambridge: Cambridge University Press, 1984.

Wang Yan et al. (eds) 王焰（主編），《彭德懷年譜》，北京：人民出版社，1998。

Watson, James L. and Evelyn S. Rawski (eds), *Death Ritual in Late Imperial and Modern China*, Berkeley: University of California Press, 1988.

Woman From Shanghai: Tales of Survival From a Chinese Labor Camp, New York: Pantheon, 2009.

Wu Hung巫鴻, *Remaking Beijing: Tiananmen Square and the Creation of a Political Space*, London: Reaktion Books, 2005.

Wu Lengxi吳冷西，《十年論戰：1956-1966中蘇關係回憶錄》，北京：中央文獻出版社，1999。

Wu Lengxi吳冷西，《憶毛主席：我親身經歷的若干重大歷史事件片斷》，北京：新華出版社，1995。

Wu Ningkun and Li Yikai巫寧坤、李怡楷, *A Single Tear: A Family's Persecution,*

Osokina, Elena, *Our Daily Bread: Socialist Distribution and the Art of Survival in Stalin's Russia, 1927–1941*, Armonk, NY: M. E. Sharpe, 2001.

Pang Xianzhi, Guo Chaoren and Jin Chongji (eds), 逄先知、郭超人、金沖及等（編），《劉少奇》，北京：新華出版社，1998。

Pang Xianzhi, and Jin Chongji(eds), 逄先知、金沖及（編），《毛澤東傳，1949-1976》，北京：中央文獻出版社，2003。

Pasqualini, Jean, *Prisoner of Mao*, Harmondsworth: Penguin, 1973.

Patenaude, Bertrand M., *The Big Show in Bololand: The American Relief Expedition to Soviet Russia in the Famine of 1921*, Stanford: Stanford University Press, 2002.

Peng Dehuai彭德懷，《彭德懷自述》，北京：人民出版社，1981。

Peng Dehuai Zhuan《彭德懷傳》，北京：當代中國出版社，1993。

Peng Xizhe彭希哲, 'Demographic Consequences of the Great Leap Forward in China's Provinces', *Population and Development Review*, vol. 13, no. 4 (Dec. 1987), pp. 639–70.

Pepper, Suzanne, *Radicalism and Education Reform in 20th-Century China: The Search for an Ideal Development Model*, Cambridge: Cambridge University Press, 1996.

Reardon, Lawrence C., *The Reluctant Dragon: Crisis Cycles in Chinese Foreign Economic Policy,* Hong Kong: Hong Kong University Press, 2002.

Russell, Sharman Apt, *Hunger: An Unnatural History,* New York: Basic Books, 2005.

Salisbury, Harrison E., *The New Emperors: China in the Era of Mao and Deng,* Boston: Little, Brown, 1992.

Service, Robert, *Comrades: A History of World Communism,* Cambridge, MA: Harvard University Press, 2007.

Shapiro, Judith, *Mao's War against Nature: Politics and the Environment in Revolutionary China,* New York: Cambridge University Press, 2001.

Shen Zhihua沈志華，《思考與選擇：從知識分子會議到反右派運動（1956-1957）》，香港：香港中文大學當代中國文化研究中心，2008.

Shevchenko, Arkady N., *Breaking with Moscow,* New York: Alfred Knopf, 1985.

Short, Philip, *Pol Pot: The History of a Nightmare,* London: John Murray, 2004.

Smil, Vaclav, *The Bad Earth: Environmental Degradation in China,* Armonk, NY: M.

Lin Yunhui林蘊暉，《烏托邦運動：從大躍進到大饑荒，1958-1961》，香港：香港中文大學當代中國文化研究中心，2008。

Liu Chongwen, Chen Shaochou et al. (eds), 劉崇文、陳紹疇等（編），《劉少奇年譜，1898-1969》，北京：中央文獻出版社，1996。

Lu Xiaobo, *Cadres and Corruption: The Organizational Involution of the Chinese Communist Party*, Stanford: Stanford University Press, 2000.

Lüthi, Lorenz M., *The Sino-Soviet Split: Cold War in the Communist World*, Princeton: Princeton University Press, 2008.

MacFarquhar, Roderick, *The Origins of the Cultural Revolution,* vol. 1: *Contradictions among the People, 1956–1957*, London: Oxford University Press, 1974.

MacFarquhar, Roderick, *The Origins of the Cultural Revolution,* vol. 2: *The Great Leap Forward, 1958–1960*, New York: Columbia University Press, 1983.

MacFarquhar, Roderick, *The Origins of the Cultural Revolution,* vol. 3: *The Coming of the Cataclysm, 1961–1966*, New York: Columbia University Press, 1999.

MacFarquhar, Roderick, Timothy Cheek and Eugene Wu (eds), *The Secret Speeches of Chairman Mao: From the Hundred Flowers to the Great Leap Forward*, Cambridge, MA: Harvard University Press, 1989.

Manning, Kimberley E., 'Marxist Maternalism, Memory, and the Mobilization of Women during the Great Leap Forward', *China Review*, vol. 5, no. 1 (Spring 2005), pp. 83–110.

Mao Zedong毛澤東，《建國以來毛澤東文稿》，北京：中央文獻出版社，1987–96。

Mao Zedong毛澤東，《毛澤東外交文選》，北京：中央文獻出版社，1994。

Mićunović, Veljko, *Moscow Diary*, New York: Doubleday, 1980.

Mueggler, Erik, *The Age of Wild Ghosts: Memory, Violence, and Place in Southwest China*, Berkeley: University of California Press, 2001.

Näth, Marie-Luise (ed.), *Communist China in Retrospect: East European Sinologists Remember the First Fifteen Years of the PRC,* Frankfurt: P. Lang, 1995.

Ó Gráda, Cormac, *The Great Irish Famine,* Basingstoke: Macmillan, 1989.

Oi, Jean C., *State and Peasant in Contemporary China: The Political Economy of Village Government*, Berkeley: University of California Press, 1989.

1996.

Khrushchev, Nikita, *Vremia, liudi, vlast'*, Moscow: Moskovskiye Novosti, 1999.

Kiernan, Ben, *The Pol Pot Regime: Race, Power, and Genocide in Cambodia under the Khmer Rouge, 1975–79*, New Haven: Yale University Press, 1996.

King, Richard, *Heroes of China's Great Leap Forward: Two Stories*, Honolulu: University Press of Hawaii, 2010.

Kitchen, Martin, *A History of Modern Germany, 1800–2000*, New York: Wiley-Blackwell, 2006.

Klochko, M. A., *Soviet Scientist in China*, London: Hollis & Carter, 1964.

Krutikov, K. A., *Na Kitaiskom napravlenii: Iz vospominanii diplomata*, Moscow: Institut Dal'nego Vostoka, 2003.

Kueh, Y. Y., *Agricultural Instability in China, 1931–1991*, Oxford: Clarendon Press, 1995.

Kung, James Kai-sing and Justin Yifu Lin, 'The Causes of China's Great Leap Famine, 1959–1961', *Economic Development and Cultural Change*, vol. 52, no. 1 (2003), pp. 51–73.

Li Huaiyin李懷印, 'Everyday Strategies for Team Farming in Collective-Era China: Evidence from Qin Village', *China Journal*, no. 54 (July 2005), pp. 79–98.

Li, Lilian M., *Fighting Famine in North China: State, Market, and Environmental Decline, 1690s–1990s*, Stanford: Stanford University Press, 2007.

Li Rui李銳，《大躍進親歷記》，海口：南方出版社，1999。

Li Rui李銳，《廬山會議實錄》，鄭州：河南人民出版社，1999。

Li, Wei and Dennis Yang, 'The Great Leap Forward: Anatomy of a Central Planning Disaster', *Journal of Political Economy*, vol. 113, no. 4 (2005), pp. 840–77.

Li Yueran李越然，《外交舞臺上的新中國領袖》，北京：外語教育與研究出版社，1994。

Li Zhisui李志綏, *The Private Life of Chairman Mao: The Memoirs of Mao's Personal Physician*, New York: Random House, 1994.

Lin, Justin Yifu, and Dennis Tao Yang, 'On the Causes of China's Agricultural Crisis and the Great Leap Famine', *China Economic Review*, vol. 9, no. 2 (1998), pp. 125–40.

Gao Wenqian高文謙, *Zhou Enlai: The Last Perfect Revolutionary*, New York: PublicAffairs, 2007.

Gao Xiaoxian高小賢, '"The Silver Flower Contest": Rural Women in 1950s China and the Gendered Division of Labour', *Gender and History*, vol. 18, no. 3 (Nov. 2006), pp. 594–612.

Ginsburgs, George, 'Trade with the Soviet Union', in Victor H. Li, *Law and Politics in China's Foreign Trade*, Seattle: University of Washington Press, 1977, pp. 70–120.

Greenough, Paul R., *Prosperity and Misery in Modern Bengal: The Famine of 1943–44*, New York: Oxford University Press, 1983.

Gu Shiming, Li Qiangui and Sun Jianping顧士明、李乾貴、孫劍平，《李富春經濟思想研究》，西寧：青海人民出版社，1992。

Hayek, Friedrich A., *The Road to Serfdom: Text and Documents*, Chicago: University of Chicago Press, 2007.

Huang Kecheng黃克誠，《黃克誠自述》，北京：人民出版社，1994。

Huang Zheng黃崢，《劉少奇一生》，北京：中央文獻出版社，2003。

Huang Zheng黃崢，《劉少奇傳》，北京：中央文獻出版社，1998。

Huang Zheng黃崢，《王光美訪談》，北京：中央文獻出版社，2006。

Ji Fengyuan, *Linguistic Engineering: Language and Politics in Mao's China*, Honolulu: University of Hawai'i Press, 2004.

Jiang Weiqing江渭清，《七十年征程：江渭清回憶錄》，南京：江蘇人民出版社，1996。

Jin Chongji (ed.)金沖及（編），《周恩來傳，1898-1949》，北京：中央文獻出版社，1989。

Jin Chongji and Chen Qun (eds), 金沖及、陳群（編），《陳雲傳》，北京：中央文獻出版社，2005。

Jin Chongji and Huang Zheng (eds), 金沖及、黃崢（編），《劉少奇傳》，北京：中央文獻出版社，1998。

Kane, Penny, *Famine in China, 1959–61: Demographic and Social Implications*, Basingstoke: Macmillan, 1988.

Kapitsa, Mikhael, *Na raznykh parallelakh: Zapiski diplomata*, Moscow: Kniga i biznes,

Davis-Friedmann, Deborah, *Long Lives: Chinese Elderly and the Communist Revolution*, Stanford: Stanford University Press, 1991.

Dikötter, Frank, *China before Mao: The Age of Openness*, Berkeley: University of California Press, 2008.

Dikötter, Frank, 'Crime and Punishment in Post-Liberation China: The Prisoners of a Beijing Gaol in the 1950s', *China Quarterly*, no. 149 (March 1997), pp. 147–59.

Dikötter, Frank, *Exotic Commodities: Modern Objects and Everyday Life in China*, New York: Columbia University Press, 2006.

Ding Shu丁抒，《人禍：大躍進與大饑荒》，香港：九十年代雜誌，1996。

Dirks, Robert, 'Social Responses during Severe Food Shortages and Famine', *Current Anthropology*, vol. 21, no. 1 (Feb. 1981), pp. 21–32.

Domenach, Jean-Luc, *L'Archipel oublié*, Paris: Fayard, 1992.

Domenach, Jean-Luc, *The Origins of the Great Leap Forward: The Case of One Chinese Province*, Boulder: Westview Press, 1995.

Domes, Jurgen, *Peng Te-huai: The Man and the Image*, Stanford: Stanford University Press, 1985.

Donnithorne, Audrey, *China's Economic System*, London: Allen & Unwin, 1967.

Fang Weizhong, Jin Chonghi et al. (eds.)房維中、金沖及等（編），《李富春傳》，北京：中央文獻出版社，2001。

Fitzpatrick, Sheila, *Everyday Stalinism: Ordinary Life in Extraordinary Times: Soviet Russia in the 1930s*, New York: Oxford University Press, 1999.

Fitzpatrick, Sheila, 'Signals from Below: Soviet Letters of Denunciation of the 1930s', *Journal of Modern History*, vol. 68, no. 4 (Dec. 1996), pp. 831–66.

Friedman, Edward, Paul G. Pickowicz and Mark Selden with Kay Ann Johnson, *Chinese Village, Socialist State*, New Haven: Yale University Press, 1991.

Fu Zhengyuan, *Autocratic Tradition and Chinese Politics*, Cambridge: Cambridge University Press, 1993.

Fuyang shiwei dangshi yanjiushi阜陽市委黨史研究室（編），《征途：阜陽社會主義時期黨史專題彙編》，阜陽：安徽經世文化傳播有限責任公司，2007。

Gao Wangling高王凌，《人民公社時期中國農民「反行為」調查》，北京：中共黨史出版社，2006。

Forward and Great Famine, Vancouver: University of British Columbia Press, 2010.

Cao Shuji 曹樹基，《大饑荒：1959-1961年的中國人口》，香港：時代國際出版有限公司，2005。

The Case of Peng Teh-huai, 1959–1968, Hong Kong: Union Research Institute, 1968.

Chan, Alfred L., *Mao's Crusade: Politics and Policy Implementation in China's Great Leap Forward*, Oxford: Oxford University Press, 2001.

Chang, G. H. and G. J. Wen, 'Communal Dining and the Chinese Famine of 1958–1961', *Economic Development and Cultural Change*, no. 46 (1997), pp. 1–34.

Chang, Jung 張戎, *Wild Swans: Three daughters of China*, Clearwater, FL: Touchstone, 2003.

Chang, Jung 張戎 and Jon Halliday, *Mao: The Unknown Story*, London: Jonathan Cape, 2005.

Chao, Kang, *Agricultural Production in Communist China, 1949–1965*, Madison: University of Wisconsin Press, 1970.

Cheek, Timothy, *Propaganda and Culture in Mao's China: Deng Tuo and the Intelligentsia*, Oxford: Oxford University Press, 1997.

Chen Jian, *Mao's China and the Cold War*, Chapel Hill: University of North Carolina Press, 2001.

Cheng, Tiejun and Mark Selden, 'The Construction of Spatial Hierarchies: China's *hukou and danwei* Systems', in Timothy Cheek and Tony Saich (eds), *New Perspectives on State Socialism in China*, Armonk, NY: M. E. Sharpe, 1997, pp. 23–50.

Chinn, Dennis L., 'Basic Commodity Distribution in the People's Republic of China', *China Quarterly*, no. 84 (Dec. 1980), pp. 744–54.

Conquest, Robert, *The Harvest of Sorrow: Soviet Collectivization and the Terror-Famine*, New York: Oxford University Press, 1986.

Dai Qing (ed.) 戴晴（編）, *The River Dragon has Come! The Three Gorges Dam and the Fate of China's Yangtze River and its People*, Armonk, NY: M. E. Sharpe, 1998.

出版品

Arnold, David, *Famine: Social Crisis and Historical Change*, Oxford: Blackwell, 1988.

Ashton, Basil, Kenneth Hill, Alan Piazza and Robin Zeitz, 'Famine in China, 1958–61', *Population and Development Review*, vol. 10, no. 4 (Dec. 1984), pp. 613–45.

Bachman, David, *Bureaucracy, Economy, and Leadership in China: The Institutional Origins of the Great Leap Forward*, Cambridge: Cambridge University Press, 1991.

Banister, Judith, 'An Analysis of Recent Data on the Population of China', *Population and Development Review,* vol. 10, no. 2 (June 1984), pp. 241–71.

Banister, Judith, *China's Changing Population,* Stanford: Stanford University Press, 1987.

Becker, Jasper, *Hungry Ghosts: Mao's Secret Famine,* New York: Henry Holt, 1996.

Belasco, Warren, 'Algae Burgers for a Hungry World? The Rise and Fall of Chlorella Cuisine', *Technology and Culture*, vol. 38, no. 3 (July 1997), pp. 608–34.

Berlin, Isaiah, *The Crooked Timber of Humanity: Chapters in the History of Ideas*, Vintage Books, 1992.

Bernstein, Thomas P., 'Mao Zedong and the Famine of 1959–1960: A Study in Wilfulness', *China Quarterly,* no. 186 (June 2006), pp. 421–45.

Bernstein, Thomas P., 'Stalinism, Famine and Chinese Peasants: Grain Procurements During the Great Leap Forward', *Theory and Society*, vol. 13 (May 1984), pp. 339–77.

Birch, Cyril, 'Literature under Communism', in Roderick MacFarquhar, John King Fairbank and Denis Twitchett (eds), *The Cambridge History of China*, vol. 15: *Revolutions within the Chinese Revolution, 1966–1982*, Cambridge: Cambridge University Press, 1991, pp. 743–812.

Bo Yibo薄一波，《若干重大事件與決策的回憶》，北京：中共中央黨校出版社，1991–3。

Boone, A., 'The Foreign Trade of China', *China Quarterly*, no. 11 (Sept. 1962), pp. 169–83.

Brown, Jeremy, 'Great Leap City: Surviving the Famine in Tianjin', in Kimberley E. Manning and Felix Wemheuer (eds), *New Perspectives on China's Great Leap*

B112 上海市冶金工業局
B123 上海市第一商業局
B242 上海市衛生局

遂平市檔案館（河南）
1 遂平縣委

武漢市檔案館（湖北）
13 武漢市人民政府
28 武漢市江岸區委員會
30 武漢市江漢區委員會
70 武漢市教育局
71 武漢市衛生局
76 武漢市工商管理局
83 武漢市民政局

吳江縣檔案館（江蘇）
1001 吳江縣委辦公室

無錫市檔案館（江蘇）
B1 無錫縣委辦公室

吳縣檔案館（江蘇）
300 吳縣縣委辦公室

信陽縣檔案館（河南）
229 、304 信陽縣委

宣城縣檔案館（安徽）
3 宣城縣委辦公室

176 廣州市衛生局

貴陽市檔案館（貴州）
61 中共貴陽市委

開平市檔案館（廣東）
3 開平市委

麻城市檔案館（湖北）
1 麻城縣委

南京市檔案館（江蘇）
4003 南京市委
4053 南京市委城市人民公社領導小組
5003 南京市人民政府
5012 南京市民政局
5035 南京市重工業局
5040 南京市手工業局
5065 南京市衛生局
6001 南京市總工會

上海市檔案館（上海）
A2 上海市委辦公廳
A20 上海市委里弄工作委員會
A23 上海市委教育衛生部
A36 上海市委工業政治部
A70 上海市委農村工作部
A72 上海市委農村工作委員會
B29 上海市經濟計畫委員會
B31 上海市統計局

浙江省檔案館（杭州）
J002 中共浙江省委
J007 浙江省委農村工作部
J116 浙江省農業廳
J132 浙江省糧食廳
J165 浙江省衛生廳

縣級和市級檔案館
北京市檔案館（北京）
1 北京市委員會
2 北京市人民委員會
84 北京市婦女聯合會
92 北京市農林局
96 北京市水利氣象局
101 北京市總工會

赤水市檔案館（貴州）
1 赤水市委

阜陽市檔案館（安徽）
J3 阜陽市委

廣州市檔案館（廣東）
6 廣州市委宣傳部
13 廣州市農村工作部
16 廣州市委街道工作部
69 廣州市鋼鐵生產指揮部辦公室
92 廣州市總工會
94 廣州市婦女聯合會
97 廣州市人民委員會辦公廳

SZ113 湖北省水利廳
SZ115 湖北省衛生廳

湖南省檔案館（長沙）
141 中共湖南省委員會
146 中共湖南省委農村工作部
151 中共湖南省委政策研究室
163 湖南省人民委員會
186 湖南省計畫委員會
187 湖南省統計局
207 湖南省水利水電廳
265 湖南省衛生防疫廳

山東省檔案館（濟南）
A1 中共山東省委

四川省檔案館（成都）
JC1 省委辦公廳
JC12 四川省委民工委
JC44 四川省民政廳
JC50 四川省人委宗教事務處
JC67 四川省委統計局
JC133 四川省衛生廳

雲南省檔案館（昆明）
2 中共雲南省委
11 中共雲南省委農村工作部
81 雲南省統計局
105 雲南省水利水電廳
120 雲南省糧食廳

231 廣東省總工會
235 廣東省人民委員會
253 廣東省計畫委員會
262 廣東省營林部
266 廣東省水電部
300 廣東省統計局
307 廣東省文化局
314 廣東省教育廳
317 廣東省衛生廳

廣西省檔案館（南寧）
X1 中共廣西省委

貴州省檔案館（貴陽）
90 貴州省農業廳

河北省檔案館（石家莊）
855 中共河北省委
856 中共河北省紀委
878 省委生活辦公室
879 中共河北省委農村工作部
880 中共河北省委農村整風整社辦公室
884 中共河北省委政法委員會
979 河北省農業廳

湖北省檔案館（武漢）
SZ1 中共湖北省委員會
SZ18 中共湖北省委員會農村政治部
SZ29 湖北省總工會
SZ34 湖北省人民委員會

參考書目

檔案

非中文檔案

AVPRF: Arkhiv Vneshnei Politiki Rossiiskoi Federatsii, Moscow, Russia
BArch: Bundesarchiv, Berlin, Germany
ICRC: International Committee of the Red Cross, Geneva, Switzerland
MfAA: Politische Archiv des Auswärtigen Amts, Berlin, Germany
PRO: National Archives, London, United Kingdom
PRO, Hong Kong: Public Record Office, Hong Kong
RGAE: Rossiiskii Gosudarstvennyi Arkhiv Ekonomiki, Moscow, Russia
RGANI: Rossiiskii Gosudarstvennyi Arkhiv Noveishei Istorii, Moscow, Russia

中央政府檔案

外交部檔案館（北京）

省級檔案

甘肅省檔案館（蘭州）
91 中共甘肅省委
96 中共甘肅省委農村工作部

廣東省檔案館（廣州）
216 廣東省委統戰部
217 廣東省委農村工作部
218 廣東省委工業部

31. 關於沿河縣的報告，貴州，1961，90-1-2270，列印稿第1頁；曹樹基提到整個銅仁地區的非正常死亡人數為24,000人，參見：曹樹基，《大饑荒》，p. 166。
32. 山東，1962，A1-2-1127，p. 46；曹樹基，《大饑荒》，p. 219。
33. 山東，1962，A1-2-1130，p. 42。
34. 山東，1961年7月7日，A1-2-1209，p. 110；曹樹基，《大饑荒》，p. 231。
35. 廣東，1961，217-1-644，p. 72；曹樹基，《大饑荒》，p. 129。
36. 廣東，1961年1月20日，217-1-644，p. 61；曹樹基，《大饑荒》，pp. 126–8。
37. 湖南，1964年6月、8月28日，141-1-2494，pp. 74、81–2。
38. 公安局關於人口統計的報告，1963年11月16日，赤水，1-A14-15，pp. 2–3。
39. 中央統計局的報告，1964年5月26日，赤水，1-A15-15，pp.6–7。
40. Becker, *Hungry Ghosts*, p. 272.
41. 余習廣，《大躍進・苦日子》，p. 8。

結語

1. 劉少奇的發言，1962年1月27日，甘肅，91-18-493，pp. 58–60、62。
2. Li, p*rivate Life of Chairman Mao*, p. 386.
3. 林彪的發言，甘肅，1962年1月29日，91-18-493，pp. 163–4。
4. 周恩來的發言，甘肅，1962年2月7日，91-18-493，p. 87。
5. 劉源，「毛澤東為什麼要打倒劉少奇」，轉引自：Gao, *Zhou Enlai*，pp. 97–8。劉的妻子的說法與此略有出入，參見：黃崢，《王光美訪談錄》，p. 288.

10. 阜陽，1961年，J3-1-235，p. 34。
11. 四川，1961年11-12月，JC1-2756，p. 54。
12. 四川，1961年10月，JC1-2418，p. 106。
13. 四川，1959年11月2日，JC1-1808，p. 166。
14. 河北，1961年1月10日，856-1-221，pp. 31–2；1960年12月17日，858-18-777，pp. 96–7。
15. 河北，1960年12月29日，855-18-777，pp. 126–7。
16. 四川，1962年5-6月，JC67-4；JC67-1003，p. 3。
17. 四川，1963年2月23日，JC67-112，pp. 9–12。
18. 雲南，1959年5月16日，81-4-25，p. 17；關於1957年的平均死亡率，參見：《中國統計年鑑，1984》，北京：中國統計出版社，1984，p. 83；曹樹基，《大饑荒》，p. 191。
19. 劉少奇講話紀錄，1961年5月，湖南，141-1-1901，p. 120。
20. 河北，1961年1月21日，855-19-855，pp. 100–4；關於胡開明，參見：余習廣，《大躍進・苦日子》，pp. 451–75。
21. 曹樹基，《大饑荒》，p. 234。
22. 河北，1961年1月19日，878-1-7，pp. 1–4；曹樹基，《大饑荒》，p. 246。
23. 河北，1961年1月19日，878-1-7，pp. 1–4；曹樹基，《大饑荒》，pp. 240、246。
24. 甘肅，1961年1-2月，91-18-200，p. 57；曹樹基，《大饑荒》，pp. 271、465。
25. 甘肅，1961年1-2月，91-18-200，p. 94；曹樹基，《大饑荒》，p. 273。
26. 甘肅，1961年1-2月，91-18-200，p. 107；曹樹基，《大饑荒》，p. 275。
27. 甘肅，1961年1-2月，91-18-200，p. 45；曹樹基，《大饑荒》，p. 275。
28. 貴州，1962，90-1-2706，列印稿第19頁。
29. 赤水，1961年1月14日，1-A12-1，pp. 83–7；1960年12月，1-A11-30，pp. 67–71；曹樹基，《大饑荒》，p. 158。
30. 赤水，1960年5月9日，1-A11-9，pp. 5–9；曹樹基，《大饑荒》，p. 164。

1961年4月13日，91-9-215，p. 94。

4. 同上。
5. 省委調查組的報告，山東，1961，A1-2-1025，p. 7。
6. 張仲良的檢討，甘肅，1960年12月3日，91-18-140，p. 19。
7. 舒同的檢討，山東，1960年12月10日，A1-1-634，p. 10。
8. 縣委會議記錄，赤水，1960年12月9日，1-A11- 34，pp. 83、96。
9. 《內部參考》，1960年4月14日，pp. 25–6。
10. 甘肅，1961年1-2月，91-18-200，p. 271。
11. 甘肅，1961年3月3日，91-4-898，pp. 82–7。
12. 四川，1961，JC1-2608，pp. 93、96–7。
13. 蘇聯也發生過極為相似的情況，參見：Bertrand M. Patenaude, *The Big Show in Bololand: The American Relief Expedition to Soviet Russia in the Famine of 1921*, Stanford: Stanford University Press, 2002, p. 262。

第37章：算總帳

1. Basil Ashton, Kenneth Hill, Alan Piazza and Robin Zeitz, 'Famine in China, 1958–61', p*opulation and Development Review*, vol. 10, no. 4 (Dec. 1984), pp. 613–45.
2. Judith Banister, 'An Analysis of Recent Data on the Population of China', p*opulation and Development Review*, vol. 10, no. 2 (June 1984), pp. 241–71.
3. Peng Xizhe, 'Demographic Consequences of the Great Leap Forward in China's Provinces', p*opulation and Development Review*, vol. 13, no. 4 (Dec. 1987), pp. 639–70；Chang and Holliday, *Mao*, p. 438.
4. 楊繼繩，《墓碑》，p. 904。
5. 曹樹基，《大饑荒》，p. 281。
6. Becker, *Hungry Ghosts*, pp. 271–2.
7. 湖北，1962，SZ34-5-143，整份文件。
8. 湖北，1962年3月，SZ34-5-16，p. 43。
9. 甘肅，1962年3月16日，91-9-274，p. 1；1962年5月24日，p. 5。

27. 同上，p. 9。
28. 山東，1961年4月9日，A1-2-980，p. 15；山東，1961, A1-2-1025，pp. 9–10。
29. 這是阜陽官方黨史研究人員的估計，見：阜陽市委黨史研究室編，《征途：阜陽社會主義時期黨史專題彙編》，阜陽：安徽經世文化傳播有限責任公司，2007，p. 155。
30. 阜陽，1961年8月17日，J3-2-280，p. 114。
31. 阜陽，1961年3月12日，J3-1-228，p. 20；1961年8月18日，J3-2-280，p. 126。
32. 阜陽，1961年1月10日，J3-2-278，p. 85。
33. 同上，p. 86。
34. 阜陽，1961年8月12日，J3-1-228，p. 96b。
35. 阜陽，1961年8月17日，J3-2-280，p. 115。
36. 阜陽，1961年1月10日，J3-2-278，p. 86。
37. 阜陽，1961年1月30日，J3-2-278，pp. 2–9。
38. 界首縣委書記的檢討，阜陽，1961年1月10日，J3-2-280，p. 48。
39. 同上。
40. 臨泉縣委書記的檢討，1961年2月15日，阜陽，J3-2- 280，p. 91。
41. 阜陽，1961年1月6日，J3-1-227，pp. 54–5。
42. 阜陽，1961年6月12日，J3-2-279，p. 15。
43. 阜陽，1961年3月20日，J3-2-278，pp. 67、69。
44. 同上。
45. 阜陽，1961年2月29日，J3-2-278，p. 64。
46. 公社書記給地委的報告，阜陽，1961年1月6日，J3-1-227，pp. 54–5。

第36章：人相食

1. 雲南，1959年2月28日，2-1-3700，p. 103。
2. 廣東，1961，217-1-646，pp. 25–30。
3. 西禮縣由禮縣和西和縣合併而成；當地公安局給公安部的報告，甘肅，

2. 轉引自：楊繼繩，《墓碑》，pp. 901–3。
3. 甘肅，1965年7月5日，91-5-501，pp. 4–5。
4. 同上，p. 24。
5. 同上，pp. 5–7。
6. 同上，p. 7。
7. 甘肅，1961年1月12日，91-4-735，p. 79。
8. 甘肅，1960年2月10日，91-4-648，全宗；1960年3月24日，91-4-647，全宗。
9. 甘肅，1960年4月21日，91-18-164，pp. 153–60。
10. 四川，1961，JC1-2608，pp. 1–3、21–2；1961，JC1-2605，pp. 147–55。
11. 四川，1961，JC1-2605，p. 171。
12. 四川，1961，JC1-2606，pp. 2–3。
13. 四川，1961年1月22、27日，JC1-2606，pp. 48–9、63–4；1961年1月25、27日，JC1-2608，pp. 83–8、89–90。
14. 四川，1958年12月8日，JC1-1804，pp. 35–7。
15. 四川，1961年4月4日，JC12-1247，pp. 7–14。
16. 監察委員會的報告，赤水，1961，2-A6-2，pp. 25–6。
17. 赤水，1958年9月30日，1-A9-4，pp. 30–1；1961年1月14日，1-A12-1，pp. 83–7；1960年12月，1-A11-30，pp. 67–71；1960年4月25日，1-A11-39，pp. 11–15。
18. 赤水，1960年5月9日，1-A11-9，pp. 5–9。
19. 貴州，1960，90-1-2234，p. 24。
20. 貴州，1962，90-1-2708，列印稿 1–6。
21. 赤水，1960年5月9日，1-A11-9，pp. 5–9。
22. 聶榮臻從成都寫給毛澤東的信，甘肅，1960年3月16日，91-9-134，p. 2。
23. 山東，1962，A1-2-1130，pp. 39–44。
24. 山東，1962，A1-2-1127，pp. 7–11。
25. 山東，1959年4月11日，A1-1-465，p. 25。
26. 舒同的檢討，山東，1960年12月10日，A1-1-634，p. 23。

事實材料」，1962年1月5日，pp. 1–2。
54. 四川，1961年1月5日，JC1-2604，p. 35。
55. 1958年8月21、24日的講話，湖南，141-1-1036，pp. 24–5、31。
56. 李井泉講話紀錄，1962年4月5日，四川，JC1-2809，p. 11。
57. 湖南，1961年2月4日，151-1-20，p. 14。
58. 湖南，1961，151-1-20，pp. 34–5。
59. 中紀委的報告，湖南，1960年11月15日，141-2-125，p. 3。
60. 四川，1960年11月29日，JC1-2109，p. 118。
61. 湖南，1961年2月4日，151-1-20，p. 14。
62. 同上，pp. 12–13。
63. 雲南，1960年12月9日，2-1-4157，p. 170。
64. 廣東，1961，217-1-644，pp. 32–8。
65. 四川，1960年5月2日，JC1-2109，pp. 10、51。
66. 四川，1961，JC1-2610，p. 4。
67. 對魏叔（生於1920年代）的訪談，四川閬中縣，2006年4月。
68. 四川，1960，JC133-219，pp. 49、131。
69. Adam Tooze, *The Wages of Destruction: The Making and Breaking of the Nazi Economy*, New York: Allen Lane, 2006, pp. 530–1.
70. 廣東，1960年5月8日，217-1-575，pp. 26–8。
71. 四川，1959年5月3日，JC1-1686，p. 43。
72. 雲南，1959年5月22日，2-1-3700，pp. 93–4。
73. 廣東，1961年2月5日，217-1-119，p. 44。
74. 廣東，1961年1月2日，217-1-643，pp. 61–6。
75. 開平，1959年6月6日，3-A9-80，p. 6。
76. 南京，1959年9月15日，5003-3-721，p. 70。
77. 南京，1959年5月8日，5003-3-721，p. 12。

第35章：恐怖之地

1. 湖南，1961年8月6日，146-1-579，pp. 5–6。

3日，146-1-582，p. 22。

30.《內部參考》，1960年10月21日，p. 12。
31. 廣東，1960，217-1-645，pp. 60–4。
32.《內部參考》，1960年11月30日，p. 17。
33. 湖南，1961年2月3日，146-1-582，p. 22。
34. 湖南，1961年8月10日，146-1-579，pp. 32–3。
35. 四川，1960，JC1-2112，p. 4。
36. 廣東，1961年4月16日，217-1-643，pp. 123–31；1961年1月25日，217-1-646，pp. 15–17。
37. 廣東，1961，217-1-644，pp. 32–8；1961, 217-1-618，pp. 18–41，特別是pp. 21、35。
38. 湖南，1961，151-1-20，pp. 34–5。
39. 對梁先生（生於1949年）的訪談，廣東中山縣，2006年7月13日。
40. 廣東，1960，217-1-645，pp. 60–4。
41. 湖南，1961年4月8日，146-1-583，p. 96；1960年5月12日，146-1-520，pp. 69–75。
42. 湖南，1959年9月，141-1-1117，pp. 1–4。
43. 麻城，1959年1月20日，1-1-378，p. 24；廣東，1960，217-1-645，pp. 60–4；《內部參考》，1960年11月30日，p. 17。
44. 北京，1961年1月7日，1-14-790，p. 10。
45. 湖南，1961，151-1-20，pp. 34–5。
46. 廣東，1961，217-1-644，pp. 32–8。
47. 湖南，1961年3月12日，141-1-1899，pp. 216–22。
48. 雲南，1960年12月9日，2-1-4157，p. 171。
49. 省委工作組的報告，四川，1961, JC1-2616，pp. 110–11。
50. 湖南，1960年11月15日，141-2-125，p. 1。
51. 湖南，1961年4月8日，146-1-583，p. 95。
52. 湖南，1961年3月12日，141-1-1899，p. 222。
53. 信陽地委組織處理辦公室，「關於地委常務書記王達夫同志所犯錯誤及

6. 廣東，1961年2月5日，217-1-645，pp. 35–49。
7. 湖南，1961年4月3日，151-1-24，p. 6。
8. 湖南，1960，146-1-520，pp. 97–106。
9. 湖南，1961年4月8日，146-1-583，p. 96。
10. 廣東，1960，217-1-645，pp. 25–8。
11. 河北，1961年1月4日，880-1-11，p. 30。
12. 湖南，1960，146-1-520，pp. 97–106。
13. 廣東，1961年4月16日，217-1-643，pp. 123–31；1961年1月25日，217-1-646，pp. 15–17。
14. 信陽地委組織處理辦公室，「關於地委常務書記王達夫同志所犯錯誤及事實材料」，1962年1月5日，pp. 1–2。
15. 廣東，1961年4月16日，217-1-643，pp. 123–31。
16. 此事發生在榮縣；四川，1962, JC1-3047，pp. 37–8。
17. 廣東，1961年4月16日，217-1-643，pp. 123–31；1961年1月25日，217-1-646，pp. 15–17。
18. 廣東，1961年3月23日，217-1-643，pp. 10–13。
19. 湖南，1960年11月15日，141-1-1672，pp. 32–3。
20. 《內部參考》，1960年10月21日，p. 12；四川，1959年5月25日，JC1-1721，p. 3。
21. 廣東，1961年3月23日，217-1-643，pp. 10–13。
22. 廣東，1960，217-1-645，pp. 60–4。
23. 河北，1961年6月27日，880-1-7，p. 55。
24. 四川，1961年1月27日，JC1-2606，p. 65；1960, JC1-2116，p. 105。
25. 廣東，1960年12月12日，217-1-643，pp. 33–43。
26. 廣東，1961年3月23日，217-1-642，p. 33。
27. 廣東，1961，217-1-644，pp. 32–8。
28. 廣東，1961年1月29日，217-1-618，pp. 42–6；河北，1961年6月27日，880-1-7，p. 55。
29. 湖南，1961年4月3日、14日，151-1-24，pp. 1–13、59–68；1961年2月

事：楊顯惠中短篇小說精選》，天津：天津古籍出版社，2002，p. 356。

9. 省公安廳的報告，甘肅，1960年6月26日，91-9-63，pp. 1–4。
10. 甘肅，1961年1月15日，91-18-200，p. 62。
11. 河北，1962，884-1-223，p. 150。
12. 第十屆全國安全工作會議的文件，甘肅，1960年4月8日，中發（60）318，91-18-179，p. 26。
13. 同上。
14. 同上，pp. 11–12。
15. 1958年8月21日的講話，湖南，141-1-1036，p. 29。
16. 河北，1959年6月27日，884-1-183，p. 128。
17. 第十屆全國安全工作會議的文件，甘肅，1960年4月8日，中發（60）318，91-18-179，p. 26。
18. 河北，1961年4月16日，884-1-202，pp. 35–47。
19. 雲南，1959年5月22日，2-1-3700，pp. 93–8。
20. 廣東，1961年1月2日，217-1-643，pp. 61–6。
21. 開平，1960年9月22日，3-A10-31，p. 10。
22. 《內部參考》，1960年11月30日，p. 16。
23. 廣東，1961年8月15日，219-2-318，p. 120。
24. 北京，1961年1月11日，1-14-790，p. 17。
25. Jean-Luc Domenach也如此估計，他以中國勞改系統的歷史研究是目前最為詳實可靠的，參見：Jean-Luc Domenach, *L'Archipel oublié*, paris: Fayard, 1992, p. 242。

第34章：暴力

1. 北京，1959年5月13日，1-14-574，pp. 38–40。
2. 對李婆婆（生於1938年）的訪談，四川閬中縣，2007年4月。
3. 《內部參考》，1960年6月27日，pp. 11–12。
4. 廣東，1961年1月25日，217-1-645，p. 13。
5. 廣東，1960年12月30日，217-1-576，p. 78。

52. 北京，1961年7月3日，2-1-136，pp. 23–4。
53. 四川，1960，JC133-219，p. 154。
54. 四川，1961年10月，JC1-2418，p. 168；1962，JC44-1441，p. 27。
55. 四川，1961年8月31日，JC1-2620，pp. 177–8。
56. 對何光華（生於1940年）的訪談，河南平頂山，2006年10月。
57. 對飢餓的分析見：Sharman Apt Russell, *Hunger: An Unnatural History*, New York: Basic Books, 2005。
58. Wu Ningkun and Li Yikai, *A Single Tear: A Family's Persecution, Love, and Endurance in Communist China*, New York: Back Bay Books, 1994, p. 130.
59. 廣東，1961年3月23日，217-1-643，pp. 10–13。
60. 上海，1961年1-2月，B242-1-1285，pp. 1–3、17–27。
61. 河北，1961，878-1-7，pp. 12–14。
62. 河北，1961年1月21日，855-19-855，p. 103。

第33章：集中營

1. 「上海市東郊區人民法院刑事判決書：983號」，馮客個人收藏。
2. 40%被判處1到5年的徒刑，25%被判處監視居住，南京，1959年6月8日，5003-3-722，p. 83。
3. 參見：Frank Dikötter, 'Crime and Punishment in Post-Liberation China: The Prisoners of a Beijing Gaol in the 1950s', *China Quarterly*, no. 149 (March 1997), pp. 147–59。
4. 第十屆全國安全工作會議的文件，甘肅，1960年4月8日，中發（60）318，91-18-179，pp. 11–12。
5. 河北，1962，884-1-223，p. 149。
6. 河北，1960年10月23日，884-1-183，p. 4。
7. 廣東，1961，216-1-252，pp. 5–7、20。
8. 甘肅，1961年2月3日，91-18-200，pp. 291–2；作家楊顯惠根據對倖存者的採訪，生動地描述了勞改營的狀況，據他估計，在2,400名犯人中，約有1,300人死亡，甘肅檔案館的資料證明了這一點；楊顯惠，《夾邊溝記

29. 上海，1961年5月11日，B242-1-1285，pp. 1–3。
30. 武漢，1959年6月30日，30-1-124，pp. 31–3。
31. 武漢，1960年7月1日，28-1-650，p. 31。
32. 武漢，1959年6月30日，30-1-124，pp. 31–3。
33. 四川，1960年5月16日，JC1-2115，pp. 57–8。
34. 四川，1960，JC1-2114，p. 8。
35. 四川，1959，JC9-448，pp. 46–7。
36. 四川，1959，JC44-2786全檔案。
37. 衛生部的報告，湖北，1960年4月24日，SZ115-2-355，pp. 10–13。
38. 湖南，1960年5月11日，163-1-1082，pp. 26–8。
39. 參見：Jung Chang, *Wild Swans: Three Daughters of China*, Clearwater, FL: Touchstone, 2003, p. 232。
40. Warren Belasco, 'Algae Burgers for a Hungry World? The Rise and Fall of Chlorella Cuisine', *Technology and Culture*, vol. 38, no. 3 (July 1997). pp. 608–34.
41. Jean Pasqualini, *Prisoner of Mao*, Harmondsworth: Penguin, 1973, pp. 216–19.
42. 北京，1961年2月1日，1-14-790，p. 109。
43. Barna Talás, 'China in the Early 1950s', in Näth, *Communist China in Retrospect*, pp. 58–9.
44. 對嚴師傅（生於1948年）的訪談，四川簡陽，2007年4月。
45. 對朱二哥（生於1950年）的訪談，四川簡陽，2007年4月。
46. 河北，1960年4月30日、8月，855-18-777，pp. 167–8；855-18-778，pp. 124–5。
47. 衛生部的報告，湖北，1960年3月、12月，SZ115- 2-355，pp. 12–15。
48. 北京，1961年4月14日，2-13-135，pp. 5–6。
49. 對孟曉黎（生於1943年）的訪談，湖北潛江縣，2006年8月。
50. 對趙曉白（生於1948年）的訪談，河南魯山縣，2006年5月、12月。
51. 對朱二哥（生於1950年）的訪談，四川簡陽，2007年4月。

4. 四川，1961年1月18日，JC1-2418，p. 2；JC1-2419，p. 43。
5. 四川，1961，JC1-2419，p. 46。
6. 四川，1960，JC133-220，p. 137。
7. 廣東，1961年10月30日，235-1-255，pp. 170、179；上海，1961年7月28日、8月24日，B242-1-1285，pp. 28–37、46–9。
8. 四川，1960，JC1-2007，pp. 38–9。
9. 對各地地方誌的系統分析，見：曹樹基，《大饑荒：1959-1961年的中國人口》，香港：時代國際出版有限公司，2005，特別是第128頁。
10. 湖南，1959年1月5日，141-1-1220，pp. 2–3；1962, 265-1-309，pp. 4–5。
11. 南京，1959年4月6日，4003-1-171，p. 138。
12. 南京，1959年10月25日，5003-3-727，pp. 19–21。
13. 湖北，1961，SZ1-2-898，pp. 18–45。
14. 上海，1959年10月18日，B242-1-1157，pp. 23–6。
15. 無錫，1961，B1-2-164，pp. 58–66。
16. 湖北，1961年2月25日、7月7日，SZ1-2-898，pp. 7–11、45–9。
17. 湖南，1960年11月25日，265-1-260，p. 85；1960年12月8日，212-1-508，p. 163。
18. 南京，1959年8年27日，5003-3-727，p. 88。
19. 湖北，1961年6月6日，SZ1-2-906，p. 29；1961年7月21日，SZ1-2-898，pp. 49–52。
20. 南京，1959年4月3日，5003-3-727，p. 67。
21. 武漢，1962年2月19日，71-1-1400，pp. 18–21。
22. 廣東，1960，217-1-645，pp. 60–4。
23. 廣東，1959，217-1-69，pp. 95–100。
24. 浙江，1960年5月10日，J165-10-66，pp. 1–5。
25. 四川，1960年7月9日，JC133-219，p. 106。
26. 武漢，1961年8月16日，71-1-1400，pp. 9–10。
27. 對李大軍（出生於1947年）的訪談，河南息縣，2006年10月。
28. 南京，1961，5065-3-381，pp. 53–4。

2. 湖南，1959年3月9日，163-1-1046，p. 24。
3. 南京，1959年4月16日，4003-1-279，pp. 151–2。
4. 南京，1959年10月31日，5003-3-711，p. 33。
5. 湖北，1960年1月5日，SZ34-4-477，p. 34。
6. 湖南，1960年1月16日、2月12日，141-1-1655，pp. 54–5、66–7。
7. 國務院的報告，湖北，1960年3月3日，SZ34-4-477，p. 29。
8. 湖南，1959年7月，141-1-1224，pp. 13–14。
9. 赤水，1959年2月27日，1-A10-25，p. 2。
10. 李銳《大躍進親歷記》（下），p. 233。
11. 甘肅，1960年9月4日，中發（60）825, 91-18-154，pp. 99–106；這份報告估計，在1萬3千名受害者中，約5千人是礦工。
12. 四川，1962年6月15日、11月19日，JC1-3174，pp. 4–6。
13. 湖南，1959年10月4日，141-1-1258，pp. 12–13；1959年7月，141-1-1224，pp. 13–14。
14. 南京，1959年9-10月，5035-2-5，pp. 15–21；1961年8月3日，9046-1-4，pp. 47–54。
15. 南京，1959年1月12日，5003-3-721，pp. 1–7。
16. 南京，1959年1月9日，4003-1-171，p. 17。
17. 湖南，1959年5月，141-1-1258，pp. 63–4。
18. 湖北，1960年9月12日，SZ34-4-477，pp. 70–81。
19. 甘肅，1961年11月1日，91-9-215，p. 72。
20. 廣東，1961年8月7日，219-2-319，pp. 56–68。
21. 甘肅，1961年1月12、16日，91-18-200，pp. 32、84。

第32章：疾病

1. Li, p*rivate Life of Chairman Mao*, pp. 339–40.
2. 南京，1961年10月7-10日，5065-3-467，pp. 33–7、58–61。
3. 武漢，1959年9月11日，30-1-124，pp. 40–2；1959年6月22日，28-1-650，pp. 27–8。

20.《內部參考》，1960年11月30日，p. 17。
21. 開平，1960年9月24日，3-A10-76，p. 19。
22. 開平，1959年6月6日，3-A9-80，p. 6。
23. 四川，1962年8月18日，JC44-3927，pp. 2–6。
24. 南京，1959年5月20日，4003-2-315，p. 12。
25.《內部參考》，1961年2月13日，pp. 14–15。
26.《內部參考》，1961年6月12日，pp. 9–10。
27. 廣東，1961，217-1-618，pp. 18–41。
28. David Arnold, *Famine: Social Crisis and Historical Change*, Oxford: Blackwell, 1988, p. 89.

第30章：老人

1. Charlotte Ikels, *Aging and Adaptation: Chinese in Hong Kong and the United States*, Hamden: Archon Books, 1983, p. 17.
2. 麻城，1959年1月15日，1-1-443，p. 28。
3. Deborah Davis-Friedmann, *Long Lives: Chinese Elderly and the Communist Revolution*, Stanford: Stanford University Press, 1991, p. 87, quoting the *People's Daily* dated 15 Jan. 1959.
4. 北京，1961年5月，1-14-666，p. 25。
5. 廣東，1961年2月10日，217-1-640，pp. 18–28。
6. 四川，1958年11月29日、12月24日，JC1-1294，pp. 71、129。
7. 四川，1959，JC44-2786，p. 55。
8. 湖南，1961，167-1-1016，pp. 1、144。
9. 湖南，1960，146-1-520，p. 102。
10. 對蔣桂花（生於1940年）的訪談，四川昭覺縣，2007。
11. 湖北，1961年7月3日，SZ18-2-202，p. 70。

第31章：事故

1. 湖南，1958年11月5日，141-1-1051，p. 123。

49. 雲南，1959年5月16日，81-4-25，p. 17。
50. 湖南，1964年6月30日，187-1-1332，p. 14。

第29章：婦女

1. See Dikötter, *Exotic Commodities*.
2. Gao Xiaoxian, '"The Silver Flower Contest": Rural Women in 1950s China and the Gendered Division of Labour', *Gender and History*, vol. 18, no. 3 (Nov. 2006), pp. 594–612.
3. 湖南，1961年3月13日，146-1-582，pp. 80–1。
4. 四川，1961，JC1-2611，p. 3。
5. 湖南，1961年3月13日，146-1-582，pp. 80–1。
6. 廣東，1961年3月23日，217-1-643，pp. 10–13。
7. 廣東，1961，217-1-618，pp. 18–41。
8. 廣東，1961年1月2日，217-1-643，pp. 61–6。
9. 北京，1961年3月15日，1-28-29，pp. 1–2。
10. 北京，1961年2月10日，84-1-180，pp. 1–9。
11. 湖南的數字是基於對有「婦科問題」的人數的估計，所謂「婦科問題」是指子宮下垂或從事勞動的女性半年以上未來月經，那些因身體虛弱無法勞動者不包括在內；上海，1961年2月1日，B242-1-1319-15，p. 1；湖南，1960年12月8日，212-1-508，p. 90；河北，1961年1月19日，878-1-7，pp. 1–4。
12. 湖北，1961年2月23日，SZ1-2-898，pp. 12–17。
13. 廣東，1961年4月6日，217-1-643，pp. 1–9。
14. 河北，1961年6月27日，880-1-7，pp. 53、59。
15. 河北，1961年4月27日，880-1-7，p. 88。
16. 河北，1960年6月2日，855-9-4006，p. 150。
17. 湖南，1961年1月21日，146-1-580，p. 45。
18. 湖南，1961年2月24日，146-1-588，p. 9。
19. 湖南，1959，141-1-1322，pp. 2–5、14。

26.《內部參考》，1960年11月30日，p. 16。
27. 雲南，1959年5月22日，2-1-3700，pp. 93–8。
28. 對丁橋兒（生於1951年）的訪談，山東黃縣，2006年12月。
29. 對劉叔（生於1946年）的訪談，四川仁壽縣，2006年4月。
30. 對劉二姐（生於1922年）的訪談，四川成都，2006年4月。
31. 參見：Robert Dirks, 'Social Responses during Severe Food Shortages and Famine', *Current Anthropology*, vol. 21, no. 1 (Feb. 1981), p. 31。
32. 南京，1960年5月10日，5003-3-722，pp. 27–31。
33. 河北，1960年2月10日，855-18-778，p. 36。
34. 對劉二姐（生於1922年）的訪談，四川成都，2006年4月
35. 南京，1960年1月4日，4003-1-202，p. 1；1959年7月21日、9月30日、12月15日，4003-2-315，pp. 17, 20, 27、36。
36. 南京，1960年1月4日，4003-1-202，p. 1；1959年7月21日、9月30日、12月15日，4003-2-315，pp. 17, 27、36。
37. 南京，1959年5月20日，4003-2-315，pp. 12–14。
38. 武漢，1959年7月20日，13-1-765，pp.72–3；湖北1961年8月30日，SZ34-5-16，pp. 35–6。
39. 湖北，1961年9月18日，SZ34-5-16，pp. 41–2。
40. 河北，1961年8月17日，878-2-17，pp. 142–5。
41. 河北，1961年1月24日，878-2-17，pp. 1–5。
42. 廣東，1961年2月10日，217-1-640，pp. 18–28。
43. 四川，1961年10月1日，JC44-1432，pp. 89–90；1962年9月的一份報告提到有20萬名孤兒，JC44-1442，p. 34。
44. 四川，1962，JC44-1440，pp. 46、118–19。
45. 四川，1962，JC44-1441，p. 35。
46. 對趙曉白（生於1948年）的訪談，河南魯山縣，2006年5月、12月。
47. 四川，1961, JC1-2768，pp. 27–9。
48. 湖北，1961年4月24日、8月30日、9月18日，SZ34-5-16，pp. 19, 35–6、41–2。

2. 北京，1960年8月4日、18日，84-1-167，pp. 1–9、43–52。
3. 北京，1959年3月31日，101-1-132，pp. 26–40。
4. 廣州，1月9日、1959年3月7日、4月29日、5月18日、12月14日18，16-1-19，pp. 19–24、51–5、57–61、64–6、70；關於上海的體罰情況，參見：上海，1961年8月24日，A20-1-54，p. 18。
5. 上海，1961年5月7日，A20-1-60，p.64；1961年8月24日，A20-1-54，pp. 16–24。
6. 北京，1960年8月4日，84-1-167，pp. 43–52。
7. 北京，1960年8月18日，84-1-167，pp. 1–9。
8. 南京，1961年11月14日，5012-3-584，p. 79。
9. 廣州，1959年5月18日，16-1-19，pp. 51–5。
10. 南京，1960年4月21日，4003-2-347，pp. 22–6。
11. 湖北，1960年12月25日，SZ34-5-16，pp. 2–3。
12. 廣東，1961, 314-1-208，p. 16。
13. 關於中學的規章制度，參見：Suzanne Pepper, *Radicalism and Education Reform in 20th-Century China: The Search for an Ideal Development Model*, Cambridge: Cambridge University Press, 1996, pp. 293 ff。
14. 武漢，1958年4月9日、12月26日，70-1-767，pp. 33–45。
15. 武漢，1959年1月6日，70-1-68，pp. 19–24。
16. 南京，1958年12月28日，4003-1-150，p. 81。
17. 湖南，1960年6月2日，163-1-1087，pp. 43–5。
18. 四川，1961年5月，JC1-2346，p. 15。
19. 廣東，1961年1月25日，217-1-645，pp. 11–14。
20. 廣東，1961，217-1-646，pp. 10–11。
21. 湖南，1961年4月8日，146-1-583，p. 96。
22. 同上。
23. 廣東，1960年12月31日，217-1-576，pp. 54–68。
24. 湖南，1961年2月13日，151-1-18，pp. 24–5。
25. 廣東，1960，217-1-645，pp. 60–4。

43. 外交部，北京，1958年6月12日、1959年1月14日，105-604- 1，pp. 21、24–30。
44. PRO, London, 28 Feb. 1959, FO371-143870.
45. 外交部，北京，1961年8月23日，106-999-3，pp. 40–55。
46. RGANI, Moscow, 22 May 1962, 5-30-401, p. 39.
47. 外交部，北京，1962年5月10日，118-1100-9，pp. 71–9。
48. RGANI, Moscow, 28 April 1962, 3-18-53, pp. 2–3 and 8–12.
49. RGANI, Moscow, May 1962, 3-16-89, pp. 63–7.
50. 外交部，北京，1962年6月30日，118-1758-1，pp. 1–8。
51. RGANI, Moscow, 6 Nov. 1964, 5-49-722, pp. 194–7.
52. *Hong Kong Annual Report*, Hong Kong: Government Printer, 1959, p. 23.
53. ICRC, Geneva, report from J. Duncan Wood, Sept. 1963, BAG 234 048-008.03.
54. *Hong Kong Standard*, 11 May 1962.
55. CIA對逃跑者的訪談，見：CIA, Washington, 27 July 1962, OCI 2712-62, p. 4；另一份類似的訪談見：*The South China Morning Post*, 6 June 1962.
56. ICRC, Geneva, report from Paul Calderara, 5 June 1962, BAG 234 048-008.03.
57. Ibid.；see also PRO, Hong Kong, 1958–60, HKRS 518-1-5.
58. Hansard, 'Hong Kong (Chinese Refugees)', HCDeb, 28 May 1962, vol. 660, cols 974–7；ICRC, Geneva, report from J. Duncan Wood, Sept. 1963, BAG 234 048-008.03.
59. Aristide R. Zolberg, Astri Suhrke and Sergio Aguayo, *Escape from Violence: Conflict and the Refugee Crisis in the Developing World*, Oxford: Oxford University Press, 1989, p. 160.
60. 'Refugee dilemma', *Time*, 27 April 1962.

第28章：兒童

1. 吳江，1959年4月13日，1001-3-92，pp. 63–9。

17. 南京，1959年12月23日，5003-3-721，p. 115；1959年7月21日，4003-2-315，pp. 11–18。
18. 南京，1959年7月21日，4003-2-315，pp. 11–18。
19. 同上。
20. 雲南，1958年11月29日，中發（58）1035，2-1-3276，pp. 250–3。
21. 南京，1960年8月14日，4003-1-199，p. 2。
22. 南京，1959年11月21日，4003-2-315，p. 32。
23. 甘肅，1961年1月14日，91-18-200，pp. 47–8。
24. 廣東，1961年1月5日，217-1-643，p. 63。
25. 河北，1961年8月15日，878-1-6，pp. 31–44。
26. 雲南，1958年11月29日，中發（58）1035，2-1-3276，pp. 250–3。
27. 河北，1959年4月15日，855-5-1750，p. 133。
28. 湖北，1958年2月25日，SZ34-4-295，p. 7。
29. 湖北，1958年9月，SZ34-4-295，pp. 38–42。
30. 河北，1960年12月17日，878-2-8，pp. 8–10。
31. 國務院和公安部的報告，湖北，1961年2月6日、6月5日、11月10日，SZ34-5-15，pp. 7–8、58–61。
32. 四川，1961年11-12月，JC1-2756，pp. 84–5。
33.《內部參考》，1960年5月1日，p. 30。
34. 甘肅，1960年8月31日，91-9-58，pp. 32–7。
35. 湖北，1961年4月18日，SZ34-5-15，p. 9。
36. 湖北，1961，SZ34-5-15，pp. 9–10。
37. 甘肅，1961年6月16日，中發（61）420, 91-18-211，pp. 116–19。
38. 雲南，1960年8月，2-1-4245，p. 55；雲南，1961年7月10日，2-1-4587，p. 83。
39. 雲南，1961年7月10日、22日，2-1-4587，pp. 82、112–14。
40. 廣東，1961年7月20日、8月2日、11月23日，253-1-11，pp. 44, 51、53。
41. 宣城，1961年6月25日，3-1-257，p. 32。
42. 湖南，1961年12月12日，186-1-587，p. 5。

23. 甘肅，1958年6月18日，中發（58）496, 91-18-88，pp. 29–34。
24. 雲南，1960年11月30日，2-1-4108，pp.72–5；1960年12月2日，2-1-4108，pp.1–2；1960年11月8月、12月9日，2-1-4432，pp. 1–10、50–7。
25. 公安部的報告，甘肅，1961年2月8日，91-4-889，pp.25–30。
26. 河北，1959年6月，884-1-183，pp. 39–40、132。
27. 河北，1960年4月26日，884-1-184，p. 36。
28. 廣東，1961，216-1-257，pp. 64–5。

第27章：逃荒

1. 上海，1959年3月12日，B98-1-439，pp. 9–13。
2. 〈控制城市人口的增長〉，《人民日報》，1979年8月21日，第三版，轉引自：Judith Banister, *China's Changing Population*, Stanford: Stanford University Press, 1987, p. 330。
3. 雲南，1958年12月18日，2-1-3101，p. 301。
4. 上海，1959年4月20日，A11-1-34，pp. 1–3。
5. 上海，1959年3月12日、17日，B98-1-439，pp. 12、25。
6. 上海，1959年4月20日，A11-1-34，pp. 4–14。
7. 信陽，1960年8月4日，304-37-7，p. 68。
8. 河北，1959年2月28日、3月11日、4月15日，855-5-1750，pp. 74–5、91–4、132–4。
9. 浙江，1959年3月3日，J007-11-112，pp. 1–6。
10. 廣東，1961年1月23日，217-1-644，pp. 10–12。
11. 河北，1959年4月15日，855-5-1750，pp. 132–4。
12. 武漢，1959年4月14日，76-1-1210，pp. 87–8。
13. 《內部參考》，1960年6月20日，pp. 11–12。
14. 河北，1959年3月11日，855-5-1750，pp. 91–4。
15. 北京，1959年1月23日、8月31日，2-11-58，pp. 3–4、8–10。
16. 南京，1959年3月14日，4003-1-168，pp. 39–49；1960年8月14日，4003-1-199，p. 2。

49. 廣東，1961年2月24日，235-1-256，pp. 40–2。
50.《內部參考》，1961年6月12日，p. 23。
51. 甘肅，1961年1月14日，91-18-200，p. 50。
52. 省委工作組的報告，四川，1961，JC1-2616，p. 111。

第26章：搶劫和造反

1. 河北，1961年8月15日，878-1-6，p. 38.
2. 《內部參考》，1960年12月16日，p. 9.
3. 河北，1959年6月27日，884-1-183，p. 135。
4. 湖北，1961年1月6日，SZ18-2-200，p. 22。
5. 湖南，1961年1月17日，146-1-580，p. 29。
6. 甘肅，1961年1月24日，91-9-215，pp. 117–20。
7. 同上。
8. 《內部參考》，1960年6月20日，pp. 11–12。
9. 鐵道部的報告，甘肅，1961年1月20日，91-4-889，pp. 19–21。
10. 湖南，1959年11月22日，146-1-507，pp. 44–6。
11. 四川，1959年5月26日，JC1-1721，p. 37。
12. 四川，1959年6月8日，JC1-1721，p. 153。
13. 湖南，959年3月9日，163-1-1046，p. 24。
14. 河北，1959年6月，884-1-183，p. 40；1960年4月25日，884-1-184，p. 20。
15. 南京，1959年1月30日，4003-1-171，p. 35。
16. 南京，1959年3月19日，5003-3-722，pp. 68–9。
17. 湖北，1961年1月4日，SZ18-2-200，p. 11。
18. 湖北，1959年2月22日，SZ18-2-197，pp. 6–8。
19. 四川，1959年11月2-4日，JC1-1808，p. 137。
20. 廣東，1961年2月3日，262-1-115，pp. 86–7。
21. 開平，1960年12月29日，3-A10-81，p. 2。
22. 湖南，1961年1月17日，146-1-580，p. 29。

24. 廣東，1961年1月3日，217-1-643，p. 102。
25. 對楊華豐（生於1946年）的訪談，湖北潛江縣，2006年8月。
26. 廣東，1961年1月2日，217-1-643，pp. 61–6。
27. 四川，1961，JC9-464，p. 70。
28. 關於集體化期間的民間謠言，參見：Lynn Viola, p*easant Rebels under Stalin: Collectivization and the Culture of Peasant Resistance*, New York: Oxford University Press, 1996, pp. 45–7。
29. 武漢，1958年11月3日，83-1-523，p. 134。
30. 廣東，1961年1月23日，217-1-644，pp. 10–12。
31. 湖北，1961年1月4日，SZ18-2-200，p. 11。
32. 湖北，1961年5月5日，SZ18-2-201，p. 95。
33. 四川，1961，JC1-2614，p. 14。
34. 《內部參考》，1960年6月9日，pp. 7–8。
35. 廣東，1961年2月5日，217-1-119，p. 45。
36. 廣東，1961年1月23日，217-1-644，pp. 10–12、20。
37. 湖南，1961年1月23日，146-1-580，p. 54。
38. 甘肅，1962年9月5日，91-18-279，p. 7。
39. 南京，1959年3月19日，5003-3-722，pp. 68–9。
40. 河北，1959年6月，884-1-183，pp. 84–92、128。
41. 關於蘇聯的檢舉制度，參見：Fitzpatrick, 'Signals from Below: Soviet Letters of Denunciation of the 1930s', *Journal of Modern History*, vol. 68, no. 4 (Dec. 1996), pp. 831–66。
42. 湖南，1959–61，163-2-232，全部檔案。
43. 南京，1961年3月7日、5月13日，5003-3-843，pp. 1–4、101。
44. 上海，1959年11月30日，A2-2-16，p. 75。
45. 廣東，1961，235-1-256，p. 90。
46. 《內部參考》，1960年5月31日，pp. 18–19。
47. 《內部參考》，1960年12月19日，pp. 15–17。
48. 湖南，1961年12月31日，141-1-1941，p. 5。

第25章：「敬愛的毛主席」

1. 河北，1961年1月4日，880-1-11，p. 30。
2. 更多的例子參見：Jasper Becker, *Hungry Ghosts: Mao's Secret Famine*, New York: Henry Holt, 1996, pp. 287–306。
3. François Mitterrand, *La Chine au défi*, paris: Julliard, 1961, pp. 30 and 123.
4. PRO, London, Nov. 1960, pREM11-3055.
5. 南京，1959年3月17日，4003-1-279，pp. 101–2。
6. 《內部參考》，1960年12月7日，pp. 21–4。
7. 上海，1961年5月7日，A20-1-60，pp. 60–2。
8. 湖北，1961年10月14日，SZ29-2-89，pp. 1–8。
9. 廣東，1962，217-1-123，pp. 123–7。
10. 廣州，24 Feb. 1961，92-1-275，p. 75。
11. 廣東，1962，217-1-123，pp. 123–7。
12. 廣東，1961，217-1-644，p. 20。
13. 南京，1959年7月16日，5003-3-721，pp. 26–7。
14. 甘肅，1962年9月5日，91-18-279，p. 7。
15. 河北，1959年6月，884-1-183，p. 39。
16. 甘肅，1962年9月5日，91-18-279，p. 7。
17. 公安部的報告，甘肅，1961年2月8日，91-4-889，pp.25–30。
18. 南京，1959年7月16日，5003-3-721，pp. 26–7。
19. 河北，1959年6月27日，884-1-183，pp. 136、140。
20. 湖北，1959年9月5日，SZ18-2-197，p. 34。
21. 四川，1959年5月25日，JC1-1721，p. 3。
22. Cyril Birch, 'Literature under Communism', in Roderick MacFarquhar, John King Fairbank and Denis Twitchett (eds), *The Cambridge History of China*, vol. 15: *Revolutions within the Chinese Revolution, 1966–1982*, Cambridge: Cambridge University Press, 1991, p. 768.
23. 上海，1961年5月7日，A20-1-60，p. 62。

13. 上海，1960年3月31日，B123-4-588，p. 3；1961年5月22日，B112-4-478，pp. 1–2。
14. Thaxton, *Catastrophe and Contention in Rural China*, p. 201.
15.《內部參考》，1960年9月2日，pp. 5–7。
16. 宣城，1961年5月3日，3-1-259，pp. 75–6。
17. 對曾木（生於1931）的訪談，四川彭州，2006年5月。
18. 廣東，1961年3月1日，235-1-259，pp. 23–5。
19. 廣東，1961年3月1日、27日，235-1-259，pp. 23–5、32–4。
20.《內部參考》，1961年4月26日，p. 20.
21. 河北，1960年9月27日，855-5-1996，pp. 52–4.
22. 吳縣，1961年5月15日，300-2-212，p. 243.
23. 廣東，1961年1月21日，235-1-259，pp. 16–17.
24. 湖北，1959年2月22日，SZ18-2-197，pp. 19–21.
25. 河北，1959年6月2日，855-5-1758，pp. 46–7.
26. 湖北，1959年2月22-23日，SZ18-2-197，pp. 6–8、12–14.
27. 河北，1960年12月13日，855-18-777，pp. 40–1.
28. 河北，1959年6月1日，855-5-1758，pp. 126–7.
29. 湖南，1959年12月10、18日，146-1-507，pp. 81、90–3.
30. 湖南，1959年12月31日，146-1-507，pp. 120–1.
31. 河北，1959年6月1日，855-5-1758，pp. 126–7.
32. 南京，1959年6月4日，5003-3-722，pp. 77–81.
33. 南京，1960年1月26日，5012-3-556，p. 60.
34. 湖南，1961年2月13日，151-1-18，pp. 24–5.
35. 對劉二姐（生於1922年）的訪談，四川成都，2006年4月。
36. 湖北，1961年5月11日，SZ18-2-202，pp. 25–6.
37. 廣東，1961，235-1-256，p. 73.
38. 湖北，1961年9月18日，SZ18-2-199，p. 7.
39. 雲南，1958年12月30日，2-1-3442，pp. 11–16。

37. 北京，1960年12月29日，2-12-262，pp. 18–20。
38. 湖南，1961年6月13日，163-1-1109，pp. 21–2。
39. MfAA, Berlin, March–April 1961, A17009, pp. 3–4.
40. 《內部參考》，1961年1月23日，pp. 10–11；1962年2月6日，pp. 5–6。
41. See also Jeremy Brown,'Great Leap City: Surviving the Famine in Tianjin', in Kimberley E. Manning and Felix Wemheuer (eds), *New Perspectives on China's Great Leap Forward and Great Famine*, Vancouver: University of British Columbia Press, 2010.
42. MfAA, Berlin, 6 Sept. 1962, A6862, p. 8.
43. 湖南，1961年8月7日、1962年7月，SZ29-1-13，pp. 73–4、76–7。
44. 四川，1962年8月16日、9月12日，JC44-3918，pp. 105–7、117–19。
45. 湖北，1961年9月18日，SZ18-2-199，pp. 6–7。
46. 河北，1959年5月6日，855-5-1744，pp. 101–3。
47. 四川，1962，JC1-3047，pp. 1–2。
48. 山東，1959年8月10日，A1-2-776，p. 72。

第24章：偷偷摸摸

1. 湖南，1961年2月12日，151-1-20，pp. 32–3。
2. 北京，1961年3月24日，1-28-28，pp. 2–6。
3. 上海，1961年10月25日，B123-5-144，p. 176。
4. 上海，1961年8月，B29-2-655，p. 82。
5. 四川，1959，JC9-249，p. 160。
6. 四川，1959，JC9-250，pp. 14、46。
7. 對丁橋兒（生於1951年）的訪談，山東黃縣，2006年12月。
8. 《內部參考》，1960年6月2日，pp. 14–15。
9. 《內部參考》，1960年12月19日，p. 21。
10. 同上，pp. 23–4。
11. 《內部參考》，1960年12月7日，pp. 21–4。
12. 南京，1959年2月26日，4003-1-171，p. 62。

pp. 275–80。

13.《內部參考》，1960年12月7日，pp. 14–15。

14. 北戴河會議上的講話，1961年8月11日，91-18-561，pp. 51、55。

15. 財政部的報告，甘肅，1960年11月5日，中發（60）993，91-18-160，pp. 275–80。

16.《內部參考》，1960年8月8日，pp. 5–7。

17. 河北，1959年4月19日，855-5-1758，pp. 105–6。

18. 北京，1961年6月23日，1-5-376，pp. 4–10。

19. 南京，1960年8月，4003-1-199，p. 19。

20. 南京，1960年8月14日，4003-1-199，pp. 1–4。

21.《內部參考》，1960年11月25日，pp. 12–13；1960年12月30日，pp. 10–11。

22. 北京，1961年4月27日，1-28-30，pp. 1–4。

23. 上海，1961年8月7日，A20-1-60，pp. 181–5。

24. 北京，1960年11月28日，101-1-138，pp. 13–29。

25. 上海，1959年3月28日，B29-1-34，pp. 48–9。

26.《內部參考》，1960年12月26日，pp. 10–11。

27.《內部參考》，1961年5月17日，p. 22。

28. 廣東，1961年1月23日，217-1-644，pp. 10–12。

29. 廣州，1961年2月24日，92-1-275，p. 74。

30. 南京，1959年9月1日，5003-3-722，p. 89。

31. 湖南，1961年1月15日，146-1-580，p. 15。

32. For a description see Dennis L. Chinn, 'Basic Commodity Distribution in the People's Republic of China', *China Quarterly*, no. 84 (Dec. 1980), pp. 744–54.

33.《內部參考》，1960年8月18日，p. 16。

34. 廣東，1961年2月9日，235-1-259，pp. 39–40。

35.《內部參考》，1960年12月7日，p. 24。

36. 廣東，1961年2月9日，235-1-259，pp. 39–40。

8. 《內部參考》，1960年11月25日，pp. 11–12。
9. 《內部參考》，1961年3月6日，p. 5。
10. 《內部參考》，1961年2月22日，pp. 13–14。
11. 廣東，1960年9月5日，231-1-242，pp. 72–7。
12. 廣東，1960年6月18日，231-1-242，pp. 63–5。
13. 廣東，1960年12月10日，217-1-643，pp. 44–9。
14. 同上，p. 45.
15. 廣東，1959年7月24日，217-1-497，pp. 61–3。
16. 廣東，1961，217-1-116，p. 48。
17. 廣東，1959年6月26日，217-1-69，pp. 33–8。
18. PRO, London, 15 Nov. 1959, FO371-133462.
19. 上海，1960年10月8日，A20-1-10，pp. 19 ff.
20. 河北，1959年5月8日，855-5-1758，pp. 97–8。
21. 北京，1959年2月14日，1-14-573，p. 65.
22. 上海，1961年1月27日，A36-1-246，pp. 9–17。

第23章：形形色色的交易

1. 上海，1960年12月20日，A36-2-447，pp. 64–5。
2. 《內部參考》，1960年6月2日，pp. 14–15。
3. 《內部參考》，1960年11月16日，pp. 11–13。
4. 上海，1961年2月，A36-2-447，p. 22。
5. 廣東，1960年11月，288-1-115，p. 1。
6. 《內部參考》，1960年11月16日，pp. 11–13。
7. 廣東，1961年2月9日，235-1-255，pp. 39–40。
8. 廣東，1961年12月5日，235-1-259，p. 75。
9. 南京，1959年5月27日，4003-1-279，p. 242。
10. 《內部參考》，1960年11月25日，pp. 13–15。
11. 甘肅，1960年10月24日，中發（60）865，91-18-164，pp. 169–72。
12. 財政部的報告，甘肅，1960年11月5日，中發（60）993，91-18-160，

71. 南京，1960年11月22日，5065-3-395，pp. 35–52。
72. 甘肅，1960年9月4日，中發（60）825，91-18-154，p. 104。
73. 上海，1961年10月，B29-2-954，p. 57。
74. 同上。
75. 同上，p. 76。
76. 湖北，1961年1月10日，SZ34-5-45，pp. 22–4；1961年1月23日，SZ1-2-906，p. 17。
77. Klochko, *Soviet Scientist*, pp. 71–3.
78. 南京，1959年3月18日，5065-3-367，pp. 20–2；1959年3月25日，5003-3-721，pp. 8–9。
79. 上海，1959, A70-1-82，p. 9。
80. Shapiro, *Mao's War on Nature*, p. 88.
81. 湖北，1961年7月8、25日，SZ18-2-202，pp. 78、101。
82. 南京，1960年10月24日，4003-1-203，pp. 20–1。
83. 浙江，1961年1月29日，J116-15-115，p. 11。

第22章：饑荒中的盛宴

1. James R. Townsend and Brantly Womack, p*olitics in China*, Boston: Little, Brown, 1986, p. 86.
2. Tiejun Cheng and Mark Selden, 'The Construction of Spatial Hierarchies: China's *hukou* and *danwei* Systems', in Timothy Cheek and Tony Saich (eds), *New Perspectives on State Socialism in China*, Armonk, NY: M. E. Sharpe, 1997, pp. 23–50.
3. 廣東，1962年3月15日，300-1-215，pp. 205–7。
4. Li, p*rivate Life of Chairman Mao*, pp. 78–9.
5. Fu Zhengyuan, *Autocratic Tradition and Chinese Politics*, Cambridge: Cambridge University Press, 1993, p. 238.
6. Lu, *Cadres and Corruption*, p. 86.
7. 上海，1961，B50-2-324，pp. 15–24。

達到1億立方公尺以上的為大型水庫，蓄水量在1千萬至1億立方公尺的為中型水庫，1千萬立方公尺以下的為小型水庫。

45. 湖南，1962年8月4日，207-1-744，pp. 1–12。
46. 湖南，1962年1月7日，207-1-743，pp. 85–105。
47. 湖南，1961年12月1日，163-1-1109，p. 101。
48. 湖北，1959年9月12日，SZ18-2-197，pp. 39–43。
49. 湖北，1959年8月1日，SZ113-1-209，p. 3。
50. 湖北，1961年3月27日，SZ18-2-201。
51. 湖北，1961年3月18日、6月9日，SZ113-1-26，pp. 1–3、12–14。
52. 湖北，1962年4月14日，SZ113-2-213，p. 25。
53. 湖南，1964，187-1-1355，p. 64。
54. 廣東，1960年12月，266-1-74，pp. 105–18。
55. 水利水電部的報告，1960年7月27日，湖南，141-1-1709，p. 277。
56. 廣東，1960年12月，266-1-74，p. 117。
57. Yi, 'World's Most Catastrophic Dam Failures', pp. 25–38.
58. Shui, 'Profile of Dams in China', p. 23.
59. 中南局書記李一清的報告，1961年8月11日，186-1-584，p. 134。
60. 北京，1962年4月17日，96-2-22，p. 6。
61. 河北，1961年7月1日，979-3-864，pp. 4–5。
62. 河北，1962，979-3-870，p. 7；河北，1962年7月13日，979-3-871，pp. 1–22，鹽鹼地的產量要低得多。
63. 湖南，1961年12月24日，141-2-142，p. 225。
64. 湖南，1961年10月1日，141-2-138，pp. 186–7。
65. 山東，1962年5月9日，A1-2-1125，pp. 5–7。
66. 甘肅，1960年3月9日，中發（60）258，91-18-154，pp. 254–5。
67. 北京，1959年9月17日，2-11-145，pp. 3–6。
68. 甘肅，1960年3月9日，中發（60）258，91-18-154，pp. 254–5。
69. 甘肅，1960年2月24日，91-18-177，pp. 14–17。
70. 甘肅，1960年3月9日，中發（60）258，91-18-154，pp. 254–5。

22. 湖南，1961年11月28日，163-1-1109，pp. 138–47。
23. 甘肅，1962年10月31日，91-18-250，p. 83。
24. 湖南，1961年11月18日，163-1-1109，p. 60。
25. 甘肅，1962年8月17日，91-18-250，p. 65。
26. 根據公開資料估算的數量，見：Shapiro, *Mao's War against Nature*, p. 82。
27. 甘肅，1962年8月17日，91-18-250，p. 68。
28. 甘肅，1962年10月31日，91-18-250，p. 82。
29. 甘肅，1962年10月6日，207-1-750，pp. 44–9。
30. 廣東省關於林業的報告，1962年9月21日，湖南，141-2-163，p. 50。
31. 余習廣，《大躍進・苦日子：上書集》，香港：時代潮流出版社，2005，p. 8；有人估計，1949年中國的森林覆蓋面積約為8千3百萬公頃，參見：Vaclav Smil, *The Bad Earth: Environmental Degradation in China*, Armonk, NY: M. E. Sharpe, 1984, p. 23。
32. 北京，1959年9月15日，2-11-63，pp. 31–6、48–52。
33. 最早見譚震林在關於夏糧徵購的電話會議上的講話，甘肅，1959年6月26日，92-28-513，pp. 14–15。
34. Y. Y. Kueh, *Agricultural Instability in China, 1931–1991*, Oxford: Clarendon Press, 1995：這本書根據氣象資料得出結論，認為惡劣的氣候確實導致了糧食減產，但類似的情況在過去時有發生，並未產生如此嚴重的後果。
35. 北京，1960年5月7日，2-12-25，pp. 3–6。
36. 北京，1962年9月8日，96-2-22，pp. 15–18。
37. 河北，1961年8月15日，878-1-6，pp. 31–44。
38. 1961年10月1日胡耀邦的報告，湖南，141-2-138，pp. 186–9。
39. 湖南，1962年4月13日，207-1-750，pp. 1–10。
40. 湖南，1962年10月6日，207-1-750，pp. 44–9。
41. 湖南，1962年8月4日，207-1-744，pp. 1–12。
42. 湖南，1962年10月6日，207-1-750，pp. 44–9。
43. 湖南，1961年5月13、15日，146-1-584，pp. 13、18。
44. 湖南，1961年4月24日，146-1-583，p. 108；根據北京的規定，蓄水量

42. 北京，1959年4月18日，2-11-36，pp. 7–8、17–18。
43. 北京，1958年11月4日，2-11-33，p. 3。
44. 上報湖南省委的報告，湖南，1959年3月，141-1-1322，pp. 108–10。

第21章：自然

1. Ferdinand P. W. von Richthofen, *Baron Richthofen's Letters, 1870–1872*, Shanghai: North-China Herald Office, 1903, p. 55, quoted in Dikötter, *Exotic Commodities*, p. 177.
2. I.T.Head land, *Home Life in China*, London: Methuen, 1914, p.232, quoted in Dikötter, *Exotic Commodities*, p. 177.
3. Shapiro, *Mao's War against Nature*, pp. 3–4.
4. 1958年1月28-30日毛在最高國務會議上的講話，甘肅，91-18-495，p. 202。
5. 湖南，1962年4月13日，207-1-750，pp. 1–10。
6. 湖南，1962年10月6日，207-1-750，pp. 44–9。
7. RGAE, Moscow, 7 Aug. 1959, 9493-1-1098, p. 29.
8. 湖南，1962年4月13日，207-1-750，pp. 1–10。
9. 甘肅，1962年8月17日，中發（62）430，91-18-250，p. 66。
10. 北京，1961年3月3日，2-13-51，pp. 7–8。
11. 北京，1961年5月26日，92-1-143，pp. 11–14。
12. 同上。
13. 北京，1961年3月3日，2-13-51，pp. 7–8。
14. 湖北，SZ113-2-195，1961年2月12日、11月1日，pp. 8–10、28–31。
15. 甘肅，1962年10月23日，91-18-250，p. 72。
16. 甘肅，1962年10月31日，91-18-250，p. 83。
17. 廣東，1961年5月10日，217-1-210，pp. 88–9。
18. 南京，1958年12月25日，4003-1-150，p. 73。
19. 北京，1961年5月26日，92-1-143，pp. 11–14。
20. 甘肅，1962年8月17日，中發（62）430, 91-18-250，p. 69。
21. 湖北，1961年3月10日，SZ113-2-195，pp. 2–3。

17. 武漢，1959年5月15日、6月23日，13-1-765，pp. 44–5、56。
18. 湖南，1960年4月，141-2-164，p. 82。
19. 廣東，1961年7月5日，307-1-186，pp. 47–52。
20. 四川，1960年3月22、24日，JC50-315。
21. 四川，1961年12月，JC50-325。
22. 北京，1959年3月4日、8月7日，2-11-146，pp. 1–23。
23. 南京，1959年4月16日，4003-1-279，p. 153。
24. 廣東，1961年1月7日，217-1-643，pp. 110–15。
25. 四川，1961年2月，JC1-2576，pp. 41–2。
26. 廣東，1960年12月10日，217-1-643，pp. 44–9。
27. 廣東，1960年12月12日，217-1-643，pp. 33–43。
28. 湖南，1961年5月11日，141-2-139，p. 61。
29. 湖南，1961年5月17日，146-1-584，p. 26。
30. 四川，1961年8月，JC1-2584，p. 14。
31. 四川，1962，JC44-1440，pp. 127–8。
32. 湖北，1960年11月18日，SZ18-2-198，pp. 69–71。
33. 湖南，1962年8月4日，207-1-744，p. 9。
34. Li Heming, paul Waley and Phil Rees, 'Reservoir Resettlement in China: Past Experience and the Three Gorges Dam', *Geographical Journal*, vol. 167, no. 3 (Sept. 2001), p. 197.
35. 廣東，1961年10月，217-1-113，pp. 58–61。
36. 湖南，1961年12月15日、1962年3月21日，207-1-753，pp. 103–5、106–9。
37. 北京，1961年4月25日，2-13-39，pp. 1–14。
38. James L. Watson, 'The Structure of Chinese Funerary Rites', in James L. Watson and Evelyn S. Rawski (eds), *Death Ritual in Late Imperial and Modern China*, Berkeley: University of California Press, 1988.
39.《內部參考》，1960年12月7日，pp. 12–13。
40. 湖南，1958年2月14日，141-1-969，p. 19。
41. 對魏叔（生於1920年代）的訪談，閬中縣，四川，2006年4月。

29. 在北戴河會議上的發言，甘肅，1961年8月11日，91-18-561，p. 51。
30. 北京，1961年6月26日，2-13-89，pp. 2–3。
31. 北京，1961年7月31日，2-13-100，pp. 1–6。
32. 南京，1961年11月，5040-1-18，pp. 14–19、20–6。
33.《內部參考》，1960年8月10日，pp. 13–15。
34. 北京，1961年3月28日，1-28-28，pp. 9–11。
35. 上海，1961年7月31日，A20-1-55，pp. 23–9。
36. 對老田（生於1930年代）的訪談，徐水，河北，2006年9月。

第20章：住房

1. 沈勃，〈回憶彭真同志關於人民大會堂等「十大建築」設計的教導〉，《城建檔案》，第四期（2005），pp. 10–11。
2. Wu Hung, *Remaking Beijing: Tiananmen Square and the Creation of a Political Space*, London: Reaktion Books, 2005, p. 24.
3. 'Ten red years', *Time*, 5 Oct. 1959.
4. 謝蔭明、瞿宛林，〈誰保護了故宮〉，《黨的文獻》，第五期（2006），pp. 70–5。
5. PRO, London, 15 Nov. 1959, FO371-133462.
6. PRO, London, 23 July 1959, FO371-141276.
7. 北京，1958年12月7日、1959年2月2日，2-11-128，pp. 1–3、8–14。
8. 湖南，1959年1月21日，141-2-104。
9. 甘肅，1961年1月9日，91-18-200，pp. 18–19。
10. 甘肅，1961年2月22日，91-18-200，pp. 256–8。
11. 湖南，1961年4月3、14日，151-1-24，pp. 1–13、59–68。
12. 廣東，1961年1月20日，217-1-645，pp. 15–19。
13. 廬山會議的報告，甘肅，1961年9月，91-18-193，p. 82。
14. 甘肅，1960年10月24日，中發（60）865，91-18-164，pp. 169–72。
15. 李富春的發言，湖南，1961年12月20日，141-1-1931，pp. 154–5。
16. 上海，1959年7月28日，B258-1-431，pp. 4–5。

248。

6. 雲南，1960年10月15日，中發（60）841，2-1-4246，pp. 103–8。
7. 雲南，1960年12月3日，中發（60）1109，2-1-4246，pp. 117–19。
8. 外交部，北京，1960年1月1日，118-1378-13，p. 82。
9. 雲南，1961年10月25日，2-1-4654，pp. 44–6。
10. 雲南，1960年9月22日，2-1-4269，pp. 36–9。
11. 湖南，1959年8月3日，141-1-1259，p. 148。
12. MfAA, Berlin, 11 Dec. 1961, A6807, pp. 347–51.
13. 廣東，1961年8月，219-2-319，pp. 31–56。
14. 上海，1961年5月，B29-2-940，p. 161。
15. 革命前中國的零售業和消費文化，參見：Frank Dikötter, *Exotic Commodities: Modern Objects and Everyday Life in China*, New York: Columbia University Press, 2006.
16. Klochko, *Soviet Scientist,* p. 53.
17. 南京，1961年11月，5040-1-18，pp. 14–19、20–6。
18. 南京，1959年1月12日、4月26日，4003-1-167，pp. 22–4、36–8。
19. J. Dyer Ball, *The Chinese at Home*, London: Religious Tract Society, 1911, p. 240, quoted in Dikötter, *Exotic Commodities*, p. 63。
20. 廣州，1959年8月22日，16-1-13，pp. 56–7；廣州，1961年7月20日，97-8-173，p. 18。
21. 南京，1959年7月1日，4003-1-167，pp. 39–46。
22. 《內部參考》，1960年12月2日，p. 11。
23. 上海，1961年5月7日，A20-1-60，pp. 64–6。
24. 南京，1959年6月4日，5003-3-722，pp. 77–81。
25. 《內部參考》，1960年11月23日，pp. 15–16。
26. 《內部參考》，1961年5月5日，pp. 14–16。
27. 廣州，1961年3月27日、6月1日、7月6日，97-8-173，pp. 45–6、52–3；60-1-1，pp. 80、105–11。
28. 武漢，1959年7月29日，76-1-1210，p. 68。

23. 北京，1961年3月24日，1-28-28，p. 6。
24. 北京，1961年9月28日，2-13-138，pp. 25–9。
25. 南京，1960年7月13日、11月22日，5065-3-395，pp. 7–19、35–52。
26. 南京，1960年7月13日，5065-3-395，pp. 7–19。
27. 南京，1961，5065-3-443，pp. 51、60、66。
28. 北京，1961年7月31日，1-5-371，pp. 5–10。
29. 南京，1961年9月15日，6001-3-328，pp. 25–8。
30. 南京，1960，4053-2-4，p. 98。這些工資基本是固定的，只是在1961-62年冬，有些企業採取了其他工資分配的形式，如計件工資或盈利分紅等，參見：南京，1961年12月4日，4053-2-5，p. 1。
31. 南京，1961年9月15日，6001-2-329，pp. 30–1。
32. 北京，1960年3月29日，101-1-138，p. 4。
33. 南京，1960，4053-2-4，p. 93。
34. 湖南，1959年9月3日，141-1-1259，pp. 69–70。
35. 北京，1961年7月30日，1-5-371，p. 8。
36. 煤炭部的報告，甘肅，91-18-193，1961年9月11日，p. 71。
37. 這些地方包括曲仁、南寧、羅家渡和連陽，廣東，1960年6月，253-1-99，pp. 17–20。
38. 甘肅，1961年2月，91-18-200，p. 245。
39. 上海，1961年1月，A36-1-246，pp. 2–3。
40. 上海，1961年8月，B29-2-655，p. 92。
41. 廣東，1961年8月，219-2-319，pp. 31–56。

第19章：貿易

1. 湖南，1960年9月13日、11月7日，163-1-1083，pp. 83–5、95–7。
2. 上海，1960年8月11日，B123-4-782，pp. 26–9。
3. 雲南，1958年10月23日，中發（58）1060，2-1-3276，pp. 131–5。
4. 雲南，1960年10月15日，中發（60）841，2-1-4246，pp. 103–8。
5. 上海，1961年8月，B29-2-655，p. 160；1961年4月20日，B29-2-980，p.

74. 浙江，1961年1月29日，J116-15-115，pp. 15、29。
75. 同上，p. 52。
76. 廣東，1961年2月25日，217-1-119，p. 58。

第18章：工業

1. Klochko, *Soviet Scientist*. pp. 85–6.
2. 廣東，1961，218-2-320，pp. 26–31。
3. MfAA, Berlin, 7 June 1961, A6807. pp. 20–4.
4. MfAA, Berlin, 14 Nov. 1962, A6860. pp. 142–5.
5. 北京，1961年7月31日，1-5-371，pp. 5–10。
6. 廣東，1961，218-2-320，pp. 26–31。
7. Klochko, *Soviet Scientist*, p. 91.
8. 《內部參考》，1960年11月25日，p. 7。
9. 湖南，1961年9月21日，186-1-525，pp. 2–6。
10. 同上。
11. 上海，1959年3月28日，B29-1-34，pp. 16–21。
12. 湖南，1961年5月5日，141-1-1939，pp. 33–4。
13. 北京，1961年6月26日，2-13-89，pp. 14–15。
14. 湖南，1959年12月26日、1960年1月16日，163-1-1087，pp. 70–2、91–5。
15. 1959年3月25日的講話，甘肅，91-18-494，p. 46。
16. 賀龍和聶榮臻的報告，甘肅，1960年9月13日，91-6-26，pp. 69–75。
17. 《內部參考》，1960年11月25日，p. 9。
18. 南京，1960年9月2日，6001-1-73，pp. 12–15。
19. 廣州，1960，19-1-255，pp. 39–41；1961年9月11日，19-1-525，pp. 94–100。
20. 廣東，1961年8月7日，219-2-319，pp. 17–31。
21. 北京，1959年1月17日、3月31日，101-1-132，pp. 14–18、26–40。
22. 北京，1960年3月29日，101-1-138，p. 3。

47. 廣州，1961年2月28日，6-1-103，pp. 3–4。
48. 北京，1962年1月8日，2-13-138，pp. 1–3。
49. 胡耀邦講話紀錄，1961年10月1日，湖南，141-2-138，p. 197。
50. 河北，1962, 979-3-870，pp. 1–30。
51. 湖南，1959年3月15日，141-1-1158，p. 140。
52. 廣東，1959年7月3日，217-1-69，pp. 74–5。
53. 廣東，1961年10月12日，235-1-259，p. 13。
54. 浙江，1961年1月29日，J116-15-115，pp. 16–21。
55. 湖南，1961年1月15日，146-1-580，p. 13。
56. 廣東，1961年5月20日，217-1-210，pp. 82–7。
57. 浙江，1961年1月29日，J116-15-115，pp. 16–21。
58. 李井泉與周恩來的談話，四川，1961年4月1日，JC1-3198，p. 33。
59. 上海，1961，B181-1-510，pp. 17–20。
60. 北京，1962年7月31日，1-9-439，pp. 1–4。
61. 駐莫斯科大使館的報告，外交部，北京，1958年9月18日，109-1213-14，p. 142。
62. 浙江，1960年3月21日，J002-3-3，p. 34。
63. 上海，1961，B181-1-510，p. 7。
64. 外交部，北京，1959年4月10日，109-1907-8，p. 100；1959年3月25日的講話，甘肅，91-18-494，p. 46。
65. 上海，1961，B29-2-980，p. 143。
66. 廣東，1961年9月16日，235-1-259，p. 71。
67. 浙江，1961年1月29日，J116-15-115，pp. 5 、16。
68. 宣城，1961年5月17日，3-1-257，pp. 127–31。
69. 上海，1961，B181-1-511，p. 25。
70. 湖南，1961年8月1日，186-1-584，p. 134。
71. 湖南，1959年3月15日，141-1-1158，p. 152。
72. 廣東，1961年2月25日，217-1-119，p. 57。
73. 河北，1962，979-3-870，pp. 1–30。

公頃。

22. 湖南，1964，187-1-1355，p. 64。
23. 浙江，1961，J116-15-139，p. 1；1961年1月29日，J116-15-115，p. 29。
24. 湖北，1961年1月13日，SZ18-2-200，p. 27。
25. 甘肅，1959年6月20日，91-18-539，p. 35。
26. 甘肅，1961年12月12日，91-18-209，p. 246；Walker估計1958年的播種面積是1億3千萬公頃，Walker, *Food Grain Procurement*，p. 147。
27. Walker, *Food Grain Procurement,* pp. 21–2.
28. 廣東，1961年3月1日，235-1-259，pp. 23–5。
29. 雲南，1961年9月20日，120-1-193，pp. 85–92。
30. 甘肅，1961年2月20日，中發（61）145，91-18-211，p. 91。
31. 廣東，1961年3月1日，235-1-259，pp. 23–5。
32. 湖南，1960年11月15日，163-1-1082，p. 106。
33. 雲南，1961年2月6日，120-1-193，pp. 108–9。
34. 北京，1969年11月29日、12月10日，2-12-262，pp. 21–3。
35. 雲南，1960年12月14日、1961年9月20日，120-1-193，pp.85–92、112–15。
36. 甘肅，1961年2月20日，中發（61）145，91-18-211，p. 92。
37. 雲南，1960年12月14日，120-1-193，pp. 112–15。
38. 湖南，1959年8月20日，141-1-1259，pp. 51–2。
39. MfAA, Berlin, 1962, A6860, p. 100.
40. 浙江，1961年1月29日，J116-15-115，p. 12。
41. 廣東，1961年3月15日，217-1-119，p. 78。
42. MfAA, Berlin, 1962, A6792, p. 136.
43. 湖南，1961年11月6日，141-1-1914，pp. 48–52。
44. 雲南，1962，81-7-86，p. 13。
45. 湖南，1959年2月16日，163-1-1052，pp. 82–7。
46. 紡織工業部長錢之光的報告，湖南，1961年8月11日，186-1-584，p. 107。

3. 雲南，1958年7月29日，2-1-3102，pp. 16–22。
4. Kenneth R. Walker, *Food Grain Procurement and Consumption in China*, Cambridge: Cambridge University Press, 1984.
5. 1959-60年各省徵收計畫，甘肅，1959年7月31日，中發（59）645，91-18-117，p. 105。
6. 浙江，1961年7月16日，J132-13-7，pp. 22–8，轉引自：楊繼繩，《墓碑》，香港：天地圖書有限公司，2008，p. 418；可與第417頁楊的統計作比較。
7. 貴州，1962, 90-1-2706，列印稿第3頁；縣一級的估算更為詳細，其比例與此接近，如遵義縣（1957年為26.5%，1958年為46.3%，1959年為47%，1960年54.7%），貴州，1962, 90-1- 2708，列印稿第7頁；此份檔案中還可找到許多類似的例子，有些徵收的比例高達80%。關於糧食局的資料，參見楊繼繩：《墓碑》，p. 540。
8. 1959年3月25日的講話，甘肅，91-18-494，pp. 44–6。
9. 浙江，1961年7月16日，J132-13-7，pp. 22–8；可與楊繼繩《墓碑》第540頁內容比較。
10. 國務院的報告，甘肅，1960年6月15日，中發（60）547，91-18-160，pp. 208–12。
11. 廣東，1961年8月10日，219-2-318，pp. 9–16。
12. 鄧小平講話紀錄，1961年12月1日，湖南，141-2-138，p. 43。
13. 1959年3月25日，甘肅，91-18-494，p. 48。
14. 上海，1961年4月4日，B6-2-392，pp. 20 ff。
15. 上海，1958年7月8日，B29-2-97，p. 17。
16. Oi, *State and Peasant in Contemporary China*, pp. 53–5.
17. 湖南，1959年11月3日、12月1日，146-1-483，pp. 9、18–20、86。
18. 浙江，1961年1月，J116-15-10，pp. 1–14。
19. 廣東，1961年1月7日，217-1-643，pp. 120–2。
20. 廣東，1961年1月2日，217-1-643，pp. 61–6。
21. 1958年8月30日的講話，湖南，141-1-1036，p. 38；一畝相當於0.0667

10. Chester J. Cheng (ed.), *The Politics of the Chinese Red Army*, Stanford: Hoover Institution Publications, 1966, pp. 117–23.
11. 中央中共文獻研究室（編），《建國以來重要文獻選編》，北京：中央文獻出版社，1992（第13冊），pp. 660–76。
12. 薄一波，《若干重大歷史事件》，pp. 893–6。
13. Li, p*rivate Life of Chairman Mao*, p. 339.
14. 劉少奇講話紀錄，甘肅，1961年1月20日，91-6-79，pp. 46–51、103–7。
15. 毛澤東講話紀錄，甘肅，1961年1月18日，91-6-79，p. 4。
16. 黃崢，《劉少奇一生》，pp. 346–8；黃崢，《王光美訪談錄》，pp. 225–6、240。
17. 1961年4月24日、28日、30日劉少奇的談話紀錄，湖南，141-1-1873，pp. 106–50；黃崢，《王光美訪談錄》，pp. 238–40；金沖及、黃崢（編），《劉少奇傳》，pp. 865–6。
18. 金沖及、黃崢（編），《劉少奇傳》，p. 874。
19. 劉少奇的信，甘肅，1961年4-5月，91-4-889，pp. 2–4。
20. 劉少奇，1961年5月31日，甘肅，91-6-81，pp. 69–73。
21. 金沖及（編），《周恩來傳》，pp. 1441–2。
22. 李富春在八屆九中全會上的發言，湖南，1961年1月14日，中發（61）52，186-1-505，pp. 1–28。
23. 李富春講話紀錄，湖南，1961年7月17日，186-1-584，pp. 7、13。
24. 北戴河會議的文件，湖南，1961年8月11日，186-1-584，pp. 38–48、125、134、152。
25. Li, p*rivate Life of Chairman Mao*, p. 380.

第17章：農業

1. Jean C. Oi, *State and Peasant in Contemporary China: The Political Economy of Village Government*, Berkeley: University of California Press, 1989, pp. 48–9.
2. 河北，1961年4月11日，878-1-14，pp. 56–8。

33. 湖南，1960年3月29日，163-1-1083，pp. 119–22；根據1960年9月的北戴河決議，至當年年底，指示降到了3億1千萬元，大米的數量減半到大約14萬4千噸，參見湖南，1960年10月22日，163-1-1083，pp. 130–4。
34. 廣東，1960年9月20日，300-1-195，p. 158。
35. 廣州，1961年4月5日，92-1-275，p. 105。
36. 甘肅，1961年1月16日，91-18-200，p. 72。
37. 上海，1960年10月21日，B29-2-112，pp. 2–5。
38. 'Back to the farm', *Time*, 3 Feb. 1961.
39. ICRC, Geneva, telegrams of 18, 28 and 30 Jan. and 6 Feb. 1961, BAG 209-048-2.
40. ICRC, Geneva, discussions on 1 and 14 March 1961, BAG 209-048-2.
41. 外交部，北京，1959年1月27日，109-1952-3，p. 13。

第16章：尋找出路

1. 薄一波，《若干重大歷史事件》，p. 892。
2. 毛澤東，《建國以來毛澤東文稿》（第九卷），p. 326；林蘊暉，《烏托邦運動》，p. 607。
3. 章重，〈信陽事件揭密〉，《黨史天地》，2004，第4期，pp. 40–1。
4. 《關於壞分子馬龍山大搞反瞞產及其後果等有關材料的調查報告》，1960年11月9日，p.7。
5. 《關於信陽地區去冬今春發生腫病死人和幹部嚴重違法亂紀問題的調查報告》，1960年11月30日，p. 1。
6. 信陽地委組織處理辦公室，《關於地委常務書記王達夫同志所犯錯誤及事實材料》，1962年1月5日，pp. 1–2。
7. 章重，〈信陽事件揭密〉，《黨史天地》，2004，第4期，p. 42；喬培華，《信陽事件》，香港：開放出版社，2009。
8. 毛澤東，《建國以來毛澤東文稿》（第九卷），p. 349。
9. 《農業集體化重要文件彙編（1958–1981）》，北京，中央學校出版社，1981（下），pp. 419–30。

33, no. 13 (28 Sept. 1961), p. 644.
11. 金沖及（編）《周恩來傳》，p. 1413。
12. 周恩來的報告，湖南，1961年12月4日, 141-1-1931，p. 54。
13. MfAA, Berlin, 1962, A6792, p. 137.
14. 周恩來的報告，湖南，1961年12月4日, 141-1-1931，p. 54。
15. Boone, 'Foreign Trade of China'.
16. 周恩來的報告，湖南，1961年12月4日, 141-1-1931，pp. 52–3。
17. 'Famine and bankruptcy', *Time*, 2 June 196.
18. Ministry of Foreign Affairs, Beijing, 8 March 1961, 109-3746-1, pp. 17–18.
19. RGANI, Moscow, 14Feb. 1964, 2-1-720, pp. 81–2; the contract for the delivery of sugar is in *Sbornik osnovnykh deistvuiushchikh dogovorokh i sogloshenii mezhdu SSSR i KNR, 1949–1961*, Moscow: Ministerstvo Inostrannykh Del, no date, pp. 196–7.
20. 外交部，北京，1961年4月4日，109-2264-1，pp. 1–8。
21. 外交部，北京，1961年8月22日，109-2264-2，p. 38。
22. 外交部，北京，1962年4月6日，109-2410-3，p. 53。
23. 同上。
24. 外交部，北京，1962年8月15日，109-2410-1，pp. 62–3。
25. BArch, Berlin, 1962, DL2-VAN-175, p. 15.
26. Chang and Halliday, *Mao*, p. 462.
27. MfAA, Berlin, 11 July 1962, A17334, p. 92.
28. 外交部，北京，1960年7月1日，102-15-1，pp. 26–39；MfAA, Berlin, 11 July 1962, A17334，pp. 89–94。
29. 上海，1959年12月1日，B29-2-112，p. 3。
30. 財政部的報告，甘肅，1961年7月1日，91-18-211，p. 25。
31. MfAA, Berlin, 4 Jan. 1962, A6836, p. 33; see also the analysis of the East Germans of the policy of foreign aid, which they identified as one of the main reasons for the famine; MfAA, Berlin, 4 Jan. 1962, A6836, p. 16.
32. 財政部的報告，甘肅，1961年7月1日，91-18-211，pp.22–5。

9. 外交部，北京，1960年1月，109-2248-1，p. 38。
10. 外交部，北京，1963年8月20日，109-2541-1，pp. 12–13。
11. 外交部，北京，1960年3月28日，109-2061-1，p. 3；外交部，北京，1962，109-3191-6，p. 5。
12. 外交部，北京109-2541-1，pp. 12–13。
13. Report from the Bank for Foreign Trade, RGANI, Moscow, 2 June 1961, 5-20-210, p. 34; for the deal see *Sbornik osnovnykh deistvuiushchikh dogovorov i sogloshenii mezhdu SSSR i KNR, 1949–1961*, Moscow: Ministerstvo Inostrannykh Del, no date, p. 198.
14. Ginsburgs, 'Trade with the Soviet Union', pp. 100 and 106.
15. BArch, Berlin, 12 Nov. 1960, DL2-1870, p. 34.
16. RGANI, Moscow, 14 Feb. 1964, 2-1-720, p. 75.
17. 對陳先生（生於1946年）的訪談，香港，2006年7月。
18. Taubman, *Khrushchev*, p. 471.
19. Li, p*rivate Life of Chairman Mao*, p. 339.

第15章：資本主義的糧食

1. 金沖及（編），《周恩來傳》，p. 1398。
2. 外交部，北京，1960年8月20日，118-1378-13，pp. 32–3。
3. Oleg Hoeffding, 'Sino-Soviet Economic Relations, 1959–1962', *Annals of the American Academy of Political and Social Science*, vol. 349 (Sept. 1963), p. 95.
4. 外交部，北京，1960年12月31日，110-1316-11，pp. 1–5。
5. 外交部，北京，1961年1月18日，109-3004-2，p. 8。
6. 外交部，北京，1960年12月31日，110-1316-11，pp. 1–5。
7. BArch, Berlin, 12 Nov. 1960, DL2-1870, p. 34.
8. 'Famine and bankruptcy', *Time*, 2 June 1961.
9. 金沖及（編），《周恩來傳》，pp. 1414–15。
10. Colin Garratt, 'How to Pay for the Grain', *Far Eastern Economic Review*, vol.

6. 甘肅，1960年7月1日，91-4-705，pp. 1–5。
7. 雲南，1959年10月28日，2-1-3639，pp. 23–31。
8. 河北，1960，879-1-116，p. 43。
9. 河北，1959年11月9日，855-5-1788，pp. 3–6。
10. 毛澤東，《建國以來毛澤東文稿》（第八卷），p. 431。
11. 湖南，1959年9月2-4日，141–1–1116，pp. 40–3, 49–50、121。
12. Li, *private Life of Chairman Mao*, pp. 299–300；此前，周小舟曾在電話中與王任重說過幾乎同樣的話，周嘲笑王的實驗田，要他來長沙看看當地的糧食供應，參見：湖南，1959年9月1日，141-1-1115，pp. 235–7。
13. Roderick MacFarquhar, *The Origins of the Cultural Revolution,* vol. 3: *The Coming of the Cataclysm, 1961–1966*, New York: Columbia University Press, 1999, pp. 61, 179 and 206–7; Lu, *Cadres and Corruption*, p. 86, quoting from figures provided at the time in the *People's Daily*；1959年9月，彭真提到全國黨員的人數為1,390萬人，過去兩年內清理的幹部人數為70萬人；參見甘肅，1959年9月19日，91-18-561，p. 28。

第14章：中蘇分裂

1. 國務院的指示，外交部，北京，1960年8月1日，109-927-1，pp. 1–5。
2. Klochko, *Soviet Scientist*, p. 171.
3. 好幾位外交官都認為這是中蘇分裂的主要原因，參見：*Kapitsa, Na raznykh parallelakh,* pp. 61–3; Arkady N. Shevchenko, *Breaking with Moscow,* New York: Alfred Knopf, 1985 p. 122。
4. Zubok and Pleshakov, *Inside the Kremlin's Cold War*, p. 232.
5. 相關文件的中俄文原件見外交部，北京，1960年7月16日，109-924-1，pp. 4–8。
6. Jung Chang and Jon Halliday, *Mao: The Unknown Story*, London: Jonathan Cape, 2005, p. 465.
7. 吳冷西，《十年論戰》，p. 337。
8. 甘肅，1960年8月5日，91-9-91，pp. 7–11。

15. 毛澤東講話紀錄，1959年8月11日，甘肅，91-18-494，p. 78。
16. 甘肅，1959年7月21日，91-18-96，pp. 532–47。
17. 彭德懷關於他和張聞天關係的檢討，甘肅，1959年8月，91-18-96，p. 568。
18. 甘肅，91-18-488，1959年7月15日，pp. 106–8。
19. 周小舟給毛澤東的信，甘肅，1959年8月13日，91-18-96，p. 518。
20. 《內部參考》，1959年7月26日，pp. 19–20。
21. 毛澤東，《建國以來毛澤東文稿》（第八卷），p. 367；報告見外交部，北京，1959年7月2日，109-870-8，pp. 81–3。
22. 吳冷西未刊回憶錄，轉引自：逄先知、金沖及（編），《毛澤東傳》，p. 983。
23. 甘肅，1959年8月11日，91-18-494，p. 84。
24. 甘肅，1959年7月23日，91-18-494，pp. 50–66。
25. Li, p*rivate Life of Chairman Mao*, p. 317.
26. 甘肅，1959年8月2日，91-18-494，pp. 67–70。
27. 李銳，《廬山會議實錄》，pp. 206–7。
28. 黃崢，《王光美訪談錄》，北京：中央文獻出版社，2006，p. 199。
29. 李銳，《廬山會議實錄》，pp. 359–60。
30. 黃克誠的自我批評，甘肅，1959年8月，91-18-96，p. 495。
31. 甘肅，1959年8月，91-18-96，p. 559。
32. 甘肅，1959年8月11日，91-18-494，pp. 82–3。
33. 甘肅，1959年8月16日，91-18-96，p. 485。

第13章：壓制異議

1. Gao, *Zhou Enlai*, pp. 187–8.
2. 甘肅，1959年9月19日，91-18-561，p. 28。
3. 甘肅，中發（60）28，1960年1月8日，91-18-164，pp. 109–14。
4. 甘肅，1962年12月3日，91-4-1028，pp. 8–9。
5. 毛澤東，《建國以來毛澤東文稿》（第八卷），p. 529。

11. 薄一波，《若干重大事件》，p. 830。
12. 1959年4月5日上午毛澤東的講話，湖南，141-2-98，pp. 1–12；另見：林蘊暉，《烏托邦運動》，pp. 413–17。
13. 毛澤東，《建國以來毛澤東文稿》（第八卷），p. 33。
14. 毛澤東講話紀錄，甘肅，1959年3月18日，91-18-494，p. 19。
15. 見廣西省委書記伍晉南的轉述，1959年2月14日，廣西，X1-25-316，pp. 8–9。
16. 毛澤東講話紀錄，甘肅，1959年3月25日，91-18-494，pp. 44–8。
17. 電話會議，甘肅，1959年6月20日，91-18-539，p. 41。
18. 李銳，《大躍進親歷記》（下），p. 393。
19. 電話會議，1959年1月20日，甘肅，91-18-513，p. 59。
20. 毛的電報，甘肅，1959年4月26日，91-8-276，pp. 90–2。

第12章：真相的終結

1. 1959年8月11日毛澤東講話紀錄，甘肅，91-18-494，p. 81。
2. Li, *private Life of Chairman Mao*, pp. 310–11.
3. 王焰（主編），《彭德懷年譜》，北京：人民出版社，1998，p. 738。
4. 金沖及（編），《周恩來傳》，p. 1326。
5. 湖南，1959年8月31日，141-1-1115，pp. 107–9、111–13。
6. 彭德懷，《彭德懷自述》，北京：人民出版社，1981，p. 275。
7. 彭德懷與周恩來的談話，甘肅，1959年8月13日，91-18-96，p. 518。
8. 參見龔楚：*The Case of Peng Teh-huai, 1959–1968*, Hong Kong: Union Research Institute, 1968, p. i。
9. 甘肅，1959年7月14日，91-18-96，pp. 579–84。
10. Li, *private Life of Chairman Mao*, p. 314.
11. 毛澤東，《建國以來毛澤東文稿》（第八卷），p. 356。
12. 李銳，《廬山會議實錄》，鄭州：河南人民出版社，1999，pp. 111–15。
13. 黃克誠的檢討，甘肅，1959年8月，91-18-96，p. 491。
14. 黃克誠，《黃克誠自述》，北京：人民出版社，1994，p. 250。

33. 同上，p. 12。
34. 同上，p. 11。
35. 外交部，北京，1959年4月10日，109-1907-8，p. 100；另見1959年3月25日的講話紀錄，甘肅，91-18-494，p. 46。
36. 彭和周的講話，見外交部，北京，1959年4月10日，109-1907-8，p. 101。
37. 命令是透過電話傳達的；湖南，1959年5月26日，141-1-1252，pp.39–40。
38. 湖南，1959年11月20日，163-1-1052，pp. 25–9。
39. 湖南，1959年6月6日，163-1-1052，pp. 119–24。
40. 甘肅，中發（60）98，1960年1月6日，91-18-160，pp. 187–90。
41. 湖南，1960年1月6日，141-2-126，pp. 14–15。
42. 甘肅，中發（60）98，1960年1月6日，91-18-160，pp. 187–90。
43. 湖南，1959年11月24日，163-1-1052，pp. 21–4。
44. 上海，1960年2月20日，B29-2-112，pp. 2–5。
45. 上海，1959年12月1日，B29-2-112，pp. 2–5。

第11章：被勝利沖昏頭腦

1. 林蘊暉，《烏托邦運動》，pp. 371–2；吳冷西，《憶毛主席》，pp. 105–6。
2. 趙紫陽的報告，開平，1959年1月27日，3-A9-78，pp. 17–20。
3. 《內部參考》，1959年2月5日，pp. 3–14。
4. 毛澤東，《建國以來毛澤東文稿》（第八卷），pp. 52–4。
5. 同上，pp. 80–1。
6. 同上，pp. 52–4。
7. 1959年3月18日毛澤東在鄭州的講話紀錄，甘肅，91-18-494，pp.19–20、22。
8. 1959年3月5日毛澤東的發言，轉引自：逄先知、金沖及（編），《毛澤東傳》，p. 922。
9. 毛澤東講話紀錄，1959年2月2日，甘肅，91-18-494，pp. 10–11。
10. 毛澤東給王任重的批示，湖南，1959年4月13日，141-1-1310，p.75。

11. A. Boone, 'The Foreign Trade of China', *China Quarterly*, no. 11 (Sept. 1962), p. 176.
12. BArch, Berlin, 6 Oct. 1957, DL2-1932, pp. 331–2.
13. Lawrence C. Reardon, *The Reluctant Dragon: Crisis Cycles in Chinese Foreign Economic Policy*, Hong Kong: Hong Kong University Press, 2002, pp. 91–2.
14. Martin Kitchen, *A History of Modern Germany, 1800–2000*, NewYork: Wiley-Blackwell, 2006, p. 336.
15. MfAA, Berlin, 27 Sept. 1958, A6861, p. 145.
16. 同上，pp. 151–2。
17. BArch, Berlin, 24 June 1959, DL2-1937, p. 231.
18. 'Russia's trade war', *Time*, 5 May 1958; see also see Boone, 'Foreign Trade of China'.
19. 'Squeeze from Peking', *Time*, 21 July 1958.
20. 'Made well in Japan', *Time*, 1 Sept. 1958.
21. 外交部，北京，1958年11月8日，109-1907-4，p. 49。
22. 外交部，北京，1959年1月，109-1907-3，pp. 24–5。
23. 外交部，北京，1958年11月8日，109-1907-4，pp. 46–50。
24. 外交部，北京，1958年12月23日，109-1907-2，pp. 12–13；德文檔案見 MfAA, Berlin, 21 Sept. 1959, A9960-2，pp. 183–4。
25. 外交部，北京，1958年11月8日，109-1907-4, pp. 44–5。
26. 外交部，北京，1958年11月23日，109-1907-5，p. 56。
27. 湖南，1959年1月22日，163-1-1052，p. 237。
28. 湖南，1959年1月，141-2-104，pp. 10–12。
29. 甘肅，1959年1月25日，91-18-114，p. 119；外交部，北京，1958年12月23日，109-1907-2，pp. 12–13。
30. 外貿部，上海，1958年10月31日，B29-2-97，p. 23。
31. 廣東，1961年8月10日，219-2-318，p. 14。
32. 湖南，1959年2月7日，163-1-1052，p. 11。

15. 湖南，1958年11月5日，141-1-1051，p. 123。
16. 李井泉在省委會議上的講話，四川，1959年3月17日，JC1-1533，pp. 154–5。
17. 甘肅，1959年1月25日，91-18-114，p. 113。
18. 例如，另有60萬噸糧食運往北京，80萬噸運往上海（上海，1959年3月12日，B98-1-439，pp. 9–13）。
19. 雲南，1958年12月18日，2-1-3101，pp. 301, 305–12。

第10章：大採購

1. 外交部，北京，1963年9月6日，109-3321-2，pp. 82–5。
2. K. A. Krutikov, *Na Kitaiskom napravlenii: Iz vospominanii diplomata*, Moscow: Institut Dal'nego Vostoka, 2003, p. 253; see also T. G. Zazerskaya, *Sovetskie spetsialisty i formirovanie voenno-promyshlennogo kompleksa Kitaya (1949–1960 gg.)*, St Petersburg: Sankt Peterburg Gosudarstvennyi Universitet, 2000.
3. AVPRF, Moscow, 9 March 1958, 0100-51-6, papka 432, p. 102.
4. 外交部，北京，1958年6月10日，109-828-30，pp. 176–7。
5. George Ginsburgs, 'Trade with the Soviet Union', in Victor H. Li, *Law and Politics in China's Foreign Trade*, Seattle: University of Washington Press, 1977, p. 100.
6. BArch, Berlin, 2 Dec. 1958, DL2-4037, pp. 31–9.
7. *Jahrbuch 1962*, Berlin, 1962, p. 548, and MfAA, Berlin, 25 Nov. 1963, C572-77-2, p. 191.
8. BArch, Berlin, 7 Jan. 1961, DL2-4039, p. 7; 1959, DL2-VAN-172.
9. 參見：《周恩來年譜》(第二卷)，pp. 149、165、231、256，轉引自：Zhang Shu Guang, *Economic Cold War: America's Embargo against China and the Sino- Soviet Alliance, 1949–1963*, Stanford: Stanford University Press, 2001, pp. 212–13.
10. 參見第14章。

32. 雲南，1958年4月21日，2-1-3260，p. 116。
33. 這只是大概的估計，而且各地的情況不盡相同。在湖南，1958年後從事農業勞動的人口減少了40%（湖南，1959年6月4日，p. 116）；在山東，從事農業勞動的人口減少了一半（譚震林講話紀錄，甘肅，1959年6月26日，91-18-513，p. 16.）
34. 雲南，1958年7月29日，2-1-3102，p. 21。
35. 廣東，1961年1月5日，217-1-643，pp. 50–60。
36. 譚震林講話紀錄，1958年10月，湖南，141-2-62，p. 148。

第9章：危險信號

1. 雲南，1958年4月12日，中發（58）295，120-1-75，pp. 2–4。
2. 湖南，1958年4月25日，141-1-1055，pp. 66–7。
3. 雲南，1958年11月20日，2-1-3078，pp. 116–23；1958年8月22日，2-1-3078，pp. 1–16。
4. 雲南，1958年11月20日，2-1-3078，pp. 116–23。
5. 雲南，1958年9月12日，2-1-3077，pp. 55–77；1958年9月12日，2-1-3076，pp. 97–105；1958年9月，2-1-3075，pp. 104–22。
6. 雲南，1959年2月28日，2-1-3700，pp. 93–8。
7. 雲南，1959年5月16日，81-4-25，p. 17；關於1957年的平均死亡率，參見：《中國統計年鑑，1984》，北京：中國統計出版社，1984，p. 83。
8. 毛澤東，《建國以來毛澤東文稿》（第七卷），pp.584–5；原文見：雲南，1958年11月25日，120-1-84，p. 68；另見：鄭州會議的文件，湖南，1958年11月25日，141-2-76，pp. 99–103。
9. 河北，1961年4月16日，884-1-202，pp. 35–47。
10. 河北，1961年2月19日，856-1-227，p. 3。
11. 河北，1958年12月25日，855-4-1271，pp. 58–65。
12. 河北，1958年10月18日，855-4-1270，pp. 1–7。
13. 河北，1958年10月23日，855-4-1271，pp. 25–6。
14. 河北，1958年10月24日，855-4-1271，pp. 42–3。

824–5；另見雲南，1958年6月23日，2-1-3276，pp. 1–9；毛澤東，《建國以來毛澤東文稿》（第七卷），pp. 281–2。

10. 冶金部的報告，雲南，1958年6月23日，2-1-3276，pp. 1–9；另見：薄一波，《若干重大事件》，pp. 700–1。
11. 金沖及、陳群（編），《陳雲傳》，北京：中央文獻出版社，2005，p. 1143；另見：Chan, *Mao's Crusade*，pp. 73–4。
12. 雲南，1958年9月10日，2-1-3276，pp. 99–100。
13. 雲南，1958年9月16日，2-1-3101，pp. 105–23。
14. 雲南，1958年9月17日，2-1-3102，pp. 58–78。
15. 雲南，1958年9月20日、1959年1月5日，2-1-3318，pp. 1–5、10–19。
16. 雲南，1958年9月23日，2-1-3102，pp. 147–9。
17. 雲南，1958年9月25日，2-1-3101，p. 185。
18. 雲南，1958年10月18日，2-1-3102，pp.160；1958年10月30日，2-1-3102，pp. 235–73。
19. 雲南，1958年12月14日，2-1-3259，pp. 165–72。
20. 雲南，1959年1月5日，2-1-3318，p. 18。
21. 痲城，1959年1月20日，1-1-378，p. 23。
22. 痲城，1959年1月15日，1-1-443，p. 10。
23. 對張愛華（出生於1941年）的採訪，安徽定遠縣，2006年9月。
24. 南京，1958，4003-4-292，pp. 16、48–52。
25. 甘肅，1959年5月20日，91-18-114，p. 209。
26. 國家統計局國民經濟總和統計室（編），《新中國五十年統計資料彙編》，北京：中國統計出版社，1999，p. 3，轉引自：林蘊暉，《烏托邦運動》，p. 205。
27. Klochko, *Soviet Scientist*, p. 82.
28. 上海，1959年3月12日，B98-1-439，pp. 9–13。
29. 雲南，1959年5月16日，81-4-25，p. 2。
30. 雲南，1958年11月8日，105-9-1，p. 15；105-9-3，pp. 9–16。
31. 雲南，1958年7月29日，2-1-3102，p. 19。

32. 廣州，1958年10月27日，16-1-1，p. 76。
33. 武漢，1958，83-1-523，p. 87。
34. 麻 城，1959年1月20日，1-1-378，p. 24；1960年12月11日，1-1-502，pp. 207、213；1959年4月16日，1-1-383，p. 1。
35. 四川，1961，JC1-2606，pp. 18–19。
36. 甘肅，1961年1月16日，91-18-200，p. 94。
37. 湖南，1959年9月2-4日，141-1-1116，p. 11。
38. 麻城，1961年5月13日，1-1-556，pp. 2–3；1959年1月20日，1-1-378，p. 23。
39. 麻城，1959年4月18日，1-1-406，p. 1。
40. 麻城，1959年1月29日、2月2日，1-1-416，pp. 36、49；1958年4月26日，1-1-431，p. 37。
41. 南京，1958年12月30日，4003-1-150，p. 89。

第8章：大煉鋼鐵

1. 雲南，1958年11月8日，105-9-1，pp. 11–14；1958年3月11日，105-9-6，pp. 71–4。
2. 毛澤東，《建國以來毛澤東文稿》（第七卷），p. 236.
3. 毛澤東在大會發言後的私下談話，見謝富治在雲南和貴州向中央領導的彙報紀錄，貴陽，1958年5月28日，61-8-84，p. 2。
4. Lin Keng, ‘Home-Grown Technical Revolution’, *China Reconstructs*, Sept. 1958, p. 12.
5. 林蘊暉，《烏托邦運動：從大躍進到大饑荒，1958-1961》，香港：香港中文大學當代中國文化研究中心，2008，p. 132。
6. 廣東，1960年12月31日，217-1-642，pp. 10–16。
7. 關於這些不同資料的討論，參見：MacFarquhar, *Origins*, vol. 2, pp. 88–90.
8. 顧世明等，《李富春經濟思想研究》，西寧：青海人民出版社，1992，p. 115。
9. 陳雲當時在場，參見：逄先知、金沖及（編），《毛澤東傳》，pp.

期，pp. 1–12。

7. 1958年8月19日和8月21日的講話紀錄，甘肅，91-18-495，pp. 316、321。
8. 李銳，《大躍進親歷記》（下），p. 31。
9. 《人民日報》，1958年9月1日，第三版。
10. 金沖及、黃崢（編），《劉少奇傳》，pp. 832–3。
11. 《人民日報》，1958年9月18日，第二版；1958年9月24日，第一版。
12. 毛澤東，《建國以來毛澤東文稿》（第七卷），p. 494。
13. Ji Fengyuan, *Linguistic Engineering: Language and Politics in Mao's China*, Honolulu: University of Hawai'i Press, 2004, p. 88.
14. 1958年8月21日和8月24日的講話紀錄，湖南，141-1-1036，pp. 24–5、31。
15. 《人民日報》，1958年10月3日，第二版。
16. 《人民日報》，1958年10月6日，第六版；1958年10月13日，第一版。
17. 湖南，1958年9月18日，141-1-1066，p. 5。
18. John Gittings, 'China's Militia', *China Quarterly*, no. 18 (June 1964), p. 111.
19. 麻城，1959年1月15日，1-1-443，pp. 9、24。
20. 南京，1961年4月10日，4003-2-481，pp. 75–83。
21. 湖南，1961年2月4日，151-1-20，pp. 8–9。
22. 廣東，1960年12月10日，217-1-643，p. 44。
23. 對李爺爺（出生於1935年）的採訪，四川閬中縣，2007年4月。
24. 對馮大伯（出生於1930年代）的採訪，四川閬中縣，2006年9月。
25. 四川，1960年2月26日，JC1-1846，p. 22。
26. 廣東，1960年12月10日，217-1-643，p. 45。
27. 廣東，1959年2月12日，217-1-69，pp. 25–33。
28. 廣東，1961年1月7日，217-1-643，p. 111。
29. 廣州，1958年10月27日，16-1-1，p. 76。
30. 武漢，1958年11月3日，83-1-523，p. 126。
31. 武漢，1958年9月19日和11月3日，83-1-523，pp. 21–5、126–32。

3. 李越然，《外交舞臺上的新中國領袖》，p. 149。
4. Harrison E. Salisbury, *The New Emperors: China in the Era of Mao and Deng*, Boston: Little, Brown, 1992, pp. 155–6.
5. 李越然，《外交舞臺上的新中國領袖》，p. 151。
6. Russian minutes in'Peregovory S.Khrushchevas Mao Tszedun om31iiulia–3 avgusta 1958 g. i 2 oktiabria 1959 g.', *Novaia i Noveishaia Istoria*, no. 1 (2001), pp. 100–8; reference on page 117.
7. Khrushchev, *Vremia, liudi, vlast'*, vol. 3, pp. 76–7.
8. Li, *Private Life of Chairman Mao*, p. 261.
9. 李越然，《外交舞臺上的新中國領袖》，pp. 149–50。
10. 幾年後他在一次會議發言中如此回憶道。另見：RGANI, Moscow, 18 Jan. 1961, 2-1-535, pp. 143–6; RGANI, Moscow, 14 Feb. 1964, 2-1-720, p. 137.
11. Vladislav Zubok and Constantine Pleshakov, *Inside the Kremlin's Cold War: From Stalin to Khrushchev*, Cambridge, MA: Harvard University Press, 1996, pp. 225–6.
12. Li, *Private Life of Chairman Mao*, p. 270.
13. 毛澤東，《毛澤東外交文選》，pp. 344、347。
14. Roland Felber, 'China and the Claim for Democracy', in Näth, *Communist China in Retrospect*, p. 117；中蘇關係專家Lorenz Lüthi最近的研究揭示了炮擊金門的時間是如何由中國國內政局的發展決定的，參見：Lüthi, *Sino-Soviet Split*, p. 99.

第7章：人民公社

1. Li, *Private Life of Chairman Mao*, p. 263.
2. 河北，1957年9月，855-4-1271，pp. 1–5。
3. 河北，1958年2月13日、4月30日，855-18-541，pp. 13–20、67–81。
4. 毛澤東，《建國以來毛澤東文稿》（第七卷），p. 143。
5. 《人民日報》，1958年4月17日，第二版。
6. 陳伯達，〈在毛澤東同志的啟示下〉，《紅旗》，1958年7月16日，第四

21. 江渭清，《七十年征程》，p. 431。
22. 薄一波，《若干重大事件》，p. 683；這一做法發生在山東的一個合作社。
23. 中央的報告，雲南，1958年9月3日，120-1-84，pp. 52–67。
24. 廣東，1961年12月31日，217-1-642，pp. 11–12。
25. 廣東，1961年1月7日，217-1-643，pp. 120–2。
26. Roderick MacFarquhar, Timothy Cheek and Eugene Wu (eds), *The Secret Speeches of Chairman Mao: From the Hundred Flowers to the Great Leap Forward*, Cambridge, MA: Harvard University Press, 1989, p. 450.
27. 麻城，1959年1月15日，1-1-443，p. 10。
28. 對劉叔（生於1946年）的採訪，四川仁壽縣，2006年4月。
29. 對羅伯（生於1930年代）的採訪，四川洪雅縣，2006年4月。
30. 浙江，1961年5月4日，J007-13-48，pp. 1–8。
31. 麻城，1959年1月20日，1-1-378，p. 22。
32. 河北，1961年4月16日，884-1-202，pp. 35–47。
33. 廣東，1961年1月5日，217-1-643，pp. 50–60。
34. Li, *Private Life of Chairman Mao*, p. 278.
35. 交談紀錄，河北，1958年8月4-5日，855-4-1271，pp. 6–7、13–14；另見《人民日報》，1958年8月4日，第一版，1958年8月11日，第一版和第四版。
36. 湖南，1958年10月19日，141-2-64，pp. 78–82；湖南，1958年9月18日，141-1-1066，pp. 7–8。
37. 湖南，1958年10月19日，141-2-64，pp. 78–82。
38. 湖南，1958年11月5日，141-1-1051，p. 124。
39. 國務院的指示，甘肅，1959年1月7日，91-8-360，pp. 5–6。

第6章：炮擊金門

1. 中共中央文獻辦公室（編），《毛澤東外交文選》，北京：中央文獻出版社，1994，pp. 323–4。
2. Lüthi, *Sino-Soviet Split*, pp. 92–3.

1–2。

3. William W. Whitson, *The Chinese High Command: A History of Communist Military Politics, 1927–71*, New York: Praeger, 1973, p. 204, quoted in MacFarquhar, *Origins*, vol. 2, p. 83.
4. 湖南，1959年5月11日，141-1-1066，pp. 80–3。
5. 湖南，1959年9月，141-1-1117，pp. 1–4；1959年9月18日，141-1-1066，pp. 5–13。
6. 他事後如此承認，見廬山會議紀錄，甘肅，1959年8月，91-18-96，p. 570。
7. 雲南，1958年7月29日，2-1-3102，p. 20。
8. 雲南，1958年9月4日，2-1-3101，pp. 1–35。
9. 雲南，1958年9月，2-1-3101，pp. 36–9、48–65、66–84、94–104、105–23。
10. 廣東，1961年1月20日，1961，217-1-645，pp. 15–19。
11. Teiwes, *China's Road to Disaster*, p. 85.
12. 薄一波，《若干重大歷史事件》，p. 682；另參見：MacFarquhar, *Origins*, vol. 2, p. 31。
13. 南寧會議紀錄，甘肅，1958年1月28日，91-4-107，p. 2。
14. 見：Lu Xiaobo, *Cadres and Corruption: The Organizational Involution of the Chinese Communist Party*, Stanford: Stanford University Press, 2000，p. 84。
15. 遂平，1958年2月13日，1-201-7，pp. 8、32；1958年10月29日，1-221-8。
16. 雲南楚雄縣的事例見：Erik Mueggler, *The Age of Wild Ghosts: Memory, Violence, and Place in Southwest China*, Berkeley: University of California Press, 2001, p. 176。
17. 廣東，1961，217-1-618, p. 36。
18. 《人民日報》，1957年11月26日，第二版；1957年12月29日，第二版；1958年1月21日，第四版；1958年8月16日，第八版。
19. 麻城，1958年7月15日，1-1-331；1959年4月13日，1-1-370，p. 37。
20. 廣東，1960年12月31日，217-1-576，pp. 54–68。

13. 甘肅，1962年4月18日，91-4-1091，pp. 1–8。
14. Shui, 'A Profile of Dams in China', p. 22.
15. 北京，1959，96-1-14，pp. 38–44。
16. Jan Rowinski, 'China and the Crisis of Marxism-Leninism', in Marie-Luise Näth (ed.), *Communist China in Retrospect: East European Sinologists Remember the First Fifteen Years of the PRC*, Frankfurt: P. Lang, 1995, pp. 85–7.
17. M. A. Klochko, *Soviet Scientist in China*, London: Hollis & Carter, 1964, pp. 51–2.
18. Rowinski, 'China and the Crisis of Marxism-Leninism', pp. 85–7; Klochko, *Soviet Scientist*, pp. 51–2.
19. Li, *Private Life of Chairman Mao*, pp. 247–8.
20. 同上，pp. 249–51。
21. 雲南，1958年1月9日，2-1-3227，p. 5。
22. 《人民日報》，1958年1月15日，第一版。
23. 雲南，1958年10月5日，2-1-3227，pp. 109–23。
24. 《人民日報》，1958年1月19日，第一版。
25. 《人民日報》，1958年2月18日，第二版。
26. 雲南，1958年4月21日，2-1-3260，p. 117。
27. 李銳，《大躍進親歷記》（下），p. 363。
28. 雲南，1958年6月23日，2-1-3274，pp. 37–9。
29. 雲南，1958年11月20日，2-1-3078，pp. 116–23；1958年8月22日，2-1-3078，pp. 1–16。
30. 江渭清，《七十年征程》，p. 421。
31. 甘肅，1961年2月14日，91-18-205，p. 58。

第5章：放衛星

1. Li, *Private Life of Chairman Mao*, pp. 226–7.
2. 湖南，1958年7月，186-1-190，pp. 1–2；1958年7月，141-2-62，pp.

黨史工作委員會（編），《風雨春秋：潘復生詩文紀念文集》，鄭州：河南人民出版社，1993。

36. Thaxton, *Catastrophe and Contention in Rural China*, p. 116。
37. 江渭清，《七十年征程：江渭清回憶錄》，南京：江蘇人民出版社，1996，pp. 415–16。
38. 雲南，1959年5月22日，2-1-3700，pp. 93–8。
39. 陳正人在北京的講話紀錄，1957年12月19日，甘肅，91-8-79，p. 179。

第4章：衝鋒號

1. Judith Shapiro, *Mao's War against Nature: Politics and the Environment in Revolutionary China*, New York: Cambridge University Press, 2001, p. 49.
2. 參見：Shang Wei, 'A Lamentation for the Yellow River: The Three Gate Gorge Dam (Sanmenxia)', in Dai Qing (ed.), *The River Dragon has Come! The Three Gorges Dam and the Fate of China's Yangtze River and its People*, Armonk, NY: M. E. Sharpe, 1998, pp. 143–59.
3. Shapiro, *Mao's War against Nature*, pp. 53–4.
4. 周恩來講話紀錄，1961年9月19日，甘肅，91-18-561，p. 31。
5. 外交部，北京，1964年7月23日，117-1170-5，pp. 45–7。
6. 《人民日報》，1958年2月1日，第十一版；Shui Fu, 'A Profile of Dams in China', in Dai, *The River Dragon has come!*, p. 22。
7. Yi Si, 'The World's Most Catastrophic Dam Failures: The August 1975 Collapse of the Banqiao and Shimantan Dams', in Dai, *The River Dragon has Come!*, p. 30.
8. 甘肅，1958年1月29日，91-4-138，pp. 135–7。
9. 甘肅，1958年10月20日，91-4-263，pp. 29–30。
10. 甘肅，1958年9月9日，229-1-118。
11. 甘肅，1959年4月26日，91-4-348，pp. 30–5。
12. 〈「引洮上山」的回憶〉，邱石（編），《共和國重大決策出臺前後》，北京：經濟日報出版社，1997–8（第三卷），p. 226。

PublicAffairs, 2007, p. 88.

16. 毛澤東講話紀錄，1956年11月15日，甘肅，91-18-480，p. 74。
17. 毛澤東在成都的講話紀錄，1958年3月10日，甘肅，91-18-495，p. 211。
18. 李銳，《大躍進親歷記》（下），p. 288。
19. 參見：Roderick MacFarquhar, *The Origins of the Cultural Revolution,* vol. 2: *The Great Leap Forward, 1958–1960*, New York: Columbia University Press, 1983, p. 57.
20. Teiwes, *China's Road to Disaster*, p. 246, quoting from a record of Liu's statement；金沖及、黃崢（編），《劉少奇傳》，北京：中央文獻出版社，1998，pp. 828–9。
21. 范若愚的回憶，轉引自：金沖及（編），《周恩來傳，1898-1949》，pp. 1259–60。
22. Nathan, 'Introduction', Gao, *Zhou Enlai*, p. xiii.
23. Teiwes, *China's Road to Disaster*, p. 85.
24. 陶魯笳，《毛主席教我們當省委書記》，北京：中央文獻出版社，1996，pp. 77–8。
25. 毛澤東講話紀錄，1958年1月28日，甘肅，91-18-495，p. 200。
26. 鄧小平講話紀錄，1958年1月15日，甘肅，91-4-107，pp. 73、94。
27. 甘肅，1958年2月9日，91-4-104，pp. 1–10。
28. 甘肅，1961年1月12日，91-4-735，pp. 75–6。
29. 甘肅，1961年1月12日，91-18-200，p. 35。
30. 甘肅，1962年12月3日，91-4-1028，p. 8。
31. 雲南，1958年4月20日，2-1-3059，pp. 57–62；另見：《人民日報》，1958年5月26日，第四版。
32. 雲南，1958年9月25日，2-1-3059，pp. 2–3。
33. 毛澤東在成都的講話紀錄，1958年3月10日，甘肅，91-18-495，p. 211。
34. 參見：Frederick C. Teiwes, *Politics and Purges in China: Rectification and the Decline of Party Norms*, Armonk, NY: M. E. Sharpe, 1993.
35. 同上，p. 276；另見張林南：「關於反潘、楊、王事件」，中共河南省委

13. Taubman, *Khrushchev*, pp. 305 and 374–5.
14. 'N. S. Khrushchov's report to anniversary session of USSR Supreme Soviet', Moscow: Soviet News, 7 Nov. 1957, p. 90.
15. 毛澤東，《建國以來毛澤東文稿》，第六卷，p. 635。

第3章：清洗隊伍

1. MacFarquhar, *Origins*, vol. 1, p. 312.
2. 黃崢，《劉少奇一生》，北京：中央文獻出版社，2003，p. 322。
3. 《人民日報》，1958年1月1日，第一版；吳冷西，《憶毛主席》，p. 47。
4. 《人民日報》，1957年12月8日，第一版。
5. 《人民日報》，1958年1月25日，第二版。
6. 金沖及（編），《周恩來傳，1898-1949》，北京：中央文獻出版社，1989，p. 1234。
7. 南寧會議紀錄，甘肅，1958年1月28日，91-4-107，p. 1。
8. 李銳，《大躍進親歷記》，海口：南方出版社，1999（下），pp. 68–9。
9. 1956年6月社論發表時，鄧拓時任《人民日報》總編。1957年7月，吳冷西取代了他的職位。鄧拓於1958年11月調離《人民日報》，此後幾年他繼續發表文章支持大躍進。參見：吳冷西，《憶毛主席》，pp. 47–9；關於鄧拓，參見：Timothy Cheek, *Propaganda and Culture in Mao's China: Deng Tuo and the Intelligentsia*, Oxford: Oxford University Press, 1997。
10. Li, *Private Life of Chairman Mao*, p. 230.
11. 薄一波，《若干重大事件與決策的回顧》，北京：中共中央黨校出版社，1991–3，p. 639。
12. 熊華源、廖心文，《周恩來總理生涯》，北京：人民出版社，1997，p. 241。
13. 南寧會議紀錄，甘肅，1958年1月28日，91-4-107，pp. 9–10；毛澤東，《建國以來毛澤東文稿》，第七卷，p. 59。
14. 'Rubber communist', *Time*, 18 June 1951.
15. Gao Wenqian, *Zhou Enlai: The Last Perfect Revolutionary*, New York:

Mao's Personal Physician, New York: Random House, 1994, pp. 182–4.
4. 關於社會主義高潮的概述，參見：Chan, *Mao's Crusade*, pp. 17–24.
5. 吳冷西，《憶毛主席：我親身經歷的若干重大歷史事件片段》，北京：新華出版社，1995，p. 57。
6. Lorenz M. Lüthi, The *Sino-Soviet Split: Cold War in the Communist World*, Princeton: Princeton University Press, 2008, pp. 71–2.
7. Roderick MacFarquhar, *The Origins of the Cultural Revolution, vol. 1: Contradictions among the People, 1956–1957*, London: Oxford University Press, 1974, pp. 313–15.

第2章：競爭開始

1. 吳冷西，《十年論戰：1956-1966中蘇關係回憶錄》，北京：中央文獻出版社，1999，pp. 205–6；另見：Lüthi, *Sino-Soviet Split*, p. 74。
2. Li, *Private Life of Chairman Mao*, pp. 220–1.
3. 同上，p. 221。
4. 毛澤東，《建國以來毛澤東文稿》，北京：中央文獻出版社，1987–96，第六卷，pp. 625–6。
5. 李越然，《外交舞臺上的新中國領袖》，北京：外語教育與研究出版社，1994，p. 137；閻明復，〈回憶兩次莫斯科會議和胡喬木〉，《當代中國史研究》，no. 19（1997年5月），pp. 6–21。
6. Nikita Khrushchev, *Vremia, liudi, vlast'*, Moscow: Moskovskiye Novosti, 1999, vol. 3, p. 55.
7. Veljko Mićunović, *Moscow Diary*, New York: Doubleday, 1980, p. 322.
8. 毛澤東，《建國以來毛澤東文稿》，第六卷，pp. 640–3。
9. Mikhael Kapitsa, *Na raznykh parallelakh: Zapiski diplomata*, Moscow: Kniga i biznes, 1996, p. 60.
10. 毛澤東，《建國以來毛澤東文稿》，第六卷，p. 635。
11. '1957: Nikita Khrushchev', *Time*, 6 Jan. 1958.
12. 'Bark on the wind', *Time*, 3 June 1957.

注釋

前言

1. 之前的研究早已證明了這一點，參見：Alfred L. Chan, *Mao's Crusade: Politics and Policy Implementation in China's Great Leap Forward*, Oxford: Oxford University Press, 2001; Frederick C. Teiwes and Warren Sun, *China's Road to Disaster: Mao, Central Politicians, and Provincial Leaders in the Unfolding of the Great Leap Forward, 1955–1959*, Armonk, NY: M. E. Sharpe, 1999。
2. 最近出版的一本關於村莊研究的著作是：Ralph A. Thaxton, *Catastrophe and Contention in Rural China: Mao's Great Leap Forward Famine and the Origins of Righteous Resistance in Da Fo Village*, New York: Cambridge University Press, 2008；早前出版的一本經典著作是：Edward Friedman, Paul G. Pickowicz and Mark Selden with Kay Ann Johnson, *Chinese Village, Socialist State*, New Haven: Yale University Press, 1991。
3. Robert Service, *Comrades: A History of World Communism*, Cambridge, MA: Harvard University Press, 2007, p. 6.

第1章：兩個對手

1. WilliamTaubman, *Khrushchev: The Man and his Era*, London: The Free Press, 2003, p. 230.
2. 逄先知、金沖及（編），《毛澤東傳，1949-1976》，北京：中央文獻出版社，2003，p. 534。
3. Li Zhisui（李志綏）, *The Private Life of Chairman Mao: The Memoirs of*

歷史大講堂
毛澤東的大饑荒：中國浩劫史1958-1962

2021年7月初版　　定價：新臺幣500元
2023年11月初版第五刷

著者　Frank Dikötter
譯者　蕭葉
叢書主編　王盈婷
校對　許景理
內文排版　林婕瀅
封面設計　許晉維

出版者　聯經出版事業股份有限公司
地址　新北市汐止區大同路一段369號1樓
叢書主編電話　(02)86925588轉5316
台北聯經書房　台北市新生南路三段94號
電話　(02)23620308
郵政劃撥帳戶第0100559-3號
郵撥電話　(02)23620308
印刷者　文聯彩色製版印刷有限公司
總經銷　聯合發行股份有限公司
發行所　新北市新店區寶橋路235巷6弄6號2樓
電話　(02)29178022

副總編輯　陳逸華
總編輯　涂豐恩
總經理　陳芝宇
社長　羅國俊
發行人　林載爵

行政院新聞局出版事業登記證局版臺業字第0130號

本書如有缺頁，破損，倒裝請寄回台北聯經書房更換。　ISBN 978-957-08-5887-7 (平裝)
聯經網址：www.linkingbooks.com.tw
電子信箱：linking@udngroup.com

國家圖書館出版品預行編目資料

毛澤東的大饑荒：中國浩劫史1958-1962 Frank Dikötter著．蕭葉譯．
初版．新北市．聯經．2021年7月．472面．17×23公分（歷史大講堂）
譯自：Mao's great famine: the history of China's most devastating
catastrophe, 1958-1962
ISBN 978-957-08-5887-7（平裝）
[2023年11月初版第五刷]

1.中國史 2.饑荒 3.經濟政策

628.74 110008766